이토록 역사적인 도서관

지은이 백창민

책을 좋아해 '책사냥꾼'으로 일했다. 전자책 회사, 출판사에서 디지털과 아날로그 분야를 넘나들며 일했다. 북헌터 대표로 한겨레교육과 한국출판문화산업진흥원, 한성대학교, 전국의 여러 도서관에서 강의와 답사를 하고 있으며, 《퍼블리싱 마케팅 트렌드》(공저)를 펴냈다. 도서관을 애정하면서 '도서관 덕후'의 길로 접어들었다. 《오마이뉴스》에 〈도서관 그 사소한 역사〉와 〈세상과 도서관이 잊은 사람들〉을 연재했다. '도서관 스토리텔러'로 도서관 유산과 이야기를 찾아 전국을 누비고 있다. 언젠가 이 나라 모든 도서관을 둘러보겠다는 꿈을 가지고 있다.

이메일 : bookhunter72@gmail.com
페이스북 : @bookhunter
인스타그램 : @bookhunter_kr

이토록 역사적인 도서관

ⓒ 백창민, 2025

초판 1쇄 발행 2025년 3월 17일
초판 2쇄 발행 2025년 4월 25일

지은이 백창민
펴낸이 유강문
인문사회팀 최진우 김효진
마케팅 김한성 조재성 박신영 김애린 오민정

펴낸곳 ㈜한겨레엔 www.hanibook.co.kr
등록 2006년 1월 4일 제313-2006-00003호
주소 서울시 마포구 창전로 70(신수동) 화수목빌딩 5층
전화 02-6383-1602~3
팩스 02-6383-1610
대표메일 book@hanien.co.kr
ISBN 979-11-7213-218-7 03900

우리 근현대사의 무대가 된 30개 도서관 이야기

이토록 역사적인 도서관

백창민 지음

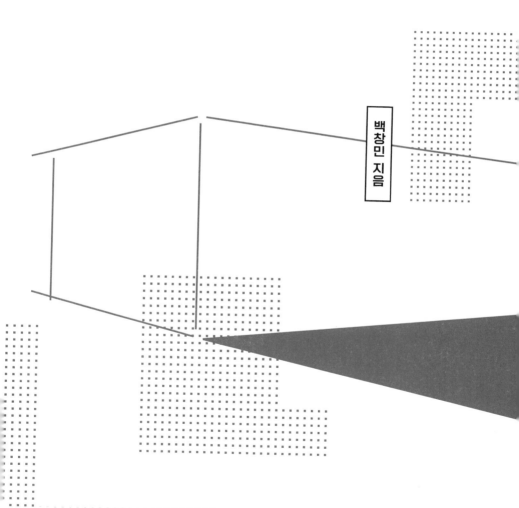

추천사

　참신한 시도의 책이 나왔다. 근현대사와 도서관이라, 역사와 공간을 묶는 새로운 시도가 참 좋다. 한국 근현대사는 전통 왕조에서 근대 사회로 나아가는 중대한 분기점이었다. 지적인 변화 또한 컸는데 지식은 결국 도서관을 통해 유통되었다. 새로운 도서관이 만들어진다는 것은 새로운 지식이 보급됨을 의미한다. 도서관의 흔적을 따르다 보면 역사의 자취와 만나게 된다.

　사연도 제각각이다. 일제나 독재 정권에 의해 만들어진 도서관, 우연히 역사의 무대가 되었던 도서관, 어떤 곳은 권력자가 지식을 하사하는 공간으로 시작했고, 어떤 도서관은 그곳에 사람들이 모임으로써 역사의 새 장이 열리기도 했다. 옳고 그름은 없다. 중요한 사실은 지식이, 도서관이, 사람들이 하나가 아닌 다양한 방식으로 호흡하고 소통하며 이야기를 만들어 갔다는 점이다.

　저자는 매우 쉽고 간결하게 30개의 도서관을 이야기한다. 조선시대 이야기 또한 함께 있어서 보다 흥미롭게 접근할 수 있다. 더구

4

추천사

나 30개의 도서관은 지금도 쉽게 방문할 수 있는 곳이 대부분이다. 재밌게 읽고, 직접 방문해서 입체적으로 우리 역사를 이해하기에 좋다. 읽고, 보고, 뜨겁게 경험해 보자.

_심용환(역사학자, 심용환역사N교육연구소 소장)

개인이나 공동체 삶의 방식과 내용은 다양하다. 그로 인해 만들어지는 역사 또한 다양하다. 각 부문의 역사가 더 큰 역사로 모여진다. 도서관 부문도 도도하게 역사를 만들어 왔다. 그러나 근대 이후 급하게 성장을 해 오는 과정에서 도서관 사서나 시민 모두 자신의 역사를 제대로 챙겨 보지 못해 아쉬움이 큰 상황이다. 그런 중에 저자가 근대 초기부터 숱한 어려움 속에서도 꾸준히 성장해 온 우리나라 도서관의 역사적 의미와 가치, 이야기를 '도서관에 있는 자료'에서 찾아내 다채롭게 정리했다. 책에 실린 도서관 이야기는 무척이나 새롭다. 도서관 사서인 나로서도 이처럼 중요하고 도발적이기도 한 도서관 역사를 잘 모르고 있었다.

지금은 사서와 함께 시민도 운영의 주체가 된 시대다. 바른 주체가 되려면 도서관 역사를 잘 알고 그 안에서 오늘과 내일의 방향과 의미를 찾아낼 수 있어야 한다. 과거가 현재를 돕는다고 하지 않았는가. 이 책이 사서와 시민이 도서관 주체로 활동하는 데 분명하게 도움이 되리라 믿는다. 우리나라 역사와 도서관 현장이 어떻게 연결되어 있는지를 확인하는 재미도 있다. 도서관을 사랑하는 이들은 꼭 읽어 보리라 기대한다.

_이용훈(도서관문화비평가, 한국도서관사연구회 회장)

역사의 현장에서 '도서관'은 무엇인가?

책 동네를 기웃거리며 살다 보니 '도서관 여행'을 좋아합니다. 그렇게 둘러본 도서관이 줄잡아 500개 가깝습니다. 즐겁게 도서관을 여행하면서 궁금한 점이 생겼습니다.

"우리 도서관은 왜 이렇게 비슷비슷할까? 도서관은 왜 '산'으로 갔을까? 일제 잔재라는 칸막이 열람실은 왜 지금도 남아 있을까? 해방 후 도서관은 식민 잔재를 청산했을까? 도서관은 왜 정치·사회 문제와 거리를 두는 걸까? 도서관은 어떻게 '민주주의 보루'가 되었을까? 우리 역사에서 '도서관'은 어떤 의미를 지닐까?"

역사 속 도서관, 도서관 속 역사

하나하나 질문을 쌓으면서 '도서관 여행'을 이어 가다가, 묻히고 버려진 '도서관 이야기'에 관심이 생겼습니다. 그렇게 만난 도서관의 '사소한 이야기'를 글로 쓰기 시작했고, 그렇게 시작한 《오마이뉴스》 연재가 〈도서관 그 사소한 역사〉입니다.《오마이뉴스》통해 16개월 동안 연재한 내용을 묶어, 책으로 선보입니다.

　우리 도서관 중에는 도서관사圖書館史에서 의미 있는 도서관도 있지만, 우리 근현대사의 중요한 순간과 함께한 도서관들이 있습니다. 그런 '역사 속 도서관'과 '도서관 속 역사' 이야기를 써 보자는 생각에서 이 책은 탄생했습니다. 우리 역사와 교차하는 지점에 서 있던 도서관을 찾아 기록해보자는 게 글을 쓴 의도입니다.

　이 책은 도서관에 대한 이론이나 전문적인 견해를 피력하는 내용이 아닙니다. 그럴 깜냥도 아니고, 글을 쓴 목적도 그렇지 않습니다. 도서관에 관심 있는 분에게 도서관에 얽힌 '이야기'를 들려 드리면 좋겠다는 생각으로 썼습니다.

이 땅, 우리 도서관 이야기

　이 책은 감탄이 절로 나오는 해외 도서관 이야기가 아닙니다. 다른 나라 도서관을 구경 다니기도 하고, 해외 도서관에 대한 책을 열심히 읽지만, 그럴수록 '우리 도서관은 왜?'라는 질문에 사로잡히곤 했습니다. 그래서 '이 땅의, 우리 도서관' 이야기에 관심을 기울이기 시작했습니다. 공간적으로 이 땅의 도서관에 천착하면서, 시간적으로는 '우리 시대'에 머물지 않고, 우리 시대의 도서관을 만든 '역사'를 찾아 나섰습니다.

　'도서관의 오늘'은 '도서관의 어제'가 하루하루 쌓인 결과입니다. '도서관의 현재'를 만든 '도서관의 과거'를 만나기 위해 대한제국부터 대한민국까지, 이 땅에 명멸했던 도서관을 찾아다녔습니다. 가끔은 도서관이 사라진 '폐도서관지'에서 그 자리에 있던 도서관을 상상하며, 그 의미를 되새겨 보려고 했습니다. 때로는 우리 역사와 교차하는 지점에 서 있던 도서관 이야기를 접하며, 흥분하기도 안타까워하기도 했습니다.

답사와 함께, 도서관조차 제대로 남겨두지 않은 '흔적'을 찾아 책과 논문을 뒤졌습니다. 그렇게 흩어진 퍼즐을 맞추듯, 도서관 이야기를 정리하기 시작했습니다. 도서관에 점점이 흩어진 '이야기'를 모아, 도서관에 서린 '역사'를 선으로 이어 보자는 생각을 했습니다.

역사의 무대, 한국 도서관

도서관은 탈정치적인 공간으로 보이지만, 가장 정치적인 공간이자 뜨거운 역사의 현장입니다. 우리 도서관은 '역사책을 소장한 공간'인 동시에, '역사를 바꾼 무대'이기도 합니다. '오늘의 도서관'은 당대 정치·경제·사회·문화의 영향을 받은 산물인 동시에, 사서를 비롯한 도서관인과 시민이 함께 응전해 만든 결과물입니다. '오늘의 도서관'이 지닌 빛나는 모습은, 과거 도서관인과 시민이 '어제의 도서관'에서 치열하게 싸우며 얻은 성과의 축적입니다. 반대로 도서관이 지닌 문제와 모순은 과거 우리가 외면했거나, 해결하지 못한 현실이 누적된 결과입니다.

혹자는 고리타분한 '도서관의 과거'에 왜 집착하는지 궁금해하기도 합니다. 도서관의 과거만큼, 현재와 미래에도 관심이 많습니다.

들어가는 말

하지만 '왔던 길(과거)'을 모르고, 어찌 '선 자리(현재)'를 알 것이며, 어떻게 '갈 길(미래)'을 밝힐 수 있을까 생각했습니다. '도서관의 사소한 역사'에 관심을 가진 이유는 이 때문입니다. 이 과정에서 도서관 분야 친일과 문헌정보학의 식민성 같은 불편하고, 거북한 이야기를 쓰기도 했습니다. 아울러 '역사의 현장에서 도서관은 무엇인가?'라는 문장을 화두처럼 지니고 글을 썼습니다.

도서관이 주인공인 '도서관 역사'

그동안 '도서관 역사'를 다룬 책에서 도서관은 '주인공'이 아니었습니다. 이 책은 도서관을 주인공으로 내세운 도서관 이야기입니다. 30개 도서관을 통해 우리 근현대사와 도서관 역사를 톺아보자는 취지로 글을 썼습니다.

기회가 닿으면, 도서관 역사를 사마천이 《사기》를 집필할 때 활용한 '기전체紀傳體' 형식으로 써 보면 좋겠다는 구상을 가지고 있습니다. 이 책은 주요 도서관을 중심으로 도서관 역사를 기술한 '본기本記'에 해당합니다. '열전列傳'에 해당하는 '도서관 인물사'는 따로 선보일 예정입니다.

이 책은 전체 4부로 구성했습니다. 1부는 도서관과 정치, '정치적인 공간'으로서 도서관 이야기를 다뤘습니다. 2부는 지배 권력에 맞서 시민이 '투쟁의 무대'로 활용한 도서관 역사를 담았습니다. 3부는 정치 권력이 설립해서 운영한 국가도서관 이야기를 정리했습니다. 4부는 잘 알려지지 않았던 도서관 이야기를 따로 모았습니다.

각 부를 한 권의 책처럼 읽으셔도 되고, 관심 가는 도서관 이야기를 골라 읽어도 됩니다. 본문 뒤에 부록처럼 '이 책에 나오는 도서관과 답사지 정보'를 정리했습니다. 도서관 역사를 '답사'하고 '여행'할 때 도움이 되면 좋겠습니다.

도서관이라는 '거인의 어깨' 위에서

　'도서관에 대한 이야기'라서, 가능하면 '도서관에 있는 자료'를 바탕으로 글을 썼습니다. 이 과정에서 어려웠던 점은 역시 '자료 찾기'였습니다. 하나의 도서관을 쓸 때마다 수많은 책과 논문을 뒤지는 과정을 거쳤습니다. 자료가 여러 도서관에 흩어진 경우가 많아서, 자료를 찾고 취재하러 다니는 과정에서 상당한 '발품'을 팔아야 했습니다.

　도서관이 자신의 역사와 기록을 제대로 챙기지 않은 경우가 허다하고, 해당 도서관 역사에 정통한 이를 만나기도 쉽지 않았습니다. 도서관 역사를 다룬 문헌이 흔치 않아, 여러 자료에 조금씩 흩어져 있는 도서관 이야기를 '캐내는' 과정이 어려웠습니다. 이런 과정을 통해 모인 사실을, 어떤 '관점'으로 정리할 것인가도 수월치 않았습니다. 능력이 부족한 탓이겠지만, 도서관을 답사하고, 자료를 찾아 모으고, 쓰는 과정 모두 만만치 않은 과정이었습니다.

　책을 쓰는 과정에서 은평뉴타운도서관을 비롯한 은평구 공공도서관, 종로도서관, 서대문도서관, 정독도서관 그리고 전국 여러 공공도서관과 대학도서관 장서의 도움을 받았습니다. '도서관'이라는 '거인의 존재' 덕분에 책을 완성할 수 있었습니다.

많은 분의 도움과 응원 덕분에

이 책은 많은 분의 도움과 응원 덕분에 탄생했습니다. 먼저 도움을 주신 분들입니다. 《오마이뉴스》 이주영 기자님은 연재할 기회를 마련해 주셨고, 건국대학교 김해경 교수님은 윤익선의 경성도서관 위치 확인에 도움을 주셨습니다. 메이지대학 미우라 타로三浦太郎 교수님은 도서관의 연원에 대한 정보를 제공해 주셨고, 한남대학교 문헌정보학과 김보일 교수님과 대진대학교 문헌정보학과 심효정 교수님은 자료를 공유해 주셨습니다. 아울러 서울특별시교육청용산도서관 박경옥 관장님, 민족문제연구소 대구지부 오홍석 지부장님, 부마민주항쟁기념사업회, 전남대학교 문화전문대학원 장소마케팅연구센터에서 자료를 제공해 주셨습니다. 또한 서울특별시교육청강서도서관 이미정 관장님, 서울특별시교육청종로도서관 송영규 주무관님, 성동구립 청계도서관 이명재 사서님을 비롯해서, 자료와 정보를 구하는 데 도움 주신 여러 도서관 사서와 관계자분께 감사드립니다. 여러분 덕분에 책의 완성도를 높일 수 있었습니다. 부족한 글을 책으로 완성해 주신 한겨레출판 최진우 팀장님과 관계자분께도 감사드립니다.

각별한 관심과 함께, 응원을 해 준 분들도 있습니다. '글쓰기의 세계'로 이끌어 준 유나경 선배, 도연문고 대표이자 한국도서관사연구회를 이끌고 있는 이용훈 회장님, 송곡관광고등학교 사서교사 이덕주 선생님, 한국문화정보원 정운현 원장님, 한국도서관협회 이정수 사무총장님, 전국사서협회 박년수 선배님, 동대문구정보화도서관 이우정 전 관장님, 경북대 문헌정보학과 이종현 선배님, 구완회

작가님, 노원구립 화랑도서관 김선영 관장님, 한성대학교 문헌정보학과 이용남 명예교수님과 박지영 교수님, 책읽는사회문화재단 안찬수 상임이사님, 구산동도서관마을 박현주 전 관장님, 울산 강동바다도서관 최진욱 사서님, 응암정보도서관 강찬욱 사서님, 하이텔 시절부터 수십 년 동안 인연을 이어 온 열린도서관OLIB 회원들, '도서관 역사 이야기'를 꼭 책으로 발간해 달라고 응원해 준 독자들까지……. 많은 분의 관심과 응원 덕분에, 책을 출간하게 되었습니다.

《오마이뉴스》 연재를 이혜숙 님과 함께했습니다. 이혜숙 님과 함께하지 않았다면, 이 책은 탄생할 수 없었을 겁니다. 연재를 함께한 이혜숙 님과, 사랑하는 딸 봄이, '책의 세계'로 이끌어 주신 어머니, 누나, 가족에게 특별한 감사의 마음을 전합니다.

도서관 덕후가 도서관에 바치는 헌사

1945년 우리는 해방을 맞았습니다. 일본인 위주로 운영되었던 '그들의 도서관'은 '우리의 도서관'으로 바뀌기 시작했습니다. 도서관 분야에서 '역사적 전환'이 일어난 지 80년이 지났습니다. 2025년, 해방 80주년이라는 뜻깊은 해를 맞아 '도서관 역사 이야기'를 선보일 수 있어서 기쁘네요. '도서관 덕후'가 우리 도서관에 바치는 '헌사'로 봐 주시면 좋겠습니다. 묵묵히 우리 도서관 현장을 지켜 온 도서관인과 도서관을 사랑하는 모든 분께 이 책을 바칩니다.

2부 • 혁명과 민주화 투쟁의 무대

3부 · 제국부터 민국까지, 국가도서관 이야기

4부 • 사서도 모르는 도서관의 숨은 역사

1부

도서관의
정치학

성균관 존경각

종로도서관

정독도서관

도곡정보문화도서관

서울특별시교육청어린이도서관

경성제국대학 부속도서관

철도서관

용산도서관

우리가 유서 깊은
대학도서관을 갖지 못한 이유

성균관 존경각

　'성균관成均館'의 역사는 고려 때로 거슬러 올라간다. 1298년 고려 충렬왕은 최고 교육 기관 '국자감國子監'의 이름을 '성균감成均監'으로 바꿨다. 성균감이라는 이름은 1308년 '성균관'으로 바뀐다. 고구려의 태학太學과 신라의 국학國學, 고려의 국자감으로 이어진 국가 최고 교육 기관 역사에, 성균관이 이름을 올린 건 이때부터다.

　나라 이름을 '고려'에서 '조선'으로 바꾼 후에도, 성균관이라는 이름은 그대로 쓰였다. 1398년 7월 성균관은 조선의 새 도읍 한양漢陽 숭교방崇教坊(지금의 명륜동)에 대성전大成殿과 명륜당明倫堂 건물을 세웠다. 고려에 이어 조선 최고 교육 기관으로서 위상도 이어 갔다. 대학로로 유명한 동숭동東崇洞은 숭교방의 동쪽 동네라는 뜻이다.

조선 시대부터 이 일대는 '대학가'였다.

•

성균관 유생들의 나날

조선 최고 교육 기관, 성균관에 입학하기는 쉬웠을까? 조선의 과거 시험은 대과大科와 소과小科로 나뉜다. 성균관은 과거 1차 시험이라 할 수 있는 소과, 즉 생원시生員試와 진사시進士試 합격자에게 입학 자격을 부여했다. 입학시험을 따로 치거나 음서제蔭敍制를 통해서도 입학할 수 있었다.

성균관에 입학했다고 해서, 과거 시험에 바로 응시할 수는 없었다. 출석 점수가 300점을 넘어야, 대과 초시에 응시할 자격을 부여했다. 출석 원점은 성균관 식당에 비치한 명부에 아침저녁마다 점을 표시하도록 했고, 아침과 저녁 식사 때 두 번 모두 표시해야 원점 1점을 받았다. 실력이 뛰어난 신입생일지라도 일 년 가까이 성균관 생활을 거쳐야, 과거 응시가 가능했다.

학비와 숙식비, 학용품비는 모두 국가에서 부담했다. 학생 입장에서는 '전액 무료'였다. 중도 자퇴하는 학생에게만 재학 기간 학비와 숙식비를 추징했다. 사교육비 부담이 큰 오늘날 관점으로 봐도 국가가 전액 비용을 부담한 조선의 고등교육 정책은 새롭다.

성균관의 졸업 자격은 어땠을까? 과거 시험에 최종 합격해야 성균관을 졸업할 수 있었다. 과거 합격자가 나오지 않으면, 성균관 정원에 여유가 생기지 않아 입학하고 싶은 사람도 들어가기 어려웠다. 성균관 학생 정원은 초기 150명에서 나중에 200명으로 늘었지

1부 도서관의 정치학

성균관 명륜당

'명륜당'은 성균관의 강의 공간이다. 성균관 유생의 과거 시험 장소로도 쓰였다. 명륜당
은 임진왜란 때 불탔다가 1606년(선조 36년) 다시 지었다. 한국전쟁 직후 명륜당은 '임시
도서관'으로 쓰이기도 했다. ⓒ 백창민

만, 성균관 유생의 과거 합격률이 높지 않으면, 성균관 입학률도 함
께 낮아졌다.

성균관 유생이 과거 공부만 한 건 아니다. 오늘날 대학가에서 볼
수 있는 신입생 환영 행사가 있었고, 학생회라 할 수 있는 재회齋會,
학생 대표인 장의掌議도 두었다. 정치 상황에 민감하게 반응해서 집
단 상소를 올리거나, 수업 거부 같은 집단행동을 하기도 했다. 성종
때는 행실과 평판이 나쁜 성균관 교관을, 선조 때는 문제 있는 조정
대신, 관원, 내관을 비판하는 글을 써 붙였던 벽서壁書 사건이 일어
나기도 했다.

성균관 유생은 상소를 올리는 유소儒疏뿐 아니라 성균관에서 퇴

거하는 공관空館, 기숙사를 비우는 공재空齋, 식당에 들어가지 않는 권당捲堂처럼, 다양한 방식으로 '정치 의사'를 표출했다. 유소를 하는 과정에서 유생이 줄을 지어 경복궁까지 행진하기도 했다. 우리 학생운동 역사가 '유구'했을 뿐 아니라 대자보 부착, 수업 거부, 집단 행동, 가두 행진 같은 시위 방법이 조선 시대부터 있었음을 알 수 있다. 폭군 연산군은 성균관 유생의 국정 비판을 금지했을 뿐 아니라, 창덕궁 후원과 가까웠던 성균관의 철거를 명하기도 했다. '학생운동 역사'뿐 아니라 '학생운동 탄압사'도 오래되었음을 알 수 있다.

조선 최고 교육 기관답게 성균관 출신의 면면도 화려하다. 정도전, 권근, 김종직, 정여창, 김굉필, 김일손, 조광조, 이황, 이이, 유성룡, 이항복, 최명길, 윤선도, 정약용, 김정희, 박규수, 최익현, 김창숙, 신채호처럼 조선을 이끈 인재는 모두 성균관 출신이라 해도 과언이 아니다.

●

성균관의 도서관, 존경각

한국은행에서 발행하는 1000원권 지폐에는 퇴계 이황 선생과 함께, 성균관 명륜당이 배경으로 등장한다. 1000원권에 퇴계와 함께 명륜당을 인쇄한 이유는, 퇴계가 성균관 총장 격인 대사성大司成을 역임했기 때문이다. 명륜당은 성균관의 강의실이고, 명륜당 바로 뒤에 있는 건물이 '존경각尊經閣'이다. 존경각은 성균관에서 도서관 역할을 한 곳으로, 조선 시대를 통틀어 유일한 '대학도서관'이다.

성균관에 존경각을 설치한 시기는 조선 성종 때다. 책이 부족해서 유생이 어려움을 겪자, 한명회를 비롯한 대신이 임금에게 청을 올렸다. 1475년 성종은 신하의 요청을 받아들여 많은 책을 하사하고, 책을 보관할 건물을 짓도록 했다. 존경각이라는 이름도 성종이 직접 지어 하사했다. '존경尊經'은 '경서經書를 소중하게 보관하라'는 뜻이다. 개교 77년 만에 성균관은 도서관을 갖게 되었다.

건립 이후 40년을 이어 오던 존경각은 1514년 12월 2일 밤 원인 모를 화재로, 수만 권의 책과 건물을 모두 잃었다. 존경각 안으로부터 불이 났기 때문에, 책을 훔치다가 화재가 난 걸로 추정되었고, 중종中宗은 의금부를 통해 관원과 노비를 조사하도록 했다. 이듬해인 1515년 중종은 존경각을 다시 짓고, 책을 새롭게 비치했다.

1592년 일어난 임진왜란으로 존경각은 건물과 소장했던 책을 모두 잃고 만다. 현재의 건물은 1626년 인조 때 다시 지었고, 1772년 영조 때 보수를 거쳤다. 건물을 새로 지었지만, 전쟁이 존경각 장서藏書에 입힌 타격은 심각해서, 현종 때인 1663년 무렵 존경각 소장 도서는 200~300권에 불과했다.

●

책, 사람, 시설을 두루 갖춘 도서관

존경각에는 어떤 책이 있었을까? 초기에는 경經, 사史, 제자백가諸子百家, 잡서雜書를 비롯해, 수만 권이 있었다고 한다. 성균관이 과거 시험을 준비하는 교육 기관이었던 만큼 사서四書, 오경五經 같은 유가儒家 서적 위주였을 것으로 보인다. 책은 자체적으로 발간해서 비치하거나, 임금에게 하사받았고, 교서관校書館 같은 중앙관청과

존경각

존경각은 조선 시대 유일한 대학도서관이었다. '존경'이라는 이름은 책을 소중히 간직하라는 뜻으로 성종이 하사했다. 일제강점기 존경각의 모습(위 © 조선고적도보)과 현재의 모습 (아래 © 백창민)

　　　　　　　　　　　　　　　　　　　1부 도서관의 정치학

지방관청의 발간 도서를 기증받기도 했다.《경국대전經國大典》〈장문서조藏文書條〉에는 납본 제도처럼 나라에서 발간하는 모든 책을 1부씩 성균관에 보내도록 하는 규정이 있었다.

존경각 장서에 변화가 생긴 시기는, 1895년 고종이 성균관에 경학과經學科를 설치하면서부터다. 근대화를 위한 교육 기관으로 경학과를 설치하면서, 사서오경 외에 역사, 지리, 수학 과목을 가르쳤고, 존경각 장서에도 해당 분야 책이 추가되었다.

존경각은 책을 어떻게 소장하고 관리했을까? 정면 3칸, 측면 2칸 크기인 존경각은 건물 벽면에 서가를 둘러 책을 비치했다. 책은 요즘처럼 서가에 세워서 꽂지 않고, 눕혀서 보관했다. 존경각이 어떤 방식으로 책을 분류했는지 알려지지 않지만, 동양에서 전통적으로 사용한 경經, 사史, 자子, 집集 네 가지 분류를 사용한 것으로 보인다. 존경각 내부는 마루방 구조로 책을 읽을 수 있는 열람석은 따로 없었다. 읽고 싶은 책을 대출받아 이용하는 방식, 즉 '폐가제'로 운영했다. 이용자는 주로 성균관 유생이었고, 관원이나 다른 관청에서 빌려 가기도 했다. 일반 백성은 이용할 수 없었다. '대학도서관'이되 '공공도서관'은 아니었다.

존경각 책의 관리, 대출과 반납을 담당하는 관원이 따로 있었다. '책색관冊色官'이라고 불렀다. 지금으로 치면 사서司書다. 설립 초기에는 성균관 관원 중 정4품 '사예司藝'와 정8품 '학정學正'이 책의 대출 반납을 담당했다. 존경각 관원은 선조 때를 전후로 정4품 사예와 정6품 '전적典籍'으로 바뀌었다. 존경각은 도서관의 3요소인 책, 사람, 시설을 두루 갖춘 곳이었다.

화재와 전쟁뿐 아니라 책이 귀한 시절이라 분실하는 경우도 꽤 많았다. 정조 시대 학자 윤기尹愭는 성균관에서 지낸 20년 생활을 〈반중잡영泮中雜詠〉이라는 시로 썼다. 이 시를 통해 윤기는 '만 권의 책이 있었는데 층층의 서가가 거의 비었다'라는 기록을 남겼다. 정조는 존경각에 책을 새로 비치하면서, 정5품 '직강直講'과 정6품 '전적'으로 하여금 책의 출납을 담당토록 했다. 책을 제대로 관리하지 못할 경우, 나라 재산을 지키지 못한 죄로 엄하게 다스리겠다고 하교했다. 왕실도서관 '규장각奎章閣'을 세워 통치에 적극 활용한 정조답다.

존경각은 관원이 근무하는 낮에만 개방해서, 관원이 없는 시간에는 도서관을 이용할 수 없었다. 고종 때에 이르러 유생의 편의를 위해, 학생 대표 장의가 책 대출을 담당토록 했다. 일 년에 한 번은 책의 습기를 햇볕에 말리는 포쇄曝曬를 시행했다.

●

일제강점기와 해방 이후 존경각의 운명

성균관은 갑오개혁으로 과거 제도가 폐지되고, 1910년 일제가 대한제국 국권을 강탈하면서 대학의 기능을 잃었다. 일제 강압으로 성균관이 문묘文廟 제사만 담당하는 경학원經學院으로 바뀌자, 존경각 또한 '대학도서관'이 아닌 '책 보관소'로 전락했다. 존경각이 소장했던 5만여 권 중 3만여 권은 경성제국대학 설립 후 부속도서관으로 옮겨졌다. 경성제국대학 도서관으로 옮긴 존경각 장서는, 다시 존경각으로 돌아오지 않았다. 경학원으로 바뀐 성균관도 '인재의 산실'이 아니라 '친일파의 소굴'로 변질되었다.

일제가 무단 통치에서 문화 통치로 전환하자, 경학원은 1930년 명륜학원明倫學院을 설립해 교육 활동을 이어 갔다. 명륜학원은 1939년 명륜전문학원, 1942년 명륜전문학교로 승격했다. 태평양전쟁이 한창인 1943년 경학원이 갑자기 폐교되면서, 존경각도 문을 닫았다.

일제에 의해 폐교된 성균관의 명맥은 해방 후 다시 이어질 수 있었으나, 1946년 국립서울대학교 설립안(국대안) 파동 때 국립대학으로서 성균관의 부활은 거론조차 되지 않았다. 1946년 9월 25일 심산心山 김창숙金昌淑 주도로 성균관대학이 출범했지만, 고려부터 조선까지 국가 최고 교육 기관이었던 위상은 아니었다. 성균관은 최고 인재를 양성하는 국립대학이 아닌, 여느 대학 중 하나가 되었다. '유일한 최고 대학only one'에서 '여러 대학 중 하나one of them'로 위상이 달라졌다.

성균관이 대학 기능을 되찾으면서, 존경각도 대학도서관으로 부활해, 1950년에는 7만 권에 달하는 장서를 갖췄다. 장서량이 늘면서, 한때 근처에 있는 비천당丕闡堂을 서고와 열람실로 쓰기도 했다. 한국전쟁 때 북한 수송 부대는 성균관대학에 주둔했고, 건물 곳곳에 군수 물자를 보관했다. 유엔군이 서울을 탈환하자, 북한군은 퇴각하면서 불을 질렀고, 존경각 장서 역시 이 과정에서 불타고 말았다.

한국전쟁 후 서울로 복귀한 성균관대는 명륜당을 수리해, 도서관으로 임시 사용하기도 했다. 1953년 종합대학으로 승격한 성균관대는 1956년부터 도서관 공사를 시작했다. 1959년 4월 10일 중앙도서관이 문을 열면서, 존경각은 새 도서관에 장서와 기능을 내주고 건물만 남게 되었다.

1959년 문을 연 성균관대학교 옛 중앙도서관은 1139평 규모의 철근콘크리트 구조였다. Y자 형태 건물로 신종식이 설계했다. 경사지에 지어서, 앞면은 5층, 뒷면은 3층이었다. 연구실과 일반 열람실, 귀중 도서 열람실, 참고도서 열람실, 사진 열람실, 학술지 및 잡지 열람실, 고시반실을 갖췄다. 바닥에 고무 타일을 깔고, 방음을 위해 천장은 이중으로 공사했다. 수세식 화장실을 갖춘, 당시 기준으로 최신 도서관이었다.

1987년 9월 성균관대학교는 기존 중앙도서관 건물을 헐고, 그 자리에 3200여 평 규모의 새 도서관을 지었다. 2004년 2월 성균관대학교는 중앙도서관 명칭을 '학술정보관'으로 변경했다. 2009년 수원 자연과학 캠퍼스 과학도서관을 철거하고, '삼성학술정보관'을

성균관대학교 중앙학술정보관
성균관대학교는 1959년 4월 10일 중앙도서관을 신축했다. 1987년 9월 건물을 새로 지어 '중앙도서관'을 개관했고, 2004년 2월에 '학술정보관'으로 이름을 바꿨다. 중앙학술정보관 앞에는 독립운동가이자 성균관대 초대 총장인 심산 김창숙 선생의 동상이 있다. ⓒ 백창민

새롭게 세웠다. 용재관, 헬렌관처럼 '사람을 기념'하던 대학도서관은 '기업과 자본을 기념'하는 공간으로 바뀌었다. 2000년 3월 성균관대학교는 중앙도서관 고서실古書室과 대동문화연구원 자료실을 존경각이라는 이름으로 통합하여, 동아시아학술원 산하 국학國學 및 동양학東洋學 전문 도서관으로 새롭게 출범시켰다.

●

역사와 전통이 빛나는 대학도서관을 갖지 못한 이유

조선 시대 도서관의 흔적은 집현전, 홍문관, 규장각 같은 궁궐 도서관을 제외하면 찾기 어렵다. 궁궐 밖에서는 성균관 서원, 향교, 사찰처럼, 책을 모아 둔 공간에서 도서관의 명맥을 찾을 수 있다. 성균관 존경각은 최고 교육 기관에 존재했던 유일한 도서관이라는 점에서 의미 있는 공간이다.

성균관은 이탈리아 볼로냐대(1088년), 영국 옥스퍼드대(1096년), 프랑스 소르본대(1150년), 영국 케임브리지대(1209년), 독일 하이델베르크대(1386년), 독일 쾰른대(1388년)에 이어, 세계에서 일곱 번째로 오랜 역사를 갖는 대학으로 꼽히기도 한다. 하지만 일제강점기를 거치면서, 조선 최고 교육 기관과 도서관의 전통은 이어지지 않고 끊겼다.

해방 후 미군정은 일제 통치 기구를 존속시키는 동시에, 교육 분야에서도 '현상 유지' 정책을 취했다. 국립대학 역시 성균관의 부활이 아닌, 일제가 만든 경성제국대학의 유지와 개조를 택했다. 미군정의 대학 정책도 영향을 미쳤지만, 우리가 자력으로 근대화에 성공하고, 그 중심에 성균관 인재가 있었다면, 또는 일제강점기 독립운동 과정에서 유림儒林과 성균관 인재가 전면에 나섰다면, 성균관과 존경각의 위상은 달라졌을 것이다.

　양반 계급 인재 재생산 기관인 성균관에 그 질서를 부수고, 변화를 선도하라는 건 애초부터 무리한 기대였을까? 3·1 운동을 주도한 민족 대표 33인에 유림이 단 한 명도 없음을 알고, 심산 김창숙은 통곡했다고 했던가. 심산은 망국에 가장 큰 책임이 있는 양반이 독립운동 과정에 적극적으로 참여하지 않아, '더럽고 썩은 유림'이라는 비판을 피할 길이 없음을 통탄했다. 한일 강제병합 후 일제로부터 작위를 받은 상당수 또한 유림이자 양반이었다.

　존경각 책이 흩어져 사라진 것처럼, 조선 왕조를 지탱하던 제도와 기반도 붕괴했다. 그리고 고려 국자감 때부터 이어 온 성균관의 빛나는 역사와 전통도 여기서 그쳤다. 존경각 역시 이름은 이어졌지만, 건물만 덩그러니 남았다. 옥스퍼드 보들리언 도서관Oxford Bodleian Library, 케임브리지 렌 도서관Cambridge Wren Library, 더블린 트리니티 칼리지 도서관Library of Trinity College Dublin처럼 역사와 전통을 자랑하는 대학도서관을 우리가 가질 수 없었던 이유는 이 때문이다. 한때 조선을 지탱하는 인재의 산실 성균관과 이를 뒷받침한 존경각은 그래서 더 쓸쓸해 보인다.

'용산 대폭격'으로 사라진
식민지 조선의 3대 도서관

철도도서관

1875년 9월 20일 운요호雲揚號 사건을 일으킨 일본은 이를 빌미로 1876년 2월 3일 〈조일수호조규朝日修好條規〉, 이른바 '강화도조약江華島條約'을 체결하며, 한반도 침략의 교두보를 마련했다. 일제가 학술 조사를 빌미로 조선에 철도국 측량팀을 파견 시기는 1892년 8월이다. 조선에 파견된 고노 다카노부河野天瑞를 비롯한 측량팀은, 386킬로미터에 달하는 경부선 예정 노선의 측량과 답사를 2개월 만에 마치고, '보고서'를 제출했다.

동학농민전쟁과 청일전쟁이 터진 해가 1894년이고, 대한제국이 일본의 속국으로 전락한 을사늑약乙巳條約 체결 시기가 1905년이다. 일제가 '조선 철도' 부설에 얼마나 일찍부터 관심을 가졌는지 알 수 있다. 일제는 한반도와 대륙 침략을 위한 핵심 인프라로 철도의 중요성을 깨닫고, 일찍부터 준비를 시작했다.

1895년 청일전쟁에서 승리하며, 한반도 지배에 한발 더 다가선 일제는, 1898년 미국인 제임스 모스James R. Morse로부터 경인선 부설권을 사들였다. 1898년 공사를 시작해서 1899년 경인선 개통, 1905년 경부선 개통, 1906년 경의선 개통까지, 일제는 착공 8년 만에 한반도를 '종단'하는 철도 노선을 '속도전'으로 완성했다.

●

탈아입구를 위한 일제의 핵심 인프라, 철도

일본 본토의 도카이도선東海道線(556.4킬로미터) 건설 기간은 26년, 산요 본선山陽本線(528.1킬로미터)은 완공까지 18년이 걸렸다. 본토에서 걸린 철도 부설 기간을 감안하면, 경부선(579.9킬로미터) 3년, 경의선(716.4킬로미터) 2년이라는 건설 기간이 얼마나 짧았는지 알 수 있다. 일제는 놀라운 속도로 한반도 종단 철도를 완공했다.

1911년에는 압록강철교가 놓이면서, 한반도와 중국 대륙을 잇는 '철로'가 뚫렸다. 이때부터 도쿄에서 한반도를 거쳐, 시베리아 횡단 철도를 경유, 모스크바와 베를린, 파리까지 철도로 여행하는 게 가능해졌다. 분단 때문에 지금은 불가능하지만, 지금으로부터 100년 전, 우리는 경성이나 부산에서 기차를 타고 유럽에 갈 수 있었다.

일제는 1914년에 호남 곡창 지대를 지나는 호남선과 북부 광공업 지대를 잇는 경원선을 부설했고, 1919년 말에는 총연장 2197킬로미터에 달하는 한반도 철도망을 완성했다. 이렇게 완성된 한반도 철도망은 일제의 자본, 상품, 군대, 과잉인구를 실어 나르고, 원료, 식량, 노동력을 수탈하는 '대동맥'의 역할을 했다. 일본 농업 이민의 특징 중 하나가, 일본인을 철로 주변에 정착시켰다는 점이다. '식민植民'이라는 용어가 사람을 심는다는 의미인 것처럼, 철도는 일제 식민 사업의 거점이자 근간이었다. 동시에 일제가 조선에 부설한 철도망은, 일본 본토의 과잉 인구와 식량 문제, 경제 위기 해결에 큰 기여를 했다. 아시아를 벗어나 서구의 일원이 되겠다는 '탈아입구脫亞入歐'를 위한 일제의 핵심 인프라는 그렇게 완성됐다.

●

일제의 3대 식민 통치 기구

러일전쟁에서 승리한 일제는 1907년 러시아로부터 남만주 철도 경영권을 넘겨받았다. 이후 일제가 설립한 남만주철도주식회사南滿洲鐵道株式會社(이하 '만철')는 남만주 철도 운영을 위한 특수 회사로, 대륙 침략의 전진 기지 역할을 했다.

만철은 1906년 6월 7일 천황 칙령으로 설립한 회사다. 만주에서 일본 식민지 개척과 경영을 대행하고, 정보 수집과 선전 작업을 통해, 군사 활동까지 지원하는 '식민 회사'였다. 만철의 자본금은 2억 엔, 당시 일본 최대 회사였다. 초대 만철 총재는 타이완에서 민정장관으로 능력을 인정받은 고토 신페이後藤新平다. 만철은 1907년 4월 도쿄에서 다롄大連으로 본사를 옮겨, 업무를 시작했다.

〈만철-일본제국의 싱크탱크〉를 쓴 고바야시 히데오小林英夫에 따르면, 만철은 일개 회사가 아니다. 조선총독부, 타이완총독부와 함

남만주철도주식회사(만철)

러일전쟁에서 승리한 후 일제는 포츠머스회담을 통해 '남만주 철도' 경영권을 러시아로부터 넘겨받았다. 남만주 철도 운영과 만주 경영을 위해 일제가 세운 회사가 바로 '만철'이다. 만철은 다롄에 본사를 뒀다. © Wikipedia

께 '일제의 3대 식민 통치 기구'로 꼽힌 조직이다. 주변 국가와 갈등을 줄이기 위해 '회사' 형태를 띠긴 했지만, 만주를 전략적으로 지배하기 위한 '통치 기구'나 다름없었다.

만철은 일제강점기 조선 철도에도 직접 관여했다. 1910년 한일강제병합 이후 일제는 조선총독부에 '철도국'을 신설했다. 조선총독부는 1917년 7월 31일부터 한반도 철도 운영권을 만철에 넘겼다. 만철은 1917년부터 1925년까지 7년 8개월 동안 조선 철도망을 위탁받아 운영했다. 조선과 만주 철도망을 유기적으로 통합해서, 일본제국 내 철도 인프라를 효율적으로 운용하려는 의도였다.

만철을 들여다봐야 하는 이유는 이뿐만이 아니다. 중일전쟁은 1931년 9월 18일 '만주사변'으로부터 발발했는데, 만주사변(류타오

后柳條湖 사건) 발생 현장이 바로 만철의 펑톈奉天 철로였다. 만철과 그 계열사는 철도 운송뿐 아니라 철강, 석탄을 중심으로 문어발식 확장을 통해, 일본식 '자이바츠財閥'의 원형을 형성했다. 일제가 '무적'이라고 자랑했던 '관동군' 역시 철도와 부속 시설을 지키기 위해 만든 만철 철도수비대를 모태로 창설됐다.

만철은 일제의 식민 통치 기구를 넘어, '만주국과 전후 일본 경제 체제를 만들었다'라는 평이 있을 정도로, 일본의 제국 통치와 전후 질서에 큰 영향을 미쳤다. 한국이 일본 경제 모델을 벤치마킹한 점을 고려하면, 만철은 우리가 몰랐던 한국 경제의 '원형'일 수 있다.

●

전후 일본 경제 체제를 만든 '만철'

만철 부서 중 '조사부'는 만주와 몽고, 중국, 러시아, 동남아시아의 각종 자료를 체계적으로 수집·보존·유통하는 거대한 정보기관이다. 이를 위해 만철 조사부는 '도서관'을 운영했다. 1907년 4월 창설된 조사부의 초대 수장은 교토제국대학 오카마스 산타로岡松參太郎 교수다. 그는 만철에 동양 제일의 도서관을 세우겠다는 포부를 가지고 있었다.

만철이 운영한 대표적인 도서관으로는 다롄도서관(1907년 10월 개관), 펑톈도서관(1920년 4월 개관), 하얼빈哈爾濱도서관(1923년 6월 개관)이 있다. 다롄도서관은 동아시아 학술 종합 도서관, 펑톈도서관은 교통 전문 도서관, 하얼빈도서관은 북만주와 북방 전문 도서관을 각각 지향했다.

만철이 도쿄지사에 1908년 설치한 동아경제조사국東亞經濟調査局
도 세계 각지에 대해 폭넓은 정보를 수집했다. 1937년 시점에 만철
동아경제조사국이 소장한 화한서 장서량은 45만 권에 이르렀다. 초
대 총재 고토 신페이가 표명한 '문장적 무비文裝的武備'라는 표현을
상기할 때, 만철 도서관은 만주와 대륙 침략의 '첨병'이나 다름없
었다.

만철이 운영한 도서관은 어느 정도 수준이었을까? 1920년 제
15회 전국도서관대회는 '만선滿鮮대회'라는 이름으로 다롄에서 열
렸다. 이 대회에 참석한 일본 본토의 도서관 관계자도, 만철이 운영
하는 다롄도서관에 깊은 인상을 받았던 모양이다. 본토 도서관보다
만철 도서관을 '한 수 위'로 평가한 걸 보면 말이다.

만철 초대 총재 고토 신페이
고토 신페이는 타이완 총독이었던 고다마 겐타로(兒玉源太郎)에게 발탁되어 총독부 민
정국장을 지냈다. 타이완총독부에서 능력을 인정받은 고토 신페이는 만주 지배 전략을
고심하던 고다마로부터 제안을 받고, 만철 초대 총재로 취임했다. ⓒ Wikipedia

1부 도서관의 정치학

이들 도서관 외에도 만철이 건설한 철로 주변과 일본인이 사는 부속지에 연선沿線도서관이 있었다. 만철이 관리하던 연선도서관은 1937년 12월 1일부터 만주국 소속으로 바뀌었다.

•

거대한 '도서관'이었던 만철 조사부

만철이 건립한 도서관과 별개로, 일제는 중일전쟁을 치르면서 만주, 중국, 동남아시아 점령지에서 귀중한 문헌과 자료를 약탈했고, 이를 보관하기 위한 서고와 도서관을 지었다. 1932년 6월 문을 연 만주국립펑톈도서관도 그중 하나다. 일제는 펑톈 궁전에 있던 사고전서, 청조실록 같은 20만 건의 청나라 문헌을 접수해서 도서관을 만들었다.

중일전쟁이 본격화된 1937년 이후 일제는, 중국과 동남아시아 점령지에서 귀중 문헌과 자료를 체계적으로 수집해서, 일본 본토로 약탈했다. 이를 위해 일제는 '점령지구도서문헌접수위원회'를 따로 만들어 운영하기도 했다. 태평양전쟁이 끝난 후 연합국 사령부GHQ는 일제가 약탈한 도서의 반환을 추진했다. 연합국 사령부의 약탈도서 반환은 우리에게도 적용되었을까? 일제강점기 전부터 일제가 조선에서 약탈한 도서는 제대로 반환되지 않았고, 얼마나 약탈해서 어디에 있는지 우리는 정확히 알지 못한다.

만철에서 흥미로운 조직은 '조사부'다. 조사부는 만철의 '두뇌'이자 방대한 '도서관'이기도 했다. 만주와 대륙에서 일본의 이익을 극대화하기 위해 방대한 조사와 정보를 수집한 부서가 조사부다.

1942년부터 1943년까지 직원 44명이 관동군에게 검거되면서, 조사부 업무는 종료되지만, 한때 만철 조사부는 2300명이 넘는 인원을 자랑하기도 했다.

1945년 8월 시점에 직원 수만 40만 명에 육박한 '만철'은 어떻게 되었을까? 1945년 8월 9일 0시 소련군은 대일 선전포고와 함께, 만주로 진군했다. 8월 20일 소련군은 관동군 사령부를 점령하고, 만주 각지에 있던 만철과 만업의 시설을 접수해서 소련으로 반출했다. 중국과 소련은 만철을 공동 경영하기로 했고, 1945년 9월 22일 중국창춘철도中長鐵道 대표로 소련군 카르긴Kalgin 중장이 부임하면서, 만철의 역사는 종지부를 찍었다.

●

만철이 세운 철도도서관

1917년 7월 31일 만철滿鐵은 철도국의 직제를 폐지하고, 경성부(지금의 서울)에 경성관리국을 설치한 후 조선 철도 운영을 시작했다. 1917년 10월 초대 경성철도관리국장으로 취임한 사람은 만철 이사 구보 요조久保要藏다. 그는 조선 철도 경영에서 얻은 이익금으로, 학교와 도서관 건립을 추진했다. 이 방침에 따라 1919년 4월 1일에는 용산에 '경성철도학교'를 세우고, 1920년 7월 21일 철도학교 옆에 66평 규모로 '만철경성도서관滿鐵京城圖書館'을 개관했다. 만철이라는 회사가 건립했으나, 사실상 일제가 경성에 설립한 첫 도서관이라 할 수 있다.

1925년 4월 1일 만철에 위탁했던 한반도 철도 운영권이 조선총독부로 다시 넘어오게 됨에 따라, '만철경성도서관'은 총독부 철도국 직속 '철도도서관鐵道圖書館'으로 이름을 바꾸게 된다. 1925년 4월 3일 총독부는 진무천황제일神武天皇祭日을 맞아, 조선총독부도서관의 문을 열었다. 철도도서관도 비슷한 시기에 총독부 소속으로 바뀌었다. 한 해 뒤인 1926년 5월 경성제국대학 부속도서관이 개관한 걸 고려하면, 식민지 조선을 대표하는 도서관이 모두 문화 통치기인 1925년 전후 문을 열었거나, 총독부 소속으로 전환되었음을 알 수 있다.

철도도서관은 1927년 11월 2층으로 건물을 증축하고, 1931년 3월 126평 규모 서고를 추가로 늘렸다. 1940년 3월에는 연면적 464평 규모로 도서관 건물을 증축했다. 1943년 12월 1일 조선총독부가 철도·해운·항공·세관 업무를 통합한 '교통국'을 출범시키면서, 철도도서관은 '교통도서관交通圖書館'으로 이름을 바꿨다.

●

식민지 조선의 3대 도서관

개관 초기 철도도서관은 '만철'이라는 회사가 운영하는 사립도서관이었지만, 조선총독부 직속으로 바뀌면서, 운영 재원을 국가로부터 조달하는 '국가도서관'의 성격을 띠게 된다. 장서량과 운영 면에서 조선총독부도서관, 경성제국대학 부속도서관, 철도도서관은 일제강점기 '식민지 조선의 3대 도서관'이라 할 수 있다. 이 중 개관 초기 가장 많은 예산을 사용한 곳은 '철도도서관'이었다.

철도도서관에서 중요한 인물은 하야시 세이치林靖一다. 일본 국립국회도서관에서 일하는 고바야시 마사키小林昌樹의 연구에 따르면, 하야시 세이치는 1913년 조선총독부 철도국 고원雇員으로 채용되었다. 그 후 그는 초대 경성철도관리국장인 구보 요조의 눈에 띄어 도서실에 배속되었다. 1919년 그는 도서관 개관 임무를 맡으면서, 도쿄제국대학에서 도서관학을 공부했고, 일본 본토 도서관을 견학한 후 조선으로 돌아와, 1920년 만철경성도서관을 개관했다. 1922년에는 스물일곱의 나이로 도서관장에 취임했다.

하야시 세이치는 일본식 개가제의 시조로 평가받는 인물이다. 1923년 그는 이용자가 서가에 자유롭게 접근하되, 책 열람을 위해서는 대출을 거치는 '안전개가제安全開架制'를 도입했다. 조선뿐 아니라 태평양전쟁 발발 전, 일본 본토와 식민지 도서관 중 '개가제'를 성공적으로 도입한 유일한 사례였다. 하야시 세이치는 1942년 후루노 다케오古野健雄가 후임 관장으로 부임할 때까지, 22년 동안 철도도서관을 실질적으로 이끈 인물이다. 조선에 머문 일본인 중 '도서관장'으로 가장 오래 일한 사람 역시 하야시 세이치다.

하야시 세이치는 도서 정리와 보관에 관한 책을 여러 권 썼고, 저술과 도서관 경영에서 탁월함을 인정받아, 1941년과 1943년 일본도서관협회JLA 총재상을 수상했다. 일본 도서관 역사상 도협 총재상을 두 번 수상한 사례는 하야시 세이치가 유일하다고 한다. 그는 조선교육회가 개최한 도서관 강습회에서도 단골 강사였다.

•

제국 안에서도 손꼽힌 철도도서관 장서

철도도서관은 책을 얼마나 가지고 있었을까?《조선총독부통계연보》에 따르면, 1930년에 철도도서관은 8만 5140권의 장서를 가지고 있었다. 당시 10만 권을 훌쩍 넘긴 경성제국대학 부속도서관과 10만 1501권을 소장한 조선총독부도서관에 이어, 조선에서 장서가 세 번째로 많은 도서관이었다. 대학도서관인 경성제국대학 부속도서관을 제외하고, 1930년 조선 전체 도서관이 소장한 장서가 31만 5244권임을 고려할 때, 철도도서관은 조선 도서관 장서의 27%를 가지고 있었다.

　조선총독부도서관과 철도도서관 장서를 더하면 18만 6641권으로 조선 도서관 장서의 59%, 경성부에 있던 4개 도서관(조선총독부도서관, 철도도서관, 경성부립도서관, 경성부립도서관 종로분관) 장서를 합하면 23만 979권으로 73%, 장서 1만 권 이상 6개 도서관(조선총독부도서관, 철도도서관, 경성부립도서관, 경성부립도서관 종로분관, 부산부립도서관, 평양부립도서관)이 가진 장서를 합치면 25만 3270권으로 80%를 차지했다.《조선총독부통계연보》에 실린 전체 도서관 수가 50개임을 고려할 때, 나머지 44개 도서관이 가진 장서를 모두 합쳐도 6만 1974권으로, 조선 전체 도서관 장서의 20%에 불과했다. 일제강점기 조선은 도서관 수도 절대적으로 부족했지만, 장서 역시 특정 도서관에 '편중'되어, 대도시가 아닌 지역에서는 근대 문화시설인 도서관을 향유하는 것 자체가 불가능했다. 철도도서관 장서는 1945년 해방 시점에는 23만 5193권에 달했다.

　'철도'는 대륙 침략과 조선 통치의 핵심 인프라였다. 철도도서관 역시 철도를 효율적으로 운영하기 위한 목적으로 세웠다. 도서관 명칭은 계속 바뀌지만, 개관 당시부터 변하지 않은 부분이 있다. 철도도서관의 인적 구성을 일본인 위주로 하고, 조선인은 배제했다는 점이다. 철도도서관 직원 수는 20명 내외에서 태평양전쟁 막바지에는 60명까지 늘어나지만, 직원은 모두 일본인으로 구성했다. 조선인은 5~6명 정도만 고용원으로 채용했다. 일제강점기 후반부터 조선총독부도서관 직원 상당수가 조선인이었다는 점을 고려하면, 철도도서관의 인적 구성은 특기할 만하다. 일제가 철도뿐 아니라 철도도서관 역시 식민 지배의 핵심 기구로 여겼음을 알 수 있다.

흥미로운 대목은 '전문도서관'이자 '특수도서관'으로 문을 연 철도도서관이, 나중에는 일반에게 자료를 공개하고, 순회문고를 운영하면서 '공공도서관' 기능을 확대했다는 점이다. 이에 따라 교통과 공학 분야 책(17%)뿐 아니라, 일반 이용자를 위한 문학과 어학 책(30%)도 상당량을 입수해서 비치했다.

•

철도가 바꾼 '독서 문화'

철도도서관은 열차에서 책을 읽을 수 있도록 '철도문고'도 운영했다. 부산에서 만주 신징新京에 이르는 구간과 경성과 나진, 청진, 목포를 달리는 열차에, 42개 상자에 달하는 '열차문고'를 운영했다. 아카스키曉와 히카리光 같은 특급 열차의 '전망차'에는 독서를 위한 안락의자와 함께, 대중적인 책 40종과 잡지 24종, 팸플릿 10종을 비치했다. 열차 안에 별도의 '도서관' 공간을 마련한 셈이다. 보통 열차에도 종수는 적지만, 책과 잡지, 팸플릿을 비치했고, 일정 기간마다 책과 잡지를 교체했다. 1935년 시점에 4만 6087명의 승객이 '철도문고'를 통해 5만 507권의 책을 빌려 읽었다.

철도망 확대로 지루한 열차 여행을 달래 줄 '열차 안 독서'가 출현했다. 독서 문화에도 변화를 가져왔는데, '음독音讀'이 '묵독默讀'으로 변화하는 계기로 작용했다. 근대 이전에는 책을 읽을 때 소리 내어 읽는 음독이 독서의 주류를 형성했다. 근대 학교 제도와 공공도서관의 확대, 철도와 같은 교통 수단의 보급은 '음독'이 소리 없이 책을 읽는 '묵독'으로 바뀌는 계기가 되었다.

철도라는 이동 수단을 통해 여행이 일반화되면서, 책의 형태와 종류도 여행에 적합한 방식으로 '진화'했다. 책의 사이즈와 부피를 줄인 펭귄북스 같은 '문고본paperback'이 출현했고, 일본 출판문화를 상징하는 '만화 잡지'도 철도 여행객을 위해 기획되었다.

철도를 통해 신문과 잡지 분야에서 '전국지'가 출현했고, 책의 판매량도 크게 늘기 시작했다. 철도망의 확대는 특정 지역 중심으로 미디어 산업이 재편되는 '일극一極 체제'의 발달을 촉진했다. 일본의 경우 도쿄, 조선은 경성을 중심으로, 신문과 잡지, 출판 산업이 개편되는 결과를 가져왔다.

마크 제퍼슨Mark Jefferson은 1939년 45개 국가를 연구하여, '한 나라 최대 도시는 항상 불균형하게 거대하다'라는 '최대 도시의 법칙the law of the primate city'을 주장한 바 있다. 철도는 미디어 산업 분야에서도 불균형하게 거대한 '최대 도시'의 출현을 초래했다.

●

철도도서관 옛터에 서린 현대사

용산역은 경의선(경성-신의주)과 경원선(경성-원산)의 출발지였고,

경인선과 경부선까지 모두 경유하면서, 교통의 요지로 급부상했다. 그뿐 아니라 용산은 역 앞에 통감부 철도관리국, 철도 관사, 용산동 인병원(철도병원의 전신), 철도종사원양성소(옛 경성철도학교) 같은 철도 핵심 시설이 모여 있는 '철도 기지'이기도 했다. 1908년부터는 용산 철도 기지 주변에 일본군 사령부가 주둔하기 시작했다. 일제 강점기 용산에는 '철도'와 '군대'라는 조선 지배를 위한 핵심 인프라와 물리력이 모두 자리했다.

군부와 철도 기지가 자리하면서, 일본인이 많이 거주한 '신용산'은 철도도서관, 철도박물관뿐 아니라 용산철도국 수영장까지, 각종 문화·체육 시설을 두루 갖췄다. 일본 식민 도시의 특징 중 하나인 '신

철도도서관

1925년 무렵에 촬영한 사진이다. '철도도서관'으로 이름이 바뀌기 전에 촬영한 사진인지, 출입구 오른쪽에 '만철경성도서관'이라는 현판이 보인다. 철도도서관 모습을 확인할 수 있는 드문 사진이다. ⓒ 서울역사박물관

사神社'와 '유곽遊廓'까지 갖춘 신용산은 '신도시'로 급성장했다.

철도도서관은 어디에 있었을까? 용산역사박물관(옛 용산철도병원)을 지나면 용산철도고등학교가 있다. 그 맞은편에 철도도서관과 철도종사원양성소가 나란히 자리하고 있었다. 1937년 일한서방日韓書房이 발행한 《대경성시가지도大京城市街地圖》를 보면, 철도도서관 위치가 정확하게 표시되어 있다. 철도도서관은 용산4구역 용산시티파크1단지 일대에 있었다.

용산4구역 주변에 둔지산 녹지가 있는데, 지금의 용산어린이정원이다. 철도도서관은 둔지산 남쪽에 자리했다. 철도도서관 옛터인 '용산4구역'은 이명박 정부 때인 2009년 '용산 참사'가 발생한 곳이다. 2009년 1월 20일 이곳에서 철거민 5명과 경찰특공대원 1명이 숨지는 '참사'가 발생했다. 용산 참사가 발생한 남일당 터에는 43층짜리 용산센트럴파크타워를 비롯한 '마천루'가 들어섰다.

●

'용산 대폭격'과 철도도서관

일제강점기 조선총독부도서관만큼, 어쩌면 더 큰 위상을 지녔던 철도도서관은 어떻게 되었을까? 미군정 때는 운수부 산하 '운수도서관'으로 이름을 바꿨다가, 1948년 정부 수립 때 교통부 산하 '교통도서관'으로 바뀌었다. 철도도서관은 해방과 함께 주축을 이루던 일본인 직원이 빠져나가면서, 기능을 잃기 시작했다. 조선총독부도서관이 국립도서관으로, 경성제국대학 부속도서관이 서울대학교 중앙도서관으로 이어진 상황과 큰 차이를 보인다. 해방 이후 위상을 잃기 시작한 철도도서관은 한국전쟁 과정에서 큰 위기를 맞게 된다.

한국전쟁 발발 초기인 1950년 7월 16일, 일본 미 공군 기지에서 날아오른 미군 B-29 폭격기 47대가 용산 폭격 작전을 감행했다. 철도를 이용한 북한군 병력과 보급품 수송을 차단하기 위한 작전이었다. 미 극동공군 폭격기 사령부FEAF Bomber Command 전력의 83%가 동원된 '대폭격'으로, 용산 일대 철도 조차장, 철도 차량, 철로, 철도 공장은 '초토화'되었다.

미 공군은 이 작전으로 용산 철도 시설의 80%를 파괴했다고 발표했다. 미 공군은 8월 4일과 5일 B-29 12대, 8월 20일과 21일, 25일 B-29 8대를 동원해서, 용산 일대 철도 시설을 지속적으로 '폭격'했다. 미 공군의 지속적이고 집요한 폭격으로 용산 철도 시설은 완벽하게 '궤멸'되었다. 이 과정에서 용산 철도도서관도 폭격을 피하지 못했고, 23만 권이 넘었던 모든 장서가 불타 버리고 말았다.

●

우리는 '청산'만 못한 것이 아니라

한국전쟁 이후 언론 보도를 살펴보면, 철도도서관이 '전소'되었다고 나온다. 한국전쟁 이후 철도도서관은 '교통도서관'이라는 이름으로 재건되었지만, 일제강점기에 가졌던 기능과 위상은 끝내 회복하지 못했다. 철도도서관과 함께 만철이 세운 다롄도서관, 펑톈도서관, 하얼빈도서관은 모두 중국의 주요 도서관으로 성장했다. 태평양전쟁 패전 후 관료가 주도하는 경제 시스템, 즉 '일본 주식회사'

의 원형을 창출했다는 평을 듣는 만철. 그 만철이 세운 도서관 중 주요 도서관으로 성장하지 못하고 사라진 곳은 철도도서관이 유일하다.

철도도서관에 있던 각종 자료는 해방 후 국가 교통망 구축에 활용할 우리의 자산이었고, 전문도서관이자 공공도서관으로 기능했던 철도도서관의 역할 역시 소중했다. 하지만 해방과 한국전쟁을 거치면서, 철도도서관은 사라졌다.

근대 교통수단인 '철도'는 우리에게 침략과 수탈의 상징이기도 하다. 조선인의 피와 땀, 눈물로 이 땅에 철로가 깔렸고, 그 철로를 통해 이 땅의 산물이 나라 밖으로 빠져나갔기 때문이다. 철도도서관 역시 식민 통치를 위한 인프라인 동시에, 근대 문화 시설이라는 이중성을 지닌 유산이었다.

우리는 해방 이후 식민 통치의 '적폐'도 청산하지 못했지만, 식민 시대의 '유산'을 챙기지 못한 경우도 많았다. 그런 불행한 역사가 압축된 공간이 바로 철도도서관이다. 불가항력이었을 수 있지만, 최초의 전문도서관이자 공공도서관, 식민지 조선의 3대 도서관이었던 '철도도서관'은 그렇게 붕괴되어 사라졌다.

친일파 동상이
도서관에 서 있는 이유

종로
도
서
관

우리 역사에서 근대 공공도서관은 언제 등장했을까? 우리나라에
서 '가장 오래된 공공도서관'은 부산광역시립시민도서관이다. 일
본 홍도회弘道會 부산 지부가 1901년 10월 설립한 '홍도회 도서실'
은 1903년 '부산도서관'을 거쳐, 지금의 '부산광역시립시민도서관'
으로 이어졌다. 부산광역시립시민도서관 전신인 '홍도회 도서실'은
당시 부산에 거주하던 일본인이 세운 도서관으로, 조선인이 문을
연 도서관은 아니다. 그러면 조선인이 세운 최초의 공공도서관은
어디일까?

1904년 대구에서 이동진李東珍에 의해 '우현서루友弦書樓'가 문을
열었고, 1906년에는 평양에서 진문옥秦文玉, 곽용순郭龍舜, 김흥윤金

48   1부 도서관의 정치학

興潤이 주축이 되어 대동서관大同書館을 개관했다. 조선인에 의해 문을 연 사립 공공도서관인 우현서루와 대동서관은 안타깝게도 한일 강제병합 이후 폐쇄되고 말았다.

●

조선인이 세운 가장 오래된 공공도서관은?

조선인이 직접 세운 도서관 중 가장 오래된 공공도서관은 어디일까? 김인정金仁貞 여사가 1931년 12월 평양에 세운 '인정도서관'을 비롯하여, 일제강점기 조선인이 세운 사립 공공도서관이 여럿 있었지만, 대부분 문을 닫았다. 현존하는 공공도서관 중 가장 오래된 곳은, 1920년 11월 5일 윤익선尹益善이 세운 '경성도서관京城圖書館'이다.

1872년 2월 13일 함경북도 경성에서 태어난 윤익선은, 1907년 4월 보성전문학교를 졸업했다. 1911년부터 보성전문학교 교장이 된 윤익선은 3·1 운동 때 지하신문《조선독립신문》사장으로 이름을 올렸다. 윤익선은《조선독립신문》발간 혐의로 1920년 2월 체포되어, 1년 6월형을 선고받고 투옥되었다. 감형으로 1920년 9월 23일 출옥한 그는, 풀려난 지 43일 만에 경성도서관을 세웠다.

윤익선의 경성도서관이 문을 연 곳은 취운정翠雲亭으로 지금의 가회동 일대다. 취운정은 유길준이《서유견문》을 쓴 곳이기도 하다. 유길준은 1895년 출간한《서유견문》에서 근대 도서관을 '서적고書籍庫'라는 이름으로 처음 소개했다.

윤익선은 조선귀족회 회장 김윤식으로부터 취운정에 있는 건물을 무상으로 빌려, 도서관을 개관했다. 경성도서관 운영을 위해 윤익선, 김장환, 윤양구 세 명은 전 재산을 기부했고, 도서관 후원을 위해 주식회사 광문사光文士를 설립했다. 관우회館友會라는 이름으로 도서관 후원 모임을 만들어, 찬조금을 받기도 했다. 도서관 운영을 위한 회사 설립부터, 도서관 후원 조직 구성까지, 경성도서관의 시작은 범상치 않았다.

1920년 11월 개관 시점에 1만 5000권이었던 경성도서관 장서는, 1921년 2월 3만 5000여 권으로 크게 늘어난다. 열람 시간은 아침 8시부터 오후 4시까지였고, 개관 초에는 도서관을 무료로 개방했다. 부인 도서실을 마련해서, 여성 독서 공간을 따로 배려하기도 했

취운정이 있던 감사원 근처
취운정은 유길준이 근대 도서관을 처음 소개한 《서유견문》이 쓰이고, 조선인이 세운 가장 오래된 도서관, 경성도서관이 문을 연 곳이다. 이런 의미에서 취운정은 우리 도서관 역사에서 유서 깊은 곳이다. 취운정과 경성도서관 터 표석은 감사원 근처에 있다. ⓒ 백창민

1부 도서관의 정치학

다. 윤익선이 세운 경성도서관의 역사는 일제가 1922년 경성에 개관한 '경성부립도서관'보다 2년이 앞선다.

윤익선이 세운 경성도서관은 어디에 있었을까? 건국대학교 김해경 교수가 제공한 정보를 바탕으로 추정한 바로는, 지금의 종로구 가회동 한화그룹 김승연 회장 자택 자리다. 2021년 서울시와 종로도서관은 감사원 앞에 '경성도서관 터' 표석을 세웠다. '경성도서관 터' 표석이 있는 자리는, 경성도서관이 실제 있었던 위치로부터 도보로 500미터 정도 떨어져 있다.

•

탑골공원에 문을 연 이범승의 경성도서관

1921년 9월 10일 이범승李範昇은 탑골공원 옆에 윤익선이 세운 도서관과 똑같은 이름으로 '경성도서관'을 개관했다. 이범승은 조선총독부로부터 탑골공원 서쪽에 있던 부지 531평과 단층 한옥 건물을 무상으로 대여받아, 도서관을 열었다. 지금의 탑골공원 서문 주변이 경성도서관이 있던 자리다. 이범승이 도서관 건물로 대여한 한옥은, 독일인 음악가 프란츠 에케르트Franz Eckert가 대한제국 군악대에 서양 음악을 전수했던 건물이기도 하다.

탑골공원은 1898년 독립협회의 만민공동회가 열리고, 1919년 3월 1일 민중의 만세 소리가 울려 퍼지면서, 우리 근대사에서 의미 있는 장소로 자리매김해 왔다. 3·1 운동 직후 일제는 탑골공원을 1년 이상 폐쇄했다. 이범승의 경성도서관은 탑골공원이 다시 개방한 시기에 문을 열었다. 서양 음악이 전수되고, 민중의 함성이 울려 퍼진 유서 깊은 곳에서, 근대 공공도서관이 문을 연 것이다.

한편 윤익선의 경성도서관이 운영난을 겪으면서 이범승은 취운정 경성도서관 운영에도 관여하게 되었다. 이범승과 윤익선이 공동으로 운영하되, 탑골공원 도서관을 경성도서관 본관으로, 취운정 도서관을 분관으로 운영했다. 1924년 4월 12일 윤익선이 간도 동흥중학교 교장이 되어 만주로 떠나면서, 취운정 분관은 폐쇄되고, 이범승 혼자 경성도서관 운영을 맡게 되었다. 이범승은 취운정 도서관 책을 탑골공원 도서관에 합쳐 운영했다.

1922년 이범승은 휘문의숙을 설립한 갑부 민영휘로부터 1만 원을 기부받아, 1923년 130여 평의 2층 석조 건물을 완공했다. 경성에 세운 최초의 도서관 전용 건물이다. 2층 건물을 신축한 후 이범승은 단층 한옥 건물에 책과 교구, 장난감을 갖춰 '아동관'으로 꾸몄다. 방정환과 정홍교 같은 아동운동가를 초청해서 동화회를 열고, 영화와 음악을 감상하는 행사도 개최했다. 조선여자청년회와 함께, 여성을 위한 야학과 각종 강좌를 열기도 했다.

1926년 시점에 이범승의 경성도서관은 각종 사전류를 포함 1만 3263권의 장서와 열람실, 아동 열람실, 서고, 출납실, 신문 잡지실, 휴게실을 갖추고 있었다. 지금의 도서관 구성과 비교해도 별 차이가 없다. 당시 조선인을 위한 도서관 중 시설이나 장서, 운영 면에서 경성도서관에 비길 곳은 없었다 해도 과언이 아니다.

자금난을 심하게 겪던 경성도서관은 1924년 10월 무기한 휴관했다가, 1925년 2월 일시적으로 개관했다. 이후 경성부의 보조금으로 유지하다가, 1926년 2월 이범승은 경성도서관 건물과 장서를 경성부에 넘겼다. 재정적인 어려움을 견디다 못해, 도서관 운영권을 넘긴 것이다. 경성부는 그동안 쌓인 4만 원 상당의 부채를 청산하고, 예산을 배정하여 운영하는 조건으로 경성도서관을 '인수'했다. 이때부터 경성도서관은 '경성부립도서관 종로분관'으로 이름을 바꿨다.

•

대한제국 황실과 일본 천황가의 결혼을 기념하자?

이범승의 경성도서관이 문을 열었다가 운영권을 넘기는 과정에서 흥미로운 대목이 있다. 조선총독부는 일제강점기 내내 조선인이 애국 계몽과 실력 배양을 목적으로 설립한 도서관을 폐쇄하거나 억압하는 정책을 취했다. 그런 조선총독부가 이범승에게 도서관 부지와 건물을 '무상으로' 제공한 이유는 무엇일까? 나아가 재정난에 처한 경성도서관의 운영권을 일제(경성부)가 다시 인수한 까닭은 무엇일까?

1919년 4월 29일 교토에 있던 이범승은 《매일신보》(조선총독부 기관지) 아베 노부유키 사장에게 장문의 편지를 보내, 조선에 도서관 설립이 필요함을 주장했다. 대한제국 황태자 영친왕 이은과 일본 천황가 마사코(이방자 여사)의 결혼식을 기념해서 도서관을 세워 달라는 요청이었다. 《매일신보》는 이범승의 편지를 1919년 5월 17일부터 23일까지 게재했고, 2년 후 조선총독부는 이범승에게 도서관 부지와 건물을 '무상 제공'했다. 언뜻 생각해 봐도 '특혜'임을 알 수 있다.

이범승이 《매일신보》에 편지를 보낸 시기도 미묘하다. 1919년 3월 1일 이후 전국으로 퍼져 나간 3·1 운동은 일본군과 경찰이 증원되는 4월 중순부터 기세가 꺾이지만, 5월과 6월에도 간헐적으로 이어졌다. 4월 11일에는 상하이에 임시정부가 수립됐다. 이범승은 3·1 운동의 여진이 이어지고, 해외에서 임시정부 수립을 통해 독립운동의 역량을 결집하던 시기(1919년 4월 29일)에 매일신보사에 편지를 보냈다. 《매일신보》에 실린 이범승의 편지 내용 중 일부다.

> 이왕세자(고종황제의 황태자 이은) 전하의 어 경사(일본 천황가 마사코와 결혼)를 기념하기 위해 위하여 도서관을 설립하면 이 성전(성대한 의식)은 도서관에 의하여 더욱 빛날 것입니다. 그러므로 자금은 우선 황실의 하사와 총독부에서 보조를 받고 경성 시민의 기부에 의하여 이 어 성전을 영구히 기념하며 또 도서관의 효용을 양면으로 발휘하여 일선융합을 생각지 않으면 안 될 것입니다.

대한제국 황실과 일본 천황가의 결혼을 통해 '일선융합日鮮融合'을 도모하고, 이를 기념하는 도서관을 설립하자는 내용이다. 아무리 도서관 건립을 갈망했다 한들, 동포가 피 흘리며 "대한독립 만세"를 외치며 독립운동을 전개하는 와중에 '일선융합'을 얘기하는 행태를 어떻게 받아들여야 할까?

3·1 운동에 앞서 일제의 심장부 도쿄에서는 조선인 유학생이 주축이 되어 2·8 독립선언을 준비했다. 하지만 교토제국대학에서 유학했던 이범승은 생각이 달랐던 모양이다. 고종의 장례식이 치러진 3월 3일로부터 두 달이 채 되지 않은 시점에, 고종의 아들 이은의 결혼식을 거론한 언동도 적절해 보이지 않는다. 이범승의 '신념'이건 도서관 건립을 위한 '깊은 뜻'이건, 두 왕실의 '정략결혼'을 통해

일선융합을 꾀한 일제 입장에서는 반가운 주장이었을 것이다.

•

조선총독부는 왜?

대한제국 황태자 이은과 일본 천황가 마사코의 결혼식은, 3·1 운동 1년 후인 1920년 4월 28일 치러졌다. 조선 왕실 최초의 혼혈 결혼식이었던 이 결혼에 대해 당시 언론의 보도 분위기는 엇갈렸다. 조선총독부 기관지인《매일신보》는 "일선융화의 좋은 전례"라고 보도했지만,《동아일보》와《조선일보》는 황태자 이은의 약혼녀였다가 파혼당한 민갑완의 기사를 크게 내보내며, 부정적인 논조를 드러냈다.

심지어 일본 유학생 서상한이 결혼식 마차에 폭탄을 던지려고 준비하다가, 체포된 사건도 있었다. 상하이 대한민국 임시정부 기관지《독립신문》은 '원수의 여자를 아내로 맞은' 황태자 이은을 "아비도 없고 나라도 없는 금수禽獸"라고 격렬히 비판했다. 황태자 이은과 일본 천황가 마사코의 결혼식은 대한제국 황실이 반대했을 뿐 아니라, 조선 여론도 부정적이었다.

이런 분위기를 고려할 때, 1919년 3·1 운동 직후부터 이은과 마사코의 결혼을 기념하는 의미에서 도서관을 세우자는 이범승의 주장을 어떻게 해석해야 할까?《도서관인물 평전》에서 이범승에 대해 다룬 부산대학교 문헌정보학과 이용재 교수는 "편지로 조선총독부를 움직여 2년 뒤 경성도서관의 설립이라는 쾌거를 이룬 것"이라고 평가했다. 이용재 교수 주장처럼, 이범승의 도서관 설립 제안이 '편지로 조선총독부를 움직인 쾌거'라고 가정해 보자. 그렇더라도 일제가 부지와 건물을 무상 제공하면서까지 도서관 건립을 지원한 '의도'가 무엇인지에 대해서는 생각해 볼 필요가 있다.

일제는 1919년 3·1 운동 이후 '문화 통치'로 전환하면서, 유화 조치로 교육 문화 시설인 도서관 건립을 고려하기 시작했다. 실제로 일제가 건립한 경성부립도서관과 조선총독부도서관은 모두 1920년대 들어서 문을 열었다. 이범승은 조선 부유층 자제로 태어나 일본에서 최고 학부를 거치며, 엘리트 코스를 밟은 인물이다. 대한제국 황실과 일본 천황가의 결혼을 '정략적으로' 추진해 온 일제 입장에서는 '혼혈 결혼 기념으로 도서관을 설립하자'라는 조선 엘리트의 제안이 반가웠을 법하다.

개관 과정에서 탑골공원 건물과 부지를 '무상 제공'한 일제는, 1926년 운영이 어려워진 경성도서관을 '인수'하기도 했다. 이 부분 역시 일제강점기 여느 도서관의 폐쇄 과정과 달랐다. 일제강점기 도서관 건립과 폐쇄 과정에서, 이런 '혜택'을 받은 도서관은 이범승의 경성도서관이 유일하다.

●

이범승의 애국 계몽 활동을 어떻게 볼 것인가?

근대 문화 시설인 도서관을 선구적으로 이끈 이범승의 노력을 '폄하'하자는 말이 아니다. 이범승의 공적과 별개로, 일제가 경성도서관 운영을 적극적으로 지원한 '의도'에 대해 생각해 봐야 한다는 것이다. 일제의 도서관 정책을 고려하면, 일제가 이범승의 주장을 받아들이는 모양새로 도서관 건립과 운영을 지원했다고 보는 시각이 진상에 가깝지 않을까? 이용재 교수는 이범승의 경성도서관 건립 제안에 대해 이렇게 평가했다. "조국의 왕통王統이 일제의 상징 밑으로 들어가는 것을 보면서, 일제를 향하여 조선 땅에 '민중의 대학'을 설립하자고 주장하는 것은 식민지 시대의 지식인으로서 할 수 있는 애국계몽사상의 실천 중 효과적인 전략이라고 하겠다."

도서관 건립을 통해 '애국 계몽 사상을 효과적으로 실천'하려 한 이범승이 일부러 일제의 비위를 맞추며, 도서관을 '쟁취'했던 걸까? 경성도서관 이전과 이후 이범승의 행보가 애국 계몽과 독립운동으로 이어져 있다면, 이런 해석도 충분히 가능할 것이다. 하지만 이범승은 그렇게 해석하기 어려운 삶을 이어 갔다.

이범승은 1887년 8월 29일 만석 갑부 이기하의 아들로 태어나, 일본에서 나고야 제8고등학교와 교토제국대학 독법과를 졸업했다. '교토제국대학 조선인 1호 졸업생'이었다. 대학 졸업 후에는 남만주철도주식회사(만철)에서 2년 동안 일했다. 이범승은 경성도서관 운영 시절인 1924년 4월부터, 반일운동 배척과 일선융화를 표방하며 만든 친일 협력 단체 '동민회同民會' 이사와 평의원으로 활동했다. 1924년부터 1926년까지 당시 조선 총독이던 사이토 마코토齋藤實를 11회나 면담하기도 했다.

경성도서관을 5년 동안 운영한 후에는 1926년 9월부터 고등관 5등 사무관으로 임명되어, 조선총독부 식산국 농무과에서 일하기 시작했다. 1928년 11월에는 쇼와昭和 천황 즉위 기념 대례기념장을 받았다. 이후 조선박람회 사무위원, 조선총독부 임야조사위원회 위원을 거쳐, 황해도와 경상북도 산업과장을 지냈다. 1940년 9월부터는 경성에서 변호사로 개업해서 일했다. 친일 협력 단체 동민회 활동과 조선총독부 고위 관료 경력 때문에, 이범승은 《친일인명사전》에 이름을 올렸다.

한편 경성도서관을 인수한 경성부는 이범승의 조카 이긍종李肯鍾을 분관장으로 임명했다. '경성부립도서관 종로분관' 시대 첫 분관장을 맡은 이긍종은, 일본 메이지대학에서 법률을 공부하고, 미국 컬럼비아대학에서 경제학 석사 학위를 받았다. 이긍종은 1926년 4월부터 1931년 5월까지 종로분관장을 맡았다. 1929년까지는 촉탁, 1930년부터는 사서였다.

종로분관장을 그만둔 이긍종은 1936년부터 1938년까지 친일 신문인 《조선상공신문》 사장 겸 주필로 활동했고, '조선춘추회'와 '국민정신총동원조선연맹', '조선임전보국단' 발기인으로 참여했다. 도서관과 언론 분야에서 활약한 이긍종은 《친일인명사전》에 삼촌 이범승과 나란히 이름을 올렸다. 이범승과 이긍종은 도서관 분야에서 흔치 않은 '친일파 숙질'이다. 일제가 경성도서관을 분관으로 편입한 후 친일 성향 인물을 임명해서, 도서관을 경영했음을 알 수 있다.

●

경성부윤 이범승과 종로도서관

해방 후 이범승은 미군정 치하인 1945년 10월 25일부터 1946년 5월 9일까지 6개월 남짓 '경성부윤'을 맡기도 했다. 경성부윤은 지금으로 치면 서울시장이다. 이범승이 '서울시장'이 아닌 '경성부윤'인 이유는, 그가 재임할 때 서울은 '서울시'가 아닌 '경성부'였기 때문이다. 그의 후임인 김형민이 1946년 9월 28일 서울특별시 승격과 함께 '초대 서울시장'이 되었음을 생각할 때, 이범승은 '마지막 경성부윤'으로 일한 셈이다.

경성부윤 시절 이범승은 경성부립도서관 종로분관을 '종로도서관'으로 승격시켰다(종로도서관 초대 관장은 송몽룡이다). 승격한 종로도서관은 동대문도서관이 문을 여는 1971년 3월까지 남산도서관과 함께, 수도 서울에 자리한 둘뿐인 공공도서관으로 역할을 이어갔다.

도서관에 관심 많던 이범승이 경성부윤 또는 서울시장으로 오래 일했다면, 해방 후 서울의 도서관 정책에 변화가 있지 않았을까? 하지만 고집 세고 자기 주장이 강한 그는, 미군정 책임자 윌슨 중령과 갈등을 빚다가, 반년 만에 사임했다. 이범승은 1952년 민의원 선거에서 무소속으로, 1960년 참의원 선거에서 민주당 후보로 당선됐다.

경성부윤 외에 이범승의 이채로운 경력은 1957년 성균관 유도회儒道會 총본부 부위원장으로 활동한 점이다. 1956년 이승만 대통령은 자신에게 비판적인 심산 김창숙을 성균관대학교 총장에서 몰아내고, 이듬해 친일파 출신 유도회 집행부를 구성했다. 이명세, 윤우경과 함께 이승만이 앉힌 친일파 출신 집행부 중 한 사람이 이범승이다.

●

종로도서관이 사직공원으로 이전한 사연

1921년부터 반세기 가까이 탑골공원에 있던 종로도서관은

1967년 10월 2일, 서울시 도시계획 사업 과정에서 '철거'되었다. 종로도서관 철거 및 이전 과정은 황당하기까지 하다. 이전할 건물을 먼저 세우고 도서관을 허문 게 아니라 건물을 짓기도 전에 철거부터 했다. 심지어 철거가 확정된 종로도서관은 수개월 동안 이전 부지조차 확정하지 못한 채, 폐관 직전까지 내몰리기도 했다.

다행히 시민의 지원과 각계의 관심으로, 1967년 10월부터 사직공원 근처에 신축 공사를 시작해서, 1968년 8월 20일 종로도서관은 다시 문을 열었다(지금의 도서관 건물을 설계한 사람은 박남준이다). 우여곡절 끝에 문을 열긴 했지만, 종로도서관은 종암동 서울시 자재 창고에 장서와 비품을 보관한 채, 10개월 동안 '휴관'해야만 했다.

1968년 사직공원에 재개관한 종로도서관

재개관 당시 종로도서관은 6만 권의 장서를 소장했고, 하루 600여 명의 시민이 이용했다. 비슷한 시기인 1968년 8월 1일 종로도서관 근처에 사직 파라다이스 수영장이 문을 열었다. 사직 파라다이스 수영장은 1969년 개장한 장충 수영장과 함께 인기 있는 야외 수영장이었다. 수영장에서 수영복 차림으로 물놀이하는 선남선녀를 훔쳐보고 싶어서였을까? 한때 종로도서관에서 가장 인기 있는 좌석은 야외 수영장을 바라볼 수 있는 창가 자리였다. ⓒ 백창민 조선인이 서울에 세운 최초의 공공도서관을 부수고, 박정희 정권은 탑골공원 그 자리에 뭘 지었을까? '파고다 아케이드'라고 불린 상가를 만들었다. 탑골공원 구역을 따라 2층 높이 '현대식 상가'를 짓고, 악기와 의류, 전자 제품 매장을 들인 것이다. 종로도서관 철거뿐 아니라, 유서 깊은 탑골공원을 상가 건물로 빙 둘러싼 조치에 대해 당시에도 비판이 많았다. 탑골공원은 3·1 운동의 시발점 역할을 하고, 4·19 혁명 과정에서 이승만 동상을 쓰러뜨린 공간이다. 민중의 함성이 울려 퍼진 이곳을 상가 건설을 통해 '용도변경'했다는 의혹도 일었다.

한때 반도 조선 아케이드, 신신백화점과 함께 3대 아케이드형 상가로 꼽힌 파고다 아케이드는 결국 1983년 철거되었다. 종로도서관을 철거하고 상가 건물을 지은 이 사건은, 박정희 시대 도서관의 처지를 압축적으로 드러낸다. 1964년과 1974년 소공동에 있던 남대문도서관과 국립중앙도서관을 남산으로 이전한 사례처럼, 박정희 시대 도서관은 도심에서 산으로, 외곽으로 밀려났다. 그나마 사직공원으로 옮긴 종로도서관은, 종로구 관내로 옮겨 그 이름을 유지했지만, 남산으로 옮긴 남대문도서관은 이름마저 '남산도서관'으로 바꿔야 했다.

이승만 시대 그나마 도심에 있던 주요 도서관이 박정희 시대 외곽으로 밀려난 건 무엇을 의미할까? 1963년 〈도서관법〉을 처음으로 마련하긴 했지만, 박정희 시대 도서관이 의미 있는 성장을 했다고 보긴 어렵다. 근대화와 경제 성장 과정에서 도서관은 그 과실을 함께 나누지 못한 채, 여전히 '주변부'에 머물렀다.

도서관의 처지는 우리 시대라고 크게 다를까? 2015년 문화재청

(지금의 국가유산청)이 추진한 '사직단' 복원 계획에 종로도서관과 서울특별시교육청어린이도서관 부지가 포함되면서, 철거 및 이전이 거론되기도 했다. "'왕조 시대 유적' 복원을 위해 '공화국 시대 유적'을 파괴해야 하느냐"라는 비판이 일며 문화재청이 물러서긴 했지만 말이다.

●

도서관 선구자의 친일 행적

오랜 역사만큼 많은 고서古書를 소장하고 있는 종로도서관 앞뜰에는 동상이 하나 서 있다. 종로도서관 전신, 경성도서관을 세운 건립자의 업적을 기리며, 1971년 9월 17일 세운 '이범승 흉상'이다. 반세기를 넘긴 이범승 흉상은 우리나라 최초로 세운 도서관인 동상이다.

경성도서관을 세운 윤익선과 이범승은 우리 도서관 분야에 선구적 업적을 남겼다. 하지만 이후 친일 행각으로 인해, 2009년 11월 8일 발간한 《친일인명사전》에 모두 등재되었다. 윤익선의 행적에서 가장 문제가 된 부분은, 1940년 4월부터 '대동일진회大東一進會' 산하 기관인 '동학원' 교장으로 활동한 이력이다. 대동일진회는 일진회 회장 이용구의 아들 이석규가 일본 우익단체 흑룡회의 지원을 받아 만든 친일 단체다. 대동일진회는 내선일체와 황국신민화를 기치로 내걸고 활동했다. 윤익선은 1939년부터 《일진회보》에 〈황인종은 결속하자〉라는 글을 기고하고, 1941년 8월 삼천리사 주최 좌담회에서 '황국신민으로 임전국책臨戰國策에 전력을 다해 협력하겠다'라고 결의했다.

  윤익선은 해방 후인 1962년 3월 《조선독립신문》 발간 공로로, 건국훈장 독립장을 추서 받았다. 독립 유공자로 서훈받은 윤익선은 국립서울현충원 독립유공자묘역에 묻혔다. 친일 부역 행위가 드러나면서, 윤익선은 2011년 서훈이 취소되고, 국립서울현충원에서 파묘破墓했다.

  2009년 민족문제연구소는 반민족행위특별조사위원회(반민특위)와 거의 동일한 기준으로, 친일 반민족 행위자 4776명을 선정해 《친일인명사전》을 발간했다. 이승만에 의해 반민특위가 와해되지 않았다면, 윤익선과 이범승은 오래전에 '친일 반민족 행위자'로 처분받았을 것이다.

●

이범승 동상을 '철거'하라

  공공도서관 건립을 주도한 도서관 선구자가 모두 '친일파'로 전락한 사실은 안타깝다. 하지만 도서관 선구자로서 업적만큼, 그 친일 행적도 함께 조명해야 하지 않을까. 도서관 분야 선구자가 아쉬운 상황이라 해도 '업적'만 칭송하고, 친일파로서 '죄상'을 눈감는 건 문제 아닐까?

  친일파 동상 철거와 친일파 이름을 딴 도로명을 변경하자는 의견이 한창 일었다. 이런 맥락에서 친일 행적이 드러난 이범승 동상에 대해, 반세기 넘게 도서관계에서 어떤 의견도 나오지 않는 상황은 이상하다. 도서관과 문헌정보학 분야의 역사적 무관심 때문인가,

도서관 선구자의 부끄러운 친일 행각을 덮기 위함인가? 종로도서
관 이범승 동상은 '철거'하거나, 최소한 동상 옆에 그의 친일 행적에
대한 객관적인 '사실 적시'가 함께 이뤄져야 한다.

　일제강점기에 틀이 놓은 우리 도서관 분야는 인적 청산뿐 아니라
일제 식민 잔재를 제대로 청산한 걸까? 도서관 용어와 공간, 제도,
운영 면에서 우리는 식민 시대를 얼마나 극복한 걸까? 식민 잔재라
는 '칸막이 열람실'을 해방 후 80년이 넘도록 유지하고 있는 우리
도서관은, 친일 청산의 '무풍지대'인가.

종로도서관 입구에 있는 이범승 동상

이범승 동상은 1971년 당시 서울시교육감 하점생이 세웠다. 동상 아래 이범승 업적에 대
한 글은 종로도서관 9대 관장 이홍구가, 글씨는 장인식이 썼다. 우리나라에서 처음 세운
도서관인 동상이다. 이범승 동상 아래 업적을 새긴 비문에는 그의 친일 행적에 대한 언급
이 단 한 줄도 담겨 있지 않다. 반세기 넘게 이범승 동상은 '친일파'가 아닌 '도서관 선구
자'로 종로도서관 입구를 지키고 있다. ⓒ 백창민

1부 도서관의 정치학

    1985년 11월 9일 대한도서관연구회 엄대섭 회장이 마련한 '한일 공공도서관 관계자 간담회'에서, 일본 도서관 관계자는 한국 공공도서관을 둘러본 소감을 이렇게 말했다. "대다수 도서관이 학생들에게 자리를 빌려주는 '대석업貸席業'을 하고 있다."

    우리는 일제강점기 일본이 서구로부터 '번안한 도서관'을 이식했다. 우리와 비슷하게 도서관을 칸막이 열람실 위주로 운영하던 일본은, 태평양전쟁 패전 후 발 빠르게 도서관을 변화시켜 나갔다. 해방 후 우리 역시 미국과 세계로부터 '도서관학(문헌정보학)'을 수입했다. 세계 도서관 변화를 직접 목도하고, 그 흐름을 따라갈 기회는 얼마든지 있었다. 하지만 우리는 아직도 일본이 번안해서 이식한 '식민지 도서관'에 갇혀 있는 상황은 아닐까?

    도서관은 무엇이고, 어디로 가야 하는지, 주체적으로 생각하지 못하고, 과거의 제도를 관성적으로 답습한다면, 우리 도서관은 언제까지나 '식민지 도서관'에 머물 것이다. 1985년 일본 도서관 관계자가 통렬히 지적한 '대석업'에서, 우리는 얼마나 더 나아갔을까?

김일성은 왜 서울대 도서관 책을
가져가려 했을까?

경성제국대학 부속도서관

　3·1 운동 후인 1920년 6월 조선 독립운동가 100여 명은 '조선교육회朝鮮敎育會'를 만들었다. 조선교육회는 대학 설립을 목표로, 조선민립대학설립운동朝鮮民立大學設立運動을 전개했다. 나라를 되찾기 위해서는 인재가 필요하고, 인재를 기르기 위해 대학이 필요하다고 판단했다. 그러자 일제는 조선인에 의한 고등 교육 기관 설립을 막기 위해, 1923년부터 경성제국대학京城帝國大學 설립을 추진했고, 1924년 5월에는 예과를, 1926년 5월에는 본과를 개설했다.

　원래는 '조선제국대학朝鮮帝國大學'으로 설립을 준비하다가, 조선제국이 독립된 나라처럼 보일 수 있다는 우려가 있자, '경성제국대학'으로 이름을 바꿨다. 일제가 도쿄, 교토, 도호쿠, 규슈, 홋카이도에 이어, 여섯 번째 설립한 제국대학이다. 경성제국대학이 지향한 이념도 '동양 문화 연구'와 '국가를 위한 학문'이었다. 대동아공영권과 대일본제국 건설에 복무하는 대학과 학문을 '지향'했음을 알 수 있다.

●

일제가 경성제국대학을 설립한 이유

일제는 조선인의 독립 의지를 봉쇄할 목적으로, 경성제국대학 안에 정치, 경제 분야 학부는 아예 설치하지 않았다. 식민 통치에 필요한 인재를 배출할 목적으로, 법문학부와 의학부만 설치했다. 교육 공급자 편의대로, 문과文科와 이과理科로 나눠, 학생을 선발하는 제도가 이때 도입됐다. 경성제대 또는 서울대를 정점으로 하는 '대학 서열화'도 이 시기부터 고착되었다. 우리 교육의 고질적 병폐가 일제강점기부터 시작되었음을 알 수 있다. 이공학부도 1941년 1월 1일에 신설했다. 조선의 공업 기술 발달을 위해서가 아니라, 전쟁 확대에 대비해 군수 공업 인재를 키우기 위함이었다.

경성제국대학의 총공사비 예산은 1기와 2기를 합쳐, 310만 원이 들었다. 1923년 민영휘가 기부한 1만 원으로, 이범승이 경성도서관 2층 건물을 신축했음을 생각할 때, 경성제대 규모를 짐작할 수 있다. 학교 교사 설계는 조선총독부 토목국 건축과 이와츠키 요시유키岩槻善之 기사가 맡았다. 건물은 콘크리트 골조에 벽돌을 쌓은 후 황갈색 타일을 발라, 로마네스크 양식으로 지었다.

경성제국대학은 1926년 본과 개설을 앞두고, 직원을 대거 충원했다. 이때 도서관 책임자인 사서관 1명(주임관)과 실무자인 사서 2명(판임관)을 함께 채용했다. 도서관장은 교수, 조교수, 사서관 중에 조선 총독이 임명했다. 이 과정을 통해 1926년 4월 20일, 법문학부 조선어·조선어학 제2강좌 교수인 오구라 신페이小倉進平가 초대 도서관장으로 취임했다. 7월에는 초대 사서관으로 테라사와 치료寺澤智了가, 사서에는 세키노 신키치關野眞吉가 채용됐다.

경성제국대학 부속도서관은 언제 문을 열었을까? 1927년 8월 27일 부속도서관 건물 일부가 준공되면서, 도서관 업무를 시작했다. 1930년 완공된 도서관은 총 1491평 중 519평을 사무실과 열람실로, 392평을 서고로, 나머지 공간을 법문학부 연구실로 썼다.

도서관 열람은 1927년 시점부터 시작했고, 이용 통계도 이때부터 집계했다. 교수의 도서 장기 대출로, 학생의 불만이 많았고, 규장각 도서는 외부 조선인 학자에게 공개하지 않았다. 경성제국대학 장서는 부속도서관 외에 예과, 의학부, 연구실 산하 도서실로 나누어 관리했다. 1938년 초에는 열람실과 서고를 갖춘 '예과 도서실'을 새로 지었다.

도서관 조직은 처음엔 서무계, 수입계, 목록계, 함가계, 대출계, 서고계 같은 6개 부서를 두었다. 1939년에는 9개 부서로 늘렸다. 도서관 직제는 도서관장-사서관-사서-서기-촉탁-고원으로 구성했다. 도서관장부터 서기까지, 핵심 인력은 모두 일본인으로 구성하고, 조선인은 촉탁과 고원으로만 채용했다.

해방이 될 때까지, 경성제국대학 부속도서관에는 조선인 사서가 단 한 명도 없었다. 이 점은 철도도서관과 유사하며, 조선총독부도서관과는 다른 점이다. 해방 직전 조선총독부도서관은 관장을 제외하고, 나머지 인원은 대부분 조선인으로 구성했던 걸로 알려져 있다. 경성제대 도서관의 경우 촉탁으로 일한 조선인도 경성제국대학이나, 다른 제국대학 출신인 경우가 많았다. 촉탁 외에 10~25명 정도의 조선인이 고원으로 일했다.

●

제국대학 도서관을 그대로 '이식'한 경성제대

1928년 6월 12일부터 1940년 1월 9일까지, 경성제국대학 도서관 촉탁으로 일한 김진섭은, 조선인 중 가장 오랫동안 직원으로 일한 사람이다. 수필 분야 개척자로 유명한 김진섭은 해방 후 서울대학교가 출범하면서, 초대 도서관장이 되었다(1946년 10월~1947년 5월). 서울

마로니에 공원에 남아 있는 서울대학교 유적기념비
서울대학교 동숭동 옛 캠퍼스를 100분의 1로 줄여서 만든 기념비다. 주택공사가 1600만 원을 들여 만들었고 1976년 12월 16일 제막식을 통해 공개했다. 마로니에 공원에 남아 있는 '서울대학교 유적기념비'를 통해 경성제국대학 부속도서관의 위치와 건물 모습을 확인할 수 있다. ⓒ 백창민

대학교 출범 후 도서관 초대 부관장과 관장 대리를 지낸 김구경도 1927년 4월 8일부터 경성제대 도서관에서 고원으로 일했다.

1959년 이화여자대학교 도서관학과를 창설해서, 1985년 정년 퇴임한 이봉순도 1940년부터 1942년까지, 경성제국대학 부속도서관에서 고원으로 일했다. 이봉순은 양서부 주임 세키노 신키치 사서에게 일을 배웠다. '시인'을 꿈꾸던 영문학도가 '사서'의 길을 걷게 된 배경에는, 경성제국대학 부속도서관에서 일한 경험이 큰 영향을 미쳤다. 해방 후 대학도서관 분야에서 주축이 된 사람들이, 경성제국대학 도서관 출신이라는 사실은 눈여겨볼 대목이다.

정근식과 정준영, 이상찬의 연구를 바탕으로, 경성제대 부속도서관에 대해 조금 더 살펴보자. 경성제국대학 도서관 규정은, 일본 〈제국대학 도서관 규정〉을 거의 그대로 적용했다. 경성제대 도서관은 규정뿐 아니라, 조직과 운영 모두 도쿄제국대학 부속도서관 방식을 그대로 '이식'했다.

1927년 10월 17일부터는 경성제국대학도 '제국대학부속도서관협의회'에 공식 참여하기 시작했다. 이 협의체를 통해 일본 본토와 식민지 제국대학 도서관은, 도서관학, 행정, 건축, 조직, 장서 및 특수도서 관리 방법을 포함한 거의 모든 사항을 논의했다. 정보 교환뿐 아니라, 중복 도서를 교환하기도 했다.

해방과 함께, 경성제국대학은 이 네트워크에서 분리되지만, 일본 제국대학부속도서관협의회는 1948년 9월 '국립대학부속도서관협의회'를 거쳐, 1950년 '국립7대학부속도서관협의회'로 바뀌면서, 계속 이어졌다. 서울대학교는 1962년에 부산대, 경북대, 전남대, 전북대, 충북대와 함께 '국립대학교 도서관장 및 사서장 회의'를 발족해서, 1981년에 '국립대학도서관협의회', 1992년에 '국공립대학도서관협의회'로 명칭을 바꾸며, 협의체를 이어 오고 있다.

미군정에 의해 '제국대학'을 '국립대학'으로 전환하고 난 이후, 미국식 '주립대학'을 모델로 설립된 국립대학 도서관이 모여, 협의체를 운영한 과정까지, 한일 국립대학 도서관이 걸어온 길은 유사한 부분이 많다. 초대 총장 핫토리 우노키치服部宇之吉는 다른 제국대학보다 뒤늦게 개관한 경성제대 도서관이, 단기간에 타 제국대학 장서 수준을 따라잡기 위해, 가능하면 복본複本을 구입하지 않고, 다양한 책을 소장하는 원칙을 세웠다. 도서관 장서 구입은 교수에게 일임해서, 교수가 신청하거나 직접 구입한 책을, 나중에 도서관이 넘겨받는 방식을 취했다.

●

식민지 조선에서 가장 거대한 도서관

경성제국대학은 예산의 20%를 도서 구입에 썼다. 1926년부터 1928년까지 조선총독부도서관 도서 구입 예산이 8만여 엔일 때, 경성제국대학은 그 10배인 80만 엔을 썼다. 이런 적극적인 장서 확보로, 1927년 7만 7000여 권이던 장서가 1935년에는 35만여 권으로, 5배 가까이 늘었다.

경성제국대학 부속도서관은 1935년 35만 8000여 권, 1937년 3월 시점에 44만 7833권의 장서를 보유하며, 식민지 조선 최대의 도서관으로 성장했다. 경성제국대학 도서관 장서는 1935년을 기준으로, 당시 3대 사립 전문학교로 꼽힌 연희전문학교(4만 9000권), 보성전문학교(3만 권), 이화여자전문학교(1만 6000권) 책을 모두 더한 장서량보다 3.7배 많았다. 조선 안에 있던 관립학교와 사립 전문학교의 모든 장서를 합친 양보다 경성제대 책이 더 많았다. 해방 시점인 1945년에는 장서량이 55만 권에 이르러, 조선총독부도서관의 33만 권보다 22만 권이나 많은 장서량을 자랑했다.

경성제국대학 부속도서관은 조선총독부도서관, 철도도서관보다 늦게 개관했지만, 가장 많은 장서를 보유할 정도로 급속히 성장했다. 흥미로운 대목은 가장 많은 장서를 자랑했음에도, 하루 이용자는 가장 적은 도서관이었다는 점이다.

식민지 조선 최대 도서관이던 경성제대 부속도서관 장서는, 일본 제국 내 도서관과 비교해서, 어느 정도 수준이었을까? 일제는 본토에 7개, 식민지에 2개, 총 9개 제국대학을 세웠고, 제국대학마다 부속도서관을 두었다. 1937년 3월을 기준으로 경성제국대학 도서관은, 9개 제국대학 중 4위에 해당하는 장서를 보유하고 있었다. 500여 명이던 경성제국대학 학생 수를 고려하면, 학생 1인당 장서 수로는 일본 제국 내에서 가장 많은 도서관이었다. 1937년 당시 일본 제국 본토와 식민지에, 장서량 10만 권이 넘는 도서관은 38개였다. 이 중 경성제국대학 부속도서관은 다섯 번째로 많은 장서를 보유하고 있었다.

궁금한 점은 이 대목이다. 일제는 왜 이렇게 방대한 장서를 경성제국대학 도서관에 '구축'한 걸까? 일제는 경성제국대학을 식민지 조선 경영과 대륙 침략을 학술적으로 뒷받침하는 '연구기관'으로 양성하려 했다. 경성제국대학은 만주와 대륙, 타이페이제국대학은 남방 침략의 '학술 교두보'로 삼았다. 경성제대 도서관의 방대한 장서는 이 과정에서 형성되었다.

●

경성제대와 서울대 도서관의 장서 수집

1945년 해방 시점에 경성제국대학 부속도서관은, 장서 55만 권 중 규장각 희귀본 16만 권을 제외하고, 동양서를 27만 5000권 소장하고 있었다. 서양서는 1937년에 이미 13만 권 이상 소장하고 있었다. 서양서만 해도 대단한 장서량이었음을 알 수 있다.

흥미로운 대목은 1946년 국립서울대학교 출범 이후, 서울대 도서관이 55만 권 장서를 추가 수집할 때까지 걸린 기간이다. 해방 이후 수집한 장서부터 헤아리면, 서울대학교 도서관 장서는 1985년 들어, 56만 3343권을 넘어선다. 경성제국대학 부속도서관이 19년 만에 모은 55만 권 장서를, 서울대학교 도서관은 39년이나 걸려서 수집했다. 이 사실은 무엇을 의미하는 걸까?

그만큼 경성제국대학 부속도서관 장서 수집이 대단했음을 의미하는 동시에, 서울대학교 장서 수집 속도가 식민지 경성제대 시절과 비교해서 한참 뒤졌음을 알 수 있다. 예산과 자원이 집중된 대한민국 최고 대학도서관의 장서 증가가 이 정도였는데, 다른 대학도서관은 말해 무엇할까?

책의 신속한 구입을 위해 경성제국대학 부속도서관은 독특한 시스템을 구축하고 있었다. 서점 마루젠丸善 직원이 도서관 안에 '상주'했고, 이를 통해 교수와 학생의 책 주문에 신속히 대응했다.

경성제대 도서관은 마루젠뿐 아니라, 조선인 고서 및 서적상으로부터도 책을 수집했다. '책쾌'로 유명한 송신용, 회동서관과 광문사를 운영한 고유상도 경성제대 '납품업자'로 이름을 올렸다. 이 과정에서 경성제대 도서관은 6만 5000점 가까운 한국 고서를 수집했다. 서울대 국어국문학과 정병설 교수는 해방 이후 기증본 외에, 서울대학교 도서관의 한국 고서 수집이 '전무全無'에 가까웠음을 지적했다. 더불어 태평양전쟁 말기에도 고서 수집을 멈추지 않은 경성제대 도서관과 비교해서, 일제강점기보다 못한 이 나라 최고 대학도서관의 고서 수집 '의지'를 개탄하기도 했다.

•

경성제국대학이 서울대학교가 되기까지

1945년 해방과 함께, 경성제국대학은 '경성대학京城大學'으로 이름을 바꿨다. 타이페이제국대학台北帝國大學의 경우 일본 패전 이후에도 일부 일본인 교직원이 상당 기간 남아, 대학 업무와 자료를 인수인계했다. 반면 경성제국대학 교직원은 대부분 해방과 함께, 일본으로 피신했다고 한다. 일본인 교직원이 다수를 차지한 상황에서, 대학과 도서관 업무가 제대로 인수인계되지 않았음을 알 수 있다.

해방 직후부터 서울대학교 출범 전까지 이어진, '경성대학' 시절 도서관장은 이인영李仁榮이다. 경성제대 사학과를 졸업하고, 해방 전 연희전문 강사였던 그는, 해방 후 경성대학 교수와 도서관장, 연희대학 교수로 재임했다. 1948년 정부 수립 후 문교부 고등교육국장을 역임한 그는, 골동품과 고서 수집을 통해 서지학과 활자 연구가로 이름을 날렸다. 경성대학 도서관장을 맡은 배경도, 그가 서지학 전문가였기 때문으로 보인다.

해방 후 남한 지역에 진주한 미군은 휴교령을 내리고, 학교와 도서관 같은 교육 시설을 점유해서 사용했다. 이 과정에서 도서관의 피해가 컸고, 특히 장서의 훼손이 심각했다. 경성대학도 제308폭격비행단 미군 장교 숙소와 병영으로 징발되었다. 이 과정에서 도서관과 이공학부 연구실이 약탈당하거나 파괴되었다. 경성대학 법문학부 교수였던 최호진은 경성대학을 점령한 미군이 상당수 책을 '불쏘시개'로 사용하고, 고서적상에 팔아넘겼다고 증언했다. 서울대학교 건물은 한국전쟁 과정에서 미군에게 다시 점유되었다. 미8군 사령부가 서울 수복 후인 1950년 10월 3일부터 1953년 9월 15일까지, 도서관을 포함한 서울대 건물을 사용했다.

한편 1946년 7월 13일 미군정은 경성제국대학에 뿌리를 둔 경성대학과 8개 국립 전문학교(경성법학전문학교, 경성의학전문학교, 경성경제전문학교, 경성광산전문학교, 경성사범학교, 경성여자사범학교, 경성공업전문학교, 수원농림전문학교), 사립이었던 경성치과의학전문학교와 경성음악학교를 통합해서, '국립대학교'를 설립하는 안(국대안)을 발표했다.

미군정의 국립대학교 설립 시도는 각 학교 교수와 학생의 반발을 불러일으켰다. 통합되면 고등 교육 기관 수가 줄고, 각 학교의 고유성이 사라지며, 미국인 총장 임명으로 학교 운영 자치권이 사라진다는 점이 반대 이유였다. 1946년 8월 미군정이 국립서울대학교 설립을 강행하자, 국립대학안 반대운동은 경성대학 내부뿐 아니라, 다른 학교에까지 동맹휴학 형태로 번졌다. 동맹휴학에 참여한 학교 수가 57개에 달했고, 시위 참가자는 4만여 명에 이르렀다. 학생과 교수의 동맹휴학에 미군정이 휴교 조치로 맞서며, 갈등은 격화되었다.

1947년 5월 미군정이 국립대학안에 대한 수정 법령을 공포하면서, 반대 운동은 수그러들기 시작했다. 제적 학생 중 3518명이 복적되면서, 국립대학 반대 운동은 일단락되었다. 일제가 설립한 경성제국대학은 이런 과정을 거쳐, '국립서울대학교'가 되었다. 서울대학교 설립으로 귀착되고 말았지만, 해방된 나라, 새로운 공화국 시대에 맞는 국립대학교 창설은 왕조 시대 성균관의 부활도, 일제가 만든 경성제국대학의 존속도 아닌, '제3의 길'이 아니었을까?

서울대학교로 전환한 후에도, 도서관은 한참 동안 경성제국대학 시절 서류 양식을 그대로 사용했다. 1952년 무렵까지 '경성대학도서'라는 장서인藏書印을 썼다. 국립서울대학교 출범 과정에서 여러 관립학교 시절 수집한 책이, 서울대학교 도서관 장서로 흡수되었다.

●

대학도서관의 '분단'

1946년 9월 15일 김두봉을 초대 총장으로 '김일성종합대학' 개교식이 평양에서 있었다. 북한은 1946년 5월 25일 창립준비위원회를 만들고, 7월 북조선임시인민위원회 공식 결정에 따라, 종합대학 창설을 준비했다. 미군정의 국립서울대학교 추진 시기와 거의 일치한다. 남과 북이 경쟁하듯, 국립대학 설립을 추진했음을 알 수 있다.

김일성종합대학은 7개 학부(이학부, 문학부, 법학부, 공학부, 농학부, 의

학부, 운수공학부), 60여 명의 교수, 1500여 명의 학생으로 문을 열었다. 1947년 3월에는 김일성종합대학 도서관이 개관했다. 도서관은 서적 기증 운동을 통해, 6만 3000여 권의 장서를 마련했다. 평양공업대학(지금의 김책공업대학), 사리원농업대학(지금의 원산농업대학), 평양사범대학(지금의 김형직사범대학)이 차례로 문을 열어, 1949년 9월에는 북한에서 15개 대학이 개교했고, 1만 8000여 명의 학생이 대학에서 공부할 수 있게 되었다.

1950년 6월 25일 한국전쟁이 갑작스레 터지자, 서울대학교 도서관 장서와 규장각 귀중본은 그대로 방치되었다. 북한 인민군이 서울을 점령했을 때, 서울대학교 도서관과 연구실은 서울시 인민위원회가 사용했다. 인민군의 서울 점령 과정에서 북한 교육성은, 서울대학교 중앙도서관장에 성백선을 임명했다.

서울대학교를 점령한 북한 인민군은, 국보급 문화재인 규장각 귀중본을 비롯한 도서관 장서를 '평양'으로 옮기려 했다. 9월 28일 서울 수복 후 북한 인민군은, 서울대 도서관에 있던 규장각 장서를 트럭으로 수송하다가, 미군 폭격이 있자 의정부에 두고 갔다. 평양의 김일성종합대학 도서관이나 평양 국립중앙도서관(옛 평양시립도서관)이 도착지였을 것이다. 경성제국대학 도서관 장서를 이어받은 서울대학교 도서관과, 조선총독부도서관을 승계한 서울 국립도서관에 비해, 1946년 평양에 문을 연 김일성종합대학 도서관과 국립중앙도서관은 장서가 한참 부족한 상황이었다. 서울이 수복되면서, 서울대 도서관 장서의 평양 반출은 많지 않았으나, 창경궁 장서각에 있던《조선왕조실록》적상산본이 북한으로 반출되어, 김일성종합대학 도서관으로 옮겨졌다.

서울대학교와 나란히 문을 연 김일성종합대학

'김대'라는 약칭으로 불리는 김일성종합대학은 1946년 10월 1일 개교했다. 김일성종합대학은 북한 인민이 모은 성금과 쌀, 노동력 제공으로 건립한 걸로 알려져 있다. 무상 몰수, 무상 분배 방식으로 진행된 '토지 개혁'으로 자신의 땅을 갖게 된 농민들이 자녀를 교육시킬 대학 건립에 적극 참여했다. 김일성종합대학 건립 당시 농민이 모은 성금과 쌀은 1억 원에 달한 걸로 알려졌다. 김일성종합대학은 개교를 앞두고 남한과 소련, 만주에서 저명한 학자를 광범위하게 초빙했다. 당시 파격적인 대우로 탁월한 업적을 지닌 교수를 상당수 확보했다. ⓒ 위키백과

　도서관의 3요소가 시설, 장서, 사람이라고 할 때, '시설'은 짧은 기간에 갖출 수 있지만, '장서'와 도서관 전문 인력인 '사서' 또는 '사람'은 단기간에 갖추기 어렵다. 해방 이후 김일성과 북조선인민위원회가 도서관에 상당한 공을 들였음을 생각할 때, 한국전쟁 과정에서 남한 도서관의 장서와 도서관 전문가를 '확보'하려 했을 가능

성은 높다. '모시기 공작'이라는 이름으로 행한 납북 대상에 도서관 전문가를 포함시켰을 개연성도 있다. 한국전쟁 과정에서 국립도서 관 관장 이재욱, 부관장 박봉석, 경성대학 초대 도서관장 이인영, 서울대학교 초대 도서관장 김진섭, 보성전문학교(지금의 고려대학교) 초대 도서관장 손진태가 모두 '납북'된 상황은 우연일까?

서울대 교육학과 김기석 교수는 해방 이후 서울대학교와 김일성 종합대학 설립을, 경성제국대학이라는 하나의 모태로부터 탄생한 '일란성 쌍생아'로 설명한 바 있다. 대학뿐 아니라 경성제국대학 부속도서관을 모태로 한 쌍생아의 탄생이, 남북 대학도서관에서도 일어났다. 이렇게 탄생해서 나뉜 남북한 대학도서관 역시, 미국과 소련 식 도서관 체제를 각각 수용하면서, 서로 다른 모습으로 성장했다.

●

경성제국대학 도서관을 찾아서

식민지 조선 최대 규모를 자랑한 경성제국대학 부속도서관은 어디에 있었을까? 부속도서관은 경성제국대학 본관(지금의 구 서울대학교 본관)과 마주 보는 위치에 자리했다. 그러면 경성제국대학 시절부터 있던 도서관 건물은 어떻게 되었을까?

경성제국대학 도서관 건물은 해방 이후 국립서울대학교가 설립되면서, 서울대학교 도서관으로 30년 가까이 쓰였다. 1975년 서울 대학교가 관악캠퍼스로 이전하면서, 이곳에 있던 도서관 건물은 헐리고, 부지는 매각되었다. 서울대학교 문리대 이전 후 이 자리에 시민 아파트를 세우려는 계획이 있었으나, 반대 여론으로 무산되고,

마로니에 공원과 문화 공간의 조성이 추진되었다.

경성제국대학 도서관에 이어, 서울대 도서관 건물이 있던 자리에 들어선 대표적인 건물은, '옛 샘터사 사옥'과 '아르코예술극장(옛 문예회관 공연장)'이다. 옛 샘터사 사옥과 아르코예술극장은 모두 건축가 김수근의 작품이다. 옛 샘터사 사옥은 지하 2층, 지상 4층 규모로 지은 건물로, 붉은 벽돌 외관을 담쟁이넝쿨이 덮고 있어서, 대학로의 상징으로 자리매김했다. 김수근은 샘터사 사옥, 아르코예술극장, 아르코미술관(옛 문예회관 전시장)을 모두 붉은 벽돌로 지으며, "건축은 빛과 벽돌이 짓는 시"라는 말을 남기기도 했다.

구 서울대학교 본관

한국문화예술위원회 '예술가의 집'으로 쓰이는 '구 서울대학교 본관'은 경성제국대학 본관으로 지었다. 조선총독부 건축 기수로 일한 박길룡이 설계한 건물이다. 《경성의 건축가들》을 쓴 김소연에 따르면, 화신백화점을 설계한 박길룡은 경성공업전문학교를 졸업한 최초의 조선인이었다. 조선인 중 조선총독부 건축 기수가 된 것도 그가 처음이었다. 경성제국대학 부속도서관은 경성제대 본관과 마주보는 위치에 자리했다. ⓒ 백창민

1부 도서관의 정치학

샘터사 사옥은 김수근이 소유주 김재순(전 국회의장)과 친분으로 1977년 설계했다. 공간의 기능 측면에서 김수근의 대표작 '공간 사옥'과 유사한 건물이다. 김수근은 초기에는 검은색 전통 벽돌을 즐겨 썼다. 경사면에 검은색 벽돌로 지은 공간 사옥과, 평지에 붉은 벽돌로 세운 샘터사 사옥을 비교해 보는 시각도 흥미롭다. 아르코예술극장은 김수근이 영국 국립극장의 올리버 시어터Olivier Theatre를 참조해서 설계했다.

●

한국 근현대 대학도서관의 출발점

서울대학교 도서관은 일제강점기 경성제국대학과 관립학교 도서관의 시설, 장서, 사람이 이어져 출범했다. 1956년 〈오스트볼트Ostvold 보고서〉가 작성되고 '미네소타 프로젝트' 가동을 통해 미국식 도서관 체제를 도입하기 전까지, 서울대 도서관은 일본 제국대학 도서관 체제를 존속하고, 유지했다.

식민 시대는 우리의 '청산' 과제인 동시에, 우리가 이어받은 '유산'이기도 하다. 좋든 싫든 한국의 근대 대학도서관은 경성제국대학 부속도서관으로부터 출발했다. 우리 대학도서관의 역사가 여기서 비롯되었으며, 대학도서관의 '원형질'이 이곳으로부터 탄생해서 퍼져 나갔다. 경성제국대학은 식민지 시대 조선에 존재했던 '유일한 대학'이지만, 해방과 동시에 '잊힌 대학'이 되었다. 시설과 장서 면에서 식민지 조선에서 가장 규모가 컸던 부속도서관 역시, 서울대학교 도서관으로 이어졌으나, 그 역사는 '삭제'되었다.

경성제국대학 도서관을 거쳐, 서울대학교 도서관이 있던 곳에서는, 이제 어떤 도서관의 흔적도 찾을 수 없다. 표석도 흔적도 없지만, 이곳은 한국 근대 대학과 도서관이 탄생한 공간이다. 옛 샘터사 사옥과 아르코예술극장 건물은 대학로의 명소가 되었지만, 이 자리에 반세기 넘게 '도서관'이 있었다는 사실을 기억하는 사람은 얼마나 될까?

일제강점기 경성제국대학은 식민 권력에 복무하는 인재를 양성했고, 한때 서울대학교, 특히 법과대학은 독재 권력 유지에 이바지했다는 이유로, 육군사관학교와 함께 '육법당'이라는 비아냥을 듣기도 했다. 우리가 세금으로 대학을 세우고 운영하는 이유는, 시민과 공동체를 위한 인재를 길러 내기 위함이다. '국립'서울대학교와 그 도서관은 이제 공화국의 권력자인 시민에 복무하고, 공동체에 이바지하는 대학과 도서관으로 거듭난 걸까?

도서관 이름에 새겨진
'박통'의 흔적

정독도서관

　정독도서관은 '책을 정독하다' 할 때의 '정독精讀'에서 유래한 이름이라고 생각했다. '독서법'을 이름으로 삼은 드문 도서관이라 생각한 게다. 알고 보니, 정독도서관의 정독은 '정독精讀'이 아닌 '정독正讀'이었다. 굳이 뜻을 풀이하자면, '정밀하게 읽는다'가 아니라 '바르게 읽는다'라는 의미다.

　나중에야 박정희朴正熙 대통령의 '정正'과 독서의 '독讀'을 한 글자씩 따서, 명명한 이름이란 걸 알았다. 박정희 대통령의 '정'과 육영수 여사의 '수'를 한 자씩 떼서, '정수장학회' 이름을 지은 사례처럼 말이다. 정독도서관 입구에 내걸려 있는 '정독도서관正讀圖書館' 글씨도 박정희가 직접 썼다. 그나저나 서울에서 가장 큰 규모를 자랑하는 정독도서관은, 왜 박정희의 이름을 새기게 되었을까?

　1970년대 들어 박정희 정권은 강남 개발을 촉진하기 위해, 강북, 특히 종로구와 중구에 있던 명문고등학교의 강남 이전을 추진했다. 경기고, 서울고, 양정고, 배재고, 휘문고, 보성고, 중동고, 경기여고, 창덕여고, 숙명여고, 진명여고, 정신여고 같은 명문고등학교의 강남 이전이 이 시기에 이루어졌다.

　'고등학교 평준화'는 1974년 서울과 부산에서 처음 시행되었다. 고교 평준화와 함께 명문고가 강남으로 이전하면서, 이른바 '강남

정독도서관 입구

정독도서관의 '정독'은 '정독(精讀)'이 아니라 '정독(正讀)'이다. 도서관 현관에 내걸려 있는 저 글씨를 쓴 사람의 이름을 따서 도서관을 명명했다. 정독도서관은 부지 면적으로 서울에서 가장 큰 도서관이다. ⓒ 백창민

8학군' 시대가 열렸다. 고교 평준화에 앞서 1969년부터는 '중학교 입시'가 폐지되었다. 공교롭게 중학교 입시 폐지, 고교 평준화 같은 정책은, 박정희 외아들 박지만의 진학 시기와 맞물려 추진되었다. 이 때문에 '대통령 아들'을 위한 교육 정책 개편이라는 속설이 퍼졌다.

●

강남 개발과 명문고의 강남 이전

명문고가 강남으로 옮겨 가는 과정에서 경기고등학교 이전은 학교와 동문의 반발이 거셌다. 서슬 퍼런 유신 헌법 선포 후 터진 경기고와 동문의 반발에, 정권도 부담스러웠던 모양이다. 반발에 직면한 박정희 정권은, 경기고등학교의 유서 깊은 교정을 '도서관'으로 바꿔 유지하겠다는 타협책을 내놓았다. 학교 교사를 도서관으로 보존한다는 대책이 발표되자, 경기고등학교는 1976년 2월 20일 강남구 삼성동으로 이전했다.

도서관 개관에 대한 구체적인 안은 1975년 12월 16일 발표되었다. 이 자리에서 박정희 이름을 딴 '정독도서관'이라는 이름이 함께 공개되었다. 도서관 공사는 1976년 5월 31일에 시작했고, 공사비는 3억 4000여만 원이 들었다.

1977년 1월 4일 개관한 정독도서관은 직원이 98명이나 근무하는 매머드급 도서관으로 문을 열었다. 장서는 3만 4000권, 열람석은 남산도서관의 2배인 2868석을 갖춘 규모였다. 개관 당시 교실 3개를 하나의 열람실로 터서, 열람실 12개를 갖췄다. 정독도서관은 열람석 수를 기준으로, 당시 국내에서 가장 큰 공공도서관이었다.

개관하자마자 정독도서관에 자리를 잡기 위해, 새벽 5시부터 수천 명이 줄을 서는 풍경이 이어졌다. 인파에 떠밀려 행인이 길옆 축대로 떨어져, 다치는 사고도 잇따랐다. 도서관 측이 회초리나 몽둥이를 휘두르며, 대기 행렬을 관리했다는 기사도 찾아볼 수 있다.

열람실 안 도난을 방지하기 위해, 화장실에 갈 때도 이용자가 가방을 비롯한 소지품을 챙겨 다니도록 했다. 직원이 열람실 앞을 지키고 앉아 있다가, 가방 같은 소지품을 휴대하지 않으면, 드나들지 못하도록 막았다. 이용자가 서고에 출입할 때는 책 훔쳐 가는 걸 원천적으로 막기 위해, 점퍼 같은 상의를 벗고 출입하도록 했다. 도서관 좌석에 대한 수요는 많고, 공급은 절대적으로 부족한 시절, 공공도서관의 '갑질' 이야기다. 군사 정부 시절이라지만, 그 시절 도서관은 '고압적'이었다.

1990년 민정-민주-공화 3당 합당으로 출범한 민주자유당(지금의 국민의힘)은 임시 당사로 정독도서관을 고려했다. 민주공화당 시절부터 도서관 건물을 '애용'한 전력이 있어서일까? 3당 합당 과정에서 출현한 보수대연합 세력은, 도서관을 새 보금자리로 검토했다. 이승만 정권부터 도서관을 외면해 온 독재자들이 갑자기 도서관에 관심 가졌을 리는 만무하다. 그저 도서관이 만만했던 게 아닐까? 정독도서관을 당사로 쓸 경우, 새 도서관을 지어 줘야 하는 부담 때문이었는지, 결국 민자당은 여의도에 당사를 마련했다.

●

급진 개화파는 왜 '규장각'을 없애려 했을까?

정독도서관 터는 갑신정변甲申政變의 주역 김옥균金玉均과 서재
필徐載弼의 집터였다. 1884년 12월 4일 김옥균을 중심으로 한 급
진 개화파는, 우정총국 완공 축하연에서 민씨 정권의 고위 인사를
처단했다. 정변을 주도한 김옥균은 33세, 홍영식은 29세, 서광범은
25세, 박영효는 23세, 서재필은 20세였다. '피 끓는 청춘'이 일으킨
정변이었다.

정변을 주도한 세력은 곧바로 〈혁신정령革新政令〉 14개 조를 발
표했다. 일본의 메이지 유신을 모델로, 근대국가를 건설하려 했다.
급진 개화파가 발표한 〈혁신정령〉을 살펴보면, 그들이 정권을 잡은
후 어떤 세상을 꿈꿨는지 알 수 있다. '급진' 개화파가 주도한 정변
이지만, '친위 쿠데타'라는 평가가 있을 정도로, 그들의 〈혁신정령〉
은 '급진적'이지 않았다.

14개 조의 〈혁신정령〉 중 "규장각을 혁파할 것奎章閣革罷事"이라
는 조항은 흥미로운 대목이다. 급진 개화파는 왜 왕실도서관인 '규
장각'을 없애자고 주장한 걸까? 일부에서는 규장각 각신을 독차지
한 여흥 민씨, 안동 김씨, 광산 김씨 같은 외척과 문벌을 타파하기
위한 조항이라고 해석한다. 《갑신정변 연구》를 쓴 박은숙은 외척과
문벌 타파보다는, 왕실의 정치 개입을 막기 위한 조항으로 보았다.
왕실과 정부 업무를 분리하기 위해, 그 연결 고리였던 규장각 폐지
를 주장했다는 분석이다. 그 해석이 무엇이건, 우리 역사에서 '도서
관'을 개혁 대상으로 언급한, 흔치 않은 사례다.

갑신정변은 청나라 군대의 신속한 개입과 일본의 철수로, 3일 만에 끝나고 말았다. '3일 천하'라고 불리지만, 갑신정변은 46시간 만에 끝났다. 갑신정변을 주도했던 김옥균, 박영효, 서재필, 서광범을 비롯한 9명은 일본공사관으로 피신했다가, 일본으로 '망명'했다.

●

'비상한 재주'를 품고 '비상한 죽음'을 당한 김옥균

갑신정변에 참여한 사람 중 23명은 사형(능지처사 또는 참형)을 당했다. 분노한 군중에게 잡힌 20명은 피살당했다. 홍현에 자리해서, '홍현댁紅峴宅'이라 불린 김옥균의 집도 분노한 민중에 의해 불탔다.

일본에서 10년 동안 망명했던 김옥균은 1894년 3월 28일 상하이에서 네 번째 자객 홍종우가 쏜 육혈포 총탄에 맞아 숨을 거뒀다. 그의 나이 44세였다. '동방의 영국' 노릇을 하려는 일본에 맞서, 조선을 '아시아의 프랑스'로 만들고 싶어 한 혁명가 김옥균은, 그렇게 생을 마감했다. 갑신정변 세력과 친분 있던 유길준이 쓴 김옥균의 '묘비명'은 이렇다.

슬프다. 비상한 재주를 품고, 비상한 시대에 태어나, 비상한 공을 이루지 못하고, 비상한 죽음을 맞았구나鳴呼 抱非常之才 遇非常之時 無非常之功 有非常之死.

국내에서 엇갈린 평가와 달리, 북한은 '한국 근대사 4대 인걸'로 김옥균, 박은식, 신채호, 주시경을 꼽는다. 흥미로운 부분은 박정희와 김일성 모두, 김옥균을 비롯한 갑신정변 세력을 높이 평가했다는 점이다. 정치·경제·사회·문화 모든 면에서 체제 대결을 벌인 두 사람의 평가가 '일치'했다는 점도 이채롭다.

개화파를 가까이 지켜보았고, 조선에 깊은 애정을 가지고 있던 호머 헐버트Homer B. Hulbert는 갑신정변을 일으킨 개화파에 대해 이렇게 평했다. "개화파는 자신들이 살았던 시대보다 훨씬 앞선 시대에 살았으며, 그들이 원한 것은 조국의 무궁한 번영이었다. 조선이 그것을 원하지 않고, 받아들이지 않았다고 해서, 개화파에 대한 찬사가 줄어들 수는 없다. 그들의 충의는 어느 누구보다도 순수한 것이었다."

건국대 정치외교학과 명예교수 신복룡은 김옥균을 비롯한 개화파를 이렇게 평가했다. "개화파는 비록 당시에는 슬픈 애국자요, 급진적 선각자요, 고립된 자유주의자였으나, 그들의 사상은 분명 한국 근대화의 기폭제였다."

●

갑신정변은 왜 '실패'했을까

《서울신문》 문소영 기자는 김옥균을 일본의 사카모토 료마坂本龍馬와 나란히 비교하는 글을 쓰기도 했다. 전환기에 '풍운아' 같은 삶을 살다가 암살당했다는 점에서, 김옥균은 사카모토 료마와 비견할 만한 사람일지 모른다. 폭넓은 교유 관계를 가졌다는 점을 비롯하여, 두 사람은 '공통점'이 많다. 한국과 일본 근대사에 굵직한 흔적을 남긴 두 사람이지만, 한 사람은 '역적'으로, 다른 한 사람은 '영웅'으로 상반되게 기억되고 있다.

갑신정변은 자주독립과 근대화를 목표로 삼은, 우리나라 최초의 '개혁'이라는 의미가 있다. 동시에 갑신정변은 '외세 의존'과 '위로부터의 개혁'이라는 한계도 지녔다. '혁명은 혁명의 이름으로 혁명을 배신한다'라고 했던가? 정변의 실패는 급진 개화파의 '절멸絶滅'로 이어져, 개화와 근대화의 동력을 잃고, 조선이 식민지로 전락하는 결과를 초래했다.

세상을 바꾸려는 시도, '개혁'은 어떻게 평가할 수 있을까? 레온 바라다트Leon P. Baradat가 주장한 바처럼, 개혁은 방향과 깊이, 속도, 방법 4가지로 평가할 수 있다. 갑신정변에 대한 방대한 연구서를 낸 박은숙은, 김옥균이 주도한 정변을 다음과 같이 평했다. "갑신정변이 봉건적 지배 체제에 부분적으로 근대적 요소를 도입하려 했다는 점에서 혁명과 거리가 멀지만, 근대 자본주의 사회를 지향했다는 점에서 혁명적 사건이다."

갑신년의 '거사'가 '혁명'이 아닌 '정변'에 그친 귀결을 어떻게 바라봐야 할까? 평가는 이어지겠지만, 개혁과 근대화 시도가 모두 실패로 돌아가고, 식민지로 전락했다는 점에서, 갑신정변의 실패는 안타까움을 자아낸다. '갑신정변'은 140여 년 전의 '과거사'에 불과한 걸까. '개혁'이 절실한 우리 시대에, 갑신정변의 실패는 어떤 교훈을 던질까? 우리 시대의 개혁은 방향과 깊이, 속도, 방법 면에서 성공의 조건을 갖춘 걸까?

'필립 제이슨'을 아시나요?

　정독도서관은 서재필의 집터이기도 했다. 스무 살 때인 1884년 12월 4일 서재필은 갑신정변에 가담했다. 그는 갑신정변 주역 중 '막내'였지만, '행동대장' 역할을 수행했다. 갑신정변 때 서재필은 고종이 머문 경운궁 경계를 맡았다. 경계가 느슨했던 탓인지, 고종에게 밀서가 전달되며, 창덕궁 환궁의 빌미를 제공했다. 정변 실패 후 그는 김옥균과 함께 일본으로 망명했다.

　망명 후 일본 정부가 냉대하자, 그는 1885년 4월 26일 박영효, 서광범과 함께 미국으로 떠났다. 서재필은 1886년 9월 필라델피아 힐만 아카데미에 입학해서, 1888년 졸업했다. 1888년 6월 19일에는 미국 시민권을 획득하고, '필립 제이슨Philip Jaisohn'으로 이름을 바꿨다. 같은 해 가을부터 서재필은 워싱턴에 있는 미 육군의학도서관 the Library of the Surgeon General's Office(지금의 국립의학도서관)에서 동양서적 '사서'로 일했다.

　조선인 중 처음으로 미국 정부의 관리가 된 사례인 동시에, 조선인 최초로 미국에서 '사서'로 일한 사례다. 미 육군의학도서관에서 서재필은 동양에서 입수한 수천 권의 의학 서적을 번역하고, 분류하는 작업을 담당했다. 의학도서관에서 '사서'로 일한 경험은, 그가 '의사'의 길을 걷는 데 영향을 미쳤다.

　서재필은 도서관에서 일하면서, 밤에는 공부하는 주경야독의 삶을 이어 갔다. 1889년에는 콜럼비안의과대학(지금의 조지워싱턴대학)에 입학했다. 1892년 3월 졸업하면서, 그는 조선인 최초로 서양 의

사가 되었다. 1894년 6월 20일에는 뮤리얼 암스트롱Muriel Armstrong
과 재혼했다. 그로부터 한 해 뒤인 1895년 12월 20일경, 미국 국적
으로 조선에 돌아왔다. '역적'으로 등진 고국에 '미국인'으로 돌아온
것이다.

조선으로 돌아온 서재필은 1896년 4월 7일《독립신문》을 창간해
서 발행했다. '신문의 날'이 4월 7일인 이유는,《독립신문》창간호가
나온 날을 기념하기 위함이다(《독립신문》한글판 편집과 교정을 맡은 사
람은 주시경이다).《독립신문》창간에 이어, 서재필은 1896년 7월 2일
'독립협회'를 조직해서 활동했다. 1897년 11월 20일에는 명과 청나
라 사신을 맞던 '영은문' 근처에 '독립문'을 완공했다.

고국에서 활동이 여의치 않자, 서재필은 1898년 5월 14일 미국으
로 다시 떠났다. 미국으로 돌아간 그는, 펜실베이니아주 윌크스배
리와 필라델피아에서 디머 앤 제이슨 상회Deemer and Jaisohn Company를
운영했다. 1919년 3·1 운동 소식을 접한 후에는 해외 독립운동을
하면서, 의사로서의 삶을 이어 갔다.

1947년 1월 서재필은 미군정 사령관 하지John R. Hodge의 초청으로
해방된 조국에 돌아왔다. 그의 나이 84세였다. 방송 연설과 강연 활
동을 활발히 이어 가던 그를, 일각에서 대통령으로 추대하려는 움
직임이 일었다. 그럴 마음이 없었던 그는 대통령 입후보할 뜻이 없
음을 발표하고, 미국으로 돌아갔다. 1951년 1월 5일 송재 서재필은
필라델피아 근처 노리스타운에서 숨졌다. 그의 유해는 1994년 4월
고국으로 돌아와, 국립서울현충원에 묻혔다.

조선의 자주독립을 위해 갑신정변에 가담한 서재필은《독립신
문》을 창간한 후 독립협회를 조직하고, 독립문을 세웠다. 미국으

로 돌아간 후에는 해외 독립운동을 이어 갔다. 신동준이《개화파 열전》에서 평한 표현처럼, 그는 '독립'으로 점철된 삶을 살았다.

한편 '최초의 사서'인 서재필은 동농 김가진과 함께, 해외에서 독립운동을 이어 간 흔치 않은 '도서관인'이기도 하다. 이런 점에 비추어 그의 집터였던 정독도서관에 표석 하나 없는 현실은 아쉽다.

●

'책'과 인연을 자랑하는 정독도서관 터

김옥균과 서재필을 비롯한 급진 개화파가 '책'으로부터 받은 영향은 크다. '책'을 읽지 않았다면, 그들은 서구 문물과 일본 근대화 상황을 접할 수 없었을 테고, '개화파'로 성장하지 않았을 것이다. 정독도서관 일대는 개화파의 '요람'이었다. 지금의 헌법재판소 자리는 개화파를 길러 낸 박규수의 집터다. 박규수는 연안 박지원의 손자로, 김옥균을 비롯한 개화파는 그로부터 개화사상을 접했다. 박규수의 '사랑방'에서《영환지략瀛環志略》《박물신편博物新編》《만국공법萬國公法》같은 '불온서적'을 접하며, 그들은 새로운 세상에 눈을 떴다.

김옥균과 함께 갑신정변 주역이었던 홍영식의 집은 박규수 집과 담을 맞대고 있었다. 서광범은 옛 풍문여고(지금의 서울공예박물관)와 덕성여고 중간쯤에 살았다. 박영효 형제는 박규수의 친족이었다. 김옥균과 서재필은 정독도서관 자리에 살았다. 김옥균 집 앞에 김홍집이 살았다는 점까지 떠올리면, 이 일대가 개화파의 '산실'이었음을 알 수 있다.

급진 개화파의 핵심인 김옥균은 1872년 22세 때 알성시 문과에 장원급제했다. 그해 김옥균은 성균관에서 도서 출납을 담당하는 '전적典籍'에 임명되었다. 김옥균의 첫 관직이 왕립대학도서관의 '사서'였던 셈이다. 이런 맥락으로 보면, 김옥균은 우리 역사에 드문 '사서 출신 혁명가'가 아닐까? '사서' 출신이라 할 수 있는 그가, 왕실도서관인 규장각 폐지를 주장한 사실도 묘하긴 하다.

1894년 홍종우에게 암살당한 후 국내로 돌아온 김옥균의 시신은, 능지처참 된 후 '대역부도옥균大逆不道玉均'이라는 표식과 함께, 효수되었다. '역적'으로 죽은 김옥균은 1910년 7월 18일, 정2품 규장각 '대제학'에 추증되었다. 종3품 규장각 직각直閣 추증설도 있다. 대제학이든 직각이든, 죽은 후 그가 폐지를 주장한 왕실도서관장 고위직을 제수받은 점이 이채롭다. 그가 갑신정변을 일으킨 때로부터 93년 후 그가 살던 집터는 '도서관'이 되었다.

'개화開化'란《주역》계사繫辭에 나오는 '개물성무 화민성속開物成務 化民成俗'에서 유래한 말이다. '만물의 뜻을 깨달아 모든 일을 이루고, 백성을 교화하여 아름다운 풍속을 만든다'라는 뜻이다. 1880년대 초 개화파가 쓰기 시작하면서, 널리 퍼졌다. '개화'의 주역이 살던 곳이 '만물의 뜻을 담은' 도서관으로 바뀐 사실은 '개화파'에게 뒤늦게나마 위로가 될까.

●

헐버트와 성삼문의 흔적

갑신정변 가담자의 재산과 집은 모두 국가에 몰수되고, 그들의 집은 헐렸다. 갑신정변이 성공했다면, 이곳에 살던 김옥균과 서재 필은 '정권 실세'로 권세를 이어 갔을 것이다. 그랬다면 경기고등학 교의 전신인 '관립중학교'는 이곳에 자리하지 않았을 것이다.

　수업 연한 4년이었던 관립중학교는 1900년 10월 3일 화동 1번지 에서 개교했다. 1906년 9월 1일 '관립한성고등학교'로 개편되었다 가, 1921년 4월 1일 '경성제일고등보통학교'로 바뀌었다. '헤이그의 네 번째 밀사'였던 호머 헐버트가 '육영공원'에 이어, 학생에게 영어 를 가르친 곳이 관립중학교다. 1886년 문을 연 육영공원은 최초의

홍현 표지석과 서울교육박물관
서울교육박물관 앞에는 '홍현' 표지석이 서 있다. 정독도서관 입구에 있는 서울교육박물 관은 경기중고등학교 시절 교육관과 도서관으로 쓰였다. 정독도서관에 있는 건물 중 가 장 오래된 건물이며, 국가등록문화유산으로 지정되었다. ⓒ 백창민

근대 관립학교다.

헐버트는 우리 근대사에서 '도서관'과 깊은 인연을 자랑하는 외국인이다. 헐버트가 학생을 가르치던 관립중학교 터는 정독도서관으로 바뀌었고, 그가 살던 대관정은 일제강점기 경성부립도서관(지금의 남산도서관)의 두 번째 터가 되었다. '개화파'를 탄생시킨 이곳은 오랜 세월 '학교'로 이어지며, 수많은 인재를 길러 냈다. 오랜 기간 '학교'로 쓰인 이곳은, 이제 서울에서 가장 많은 책을 소장한 '도서관'이 되었다.

정독도서관은 문화재청(지금의 국가유산청)이 지정한 국가등록문화유산 2호다. 정독도서관 입구에는 '서울교육박물관'이 자리하고 있다. 김옥균 집터가 이 자리에 있었다고 전한다. 김옥균 집터 표석도 서울교육박물관 뒤편에 있다.

서울교육박물관 건물은 1927년 지은 건물로 추정된다. 정독도서관 건물군 중에 가장 오래되었다. 《서 북촌 이야기》를 쓴 최준식 교수의 회상에 따르면, 경기중고등학교 시절에는 학생들이 며칠씩 숙박하며, 리더십 교육을 받는 '교육관'으로 쓰였다고 한다.

정독도서관은 학교 건물로 쓰인 건물 세 동, 식당 건물, 서울교육박물관 같은 몇 개의 건물군으로 이루어져 있다. 이 중에서 국가등록문화유산으로 지정된 건물은 도서관 건물 두 동과 식당, 서울교육박물관까지 4곳이다. 경기중학교 건물로 지었다가, 지금은 정독도서관 열람실로 쓰이는 제일 뒷 건물과 직원 식당은 등록문화유산으로 지정되지 않았다. 경기고등학교 교사로 쓰인 도서관 건물 앞두 동과 도서관 식당 건물은, 1938년경에 지은 건물인 데 반해, 중학교로 쓰인 세 번째 교사는 한국전쟁 이후인 1955년에 지은 건물이다. 직원 식당 역시 역사가 오래되지 않았다.

●

'경기고등학교 시절'의 정독도서관

정독도서관은 학교 건물 중 최초로 철근콘크리트로 지은 건축물이다. 당시에는 최첨단인 스팀 난방을 도입한 건물이었다. 도서관 앞뜰은 경기중고등학교 시절에는 운동장으로 쓰였다. 정독도서관 입구는 현관을 돌출시킨 '포치porch'로 자동차가 진입할 수 있는 구조다. 건물 입구에 새긴 '정독도서관'이라는 글씨는, 박정희의 친필을 그대로 새겼다. 국가기록원에 박정희가 쓴 정독도서관 휘호가 남아 있다. 흔히 쓰는 '圖書館' 대신 '圖書舘'이라고 쓴 점이 눈에 띈다.

정독도서관 건물은 좌우대칭 구조에, 현관을 중심으로 건물 중앙을 강조한 형태다. 외관도 권위적 인상을 주지만, 내부 구조 역시 그렇다. 건물 입구로 들어서면, 중앙 계단이 있다. 경기중고등학교 시절에는 주로 교장과 교사가 중앙 계단을 이용하고, 학생은 건물 좌우에 있는 계단을 이용했다고 한다. 일一자형 평면을 지닌 학교는, 이후 한국 학교 건물의 원형처럼 반복되며, 전국 각지에 지어졌다.

중학교 건물, 그러니까 정독도서관 열람실 건물 오른쪽에는 '수영장'이 있었다. 도서관으로 개관한 후에도 한동안 수영장은 유지되었다. 야외 수영장을 갖춘, 드문 도서관이었던 셈이다. 지금은 그 자리에 단층짜리 '서고' 건물이 있다.

도서관 식당으로 쓰이는 건물은 원래 '강당'이었다. 식당 앞 건물은 음악 수업을 위한 '음악당'으로 쓰였다. 음악당 안에는 그랜드 피아노가 있었다고 한다. '직원 전용 식당'으로 쓰이는 이 건물은, 이 학교 출신의 천재 건축가 이천승의 작품이다. 최초의 개가제 학교 도서관이 들어선 부산 경남고등학교 '덕형관' 역시 이천승이 설계했다.

●

정독도서관 '우물 돌'이 전하는 교훈

정독도서관에는 '우물 돌'이 있다. 도서관 첫 번째 건물과 두 번째 건물 사이에 남아 있는 우물 돌은, 이곳이 박제순의 집터였음을 알려 준다. 박제순은 을사오적乙巳五賊과 경술국적庚戌國賊에 모두 이름을 올린 인물이다. 을사늑약 체결 때 박제순은 '외부 대신'이었다.

—
박제순 집터 우물 돌
박제순은 을사오적과 경술국적으로 이름을 올린 사람이다. 그의 집터 흔적을 알려 주는 우물 돌이 정독도서관에 남아 있다. 박제순 집터는 옛 경기고등학교 건물 자리였다고 전한다. ⓒ 백창민 외부 대신은 지금으로 치면, 외무부 장관이다. 한 나라의 외교를 책임지는 대신이 외교권을 포기하는 조약에 찬성할 수 있을까 싶지만, 박제순은 가능했던 모양이다. 1910년 6월에는 총리대신 서리로 일제에 경찰권을 넘겼고, 1910년 8월 국권 피탈(경술국치) 때는 내부 대신으로 나라를 팔아먹는 조약에 찬성했다.

그가 '대한제국'의 외부 대신이었는지 '대일본제국'의 외부 대신인지 헷갈리지 않을 수 없다. 일제로부터 해방된 지 80년이 지난 우리 시대에도, '토착 왜구'와 '검은 머리 미국인' 논란이 이는 걸 보면, '국적'은 애국과 매국을 결정짓는 요소가 아니다.

외교를 책임진 관료가 다른 나라 국익을 위해 일하는 작태가, 대한제국 시대에만 일어나는 일일까? 박근혜 정부 시절, 대한민국 외교부는 대통령의 '하명'을 받아, 대법원의 강제 징용 판결을 일본에 유리하도록 '종용'했다. 외교부가 대법원 판결에 영향을 주려 한 점에서, 삼권 분립을 위협하는 행위였을 뿐 아니라, '국익'을 앞세워 강제 징용 피해자인 '국민'을 외면한 '만행'이었다.

이 사건을 계기로 '외교부'가 아니라, '왜교부'라는 탄식이 나오기도 했다. 국민을 외면한 정부와 관료의 작태는, 대한제국 시대만의 일이 아니다. 시민이 두 눈 부릅뜨고 감시하지 않으면, 정부와 관료의 '매국' 행위는 언제든 일어날 수 있다.

•

박정희 시대와 도서관

정독도서관이 탄생한 1977년은 박정희가 집권하던 시대다. 그가 통치하던 시대, 도서관은 얼마나 늘었을까? 박정희가 집권한 1961년부터 1979년까지 18년 동안, 공공도서관은 100개 정도 늘었다. 1962년 21개였던 전국의 공공도서관은 1979년 119개가 되었다. 해마다 5.4개씩 늘어난 셈이다.

이승만 자유당 정부 시절에는 1953년부터 1958년까지, 17개의 도서관이 문을 열었다. 한국전쟁 시기였던 1950년부터 1953년까지를 제외하더라도, 한 해 2.8개 도서관만이 개관한 셈이다. 전쟁의 여파로 어려운 시대 상황을 고려하더라도, 제1공화국 시대는 도서관의 '암흑기'였음을 알 수 있다. 박정희 시대에 도서관은 이승만 자유당 정부 시절과 비교할 때 늘긴 했다. 하지만 경제적으로 '한강의 기적'이 일어났다고 평가받는 시대임에도, 문화적 측면, 특히 도서관 분야까지 그 기적이 확대되진 않았다.

경제학자 조순은 1960년대부터 1980년대에 이르는 30년 고도성장기를 '압축 성장'이라고 표현했다. 경제 분야에서 고도성장이 이뤄졌음에도, 도서관이 그에 걸맞게 성장했다고 보긴 어렵다. 성장의 '낙수 효과'는 도서관 분야까지 이어지지 않았다.

1963년 〈도서관법〉이 공포되며, 법적으로 도서관이 제도화되었다는 점은 주목할 부분이다. 하지만 탑골공원에 있던 종로도서관의 철거, 소공동 국립중앙도서관의 남산 이전, 강남 대개발 과정에서 도서관 부지 제외에서 알 수 있듯, 박정희와 제3공화국이 도서관에 '정책'과 '관심'을 가졌다고 평가하긴 어렵다. '조국 근대화'를 부르짖은 박정희 시대에도, 도서관은 근대화의 '변방'에 머물렀다.

●

정독도서관에서 바르게 읽어야 할 부분은

도서관을 개관하는 조건으로 경기고등학교 이전을 추진할 정도로, '강남 개발'은 중차대한 국정 과제였다. 강남 개발을 위해 박정희 정권은 온갖 수단을 동원했다. 서울 최대의 도서관인 정독도서관은 그 과정에서 탄생했다. 놀랍지 않은가? 한 도서관의 탄생 과정에, 멀리는 세상을 바꾸고자 했던 혁명가의 흔적이 이어져 있고, 가까이는 강남 대개발, 강남 8학군 탄생으로 이어지는 명문고 이전 같은 굵직한 정책이 잇닿아 있다는 사실이.

해방 이후 한국 사회의 급속한 성장을 '압축 혁명'이라는 개념으로 설명하기도 한다. 한국은 다른 나라에서 수백 년에 걸쳐 일어난 혁명적인 변화를, 수십 년이라는 짧은 시간에 압축적으로 이뤘다. 김진경은 혁명 같은 변화를 겪은 한국 사회에 대해《삼십 년에 삼백 년을 산 사람은 어떻게 자기 자신일 수 있을까》라는 책을 쓰기도 했다.

압축 혁명의 시대, 도서관에서는 어떤 변화가 있었을까? 도서관 분야에는 '혁명'이 아닌 '압축'만 존재했던 건 아닐까? '성장은 압축할 수 있지만, 성숙은 압축할 수 없다'라는 말처럼, 압축 혁명의 변방과 고도성장의 그늘에서 도서관은 방치되고, 외면당했다. 정작 우리가 바르게 읽고正讀, 자세히 살펴야精讀 할 대목은 정독도서관 탄생에 얽힌 시대상일지 모른다.

공수처 비판으로 소환된
'사직동팀'의 추억

　우리나라에 '어린이도서관'은 얼마나 있을까? 국립어린이청소
년도서관을 비롯하여, 대한민국에는 89개 어린이도서관이 있다.
2024년 시점에 전국 1271개 공공도서관의 6.9%가 어린이도서관이
다. 어린이도서관이 이렇게 늘어난 건 비교적 최근이다. 도서관이
태부족하던 시절, 어린이를 위한 도서관은 꿈도 꾸기 어려운 때가
있었다.

　우리나라 최초의 어린이도서관은 어느 곳일까?《개똥이네 집》에
〈어린이와 도서관〉을 연재한 울산광역시 강동바다도서관 최진욱
사서에 따르면, 1924년 12월 20일 명진소년회가 경성부 연건동에
개관한 '아동도서관'이다. 1924년 10월 26일 자《동아일보》에 해당

기사가 실려 있다. 기사에 따르면, 명진소년회에 도서관 부지를 제공한 이는 종로 4정목에 사는 '전형필全鎣弼'이다.

●

대한민국에서 가장 오래된 어린이도서관

우리 문화재를 되찾고, 보존하는 데 큰 역할을 한 간송澗松 전형필과 이름이 같지만, 간송인지 확실치 않다. 명진소년회 아동도서관이 문을 연 1924년은, 간송의 나이 열여덟 무렵이다. 재산을 물려받기 전인 이때, 그가 아동도서관 부지를 제공한 걸까? 명진소년회가 문을 연 아동도서관은 규모가 작지 않았다. 100여 명이 이용할 수 있는 좌석에, 500여 권의 책을 갖췄다.

일제강점기에 선구적으로 문을 연 '최초의 어린이도서관'은 어느 시점부터 명맥이 끊겼다. 그렇다면 현존하는 어린이도서관 중 가장 오래된 곳은 어디일까? 서울시 종로구 사직동에 있는 '서울특별시교육청어린이도서관'이 바로 그곳이다.

서울특별시교육청어린이도서관은 원래 '시립아동병원(지금의 서울특별시어린이병원)'이었다. 1978년 5월 시립아동병원이 서초구 내곡동으로 이전함에 따라, 서울시는 건물 활용을 검토했다. 고심 끝에 서울시는 아동 병원 건물을 '어린이도서관'으로 재단장하기로 했다. 이런 과정을 거쳐 세계 아동의 해인 1979년 5월 4일 '서울시립어린이도서관'은 문을 열었다.

1983년 7월 서울시는 어린이도서관 증축 명목으로, 예산을 지출했다. 당시 어린이도서관 입구에는 2층짜리 건물이 있었다. 서울시

서울시립어린이도서관 개관식

1979년 5월 4일 시립아동병원 자리에 서울시립어린이도서관(지금의 서울특별시교육청 어린이
도서관)이 문을 열었다. 사진에 보이는 2층 건물이 지금의 어린이도서관 문화관이다. ⓒ 서울
역사박물관

예산으로 3층으로 증축한 이 건물은, 예산 명목과 달리 어린이도서
관으로 쓰이지 않았다.

●

어린이도서관의 '수상한' 이웃

서울시립어린이도서관은 건물을 증축한 다음, 청와대 지시로 묘
한 '세입자'를 받았다. 도서관 건물에 자리 잡았지만, 도통 뭘 하는

지 알 수 없는 세입자였다. 이 세입자는 훗날 '사직동팀'으로 알려진 비밀경찰 조직이었다. 사직동팀은 어린이도서관 건물 하나를 차지하고, 장장 18년 동안 '안가安家'로 사용했다.

고위공직자범죄수사처(공수처) 출범을 앞두고, 보수 언론은 공수처를 '사직동팀'에 비유했다. 이 과정에서 사직동팀에 대한 추억이 '소환'되기도 했다. 어린이도서관을 안가로 사용한 '사직동팀'은 어떤 조직일까? 사직동팀의 역사는 1972년으로 거슬러 올라간다. 1972년 내무부 장관 김현옥은 치안국장 정석모에게 '미국의 연방수사국FBI 같은 조직을 만들라'고 지시했다. 서울시장 시절 '불도저'라고 불린 김현옥이지만, 개인이 아닌 박정희 정권 수뇌부의 결정이었을 것이다.

이 지시에 따라 지금의 경찰청에 해당하는 '치안국'은, 수사 지도과 아래 '특별수사대(특수대)'를 만들었다. 치안국 특수대는 정치인과 고위 공직자, 기업인에 대한 특수 수사를 담당하며, 막강한 권력을 행사했다. 치안국 특수대는 법적 근거 없이 '내무부 훈령'에 의해 만들어졌으나, '초법적' 존재로 군림했다.

미국 '연방수사국'도 정치인과 고위 관료에 대한 개인 파일을 확보하고 있지만, 미국 대통령도 연방수사국 자료를 함부로 열람할 수 없다. 열람하고 싶을 때는 법이 정한 절차에 따라 열람하고, 기록으로 남겨야 한다. 기록뿐 아니라 열람한 자료는, 백악관 문서 보관소에 넘기도록 하고 있다. 일본에는 총리 직속으로 '내각정보조사실'이 있다. 경찰과 자위대, 외무성에서 파견된 인원이, 주로 해외정보를 조사해서 총리에게 보고한다. 초법적으로 활동했다는 점에서 사직동팀은, 미국 연방수사국이나 일본 내각정보조사실과 근본적으로 다른 조직이다. 출발은 미국 연방수사국을 지향한다고 했으나, 독일 나치의 게슈타포Gestapo 같은 '비밀경찰'이 되어 버린 조직이 아니었을까?

유신 헌법이 선포된 1972년에, 비밀경찰 조직이 '탄생'한 사실도 의미심장하다. 식민 통치를 강화하기 위해 일제가 특별고등경찰을 도입한 것처럼, 박정희는 유신 통치를 강화하기 위해 비밀경찰을 부활시켰다. 1974년 박정희는 내무부 치안국을 '치안본부'로 승격시켰다. 유신 체제는 온 나라를 병영화하며, '병영 국가'로 치달았다. 동시에 남한은 '경찰 국가'의 길을 본격적으로 걷기 시작했다. 대한민국이라는 병영의 사령관과 경찰 총수는 박정희였다.

'사직동팀'을 비롯한 비밀경찰 조직 외에, 박정희는 중앙정보부(지금의 국가정보원), 보안사령부(지금의 국군방첩사령부)를 통해, 온 나라를 감시했다. 대한민국은 '1984년' 이전에 이미 '빅 브라더'가 지배하는 사회였다.

●

'사직동팀'의 탄생

치안본부 특별수사대가 막강한 권력을 행사하자, 이에 대한 비판이 일기 시작했다. 그러자 경찰을 지휘하던 김치열 내무부 장관은 1976년 특별수사대 조직을, 청와대 특명 사건을 맡는 '특수1대'와 경찰 자체 의 기획 수사를 맡는 '특수2대'로 나눴다. 조직을 나눈 후 특수1대와 특수2대는 치안본부를 떠나, 태평로와 신길동에 각각 사무실을 구해 활동하기 시작했다.

1부 도서관의 정치학

1980년 신군부가 집권하자, 치안본부 특수1대와 2대는 '합동수사본부(합수부) 5국'으로 통합됐다. 통합 이후 특수대는 김종필, 이후락 같은 정치인 조사와 10·27 법난 때 승려에 대한 고문을 담당하기도 했다. 비밀리에 활동하던 '특수1대'의 존재가 세상에 알려진 건 1981년이다. 한화그룹 김종희 회장(김승연 회장의 부친) 부탁으로, 맹인 지압사를 '고문'한 사건이 폭로되면서다. 전두환 신군부 시절인 1983년 3월 22일에는 고문치사 사건이 터졌다. 당시 치안본부 특수1대는 한일합섬 비업무용 토지 부정 매입 사건을 수사 중이었다. 이 과정에서 경리 담당 이사 김근조 씨를 고문해서, 뇌출혈로 숨지게 한 사건이 발생했다.

김근조 씨 사건뿐 아니라 치안본부 '특수1대'는, 정치인과 기업인, 언론인을 불법 연행해서 감금하고, 가혹 행위를 한 일로 악명을 떨쳤다. 마구잡이로 먼지털이식 강압 수사를 자행한 것이다. 불미스러운 사건으로 '명성'을 떨치게 되자, 치안본부 특별수사대는 '특수1대·2대'에서 '수사1대·2대', '조사과'와 '수사3계'로 계속 이름을 바꿨다. 1983년 서울시가 위장 예산으로, 사직동 어린이도서관 건물을 증축하자, 특수1대는 어린이도서관 건물에 '입주'했다. 이때부터 '특수1대'는 '사직동팀'이라 불리기 시작했다. 신길동에 사무실을 둔 '특수2대'는 '신길동팀'으로 불렸다.

사직동팀이 사용한 건물 부지는, 문화재관리국(지금의 국가유산청) 소유였다. 사직동팀은 이 땅을 1983년부터 무상 임대해서 사용했다. 이곳이 문화재관리국 부지인 이유는 '사직단' 영역이기 때문이다. 문화재관리국 땅에, 서울시가 위장 지출한 예산으로 건물을 올려, 치안본부가 파견한 경찰 조직을, 청와대가 직접 지휘했다. 시민

신길동팀이 있던 자리

'사직동팀'과 '신길동팀'은 같은 뿌리에서 출발한 일란성 쌍둥이 같은 비밀경찰 조직이다. 신길동팀이 있던 공간은 '경찰수사연수원'을 거쳐, '영등포청소년문화의집'으로 바뀌었다. ⓒ 백창민

세금으로 시민을 사찰하고, 고문하는 불법 조직을 운영한 것이다.

청와대 지시 사건을 전담한 '사직동팀'은 '청와대 특명반'이라 불리기도 했다. 사직동팀은 2급 이상 공직자 비리와 청와대가 하명하는 사건을 전담했다. 치안본부(지금의 경찰청) '조사과'로 알려졌지만, 청와대의 지휘를 받아 독자적으로 움직이는 청와대 '별동수사대'로 기능했다.

사직동팀은 치안본부 형사국 소속이지만, 형사국장은 물론 치안본부장(지금의 경찰청장)조차, 그들이 어떤 수사를 하는지 알지 못했

다. 구성원 모두 경찰이고, 치안본부 예산에서 월급과 비용을 지출했지만, 경찰의 지휘 계통에서 벗어난 조직이, 바로 사직동팀이었다.

사직동팀은 10년 이상 경력을 가진 경찰 중에 엄격한 심사를 거쳐, 40~50명을 선발해 운영했다. 최정예 수사 요원으로 구성된 사직동팀은 대한민국에서 정보와 내사 분야의 가장 뛰어난 팀이었다. 사직동팀은 쥐도 새도 모르게 수사하는 걸로 정평이 나 있었다. 조사 대상자도 자신이 수사받는다는 사실을 전혀 눈치채지 못할 정도였다. 이 과정에서 사직동팀은 미행과 감청, 영장 없는 계좌 추적 같은 불법 수사 활동을 벌였다. 사직동팀 하면 사생활 침해, 부당한 조사, 비선 수사 기구, 불법적 운용, 무소불위의 초법적 존재 같은 표현이 늘 따라다녔다.

●

대선을 앞두고 터진 'DJ 비자금' 사건

1997년 10월 7일 신한국당(지금의 국민의힘) 강삼재 사무총장은 기자 회견을 열었다. 기자 회견장에서 그는, 당시 야당의 유력한 대선 후보였던 김대중 총재의 '비자금' 문제를 '폭로'했다. 대선을 두 달 앞두고 터진 DJ 비자금 사건으로, 정가에 큰 격랑이 휘몰아쳤다. 당시 이회창 후보의 지지율이 10%대에 머물자, 신한국당은 지지율 반등을 위한 회심의 카드로, 비자금 의혹을 제기했다.

DJ 비자금 사건은 큰 파장과 함께, 궁금증을 유발했다. 당시 강삼재 총장이 폭로한 비자금 자료는 검찰, 국세청, 안기부 같은 사정 기관이나 정보기관 아니면, 알 수 없는 자료였기 때문이다. DJ 비자금

자료를 처음 조사하고, 작성한 곳은 어디였을까? 바로 '사직동팀'이다. 1997년 대통령 선거를 앞두고, 대한민국을 강타한 DJ 비자금 사건도 사직동팀이 수사한 건이었다.

신한국당의 DJ 비자금 폭로는 1차에 이어, 3차까지 이어졌다. 신한국당이 기대를 건 회심의 카드였지만, 당시 김태정 검찰총장은 DJ 비자금 수사를 대통령 선거 이후로 미룬다고 발표했다. DJ 비자금 수사 유보는 김영삼 대통령의 결정으로 알려졌다.

검찰의 DJ 비자금 수사가 이어지고, 대선 전에 수사 결과가 발표되었다면, 어떤 파장이 일었을까? 어쩌면 한국 현대사 최초의 정권교체는 이뤄지지 않았을지 모른다. 사직동팀이 한국 정치사의 지형을 크게 바꿀 뻔한 사건이었다.

이 사건이 불거지는 과정에서 '사직동팀'의 탈법적인 계좌 추적과 정치 사찰이 드러나기도 했다. 사직동팀의 정치인 계좌 추적은, 김대중 총재 같은 야당 정치인에 국한되지 않았다. 1997년 대선 당시 이회창, 이인제, 이한동, 김덕룡, 김종필, 박철언 같은 여당 유력 후보도 모두 사직동팀의 계좌 추적 대상이었다.

1997년 대선에서 당선된 김대중 대통령은 인수위원회 시절에 '사직동팀'의 폐지를 검토했다. 검토 끝에 인수위원회는 대통령 친인척과 고위 공직자를 사정하는 긍정적인 기능을 고려해서, '비밀경찰 조직'을 폐지하지 않았다.

사직동팀의 유지가 결정되자, 비판 여론이 일었다. '국민의정부'를 표방한 김대중 정부에서 '비밀경찰' 조직이 웬 말이냐며, 해체 요구가 거셌다. 국민의정부는 과거 정부와 달리, 사직동팀을 투명하게 운영하고, 사정과 수사의 손발이 필요하다는 '현실론'을 내세워,

1부 도서관의 정치학

사직동팀을 존속시켰다.

●

'사직동팀'은 왜 사라졌을까

1999년 이른바 '옷 로비 사건'이 터졌다. 당시 신동아그룹 최원석 회장은 외화 밀반출 사건으로 검찰의 수사를 받고 있었다. 최 회장이 수사를 받자, 그의 부인 이형자 씨는 검찰총장 부인 연정희 씨에게 '선처'를 부탁하며, 수천만 원대(2200만 원)의 고급 의류를 선물했다. 이것이 '옷 로비 사건'이다.

옷 로비 사건을 내사한 사직동팀의 보고서가 '유출'되면서, 사건은 큰 파장을 일으켰다. 당시 사직동팀은 대통령 지시를 받아, 대통령 친인척과 고위 공직자의 비리를 사정하는 활동을 했다. 수집한 정보와 수사 결과는 대통령과 청와대 비서실장, 청와대 법무비서관(법무비서관 폐지 후에는 민정수석비서관) 3명에게 보고했다. 청와대에서도 극소수만 볼 수 있는 보고서가 유출된 것이다.

청와대는 '옷 로비 사건' 보고서 유출 사건이 터지자, 법무비서관 직제를 없애고, 민정수석비서관이 사직동팀을 지휘하도록 했다. 옷 로비 사건의 파장은 사직동팀에도 이어져, 이 사건을 맨 처음 내사한 사직동팀 역시 1999년 12월, 검찰로부터 '압수 수색'을 당했다. 1997년 12월 DJ 비자금 사건에 이어, 사직동팀이 받은 두 번째 압수 수색이었다. 이 사건 이후 사직동팀은 인원이 절반 정도로 줄어들었다.

2000년 10월 9일 서울지검 특수1부는 사직동팀 소속 이 모 경정을 '구속'했다. 신용보증기금 영동지점장 이운영 씨의 비리를 수사하는 과정에서, 사직동팀 이 모 경정이 이 지점장을 불법 감금한 혐의였다. 사직동팀원이 구속되자, 2000년 10월 16일 김대중 대통령은 사직동팀의 '해체'를 지시했다. 인권 탄압 기구라는 비판과 논란이 거듭되자, 해체라는 정치적 결단을 내린 것이다.

김대중 대통령은 정치 인생 내내 정보기관의 감시와 사찰 대상이었다. 그런 김 대통령이 노벨평화상 수상을 계기로, 인권 유린 소지가 있는 조직 해체를 결단했다는 시각도 있다. 1972년부터 30년 가까이 활동한 비밀경찰 '사직동팀'은 그렇게 역사에서 사라졌다.

●

사직동팀이 머문 '안가'는 어디였을까?

비밀경찰 조직 사직동팀이 있던 곳은 어디일까? 사직동 서울특별시교육청어린이도서관은 3개 건물로 이루어져 있다. 이 중에서 '문화관'이라고 불리는 건물이, 바로 사직동팀이 쓰던 '안가'다. 사직동팀이 쓰던 시절에는 어린이도서관과 출입구를 따로 사용했다.

사직동팀 해체 후 안가로 사용하던 건물은 2001년 서울시립어린이도서관 건물로 돌아왔다. 아이들이 책을 읽고 뛰노는 이 공간에, 무시무시한 공권력의 숨은 과거가 담겨 있는 셈이다. 반전도 이런 반전이 없다.

2000년 10월 사직동팀 해체 후 안가로 쓰던 건물은 여경 기동대 본부로 잠시 검토되었다. 그러다가 서울특별시교육청이 넘겨받아, 어린이날을 앞둔 2002년 5월 4일, 어린이도서관 별관으로 재탄생했다. '청소년문화의집'으로 바뀐 신길동팀 공간처럼, 사직동팀 안가도 '어린이도서관'으로 탈바꿈했다.

어린이도서관의 수난은 여기서 그치지 않았다. 2005년 경찰청이 서울시립어린이도서관 별관(지금의 문화관)을, 여성 경찰 자녀를 위한 보육 시설(어린이집)로 바꾸려 했다. 이 과정에서 큰 논란이 일었다. 경찰청은 보육 시설로 사용하기 위해 도서관 별관 1층을 철거했다가, 이용자와 시민의 반발에 부딪혔다. 비밀경찰 조직인 사직동팀이 오랫동안 이 공간을 써 왔다는 이유로, 어린이를 위한 공간을 또다시 경찰이 차지하려 한 것이다. 수개월의 논란 끝에, 경찰청은 보육 시설을 만들려 했던 어린이도서관 별관을 서울시에 넘겼

서울특별시교육청어린이도서관 문화관
1979년 개관 당시 2층이었던 문화관은 1983년 3층으로 증축했다. 어린이도서관 문화관은 불법적인 조사와 강압적인 수사, 고문이 이뤄진 사직동팀의 '안가'였다. ⓒ 백창민

다. 그 대신 서울시로부터 경찰관 자녀 보육 시설을 건립할 시유지를 제공받았다.

2015년에는 문화재청이 사직단 복원 사업을 진행하면서, 물의를 일으켰다. 사직단 주변에 있는 종로도서관과 서울시립어린이도서관의 이전을 추진하다가 논란이 일어났다. 비판이 일자, 문화재청은 종로도서관과 서울시립어린이도서관 철거를 '백지화'했다.

사직단 영역은 1965년 국회의사당 건립 부지로 거론되기도 했다. 국회의사당을 여의도가 아닌 사직단에 지었다면, 종로도서관과 서울시립어린이도서관은 지금처럼 사직공원에 세워지지 않았을 것이다. 서울특별시교육청어린이도서관은 비밀경찰의 안가로 쓰이다가, 도서관으로 재탄생했다가, 경찰 자녀 보육 시설로 추진되고, 철거 및 이전 대상으로까지 고려되었다. 이 정도면 가히 어린이도서관의 '수난사'라 할 만하다.

●

'도서관의 기적'이 된 '기적의도서관'

여러 곡절에도 불구하고, 서울특별시교육청어린이도서관은 전국에 자랑할 만한 역사와 규모를 자랑한다. 도서관 건물도 자료관과 문화관, 유아관 3개의 건물로 나뉘어 있다.

본관 격이라 할 수 있는 '자료관' 1층과 2층에는 '책누리'라는 이름의 어린이 자료실이 자리하고 있다. 1층에 있는 '곰두리방'은 장애인을 위한 시설을 갖추고 있다. 자료관 3층엔 시청각실과 다문화실이 있다. 도서관이 갖추고 있는 장서량도 대단해서, 27만 권 넘는 책과 207종의 신문·잡지, 1만 1000종이 넘는 비도서 자료를 갖추고 있다. 규모나 장서면에서 한국 최대 어린이도서관이라 할 수 있다. 지금은 어린이도서관이 많이 늘었지만, 1997년 5월까지 전국 320여 개 공공도서관 중 어린이도서관은 이곳이 유일했다.

1990년 5월 4일 서울 월계동에 북부인표어린이도서관이 문을 열었다. '에스콰이아'를 설립한 기업인 이인표는, 이후 5년 동안 국내에 14개 '인표어린이도서관'을 개관했다. 기업인인 그가 '도서관 할아버지'로 불리는 이유다. 1990년대 후반부터는 사랑방 형태의 '어린이 작은도서관'이 생겨났다. 공공도서관에 '어린이 자료실'도 늘어나기 시작했다.

2002년 MBC가 방영한 〈느낌표〉는 대한민국 출판과 도서관 분

서울특별시교육청어린이도서관
1979년 문을 연 가장 오래된 어린이도서관. '서울시립어린이도서관'이라 불리다가, 2017년 2월 1일부터 '서울특별시교육청어린이도서관'으로 이름을 바꿨다. 3개 건물로 구성된 도서관으로 장서량이 가장 많은 어린이도서관이다. ⓒ 백창민

야에 큰 파장을 일으켰다. 화제가 된 〈느낌표〉 '책책책 책을 읽읍시다!' 코너를 통해 '기적의도서관' 프로젝트가 시작되었다. 2003년 10월 순천 기적의도서관을 필두로, 새로운 어린이도서관이 전국 곳곳에 세워지기 시작했다. '기적의도서관'은 관리자가 아닌, 어린이 눈높이에 맞춘 도서관을 지향했다. 도서관에 대한 '생각의 변화'가 새로운 도서관의 탄생으로 이어졌다. 모든 기적은 기적의 전제 조건이 있을 때 기적적으로 존재한다. 책읽는사회문화재단이 주도하고 건축가 정기용이 참여한 '기적의도서관'은, 도서관의 새로운 이정표이자 마중물이 되었다. '기적의도서관'이 '도서관의 기적'이 된 것이다.

●

공권력이 '폭력'을 정당화할 수 있으려면

찰스 틸리Charles Tilly의 말처럼, 군대와 경찰을 보유할 수 있는 국가는 가장 강력한 '폭력 집단'이다. 국가는 왜 공권력이라는 이름으로 '폭력'을 소유할 수 있을까? 막스 베버Max Weber는 국가가 공권력이라는 형태로 폭력을 '독점'해야, 폭력적인 인간 사이 갈등을 통제할 수 있다고 주장했다.

공권력 행사는 늘 정당화될 수 있을까? 근대 국가는 법에 기초한 공권력 행사라는 '동의' 절차를 마련하면서, 폭력을 '독점'할 수 있었다. 시민과 합의한 방식으로 통제되지 않으면, 공권력은 '가장 위험한 폭력'일 수밖에 없다. 개인의 폭력성을 통제하지 못하거나, 국가의 폭력성이 더 큰 문제를 일으킬 때, 공권력은 존재 의미를 상실

한다.

경찰은 시민을 지키는 '공권력'일까, 정권을 보위하는 '폭력'일까? 오랜 세월 대한민국 경찰은 시민 세금으로, 시민을 억압하는 기구로 기능해 왔다. 1948년 제주 4·3부터 2009년 용산 참사에 이르기까지, 경찰의 고문과 폭력으로 숨을 거둔 시민의 수는 헤아릴 수 없이 많다. '민중의 지팡이'가 아닌 '정권의 몽둥이'였던 대한민국 경찰은, 언제쯤 '민주' 경찰로 거듭나게 될까?

서울시 미근동 경찰청 건너편에는 '경찰기념공원'이 있다. 경찰기념공원 안에는 해방 시점부터 최근까지, '순직'한 경찰의 이름을 새긴 조형물이 있다. 이곳에 새겨진 경찰만큼이나 많은 시민이, 공권력이라는 이름으로 행해진 폭력에 희생당했다. '민주 경찰'이 기억해야 할 이름은 순직한 선배·동료뿐 아니라, 경찰 폭력으로 희생된 시민 아닐까?

지금은 평화로운 어린이 전당이지만, 서울특별시교육청어린이도서관이 겪은 역사는 이 땅에 어린이도서관이 자리 잡기까지, 고단했던 상황을 압축해서 보여 준다. 서울시가 어린이도서관을 증축한다는 명목으로 예산을 위장 지출했던 건물은, 18년 만에 다시 어린이도서관으로 돌아왔다. 사직동팀 '안가'가 어린이와 시민의 품으로 돌아온 일은 다행이다. 하지만 오랜 세월 이곳에서 일어난 고문과 불법 수사, 그로 인한 피해자와 희생자, 이 자리에서 '폭주한 공권력'을 잊지는 말자.

도서관은 어떻게
정치적으로 이용되는가?

서울 남산에는 남산도서관과 용산도서관, 두 곳의 대형 도서관이
있다. 그것도 아주 가까이. 종로도서관과 서울특별시교육청어린이
도서관만큼은 아니지만, 용산도서관과 남산도서관은 지근거리라
할 만큼 가깝다. 도서관이 흔치 않던 시절, 대형 도서관 두 곳을 왜
이렇게 가까이 지었을까?

남산도서관은 1964년 소공동에서 남산으로 옮겨 왔고, 용산도서
관은 1981년 남산도서관 근처에 문을 열었다. 두 도서관이 이렇게
가까이 있는 사연은, 뒤늦게 문을 연 용산도서관 개관 과정에서 답
을 찾을 수 있다.

2019년 1월 남성 열람실 축소 문제로 이슈가 된 용산도서관은,

용산도서관

남산도서관과 가까이 자리한 용산도서관. 1981년부터 용산도서관으로 바뀌지만, 도서관
용도로 지은 건물이 아니다. 2019년 남성 열람실 축소 문제가 젠더 이슈로 번지면서, 세
인의 관심을 끌었다. ⓒ 백창민

도서관 용도로 지은 건물이 아니다. 용산도서관 건물은 범상치 않
은 '과거사'를 지니고 있다. 바로 박정희 시대를 풍미한 공화당 중앙
당사였다. 박정희 시대 공화당이라고 하면, 와닿지 않을 수도 있겠
다. 박정희 시대 여당 노릇을 한 민주공화당 말이다.

●

용산도서관의 '과거'를 아시나요?

1961년 5월 16일 군사 쿠데타로 권력을 장악한 박정희는, 1963년
민주공화당을 창당했다. 공화당 창당은 초대 중앙정보부장 김종필

이 주도했다. 공화당은 창당 과정부터 문제가 많았다. 중앙정보부는 정치인과 정당, 사회단체의 정치 활동을 금지하고, 민정民政 이양에 대비해, 1961년 말부터 비밀리에 창당을 준비했다.

이 과정에서 중앙정보부는 워커힐호텔, 증권파동, 새나라자동차, 파친코 같은 '4대 의혹 사건'을 통해 막대한 정치자금을 마련했다. 경쟁자의 손발을 묶고, 불법 자금으로 창당했으니, 출발부터 '불공정 경쟁'을 한 셈이다. 박정희는 이렇게 만든 공화당 후보로 5대 대선에 출마해서, 1963년 10월 15일 대통령이 되었다. 1979년 10·26 사태로 박정희가 죽을 때까지, 공화당은 '집권당'이었다. 독재 시대를 호령한 지배정당이었다.

공화당 창당 과정으로 돌아가 보자. 1962년 1월 4일 중앙정보부는 충무로1가 맥줏집 카네기홀 2층에서 창당 준비를 시작했다. 공화당 산파 역할을 한 김종필이 회고록에서 언급했듯, 중앙정보부는 1962년 1월 말 종로2가 뒷골목 제일전당포 빌딩으로 옮겨, '동양화학주식회사'라는 위장 간판을 내걸고, 창당 준비를 이어 갔다.

《민주공화당사》에 따르면, 공화당 준비팀은 삼영빌딩, 감리회관으로 옮겼다가, 1963년 2월 13일 옛 세브란스병원 건물이었던 에비슨관으로 이전했다. 1963년 2월 26일 창당한 공화당은, 3년 동안 에비슨관을 당사로 썼다. 1963년 대선에서 박정희는 윤보선을 간신히 꺾고, 대통령이 되었다. 박정희와 윤보선의 표 차이는 겨우 15만 표로, 역대 대통령 선거에서 가장 적은 표차였다.

1부 도서관의 정치학

공화당이 남산에 자리 잡기까지

서울역 앞 에비슨관에 있던 공화당은 1966년 6월 2일 소공동으로 당사를 옮겼다. 당사를 옮긴 이듬해 1967년 대통령 선거에서, 박정희는 윤보선과 다시 맞붙어 이겼다. 1969년 3선 개헌안 통과도, 1971년 대선에서 김대중 후보에게 94만 표 차로 이긴 것도, 모두 소공동 당사 시절 일이다.

소공동에서 6년을 머문 공화당은 후암동 한국문화인쇄 소유 3층 건물을 사들였다. 건물 매입 후 2개 층을 증축해서, 1972년 9월 26일 입주했다. 공화당이 사들인 건물은 남산 중턱에 자리해서, 교통이 상당히 불편했다. 접근성으로 보면, 남산 공화당 당사는 대중 정당이 위치할 곳이 아니다. 입지를 통해서도 공화당이 '대중 정당'이 아닌 '독재 정당'을 지향했음을 알 수 있다. 당시 남산에는 공화당만 있었던 것이 아니다. 중앙정보부와 수도경비사령부(지금의 수도방위사령부)도 남산에 자리하고 있었다. 박정희 시대 핵심 권부가 모두 남산에 있었다.

1972년 10월 17일 박정희는 10월 유신을 선포했다. 친위 쿠데타인 10월 유신을 통해, 박정희는 국회를 해산하고, 대통령 직선제를 폐지한 후 영구 집권을 시도했다. 1971년 세 번째 대통령 선거에서 박정희는 다음과 같이 약속했다. "다시는 국민 여러분께 저를 찍어 달라고 부탁하지 않겠습니다. 이것이 마지막입니다."

그 후 박정희는 유신 쿠데타를 통해, 체육관 선거로 전환했고, 다시는 국민에게 표를 부탁하지 않겠다는 '약속'(?)을 지켰다. 김대중이 1971년 대선에서 예견했듯 '종신 총통제'로 전환했다. 창당 9년 만에 공화당은 자기 당사를 갖게 됐지만, 정치를 부정하는 유신 체제에서 허수아비로 전락했다. 세입자 신세에서 건물주가 되었지만, 정작 본업인 정치에서 소외되는 아이러니에 처한 것이다.

10·26 때 박정희를 사살한 김재규는 재판 과정에서 공화당에 대해 이런 말을 남기기도 했다. "공화당엔 정치하는 자가 없고, 아첨하는 자만 있었다." 정구영에 이어, 1963년 2대 총재가 된 박정희는, 1979년 10월 26일 김재규의 총에 죽을 때까지 공화당 총재였다.

●

공화당과 도서관의 '인연'

앞서 언급한 바와 같이, 공화당은 1966년 6월 1일부터 1972년 9월 28일까지 6년 동안 소공동 건물을 당사로 썼다. 공화당 소공동 당사는 일제강점기 경성부립도서관, 즉 남대문도서관 건물이었다. 소공동에 있던 남대문도서관은 1964년 12월 31일 남산으로 이전하면서, '남산도서관'으로 이름을 바꿨다. 남대문도서관이 남산으로 옮기면서 비운 건물에 공화당이 입주해서, 6년 동안 당사로 사용한 것이다. 남대문도서관 건물은 대한제국 영빈관인 대관정이 있던 곳으로, 일제가 한국주차군사령부 관저로 쓰기도 했다.

공화당은 소공동 옛 남대문도서관 건물을 임대해서 쓰는 동안, 건물 매입도 고려했다고 한다. 건물 매입에 대해 곱지 않은 시선을 의식해 공화당이 망설이는 사이, 1967년 효성물산이 이 건물을 인수했다. 임대 생활을 전전하던 공화당은 1972년 후암동 한국문화인쇄 건물을 매입하면서, 세입자 신세에서 벗어났다. 남대문도서관 건물을 당사로 쓰다가, 당사로 매입한 건물이 다시 용산도서관으로 바뀌었으니, 공화당은 도서관과 남다른 '인연'을 가진 정당으로 기록될 듯싶다. 그나저나 공화당 중앙당사는 왜 도서관으로 바뀌었을까? 1979년 박정희가 죽은 후, 12·12 군사 쿠데타로 권력을 잡은 전두환 신군부는, 1980년 5월 17일 전국으로 비상계엄을 확대했다. 이 조치로 정치 활동이 금지되고, 대학에 휴교령이 떨어졌다. 김대중과 김종필 같은 주요 정치인과 민주화운동 인사는 체포되었다. 광주민중항쟁을 유혈 진압한 시기도 이 무렵이다.

용산도서관을 방문한 박영수 서울시장

용산도서관은 1981년 4월 21일 개관했다. 개관 후 4월 27일, 박영수 서울시장이 용산도서관을 방문했을 때 찍은 사진이다. 박영수는 전두환의 대통령 취임 다음 날인 1980년 9월 2일, 제18대 서울시장으로 임명되었다. 민주공화당사의 용산도서관 전환은 박영수 서울시장 재임 기간에 이뤄졌다. © 서울역사박물관

광주 시민을 총칼로 진압한 전두환은 '체육관 선거'를 거쳐, 1980년 9월 1일 대통령이 되었다. 1979년 12·12 쿠데타 이후 264일 만에 권좌에 오른, 누구 말처럼 '세계에서 가장 오래 걸린 쿠데타'였다. 권좌에 오른 전두환은 1980년 10월 제5공화국 헌법을 공포했다. 제5공화국 헌법을 통해 신군부는, 공화당을 포함한 모든 정당을 해산시켰다. 이 과정에서 당사를 포함한 공화당의 전 재산은, 전두환이 창당한 민주정의당(민정당) 자산으로 귀속되었다.

1980년 12월 10일 공화당 청산위원회는 공화당의 후암동 중앙당사(대지 525평, 연건평 2100평)와 송파구 가락동에 있는 3층 건물(대지 1만 2000평, 연건평 1600평), 전국 8개 시도에 있던 시도당 사무국 건물과 사무 비품 일체를, 민정당에 '무상 양도'하기로 결정했다. 당시 100억 원대로 추산되는 공화당 자산을 '무상 인수'한 민정당은, 가락동 훈련원과 8개 시도당 사무소는 그대로 쓰되, 남산에 있던 공화당 중앙당사만 매각하기로 했다.

전두환의 민정당은 왜 공화당 중앙당사만 매각했을까? 신군부는 남산 공화당 중앙당사가 갖는 상징성이 강하다고 판단했던 모양이다. 박정희 뒤를 잇는 군부 통치 이미지를 희석시키고 싶었던 걸까? 전두환 신군부는 공화당 당사를 도서관으로 '급조'했다. 1980년 12월 민정당은 공화당 중앙당사를 서울시에 서둘러 매각했다. 공화당사를 인수한 서울시는 1981년 2월 용산도서관 설치 조례(서울특별시 조례 제1488호)를 공포하고, 1981년 4월 21일 용산도서관을 개관했다. 이것이 불과 5개월 만에 공화당 중앙당사가 도서관으로 '변신'한 사연이다.

1부 도서관의 정치학

도서관은 왜 자신의 역사에 소홀할까?

역사에서 가정은 무의미하지만, 김재규의 총에 죽지 않았다면, 박정희는 독재를 이어 갔을 테고, 용산도서관 건물은 공화당 중앙당사로 계속 쓰였을 것이다. 용산도서관은 박정희의 죽음과 신군부 쿠데타 과정에서 예기치 않게 탄생했다.

용산도서관을 둘러보면, 건물 구조가 도서관으로 쓰기 적합하지 않다는 점을 알 수 있다. 인쇄 회사가 지은 건물을 당사로 썼기 때문에, 책 소장과 이용에 최적화된 구조가 아니다. 도서관 4층 강당은 공화당 시절 결혼식장으로, 시민에게 개방한 적이 있다. 도서관에서 가장 전망 좋은 5층 도서관장실은, 총재실로 쓰던 곳이다. 청와대에 있던 박정희가 이곳 총재실에 머문 시간은 많지 않았을 테지

용산도서관 〈민족의 지도자상〉

용산도서관 1층에서 2층으로 올라가는 중앙 계단에 있는 작품이다. 민주공화당이 건물에 입주한 시점인 1972년 9월 조각가 박석원이 완성했다. 작품 가운데 횃불을 들고 있는 '민족의 지도자'는 공화당 총재 박정희를 형상화했을 것이다. © 백창민

만 말이다.

도서관 1층에서 2층으로 올라가는 중앙 계단 벽면에는 《민족의 지도자상》이라는 작품이 크게 새겨져 있다. 용산도서관이 민주공화당사였음을 알려 주는 유일한 흔적이다.

용산도서관 건물이 담고 있는 과거사는 '어두운 역사'일 수 있다. 하지만 어두운 시대의 기록도 전하는 노력이, 새로운 시대를 열어 가는 도서관의 역할 아닐까? 용산도서관 어디에서도 과거사를 알 수 있는 안내를 찾아보기 어렵다.

우리 도서관은 세상의 모든 지식과 정보를 모으고자 하면서, 정작 도서관 자신의 역사는 소홀히 하는 경향이 있다. '도서관의 역설'이 아닐 수 없다. 세상의 지식과 정보를 모으기 바빠 자신을 챙길 틈이 없는 걸까, 아니면 도서관 자신의 역사에 무관심한 걸까?

●

역사를 잊은 도서관의 미래는?

일제강점기 조선총독부는 대한제국 선포식이 거행된 환구단 영역을 훼손할 목적으로, 조선철도호텔과 조선총독부도서관을 각각 세웠다. 도서관을 정치적 목적으로 이용했다는 점에서, 전두환 신군부는 일제와 다르지 않다. 도서관은 정치와 무관한, 탈정치적 공간으로 보이지만, 가장 정치적인 목적으로 이용되기도 한다.

왕과 귀족의 전유물이던 도서관이 시민 혁명을 통해 공공도서관으로 재탄생했음을 생각할 때, 도서관, 특히 공공도서관은 태생부터 '정치적'이다.

도서관 입지와 접근성 관점에서 보면, 용산도서관은 남산도서관에서 떨어진, 다른 곳에 문을 열었어야 한다. 가뜩이나 도서관이 부족한 마당에, 대형 도서관 두 곳을 이렇게 가까이, 그것도 접근성이 나쁜 산자락에 함께 지을 이유는 없기 때문이다.

용산도서관이 지금의 자리에 들어선 이유는, 도서관 건립 관점이 아닌, 박정희와 공화당 흔적을 지우려는 신군부의 '정치적 의도' 때문이다. 시민을 위한 도서관이 생긴 사실은 기쁜 일이지만, 도서관 탄생에 '숨어 있는 역사'와 신군부에 의해 말살된 '서울의 봄'을, 우리는 기억해야 하지 않을까?

역사는 진보와 퇴보를 반복하며 전진한다. 용산도서관의 '과거사'는 어두운 역사일 수 있으나, 우리가 되새기고 기억할 역사다. 역사를 잊은 민족에게 미래가 없듯, 도서관 역시 마찬가지 아닐까?

말죽거리,
신화와 잔혹사 사이에서

영화《말죽거리 잔혹사》는 이렇게 시작한다. 때는 바야흐로 1978년 봄, 주인공 현수(권상우 분)는 말죽거리 근처 고등학교로 전학을 온다. 현수 어머니가 집값 상승을 기대하고, 서둘러 강남으로 이사 오면서, 현수도 학교를 옮긴 것이다.

제목뿐 아니라 영화의 주무대로 등장하는 '말죽거리'는 어디일까? 서울시 서초구 양재역 사거리 일대가 바로 말죽거리다. 지금의 지하철 3호선과 신분당선 양재역 주변은 조선 시대에도 '역'이 있었다. 역참驛站 제도의 '역' 말이다. 조선 시대 양재역良才驛은 삼남 지방으로 이어지는 요지로, 한양에서 경기 이남으로 가는 이들이 말을 갈아탈 수 있었다. 양재역은 종6품 찰방察訪이 머물며, 경기도 전체 역을 관리할 정도로 큰 역이었다.

●

서울은 언제부터 '초만원'이었나?

말죽거리 지명 유래에 대해서는 몇 가지 설이 있다. 하나는 조선 시대 나그네가 이곳에서 말에게 죽을 끓여 먹였다고 하여 '말죽거리'라는 지명이 생겼다는 설이다. 다른 하나는 '이괄의 난'으로 인조가 공주로 피난 갈 때, 여기서 말에 탄 채 죽을 먹어서 이름이 생겼다는 설이다. 제주도 말을 한양으로 데려오는 과정에서, 말을 손질하고 죽을 쑤어 먹였다는 설, 병자호란 때 청나라 용골대龍骨大가 이곳을 병참으로 삼아, 말죽을 만들어 먹였다는 설도 있다. 여러 가지 설이 있지만, '말'과 '죽'이 등장하는 점에서 공통점이 있다.

사람을 위해서든 말을 위해서든 '죽을 쑤던' 말죽거리가, 강남 땅값의 신화로 등장한 이야기를 해 보자. 1947년 4월 1일 서울시는 팔각형으로 된, 새 휘장을 발표했다. 새 휘장의 '팔각'은 서울 주위 여덟 개 산, 즉 남산, 와우산, 안산, 인왕산, 북악산, 낙산, 무학봉, 응봉을 의미했다. 지금과 비교하면, 당시 서울의 범위가 강북 일부에 국한되었음을 알 수 있다.

1960년대 초까지 지금의 강남 일대는 행정 구역상 경기도였고, 대부분 논과 밭, 과수원이었다. 1963년 시점에 지금의 강남구와 서초구 일대에 살던 사람은 2만 7000명이 되지 않았다.

서울시는 1963년 1월 1일 자로 경기도 땅을 흡수하며 크게 확장했다. 경기도 광주군과 시흥군에 속했던 지금의 강남구, 서초구,

양재역 4번 출구 앞 말죽거리 표석

'말죽거리' 지명 유래에는 여러 가지 설이 있지만, '말'과 '죽'이 등장한다는 공통점이 있다. 지금의 양재역 동남쪽에 복덕방이 밀집해 있었다. 이름처럼 '죽을 쑤던' 이곳이 '강남 땅값 신화'로 등장할 것을 누가 알았을까? ⓒ 백창민

송파구, 강동구가 모두 서울이 되었다. 1963년 당시 서울은 인구 300만 명(325만 명)을 넘어선 터라, 1985년 500만 명을 수용한다는 목표로 영역을 크게 확장한 것이다.

서울시의 인구 500만 명 수용 목표는, 애초 계획보다 15년이나 이른 1970년 7월에 이뤄졌다. 서울올림픽이 열린 1988년에는 1000만 명을 넘어섰다. 빨라도 너무 빠른 목표 달성이었다. 1960년대 전국 인구 성장률은 연평균 2.3%인데 반해, 서울은 연평균 8.2%였다. 아주대 행정학과 명예교수 강명구의 표현처럼, '농촌 탈출'을 통한 '압축적 도시화' 현상이 서울을 중심으로 나타났다.

●

'제2서울'로 개발된 강남

1967년 5월 3일 대통령 선거를 하루 앞두고, 박정희는 고속도로 건설을 공약으로 언급했다. 재선되자마자 박정희는 경부고속도로 건설을 밀어붙였다. 고속도로 건설 결정과 동시에, 설계와 공사를 '병행'했다고 하니, 무모한 '속도전'이 놀라울 따름이다. 1968년 12월 서울-수원 구간을 완공하고, 1970년 7월 7일에는 경부고속도로 428킬로미터 전 구간을 개통했다. '선 개통, 후 보완'하자는 구상이었다지만, 차량 통행뿐 아니라 건설 공사까지 '고속'으로 한 도로였다.

경부고속도로 건설은 '강남 대개발'로 이어졌다. 제3한강교(지금의 한남대교)가 경부고속도로 시발점이 되면서, 고속도로 부지를 확보해야 했고, 이 과정에서 구획 정리 사업을 하면서, 강남 개발을 시작했다.

1970년 11월 5일 양택식 서울시장은 특별 기자 회견을 열었다. 강남 일대 837만 평 땅을 개발해서, 한강 이남으로 인구를 분산하고, 새로운 제2서울을 건설한다는 '남서울 계획'을 발표한 것이다. 강남 개발과 함께, 강남과 강북을 잇는 다리도 연이어 건설했다. 1971년 11월 영동대교를, 1972년 7월에는 잠실대교를 개통했다. 영동지구에 이어, 잠실지구까지 포함, 1300만 평에 달하는 강남 일대 개발은 이렇게 추진됐다.

경부고속도로 용지를 무상으로 확보하기 위해 추진한 영동1지구(지금의 서초구 일대)와 달리, 영동2지구(지금의 강남구 일대)는 다른 목적으로 개발했다는 증언이 있다. 당시 서울시 도시계획 분야 핵심 요직에 있던 손정목은, 영동2지구가 박정희 정권의 정치 자금 마련을 위해, 정략적으로 추진되었다는 증언을 남겼다.

실제로 당시 서울시 도시계획국장 윤진우는, 25만 평 가까운 땅을 싸게 사들인 후 비싸게 되팔아, 20억 원의 정치 자금을 마련했다. 손정목에 따르면, 당시 20억 원은 2025년 기준으로 8400억 원이 넘는 거액이다. 이렇게 마련한 정치 자금은 1971년 4월 27일 대통령 선거와 5월 25일 국회의원 선거 비용으로 쓰였다. 투기를 막아야 할 정부가 정권 차원의 부동산 투기를 했다는 증언이다. 대한민국이 '부동산 투기 공화국'이었음을 증거하는 사례다.

한강 남쪽에 개발되기 시작한 '제2서울'은, 처음엔 '강남江南'이라는 명칭보다, 영등포의 동쪽 또는 영등포와 성동구의 중간이라는 의미로 '영동永東'이라 불렸다. 1962년까지 서울에서 한강 남쪽에 있는 지역은 영등포가 유일했다. 지금의 강남 지역을, 영등포를 기준으로 '영동'이라 부른 건 이 때문이다.

●

강남구 도서관이 복합 청사에 있는 이유는?

강남 땅값 폭등은 왜 '말죽거리 신화'라고 불릴까? 지금의 양재역 주변 말죽거리에 복덕방이 밀집해 있었고, 이곳을 통해 부동산 투기가 집중적으로 이뤄졌기 때문이다. 1969년 12월 25일 제3한강교 완공과 함께, 강남땅에 대한 투기가 본격화된다. '복부인福婦人'이라는 말이 탄생한 시기도 이때다. 강남 땅값의 고공 행진은 그때부터

1부 도서관의 정치학

지금까지 쭉 이어져 왔다.

값비싼 땅값 때문일까? 강남구 공공도서관은 1984년 개관한 개포도서관을 제외하면, 독립 건물로 지은 사례가 거의 없다. 1982년 개관한 강남도서관 역시, 강남교육청 일부를 도서관으로 '개조'한 사례라, 독립 건축물로 지었다고 보기 어렵다. 개포도서관도 개포지구 258만 평을 개발한 대한주택공사(지금의 LH)가 도서관을 지어, 기부 채납한 경우다.

강남구 대표도서관인 도곡정보문화도서관
강남구 도서관 정책은 돋보이는 부분도 많다. 강남구는 도서관 인프라뿐 아니라, 전자책을 비롯한 디지털 콘텐츠에 각별한 관심을 기울여 왔다. 일찍부터 지방정부 차원에서 전자책도서관을 구축해 왔고, 도곡정보문화도서관 역시 디지털 콘텐츠를 많이 서비스하는 도서관으로 알려져 있다. ⓒ 백창민

1966년 1월 19일 영동지구 개발을 시작한 시점(제3한강교 착공 시점)부터, 1981년 9월 30일 국립중앙도서관 역삼 분관이 문을 열 때까지, 강남에는 단 하나의 도서관도 없었다. 오죽했으면 1981년 8월《매일경제》가 "신흥 주거 지역 영동 일대 문화 시설이 없다"라는 기사를 썼을까?《매일경제》는 이 기사를 통해, 100여 개 유흥업소가 있는 강남에, 도서관이 단 하나도 없음을 비판했다.

1991년 지방자치제 부활 이후, 강남구가 운영한 공공도서관은 독립 건물이 아닌, 파출소, 문화센터, 상가와 함께 있는 경우가 대부분이다. 강남구 대표도서관이자 개관 당시 강남구 최대 규모를 자랑한 도곡정보문화도서관 역시, 독립 건축물이 아니긴 마찬가지다.

2013년 3월 말죽거리 근처에 개관한 도곡정보문화도서관은 공공 복합 청사의 3층부터 6층까지, 4개 층을 사용한다. 3층에 어린이 자료실과 유아 자료실, 디지털 자료실이 있고, 4층에는 종합 자료실과 독서 문화 공간인 책사랑방이 있다. 5층과 6층엔 열람실 3개가 자리하고 있다. 공공 복합 청사 1층에는 헬스장과 육아 지원 센터가, 2층에 주민센터와 북카페가 있다. 지하에는 생활 체육 교실과 문화 취미 교실, 강당, 식당, 매점까지 있다. 행정과 문화, 체육, 보육 시설이 한곳에 있는 '복합 공간'이다. 도서관이 반드시 '독립 건물'로 존재할 이유는 없지만, 상당수 도서관이 '복합 청사'에 있는 점도 이채로운 모습인 건 틀림없다.

우리는 땅과 돈이 부족했던 게 아니라

강남 땅값이 급등한 이후에는 비싼 땅값 때문에, 도서관 부지를 확보하기 어려웠다고 치자. 강남 일대가 허허벌판일 때는 왜 도서관 부지 하나 제대로 마련하지 못했을까? 왕복 10차선 도로와 고속버스터미널, 학교, 종합병원, 경찰서, 소방서, 공원 같은 온갖 편의시설이 들어선 강남 신도시에서, 유독 도서관 부지를 찾기 어려운 건 왜일까?

강남 개발의 주체인 서울시가 도서관을 정책적으로 고려하지 않아서일까? 그건 아니다. 강남 개발 직전인 1966년 '불도저' 김현옥 서울시장은, 이른바 '8·15 전시'라고 불린 '서울도시계획전시회'를 성대하게 개최했다. 당시 서울시는 8월 15일부터 한 달 동안 시청

서울시가 서울도시계획전시장에서 공개한 '도서관' 건립 계획
'불도저' 김현옥 시장은 1966년 서울도시계획전시장에서 강북 지역 9개 도서관 건립 계획을 공개했다. 종로구, 동대문구, 서대문구, 영등포구에는 일반도서관을, 성동구, 성북구, 마포구에는 학생도서관을, 중구, 용산구에는 어린이도서관을 각각 1개관씩 짓는다는 계획이었다. © 서울역사박물관

광장에서 개최한 전시회를 통해, 강북 지역에 9개 도서관을 3년 안에 건립한다는 계획을 공개했다. 일반도서관(4개), 학생도서관(3개), 어린이도서관(2개) 건립 계획을 번지수까지 명시해서, 전시했다.

문제는 79만 7000명의 시민이 관람한 서울도시계획전시회의 도서관 건립 계획이, 실행되지 않았다는 점이다. 서울시가 내건 공공도서관 건립 계획 중 현실화된 사례는, 종로도서관과 동대문도서관 2개뿐이다. 게다가 종로도서관은 '신축'이 아니라 '이전'이었다. 도서관 건립이 정책적으로 고려되지 않은 게 아니라, 우선순위에서 한참 밀려 '계획'으로만 존재했음을 알 수 있다.

강북은 부지 마련이 어려웠다고 치자. 드넓은 강남을 개발하면서 도서관 부지를 마련하지 않은 사실은, 정책 결정권자에게 도서관 건립 의지가 없었음을 방증한다. 세계 도시 개발사에 길이 남을 '강남 대개발'에서조차, 도서관은 도시 기본 시설로 고려 대상이 아니었다.

●

도서관은 우리에게 '사치'였을까

도서관을 지을 돈이 부족했던 걸까? 대한민국이 고속도로를 착공하던 1967년 시점의 1인당 국민소득은 겨우 142달러였다. 428킬로미터에 달하는 경부고속도로 건설에는, 429억 7300만 원이 들었다. 비슷한 시기인 1968년 8월 20일, 연건평 1000평 지하 1층, 지상 3층으로 지어 개관한 종로도서관은, 6639만 7000원의 공사비가 들었다. 종로도서관 규모 공공도서관을 648개 지을 돈으로, 우리는 경부고속도로를 건설했다.

당시 고속도로 건설은 '시기상조'라는 의견이 국내외에 많았다. 그런 상황에서 우리는 고속도로를 건설했다. 경부고속도로를 짓지 말아야 했다는 말이 아니다. '도서관을 지을 돈이 없었다'라는 의견에 동의하기 어렵다는 말이다. 1980년 말에는 1인당 소득 수준이 1592달러로, 경부고속도로 건설 시점보다 11배 이상 늘었다. 이때도 강남에는 도서관이 없었다.

강남 일대는 '토지구획정리사업'을 통해 개발했다. 토지구획정리사업은 무질서한 땅을 새롭게 정리해서, 도로, 상하수도, 학교, 공원 같은 공공 시설과 택지를 만드는 사업이다. 20세기 초 독일에서 처음 시행한 이 제도는, 대규모 주거지와 도시 개발 자금 확보가 어려웠던 독일, 일본, 한국 같은 후발 산업 국가에서, 도시 개발 방법으로 활용해 왔다. 837만 평에 달하는 영동지구 구획정리사업을 통해서도, 도서관 부지는 마련되지 않았다. 반포·청담·이수·압구정·도곡 지구 같은 영동 '아파트 지구' 지정과 도로, 주차장, 녹지 공간이라는 '3대 공간' 확충 과정에서도, 도서관은 고려되지 않았다.

땅과 돈이 부족했다는 핑계는 대지 말자. 우리는 도서관을 지을 땅과 돈이 부족했던 게 아니다. 도서관을 지을 '생각'과 '의지'가 없었던 거다. 여기서 묻지 않을 수 없다. 그 시절 우리에게 '도서관'은 무엇이었을까? '있어도 그만, 없어도 그만'인 그런 곳?

●

말죽거리의 잔혹한 이야기는 끝난 걸까

양택식 시장이 '남서울 계획'을 발표한 1970년 말, 서울의 자동차

총 대수는 6만 대, 이 중 승용차는 3만 4000대였다. 영동대로(너비 70미터, 길이 3.6킬로미터), 강남대로(너비 50미터, 길이 6.9킬로미터), 도산대로(너비 50미터, 길이 3킬로미터)가 모두 이때 계획됐다. 자동차가 많지 않은 그 시절, 강남에 10차선 도로를 깔 생각은 했지만, 도서관을 지을 생각은 아예 없었던 것이다.

이런 맥락에서 말죽거리의 잔혹한 이야기는, 집 없는 서민뿐 아니라, 이 땅의 도서관에도 그대로 적용된다. 도서관 부지에 대한 인색함이 어디 강남뿐이랴? 드넓은 강남을 개발할 때도 고려되지 않은 도서관이, 서울 강북이나 서울보다 인프라가 열악한 다른 지역에서 고려되었을까? 먹고살기 바쁜 대한민국에서 도서관은 '사치'였을까?

1978년 봄, 강남으로 급히 이사한 현수네는 어떻게 되었을까? 1963년을 기준으로, 1979년 학동은 1333배, 압구정동은 875배, 신사동은 1000배 땅값이 올랐다. 1960년대 초 평당 200원 안팎이던 말죽거리 땅값은 25만 배 뛰어, 2020년대 들어서는 평당 5000만 원을 호가하고 있다. 강남에 뒤늦게 합류한 현수네도, 단단히 재미를 봤을 것이다.

말죽거리 이야기는 강남 일부 주민에게는 꿈같은 '신화'이지만, 비강남 지역 대다수 사람과 도서관에는 '잔혹사'로 기억될 이야기다. 그런데 궁금하다. 말죽거리의 잔혹한 이야기는 이제 끝난 걸까?

1부 도서관의 정치학

2부

혁명과
민주화 투쟁의
무대

우현서루와 경북대학교 중앙도서관

'도서관'을 통해
국권을 되찾고자 했던 시도

일제 침략이 가시화되면서, 힘을 키워 국권을 되찾으려는 노력이 곳곳에서 일어났다. 인재를 키워 독립을 쟁취하려는 움직임도 활발해졌고, 이 과정에서 '도서관'을 통해, 인재를 길러 내려는 시도가 있었다. 대구에 세워진 '우현서루友弦書樓'는 1904년 경주 이씨 집안 금남錦南 이동진李東珍이 설립하고, 그의 아들인 소남小南 이일우李一雨가 운영한 '도서관'이다. 우현서루는 한때 국내외에서 수집한 1만 권의 장서를 보유했다고 알려져 있다. 말 그대로 '만권당萬卷堂'이었던 셈이다.

일제의 국권 강탈 과정에서, 대구 지역에서 일어난 도서관 건립 시도는 흥미롭다. 남평 문씨 집안은 '인수문고仁壽文庫'라는 문중문

고문중문고(古門中文庫)를 만들어, 가문 차원의 인재 양성에 힘을 썼다. 인수문고 역시 만권당으로 불릴 만큼 장서량이 많았다.

●

만권당, 우현서루를 아시나요?

같은 만권당이지만, 남평 문씨 인수문고와 달리, 우현서루는 이용 대상을 경주 이씨 문중에 한정하지 않았다. 대구와 영남은 물론, 전국의 인재에게 '열린 공간'이었다. 학교조차 드물었던 시절, '도서관'을 통해 인재를 키워 내자는 시도 자체가, 근대적 접근이 아닐 수 없다.

1905년 금남 이동진이 세상을 떠난 후에는, 아들 소남 이일우가 우현서루를 이어받아 운영했다. 이일우는 1905년 우현서루에 '시무학당時務學堂'을 만들었다. '시무학당'은 중국의 지식인 량치차오梁啓超가 처음 사용한 말이다. 중국인에게 신학문을 가르쳐, 부국강병으로 중국의 위기를 극복하자는 의미였다. 우현서루는 도서관이고, 시무학당은 일종의 학교였다.

'우현友弦'은 '현고弦高'를 벗 삼는다는 말이다. 춘추시대 인물인 현고는 기지를 발휘해, 진나라 침략으로부터 정나라를 구했다. '우현서루'는 '현고' 같은 우국지사憂國志士를 길러 내자는 의미로 이름 지었다. 일제 침략으로 나라 운명이 풍전등화 같던 시대, 나라를 구할 인재를 기르자는 뜻이 담겨 있다.

우현서루는 해마다 중등학생 이상 자격을 갖춘 학생을 20~30명 모집해서, 숙식을 무료로 제공했다. 유명한 강사를 초빙해서, 강연과 토론을 진행하고, 국내외에서 수집한 1만 권에 달하는 책도 자유롭게 볼 수 있도록 했다.

1905년 3월 4일《황성신문》기사에 따르면, 우현서루는 조선과 동서양 역사, 지리, 수학, 물리, 화학, 경제, 농업, 상업, 공업, 법률, 의학, 군사학 분야 책과 신문, 잡지를 두루 갖추고 있었다. 지금으로부터 120여 년 전, 1만 권에 달하는 장서를 갖춘 도서관 자체가 드물었기 때문에, 우현서루는 큰 주목을 받았다.

700평 대지에 자리 잡았던 우현서루는 사면이 도로에 접하고, 3개의 건물을 갖추고 있었다. 본관, 서고, 별채 3개의 건물은, 각각 교육, 도서관, 숙식 공간으로 활용했다. 우현서루 부지 가운데 빈 공간은, 운동장 겸 강연장으로 사용한 것으로 보인다. 동편에 있던 도서관, 즉 서고는 나무로 지은 단층으로, 일一자 형태 건물이었다.

●

일제에 의해 강제로 폐쇄된 우현서루

1910년 한일 강제병합 이후, 일제는 무단 통치를 시작했다. 1911년 8월 초대 총독 데라우치 마사타케寺內正毅는 〈조선교육령〉을 통해, 향교와 서당 같은 조선의 교육 시설과, 선교사가 운영하는 사립학교를 규제했다. 이 과정에서 우현서루도 1911년 일제에 의해 문을 닫게 된다. 인재 양성을 통해 국권을 되찾고자 한 우현서루를, 일제가 방치할 리 없었다. 우현서루는 문을 닫았지만, 교육과 민족 계몽을 위해 조선인 스스로 도서관을 설립하는 활동은, 일제강점기 동안 꾸준히 이어졌다.

일제에 의해 강제 폐쇄된 만권당 우현서루는 어디에 있었을까? 대구부 팔운정 101-11, 지금의 iM뱅크(DGB대구은행) 북성로지점 일대에 우현서루가 있었다. 우현서루는 700여 평 규모였다. 지금의 iM뱅크 북성로지점은 우현서루의 남동쪽 일부분에 해당한다.

iM뱅크 북성로지점은 독특한 외관을 지니고 있다. 은행 건물 외벽에, 우현서루, 이일우 모습과 함께, '민족 계몽과 지성, 자주독립과 우국의 현장 우현서루 옛터'라는 글을 새겨 놓았다. 도서관 옛터에 세운 건물이, 과거에 존재했던 도서관을 기념하는 공간은, 이곳이 유일하다.

이일우는 1907년 서상돈과 함께, 대구에서 시작된 '국채보상운동'을 주도하기도 했다. 서상돈은 김광제와 함께 '광문사廣文社'라는 출판사를 만들어, 국채보상운동을 이끌었다. 국채보상운동을 주도한 광문사는, 3·1 운동 당시 〈3·1 독립선언서〉를 인쇄한 '보성사'와 함께, 우리 근대사에서 중요한 역할을 한 출판사로 기억할 곳이다. 1911년 우현서루가 문을 닫은 후, 이일우는 1912년 대구은행 창립에 참여했다.

iM뱅크 북성로지점

우현서루 옛터에 세운 iM뱅크 북성로지점은 외관이 독특하다. 외벽에 우현서루와 소남 이일우 모습, 책을 새겨 놓았다. 도서관이 있던 자리에 들어선 건물이, '사라진 도서관'을 외관에 새겨 기념하고 있다. ⓒ 백창민

●

우현서루를 거쳐 간 사람들

우현서루는 1904년부터 1911년까지, 7년밖에 유지되지 않았지만, 이곳을 거쳐 간 사람의 면면은 화려하다. 상하이 임시정부 대통령 박은식, 초대 국무령 이동휘, 《황성신문》 주필 장지연, 도쿄 황궁에 폭탄을 던진 김지섭, 여운형과 김성수를 비롯한 150여 명의 우국지사가 이곳을 찾았다.

시인 이육사와 이상화도 우현서루 출신이다. 특히 1926년 《개벽》을 통해 〈빼앗긴 들에도 봄은 오는가〉를 발표한 시인 이상화는, 우현서루를 운영한 이일우의 조카다. 중국군 장군으로 복무하다가, 대한민국 임시정부에서, 독립운동을 했던 이상정 장군은, 이일우의 조카이자 이상화의 형이다.

우현서루와 함께 우리가 눈여겨볼 인물은, 초대 국립도서관장 이재욱李在郁이다. 이재욱은 1905년 9월 20일, 대구 서성정西城町 103번지에서 태어났다. 그의 조부는 중추원 참의를 지낸 이병학이다. 이병학은 대구에서 활동한 대표적인 친일파다.

〈봄은 고양이로다〉를 쓴 시인 고월 이장희는 이재욱의 삼촌이다. 1900년 태어난 이장희는 이재욱보다 5년 먼저 태어났다. 흥미로운 대목은 이재욱 생가 바로 옆에, 우현서루를 세운 이일우 고택이 있었다는 점이다.

이재욱은 1926년 대구고등보통학교(지금의 경북고등학교)를 8회로 졸업하고, 1928년 경성제국대학 법문학부 조선어문학과에 입학했다. 이 해에 이재욱은 배녹점과 결혼했다. 1929년 조선 전래 동요를 필사본으로 정리한《동요집》을 완성한 이재욱은, 1930년에는 영남 지역을 답사해서,《영남전래민요집》을 완성했다. 이렇게 정리한 자료를 바탕으로, 1931년 〈영남민요연구〉라는 논문을 제출했다.

이재욱이 결혼한 다음 해인 1929년, 삼촌인 고월 이장희가 음독 자살로 세상을 떠났다. 목사가 되려 한 이장희는, 조선총독부 관리로 취업하라는 아버지 이병학의 강요를 거부했고, 아버지와 갈등을 빚었다. 신경쇠약을 앓던 고월은 스물아홉 나이로 세상을 등졌다. 이장희의 죽음은 이재욱에게도 충격이었을 것이다. 이재욱은 경성제대 졸업 후, 조선총독부도서관에 취직하며, 조부 이병학이 원했던 길을 걸었다.

이일우 고택

이일우 고택 바로 옆이 초대 국립도서관장 이재욱의 생가였다. 이일우 집안의 이상화 시인과 이재욱 집안의 이장희 시인은 '절친'이기도 했다. 대구광역시 중구청은 이일우 고택을 '우현하늘마당'으로 단장해 시민에게 개방하고 있다. ⓒ 백창민

우현서루와 초대 국립도서관장 이재욱

경성제국대학 졸업 후 이재욱은 조선총독부도서관에서 촉탁으로 일을 시작하며, '서지학'에 관심을 가진 것으로 보인다. 조선총독부 도서관 시절에는 경성방송국JODK에 출연해서, 독서와 도서관 안내 라디오 프로그램을 담당했다. 당시 경성방송국 대중 강좌에, 최남선, 이광수, 김진섭, 윤석중, 김태준이 출연했다고 하니, 당대 명사와 어깨를 나란히 하며, '도서관'을 소개한 셈이다.

1931년 이재욱은 조선어문학회 발기인으로 참가해서, 1933년에는 대표로 위촉되었고, 1934년에는 진단학회 발기인으로 참여했다. 1935년에는 《농촌도서관의 경영법》을 출간했다. 이 책은 조선인이 쓴 도서관 분야 첫 책으로 추정되고 있다.

경성제대 졸업 후 줄곧 조선총독부도서관에서 근무한 이재욱은, 1943년 '부관장'에 임명된다. 이재욱은 일제강점기 도서관 분야 최고위직에 있던 조선인이다. 1945년 낙향해서 경북도청 사회교육과에 근무하다가, 해방 후 국립도서관 초대 관장으로 취임했다. 이재욱은 사서 출신으로, 국립도서관 관장 자리에 오른 '최초의 인물'이다. 1945년 해방 이후 대한민국 국립중앙도서관 역사상 '사서 출신 관장'은 이재욱과 서혜란, 김희섭 세 명뿐이다.

이재욱 생가터에 가 보면, 우현서루를 운영한 이일우 집안과 얼마나 가까웠는지 알 수 있다. 거리가 가까울 뿐 아니라, 이재욱의 삼촌 이장희와 이일우의 조카 이상화는 절친한 사이이기도 했다. 이장희의 유고遺稿를 이상화가 간직할 정도로, 두 사람은 각별했다.

대구의 유력한 가문이었던 두 집안이, 직간접적인 교류를 가졌음을 짐작할 수 있다. 이재욱의 생가와 우현서루가 자리했던 곳은, 300미터도 떨어지지 않은 거리다. 우현서루는 이재욱이 태어날 때부터 여덟 살 무렵까지, 그의 집 바로 근처에서 운영되던 '도서관'이다.

경성제국대학 졸업 후 조선총독부도서관에 취직해, 조선인으로 부관장 자리에 올랐다가, 해방 후 초대 국립도서관장이 된 이재욱. 어린 이재욱에게 당시 흔치 않던 우현서루라는 '도서관'은, 어떤 영향을 미쳤을까?

●

그 많던 우현서루 책은 어디로 갔을까

1만 권에 이르렀다는 우현서루의 그 많던 책은 어떻게 되었을까? 1952년 10월 문교부는 대구, 전주, 광주에 국립대학인 경북대학교, 전북대학교, 전남대학교를 각각 설립했다. 대구에는 이미 대구농과대, 대구사범대, 대구의과대 같은 3개 국립대학이 있었고, 이 3개 대학을 주축으로 '국립경북대학교'가 출범했다.

1952년 경북대학교 개교를 맞아, 이일우의 손자 이석희李碩熙는 우현서루 장서였던 482종 3937권을 도서관에 기증했다. 1만 권을 헤아렸다는 우현서루 장서가, 수천 권으로 줄어든 까닭은 뭘까? 1911년 폐쇄 후 우현서루 장서 상당수를, 일제가 강탈했다고 하며, 40여 년의 세월과 한국전쟁을 거치면서, 많은 장서가 흩어졌다.

이석희가 경북대학교 도서관에 기증한 책 중에는, 우현서루 시절 이후 장서도 포함되어 있다. 기증 도서 중 《사부총서四部叢書》는

1921년 상하이 상무인서관에서 간행한 책으로, 경經, 사史, 자子, 집集 중 당대에서 구할 수 있는 최상의 판본을 사진판으로 낸 총서다.

경북대학교 도서관은 1952년 3개 대학에서 모은 8866권의 장서로 첫발을 내디뎠고, 1953년 130평짜리 목조 건물에서 문을 열었다. 초대 도서관장은 이규동이다. 출범 초기 가교사 형태였던 도서관은, 지금의 출판부 자리에 있었다. 경북대학교 도서관 출범에 맞춰 기증된 우현서루 장서는, 지역 명문 대학으로 발돋움한 '경대'에 소중한 '밀알'이 되었을 터. 경북대 중앙도서관 고서실 특수문고 중에, 지금도 '우현서루'가 있는 이유는 바로 이 때문이다.

•

경북대에서 만나는 여정남의 흔적

경북대학교는 1956년 도서관을 신축했다. 지금의 박물관 건물이다. 1956년 12월 10일 개관한 옛 도서관 건물은, 건축가 조자용의 작품이다. W자 모양의 도서관 건물은, 제트기가 웅비하는 모습과 날아가는 박쥐 형상으로 지었다. 행운을 상징하는 의미였다고 한다. 박물관 건물에 머물던 도서관은, 1982년 3월 건물을 새로 지어서, 지금의 자리로 옮겼다.

경북대학교 본관과 옛 도서관 사이 공간은, 집회와 시위가 자주 열린 공간이다. 1960년대 이후 경북대학교는 '한강 이북에는 서울대가 있고, 한강 이남에는 경북대가 있다'라는 말이 있을 정도로, 학생운동을 주도한 학교다.

새로 지은 경북대학교 중앙도서관에서 북문으로 향하는 길목에는 대강당이 있고, 그 앞에 '민주광장'이 있다. 민주광장에는 경북대 후배들이 세운 '통일열사 고故 여정남 이재문 추모비'가 있다. 여정남은 인혁당 재건위 사건으로 사형당한 여덟 명 중 한 사람이다. 사법부는 1975년 4월 8일 인혁당 재건위 사건 관계자에게 사형을 선고했고, 박정희 정권은 바로 다음 날인 4월 9일 형을 집행했다.

여정남이 형장의 이슬로 사라진 1975년 4월 9일은, 세계 사법 역사상 '암흑의 날'로 기억되고 있다. 뛰어난 '활동가'이자 '독서가'였다는 여정남. 경북대학교 옛 도서관인 박물관과 중앙도서관, 본관과 사회과학대학 일대는, 그의 흔적을 찾을 수 있는 또 다른 공간이다.

한때 경북대학교 사범대학에는 '박정희 흉상'이 청동 부조로 새겨져 있었다(2021년 사범대학 건물 신축 과정에서, 박정희 흉상은 경북대 박물관으로 옮겼다). 경북대학교는 대구사범대, 대구농과대, 대구의과대 3개 학교를 합쳐서 출범했다. 박정희가 졸업한 대구사범학교는 경북대학교의 전신이기도 하다. 사범대학에서 그리 멀지 않은 사회과학대학 앞에 '여정남 공원'이 있다. '후배' 여정남은 왜 '조국 근대화의 아버지'이자 '선배'인 박정희를 격렬히 비판하고, 유신 체제에 '저항'했을까. 박정희는 왜 후배를 포함한 대구 지역 진보 인사를 '살해'한 걸까? 경북대학교가 기억하는 기억과 조형물은, 이처럼 극단적인 '대립 항'이 공존한다.

●

우리가 현모할 '현고'는 누구인가?

선구적 도서관을 운영한 경주 이씨 집안이, 우현서루 장서를 경북대학교에 기증한 이유는 무엇일까? 지역 대학에 장서를 기증해서, 지역과 나라의 인재를 길러 내는 데, 밑거름으로 쓰이기를 바라는 마음이 아니었을까?

경북대학교 중앙도서관은 국립대학 중 서울대학교 도서관에 이어, 두 번째로 많은 장서량을 자랑한다. 경북대가 보유한 수백만 권의 장서 중에, 우현서루 고서가 차지하는 비중은 미미할 수 있다. 하지만 그 장서가 지닌 역사와 의미는 결코 작지 않다.

우현서루가 존속한 시간은 길지 않았다. 짧은 기간에도 우리가 우현서루를 기억해야 할 이유는 분명하다. 결국 우리 미래가 '인재'에 달려 있다는 점은, 그때나 지금이나 변함없기 때문이다. 자원이 부족한 우리 현실에서 사람에 기반하지 않으면, 사회 존립 자체가 어렵다는 점은, 식민 시대나 지금이나 다르지 않다.

공교롭게 경북대학교 캠퍼스가 자리한 복현동伏賢洞은, '엎드려 현모한다謹而伏以賢慕'라는 뜻을 담고 있다. 논쟁적인 질문이지만, 경북대가 각별히 기리는 두 사람, 박정희와 여정남 중 '현고'와 같은 인재는 누구이며, 우리가 현모할 사람은 누구일까?

이승만에게 도서관 이름을
바친 대학 총장

2019년 도올 김용옥이 방송을 통해, '국립묘지에서 파내야 한다'
라고 말해, 논란이 일었던 우남 이승만, 그는 '민족의 태양'인가, '거
룩한 사기꾼'인가? '국부國父'로 추앙하는 사람부터, '검은 머리 미
국인'으로 비판하는 사람까지, 우리는 그를 어떻게 평가해야 할까?

한때 이승만은 살아 있는 '우상'이었다. 이승만 우상화는 1949년
부터 시작되었다. 이승만 생일날은 국경일처럼, 집집마다 태극기가
내걸렸다. 북한 김일성처럼 이승만 초상화가 학교 교실에 내걸렸을
뿐 아니라, 1953년부터는 지폐에도 그의 초상을 인쇄했다.

이승만 사진이 얼마나 많이 내걸렸던지, 4·19 혁명 직후 시인 김
수영은 〈우선 그놈의 사진을 떼어서 밑씻개로 하자〉라는 시에서,

이승만 사진이 내걸려 있는 장소로 동회(지금의 주민센터), 시청, 회사, 단체와 협회, 술집, 음식점, 양화점, 책방, 학교, 유치원까지 언급했다. 도서관에도 내걸려 있었을 것이다. 김수영의 시처럼 '밑씻개'로 써도 충분할 정도로, 우남의 사진은 어디에나 널려 있었다.

●

한반도에는 '두 개의 태양'이 있었다

1955년 3월 26일 이승만 80세 생일을 기념하는 경축식이, 서울운동장(지금의 동대문역사문화공원 자리)에서 성대하게 열렸다. 경축식에서 노래 부른 합창단 규모만 1000명에 달했다. 이날은 임시 공휴일로 지정되었다. 이승만 탄생 80주년인 1955년은 '쌍팔년도'라고 불린다. 무질서와 무법천지였던 이 해가 단기 4388년이기 때문이다.

문화계의 찬양도 이어졌다. 〈성북동 비둘기〉를 쓴 시인 김광섭은 〈우남 선생의 탄신을 맞이하여〉라는 헌시에서, 그를 "세기의 태양"으로 극찬했다. 이승만 대통령을 찬양하는 〈우리 대통령〉이라는 찬가도 만들어 불렀다. 청록파 시인 박목월이 작사하고, 〈동심초〉〈산유화〉를 만든 김성태가 작곡한 노래다.

1955년 6월에는 경기도 남한산성 수어장대 근처에 이승만 80세 생신을 기념하는 송수탑頌壽塔을 건립했다. 1956년에는 서울 종로 탑골공원과 남산 조선신궁 터에 이승만 동상을 세웠다. 81척(동상만 7미터, 기단까지 25미터) 높이 남산 이승만 동상은 당시 돈으로 2억 600만 환(쌀 2만 600여 섬 가격)이 들었다. 80세 생신 축원 의미로

80척을, 여기에 진일보한다는 뜻으로 1척을 더해, 81척 동상을 세웠다나. 이 거대한 동상은 4·19 혁명 직후인 1960년 8월 19일, 중장비의 힘을 빌려 '철거'했다.

1959년 9월 15일 서울 뚝섬에 우남 송덕관이 들어섰고, 이승만 부조와 반신상을 설치했다. 1959년 11월 18일 남산 정상에 이승만 아호를 딴 '우남정'을 세우기도 했다. 이승만 우상화의 일환으로, 경기도 광주와 남한산성을 잇는 도로를 '우남로'로, 서울 남산공원과 부산 용두산공원을 '우남공원'으로 명명했다. 심지어 서울시를 '우남시'로 바꾸려는 시도마저 있었다.

1961년 개관한 서울시민회관은 3000석이 넘는 대강당과 350석 소강당을 갖춰, 당시 국내에서 가장 큰 공연장이었다. 서울시민회관은 1956년 6월 20일 공사를 시작했다. 원래 이름은 '우남회관'이었다. 4·19 혁명을 거치면서, 우남회관은 '서울시민회관'으로 이름을 바꿨다. 대중 예술 연구자 이영미의 지적처럼, 북한 김일성에 못지않은 우상화가 남녘땅에서도 펼쳐졌다. 남과 북의 우상화 경쟁은, 한반도에 '두 개의 태양'이 있다는 비웃음을 사기도 했다.

●

도서관에 남은 우남의 흔적

이승만 이력 중 이채로운 대목이 '감옥도서관' 운영이다. 그는 고종 폐위 음모 사건으로 한성감옥에 투옥되었을 때, 도서관을 운영했다. 1902년 12월 25일 벙커 목사가 크리스마스 선물로, 종교 서적 150여 권을 가지고 왔고, 이를 계기로 감옥 안에 '서적실'이 생겼다.

이승만은 여기저기 부탁해서 책을 수집하고, 이렇게 모은 장서로 감옥에서 도서관을 운영한 모양이다. 이승만이 《독립정신》을 탈고한 시기도 이때다. 어쩌면 그가 운영한 감옥 도서관이 기록으로 남은 우리 '교도소 도서관'의 첫 사례는 아닐지.

도서관에도 이승만의 흔적이 남아 있는 곳이 있으니, 바로 대전 우남도서관과 중앙대학교 학술정보원이다. 건축가 유병우에 따르면, 1957년 대전 대흥동 우리들공원에 문을 연 '우남도서관'은 이승만 탄생 80주년을 기념하기 위해 세운 도서관이다. 개관한 지 3년

중앙대학교 학술정보원

중앙대학교 중앙도서관은 2009년 건축가이자 중앙대학교 교수인 김인철에 의해 현대적으로 리모델링됐다. 김인철 교수는 도서관 상부 외벽을 커튼월 방식으로 처리했다. 2014년 부터는 '학술정보원'으로 이름을 바꿨다. ⓒ 백창민

　　　　　　　　　　　2부 혁명과 민주화 투쟁의 무대

째인 1960년 4·19 혁명이 터지면서, 이승만을 기념했던 도서관은 학생들이 던진 돌멩이에, 유리창이 모조리 깨진 채 방치되었다고 한다.

우남도서관이었던 이곳은 1961년부터 KBS 대전방송국으로 활용되다가, 1978년에는 대전 중구청 별관으로 쓰였다. 1982년부터 연정국악원으로 쓰이다가, 2004년 개인에게 넘어간 후 헐렸다.

중앙대학교는 1959년 10월 23일, 당시 국내 최대 규모로 지은 도서관을 '우남기념도서관'으로 명명했다. 중앙대학교 도서관을 우남기념도서관으로 이름 지은 사정은 이렇다. 중앙대학교는 1959년 10월 23일 학교 설립자이자 당시 총장인 임영신 박사 회갑을 기념하여, 지하 1층, 지상 8층, 연건평 4700평 규모 도서관을 준공했다.

1958년 10월 25일 착공해서, 1년 만에 완공한 이 도서관은 건축가 차경순이 설계했고, 공사비는 3억 환이 들었다. 총장 회갑 기념으로 지은 도서관이지만, 임영신 총장이 이승만 대통령을 기리자는 뜻으로, '우남기념도서관'이라는 현판을 달아 개관했다.

미국 유학 시절 이승만을 만난 임영신은, 그에게 청혼을 받을 정도로 총애를 입었다. 임영신의 호 승당承堂 또한, 이승만의 이름에서 승承자를 따서 지었다. 이승만 비서 출신이었던 임영신은 1948년, 대한민국 정부 첫 여성 장관으로 임명됐다. 임영신의 상공부 장관 임명은, 자질이 부족하다는 이유로 비판이 많았다. 미 국무성(지금의 국무부)은 그녀가 장관으로 재직하는 한, 산업 복구 자금을 제공하지 않을 거라는 입장을 전달하기도 했다. 임영신은 장관 재직 시절, 공금 유용 및 횡령, 밀수 업체와 적산 중개인으로부터 뇌물을 받은 혐의로, 1949년 6월 장관직에서 물러났다.

정치적 동반자로 오랫동안 함께한 두 사람의 관계를 알게 되면, 임영신이 왜 도서관 이름을 '우남기념도서관'으로 지었는지 알 수 있다. 더욱이 도서관을 완공한 1959년은 임영신이 부통령 출마를 준비하던 해다. 다음 해 2월 임영신은 부통령 출마 선언문에서, 이 승만을 다음과 같이 칭송했다. "세기의 영걸이신 이승만 박사를 광복된 조국의 초대 대통령으로 모시어, 오늘 4대에 이르게 된 것은 오로지 하늘이 우리 민족에게 내리신 특별하신 은혜요, 은총이라고 믿어 의심치 않습니다."

•

의에 죽고 참에 산 이는 누구인가

임영신은 도서관 이름까지 이승만에게 '헌정'하는 성의를 보이며, 부통령 당선을 염원한 모양이다. 이런 정성에도 불구하고, 1960년 3·15 부통령 선거에서 임영신은 겨우 9만여 표를 얻는 데 그쳤다. 3·15 선거 후 임영신은 부통령 선거에서 자신이 얻은 표가 너무 적다며, 3·15가 부정 선거라고 주장했다.

우남기념도서관이 문을 연 지 불과 반년 만에, 4·19 혁명이 일어나고, 중앙대생이 6명이나 희생되자, 학생들은 우남기념도서관 현판을 철거하려 했다. 이 과정에서 대학 측과 심한 실랑이가 일자, 타협책으로 '우남기념도서관' 현판을 그대로 두고, 그 위에 '중앙도서관'이라는 새로운 현판을 덧대게 되었다. 이것이 지금도 중앙대학교 도서관 현판 아래, '우남기념도서관' 현판이 남아 있는 사연이다.

한편 "의義에 죽고 참에 살자"라는 교훈을 내건 임영신은, 4·19 혁

중앙대학교 중앙도서관 현판

도서관 리모델링 후 중앙도서관 현판은 눈에 잘 띄지 않지만, 지금도 학술정보원 출입구 위에 자리하고 있다. 중앙도서관이라고 새겨진 나무 현판 뒤에 도서관의 원래 이름인 우남기념도서관 현판이 지금도 남아 있다. © 백창민

명으로 수립된 장면 정권을 신랄하게 비판했다. 5·16 쿠데타로 박정희가 정권을 잡자, 그녀는 〈왜 나는 군사혁명을 지지하는가〉라는 글을 발표하며, 적극적인 지지를 표명했다. 그녀는 민주공화당 창당 준비위원에 이름을 올렸고, 1966년 정일권 총리와 김종필 의장에게 중앙대학교 명예박사 학위를 수여했다. 1972년 유신 선포 후에는, 대통령을 뽑는 통일주체국민회의 대의원 겸 운영위원으로 활동을 이어 갔다.

최초의 여성 국회의원, 최초의 여성 장관, 중앙대학교 설립자이자

초대 총장. 여성 정치인과 교육자로서 그녀가 남긴 족적은 뚜렷하다. 다만 그녀가 추구한 길이, 민주공화국 시대 정치인 또는 지식인의 '참'된 삶인지는 확실치 않다.

4·19 혁명 당시, 교문 밖 진출을 만류하는 임영신을 뿌리치고, 중앙대생은 한강을 건너, 국회의사당과 경무대로 향했다. 4·19 혁명 과정에서 중앙대는 서울대 다음으로 많은, 6명의 희생자를 냈다. 중앙대 도서관 앞 의혈탑과 6열사비는 '의에 죽고 참에 산' 사람이 누구인지 말없이 증언하고 있다. '의혈중앙義血中央'이라는 말도 이로부터 나왔다. 이승만에게 헌정한 도서관에서 공부한 학생들이, 4·19 혁명 과정에서 그를 몰아내는 선봉에 섰으니, 이 또한 역사의 아이

'의혈중앙'의 상징, 의혈탑
중앙대학교는 4·19 혁명에서 희생당한 6인 열사를 기리기 위해 1960년 9월 의혈탑을 세웠다. 4·19 혁명 때 목숨을 잃은 중앙대생은 고병래(상학 3), 김태년(약학 3), 서현무(법학 2), 송규석(정외 2), 전무영(신문 1), 지영헌(신문 1), 6명이다. 지금은 학술정보원 앞에 있지만 처음 건립할 때는 영신관 앞에 세웠다. ⓒ 백창민

러니라고 해야 할까?

●

도서관의 암흑기, 이승만 시대

이승만 시대 문자 해득률은 급격히 높아지고, 학교와 학생은 크게 늘었다. 1945년 22%에 불과했던 문자 해득률은, 1959년 78%로 3.5배 가까이 상승했다. 1945년부터 1960년까지 초등학생 수는 2.6배, 중학생 수는 11배, 고등학생 수는 3배 이상 늘어났다. 특히 대학은 19개 대학 7819명에서, 63개 대학 9만 7819명으로, 12배 이상 늘었다. 1인당 국민소득이 100달러가 안 되던 시절, 이승만 정부는 1948년부터 1960년 사이 총예산 중 연평균 10% 정도를 교육 분야에 썼다. 학교와 학생 수가 크게 늘었지만, 교사와 교육 자재, 교실은 부족해서, 교육 환경은 열악했다.

한국전쟁 직후인 1953년부터는 초등학교 의무 교육을 시작했다. 의무 교육으로 성장한 세대가, 1960년대와 1970년대 '한강의 기적'을 이끌게 된다. 1950년대를 거치며, 대량으로 탄생한 '한글세대'는 거대한 '인적 자본'을 형성해서, 1960년대 이후 노동 집약 산업과 중화학 공업 분야 핵심 노동력이 되었다.

정부 지원과 국민의 뜨거운 교육열이 결합한 결과지만, 이런 업적 때문에, 이승만을 '교육 대통령'으로 평가하는 시각도 있다. 연세대학교 박명림 교수는 "이승만의 실정失政과 업적이 4·19를 불렀다"라고 평가했다. 이승만 시대 교육 투자를 통해 성장한 민주주의 의식이, 역설적으로 이승만 정권을 붕괴시키는 데 큰 역할을 했다.

학교의 양적 증가에도 불구하고, 공공도서관은 눈에 띄게 성장하지 않았다. 1948년부터 1958년까지 전국적으로 24개의 도서관이 늘어나, 한 해 평균 2.18개의 도서관이 문을 열었을 뿐이다. 대학도서관의 사정은 어땠을까? 해방 이후 전문학교의 대학 승격이 추진되면서, 사립대학이 크게 늘었다. 대다수 사립대학은 등록금에 의존해 재정난을 벗어나려 했기 때문에, 학생 정원을 늘리고, 등록금을 인상했다. 국민 상당수가 '농민'이었던 그 시절, 소와 밭을 팔아 자녀 대학 등록금을 마련한다는 뜻으로, '우골탑'이라는 표현이 회자됐다.

사립대학이 난립하며, 대학의 부정부패가 심해지자, 정부는 1955년 〈대학설치기준령〉을 공포했다. 건물, 땅, 체육장, 교직원, 도서 5가지 항목이 기준을 충족하지 않으면, 대학을 통폐합하거나, 학생 정원을 감축한다는 내용이었다. 사립대학의 집단 반발로 〈대학설치기준령〉은 무력화되지만, 이 때문인지 1950년대 후반 중앙대를 비롯한 여러 사립대학이, 잇달아 도서관을 짓기 시작했다.

1958년 이화여자대학교 대학원장 오천석은 〈대학 교육의 위기〉라는 글에서 '도서와 실험실 설비 면에서 중고등학교만도 못한 대학이 흔하고, 대학의 심장부인 도서관을 제대로 갖춘 대학이 드물다'라고 지적했다. 한국전쟁 시기가 끼어 있지만, 이승만이 집권한 제1공화국 시대는 '도서관의 암흑기'라 평할 만하다.

미국 유학을 통해 도서관의 기능과 효과를 잘 알았을 '이승만 박사'가, 이렇다 할 도서관 정책을 펴지 않은 걸 어떻게 해석해야 할까. 여건이 어려워서, 도서관을 지을 겨를이 없었을까? 감옥에 갇힌 상황에서도 도서관을 운영한 그가, 무소불위의 권좌에 오른 후에는 왜 도서관을 제대로 짓거나 운영하지 않았을까? 비슷한 시기 북한에서 김일성이 도서관을 적극적으로 늘려 갔음을 고려할 때 두 지도자의 도서관 정책은 '대조적'이다.

●

국부인가 국적인가

성균관대학교 사학과 명예교수인 서중석은 이승만과 박정희의 '공통점'을 다음과 같이 지적한 바 있다. 첫째, 2인자를 용납하지 않는 절대 권력을 추구했다. 둘째, 자유당과 민주공화당이라는 관제 정당을 창당해서, 정권 유지에 활용했다. 셋째, 사사오입 개헌과 3선 개헌을 통해 영구 집권을 시도했다. 넷째, 극단적인 반공 정책을 폈고, 이를 권력 유지에 활용했다.

둘의 '차이점'도 있다. 첫째, 이승만은 반일 정책을 추구했지만, 박정희는 친일 정책을 추구했다. 둘째, 이승만은 정보 경찰을 활용했고, 박정희는 중앙정보부를 설치해서, 공작 정치를 했다. 셋째, 이승만은 부정을 저지르더라도 선거 제도를 유지했지만, 박정희는 유신 선포 후 직선제를 무력화시켰다. 넷째, 박정희는 이승만에 비해 언론과 군을 강력히 통제해서, 철권통치를 했다.

작가 유시민은 '식민지에서 독립한 신생 국가는 역사적 대의명분, 경제적 효율성, 민주적 정당성, 이 3가지 조건을 충족해야 정통성을 가질 수 있다'라고 지적했다. 이를 기준으로 그는, 이승만 정부가 세 가지 중 단 하나도 충족하지 못한 정부라고 평했다. 대한민국은 해방 이후 분단과 한국전쟁 과정에서 그 기초가 놓였다. 이승만 대통령 재임 시절, 단독 정부 수립과 한국전쟁을 거치면서, 자유 시장 경제와 반공 체제 같은 대한민국의 국가 기본 질서가 수립되었다. 그렇기에 이 중요한 시기 집권한 이승만 대통령에 대한 아쉬움은 크게 남을 수밖에 없다.

자유당 집권 말기, 심산 김창숙은 이승만을 '독부獨夫'라고 평했다. '독부'란 민심을 잃고, 남의 도움을 받을 수 없게 된 외로운 남자라는 뜻이다. 한때 '국부' 아니, '세기의 태양'으로까지 추앙받던 우남은, 4·19 혁명 과정에서 '국가의 적'이 되었다. 1960년 고국을 떠난 그는, 1965년 죽을 때까지 이 땅에 돌아오지 못했다. '국부'가 '국적國賊'으로 쫓겨나, '독부'로 죽은 것이다.

우남기념도서관 현판 위에 새로운 현판을 덧댄 중앙대학교 중앙도서관은, 2009년 김인철 교수에 의해 현대적으로 리모델링되었다. 2014년 1월에는 '학술정보원'으로 이름을 바꿨다. 1960년 중앙대 학생들이 우남을 기린 도서관을 거부한 것처럼, 그를 '기념'할 수는 없지만, 우리가 그를 '기억'해야 할 이유는 있다.

국가 수립 단계에서 '국부' 역할을 했어야 할 그가, 결국 '국적'으로 이 나라를 떠난 것, 그것은 이승만 개인의 비극을 넘어, 대한민국의 비극이기도 했다. 이형기 시인의 〈낙화〉 시구절처럼, 우남이 '가야 할 때가 언제인가를 알고 간, 뒷모습이 아름다운' 대통령이었다면, 중앙대학교 도서관은 여전히 그를 기념하는 도서관이었을지 모른다. 이승만 집권 시기 사회 곳곳에 남아 있던 우상화의 흔적은, 이제 찾기 어렵다. 도서관에 남아 있던 우남의 흔적도 모두 묻히고, 사라졌다. 그 많던 우남의 흔적이 사라진 건 다행일까, 불행일까?

'혁명'을 기념하는
단 하나의 도서관

　자유당 정권은 1960년 3월 15일 정부통령 선거에서 이기붕을
부통령으로 당선시키기 위해, 대대적인 '불법 선거'를 계획했다.
1959년 이승만의 정적政敵 조봉암을 사형으로 제거하고, 선거 직전
경쟁자 조병옥 박사가 급사한 상황에서, 자유당은 왜 '부정 선거'를
저질렀을까?

　이승만의 네 번째 대통령 당선은 확실해 보였지만, 당시 85세였
던 이승만의 건강이 문제였다. 1954년 사사오입 개헌을 통해 공포
한 헌법에는 "대통령이 궐위 된 때에는 부통령이 대통령이 되고 잔
임 기간 중 재임한다"라는 조항(헌법 제55조 2항)이 있었다. 자유당은
고령인 이승만의 건강에 문제가 생겼을 때 그 뒤를 이을 부통령을

1960년 3월, 선거 벽보 포스터

1960년 정부통령 선거에서 자유당은 대통령 후보로 이승만, 부통령 후보로는 이기붕을 내세웠다(가운데 포스터). 민주당은 대통령과 부통령 후보로 조병옥과 장면을 냈다(오른쪽 포스터). 조병옥은 선거를 한 달여 앞두고 심장마비로 세상을 떠났다. © 자료 사진

차지하지 않으면, 정권 유지가 어렵다고 판단했다.

자유당의 선거 부정은, 1956년 대통령 선거에서 패배한 조봉암이 "투표에 이기고 개표에 지고"라는 말을 남길 정도로 유명(?)했지만, 3·15 부정 선거는 도가 지나쳤다. 유권자 매수와 깡패 동원, 대리 투표, 투표함 바꿔치기, 득표수 조작이 곳곳에서 벌어졌다.

●

자유당이 부정 선거를 저지른 이유

"투표는 인민이 하지만, 개표는 권력자가 한다. 투표하는 자는 아무것도 결정하지 못하고, 개표하는 자가 모든 것을 결정한다." 소련 독재자 스탈린이 했다는 말이다. 3·15 선거는 스탈린의 말을 증명한 부정 선거였다. 불법 선거로 득표율이 지나치게 높을 것을 우려한(?) 경찰은, 이승만 80%, 이기붕 70~75%로 득표율을 낮추라는 지령을 전국 개표소에 전달하기도 했다. 개표 결과, 일부 지역에서는 이승만과 이기붕이 얻은 표가, 지역 유권자 수보다 더 많았다. 작가 유시민이 《나의 한국현대사 1959–2014》에서 지적한 바처럼, "단순한 '부정 선거'가 아니라 완전한 '조작 선거'"였다.

마산에서는 3월 15일 투표 당일부터 부정 선거에 항의하는 시위가 일어났다. 마산에 있던 47개 투표소 중 야당 참관인이 참석한 투표소는 세 곳뿐이었고, 곳곳에서 투표용지조차 받지 못한 시민 항의가 들끓었다. 투표소에서 부정 선거 현장을 목격한 민주당은, 곧바로 선거 포기를 선언하고, 시위를 주도했다.

정부 수립 이후 최대 규모 반정부 시위이자, 4·19 혁명의 발화점이 된 '3·15 의거'는 이렇게 시작했다. 마산에서 일어난 시위 과정에서 8명이 죽고, 70명 넘는 사람이 다쳤으며, 200여 명이 연행됐다. 이 과정에서 마산상업고등학교에 입학 예정이던 김주열 군이 실종됐다.

실종된 김주열 군의 시신이 4월 11일 마산 앞바다에 떠오르면서, 마산 시민의 분노가 폭발했다. 김주열 군은 3월 15일 시위에 참여했다가 실종되었고, 27일 만에 중앙부두 앞바다에서 최루탄이 눈에 박힌, 참혹한 모습으로 발견됐다.

●

3·15 의거가 4·19 혁명이 되기까지

김주열 군의 죽음에 분노한 시위대는, 관공서와 파출소를 공격했다. 시위대에 맞서 경찰이 발포하면서, 시민 2명이 사망했다. 4월 11일 밤부터 마산에서 시작한 시위는 12일과 13일에도 이어졌고, 마산 인근 지역으로 확산됐다. 4월 11일부터 마산과 주변 지역에서 시위가 일어났지만, 서울은 일부 고등학생 시위를 제외하고, 4월 18일까지 잠잠한 상황이 이어졌다.

4월 18일 고려대 학생 3000여 명이 교내에 모여, 선언문을 낭독하고, 교문을 나섰다. 학교를 나선 고려대 학생들은 국회의사당(지금의 서울특별시의회 본관) 앞에 모여 연좌시위를 벌였다. 저녁 무렵 시위를 마친 고대 학생들이, 청계천 4가에 이르렀을 때 100여 명의 깡패가 나타나, 시위대를 집단 구타했다. 이 사건이 다음 날 신문에 크게 보도되면서, 운명의 날인 4월 19일이 밝았다.

서울의 각 대학 학생들은 교문을 나서 국회의사당 앞에 모였고, 점심 무렵에는 중앙청과 경무대 방향으로 향했다. 시위대가 경무대 앞 최후 저지선까지 진출하자, 경찰은 '발포'했다. 이 총격으로 21명이 죽고, 172명이 다쳤다. 경무대뿐 아니라 4월 19일 오후 이기붕 집 앞으로 몰려간 시위대 중 2명이, 경찰 발포로 숨지기도 했다.

오후에 중고등학생이 합류하면서, 서울 시위대는 20만 명으로 불어났다. 이승만 정권은 서울 일원에 경비계엄령에 이어, 비상계엄령을 선포했다. 계속되는 시위와 경찰의 발포 과정에서 사상자가 크게 늘었다. 4월 19일 하루 동안 서울에서만 104명(경찰 3명 포함)이 사망했다. 이날 시위는 서울뿐 아니라 부산, 광주, 대구에서도 이어졌고, 경찰 발포로 부산에서 13명, 광주에서 6명이 사망했다. 서중석 교수의 표현대로 '피의 화요일'이었다.

시위는 4월 20일 이후 전국으로 확산되었다. 4월 25일에는 27개

대학 약 300명의 교수가 모여, 시국 선언문을 발표하고, 시위에 참여했다. 4월 26일에는 시위대가 탑골공원에 있던 이승만 동상을 쓰러뜨리고, 평동 이기붕 집까지 끌고 갔다. 이승만에 이어 2인자로 군림했던 이기붕 일가가 살던 곳은 종로구 평동 116번지로 '서대문 경무대'라고 불렸다.

시민 저항이 거세지자 마침내 4월 26일, 이승만의 대통령 사임 성명이 발표되었다. 4월 28일 이승만은 경무대를 떠나, 사저인 이화장으로 거처를 옮겼다. 그로부터 한 달 뒤인 5월 29일, 이승만은 김포공항을 떠나 하와이로 향했다. 1965년 7월 19일 90세로 사망할 때까지, 이승만은 다시는 고국 땅을 밟지 못했다.

서중석은 대규모 시위가 4월 19일 하루가 아닌, 4월 내내 이어졌다는 점에서, '4·19 혁명'이 아닌 '4월 혁명'으로 불러야 한다고 지적했다. 그의 말처럼 1960년 4월은 '혁명의 달'이었고 '제2의 해방'이었다.

●

혁명을 '혁명'이라 부르지 못한 이유

이승만 정권이 몰락한 다음, 1960년 6월 15일 내각제 개헌을 통해, 제2공화국이 출범했다. 4·19 혁명을 통해 탄생한 제2공화국은 1961년 5·16 쿠데타로, 불과 8개월 만에 좌초하고 말았다. 시인 신동엽이 노래한 "껍데기는 가고 알맹이만 남는" 시대와 시인 김수영이 부르짖은 "썩어빠진 어제와 결별"하는 시대를 우리는 맞지 못했다.

쿠데타로 정권을 잡은 군사 정부가 수십 년 동안 이어지는 사이,

5·16은 '쿠데타'가 아닌 '혁명'으로 불렸다. 박정희 군부는 1962년 12월 26일 공포된 제3공화국 헌법 전문에 5·16을 '혁명'으로 명시했다.

'쿠데타'가 '혁명'으로 둔갑하면서, 4·19는 오랫동안 '혁명'이 아닌 '의거'로 불렸다. 박정희 군사 정부가 불법적인 권력 탈취를 '혁명'으로 미화하는 사이, 진짜 혁명은 '의거'로 격하될 수밖에 없었다. 누구 말처럼 "혁명을 혁명한 셈"이었다.

다시 4·19의 현장으로 돌아가 보자. 부정 선거의 주역 이기붕은 어떻게 되었을까? 이승만 대통령 하야 발표 이틀 뒤인 4월 28일, 이기붕 일가는 경무대 관사 36호실에서 큰아들 이강석의 권총에 일가족이 모두 최후를 맞았다.

이기붕 일가가 집단 자살한 후, 부정축재로 쌓아 올린 그 재산은 어떻게 처리했을까? 4·19 혁명 3개월 후인 1960년 7월, 허정 과도 내각은 국민의 과거 청산 요구에 따라, 조사위원회를 구성해서, 이승만과 이기붕 일가의 국내외 재산을 조사했다.

조사 결과 이승만 전 대통령의 재산은 5억 환, 이기붕 일가의 재산은 15억 환으로 밝혀졌다. 이 중 이기붕 일가 재산 15억 환은, 2025년 기준으로 약 1246억 원에 달하는 막대한 금액이다. 안타깝게도 이기붕 일가 재산은 대부분 상속인이나 연고자에게 양도되었고, 저택과 일부 재산만 국가에 귀속되었다.

이기붕 일가가 살던 저택은 4·19 혁명 유족 단체가 사무실로 사용하다가, '4·19혁명기념도서관'이 되었다. 혁명의 도화선이 된 이기붕의 집터가, 혁명기념도서관으로 다시 탄생했다. 혁명을 기념하는 도서관이 자리하기에, 이보다 더 상징적인 곳은 없을 것이다.

2부 혁명과 민주화 투쟁의 무대

•
혁명을 기념하는 유일한 도서관

이기붕 집터에 자리 잡은 도서관이 처음부터 '4·19혁명기념도서
관'으로 불린 건 아니다. 4·19가 '혁명'으로 인정받지 못하는 동안,
도서관도 제 이름을 찾기 어려웠다. 이기붕 저택은 4·19 혁명 직후
인 1960년 5월 27일부터 '4·19혁명희생자유족회'가 사무실로 사용
했다. 1963년 3월 8일 이기붕 일가가 남긴 재산을 국가가 환수해서,

4·19혁명기념도서관
'서대문 경무대'라고 불린 이기붕 집터에 세운 도서관이다. 이기붕을 부통령으로 당선시
키기 위해 3·15 부정 선거가 계획되었음을 상기하면, 이곳은 4·19 혁명의 중요한 현장 중
하나다. ⓒ 백창민

4·19 혁명 단체에 무상 대여함으로써, 1964년 9월 1일 '4·19기념사설도서관'이 문을 열었다.

4·19기념사설도서관은 1966년 공공도서관으로 전환하였고, 1971년 새로운 건물을 지으면서, '4·19도서관'으로 이름을 바꿨다. 1990년대 들어 김영삼 정부는 4·19 묘지 성역화 사업 일환으로 현대식 도서관 건립을 추진했고, 2000년 '4·19혁명기념도서관'이 문을 열었다.

4·19혁명기념도서관은 4·19혁명기념회관의 일부 공간으로 자리하고 있다. 도서관 1층에는 4·19 혁명 사진이 전시되어 있다. 3층에는 자료 열람실이 자리하고 있고, 4·19 혁명 특성화 코너에 4·19 자료를 비치해 놓고 있다. 《4월혁명 사료 총집》《4·19 혁명 사진집》 같은 자료가 눈에 띈다. 7000점 이상의 4·19 혁명 자료를 비치하고 있다.

건물 안에는 4·19민주혁명회, 4·19혁명공로자회, 4·19혁명희생자유족회 같은 4·19 단체 사무실이 함께 자리하고 있다. 도서관 시설과 장서만 놓고 보면, 4·19혁명기념도서관은 여러모로 아쉬움이 남는다. 하지만 4·19 혁명에 서린 의미를 생각하면, 이곳이 지닌 의미를 가벼이 넘길 수 없다. 서울시가 4·19혁명기념도서관을 '서울미래유산'으로 지정한 까닭도 이 때문일 것이다.

4·19 혁명은 한국 현대사뿐 아니라 세계사적으로도 의미 있는 사건이다. 4·19는 제2차 세계 대전 후 독립한 150개 나라 중 최초로 일어난 시민 혁명이다. '뒤늦게' 식민지가 된 우리는 '가장 먼저' 시민 혁명을 일으켰다. 4·19혁명기념도서관 역시, 혁명을 기념하는 도서관으로는 우리나라에서 유일하다. 우리나라뿐 아니라 전 세계

4·19혁명기념회관과 도서관
4·19혁명기념회관에는 4·19 관련 여러 단체가 자리하고 있다. 공공도서관으로 시민에게
개방하고 있는 4·19혁명기념도서관은 4·19 자료를 상당수 비치하고 있다. ⓒ 백창민

적으로도 혁명을 기념하는 도서관은 흔치 않다. 혁명 자체가 드문
사건인 만큼, 혁명을 기념하는 도서관이 흔치 않은 것은 당연하다.

●

미완의 혁명, 4·19가 주는 의미

4·19는 '미완의 혁명'이라고 불린다. 4·19 혁명이 '미완'인 이유는
이승만 정권을 붕괴시켰지만, 기나긴 군사 정부가 이어지면서, 민
주화 시대로 이행하지 못했기 때문이다. 작가 유시민은 칼 포퍼Karl

Popper의 말을 빌려, 한 나라가 민주주의 체제인지 독재 체제인지, 구분하는 기준을 언급한 바 있다. 다수 국민이 평화적인 방법으로 정권을 교체할 수 있으면 민주주의 국가이지만, 그게 불가능하면 독재 국가다. 이 기준에 따르면, 이승만 정권과 유신 이후 박정희와 전두환 정권 시대 한국은 '민주 국가'가 아닌 '독재 국가'였다.

한국은 국가가 군대와 경찰 같은 강력한 물리력을 보유한 사실상 '섬나라'다. 유시민은 이런 상황에서 민중이 독재 정권을 타도하고, 민주주의 체제를 세울 수 있는 유일한 방법은, '연속적, 동시다발적, 전국적 도시 봉기'뿐이라고 지적했다. 4·19는 해방 이후 처음으로 연속적, 동시다발적, 전국적 도시 봉기로 독재 체제를 무너뜨린 사례다.

역사를 거슬러 올라가, 조선 개국 과정에서 역성혁명易姓革命이 있었지만, 4·19 이전까지 우리는 근대적 의미의 시민 혁명을 겪지 못했다. '미완'의 혁명이기에, 역설적으로 4·19가 우리에게 주는 의미는 더욱 클지 모른다. 민주주의가 절차와 제도뿐 아니라, 실질적으로 구현되는 세상이 올 때 4·19는 비로소 '완성'될 것이다. 민주주의를 짓밟은 지도자가 군림하던 곳에 자리한 4·19혁명기념도서관은, 지금도 우리 민주주의와 혁명이 '완성'되기를 지켜보고 있다.

유신 체제의 종말을 부른
부마민주항쟁의 불꽃

부산대·동아대·경남대
도서관

　1970년대 들어 한국은 '경제적 풍요'를 경험하기 시작했다. 1978년 한 해 동안 TV 180만 대, 냉장고 85만 대, 세탁기 26만 대가 팔리며 '소비 사회'로 본격 진입했음을 알렸다. '중산층'도 이 무렵 출현했다. 동시에 1970년대 한국은 유신 체제를 통해, 자유와 권리가 가장 제한된 시기를 겪었다.

　70년대의 마지막 해인 1979년이 우리 현대사에서 갖는 의미는 남다르다. 바로 박정희의 유신 체제가 막을 내린 해이기 때문이다. 1979년에 무슨 일이 있었기에, 18년 동안 이어진 박정희 철권통치는 종말을 고했을까? YH무역 농성 사건, 김영삼 신민당 총재 제명과 국회의원직 박탈, 부마민주항쟁, 10·26, 12·12 쿠데타가 모두

1979년에 일어났다.

●

10·26의 도화선, 부산마산민주항쟁

1979년 10월 16일 저녁, 5만 명이 넘는 학생과 시민이 부산시청과 광복동 일대에서 시위를 벌였다. 오랫동안 '부마사태'로 불린 부산마산민주항쟁의 시작이었다. 부산 도심 시위는 17일에도 이어졌다. 시위가 이어지자, 18일 자정을 기해, 부산 일대에 비상계엄이 선포되었다. 계엄 선포 후에도 주변 지역으로 시위가 번지자, 마산과 창원 지역에 위수령이 발동됐다. 박정희는 친위 쿠데타인 1972년 유신 이후 7년 만에, 또다시 군을 동원했다.

부산대학교에서 시작된 부마민주항쟁은 학생 위주의 시위였을까? 부마항쟁 과정에서 경찰에 검거된 사람은 1600명에 이르렀다. 이 중 상당수는 '학생'보다 '시민'이었다. 박정희가 "식당 뽀이와 똘마니들"이라고 말한 시민이 주축이었다. 박정희 정권에 대한 반대가 학생뿐 아니라, 시민까지 광범위하게 번졌음을 알 수 있다. 부마항쟁은 1972년 유신 체제 등장 후 7년 만에 처음으로 발생한 '대중적 반정부 투쟁'이자, 1960년 4·19 혁명 이후 두 번째 터진 '민중 항쟁'이었다.

부마민주항쟁 과정에서 "유신 철폐" "언론 자유" "김영삼 총재 제명 철회" 같은 정치적 구호가 터져 나왔다. 정치적 억압만이 문제였을까? 박정희 정권의 경제 실패가 부마항쟁의 직접적인 원인이라는 분석이 있다. 당시 부산과 마산 지역에는 노동 집약적인 중소기업이 몰려 있었다. 정부가 대기업 위주의 중화학 공업 중심 정책을 추진하자, 중소기업은 경제적으로 소외될 수밖에 없었다. 이런 상황에서 물가와 부동산 가격까지 치솟았다. 부가가치세가 도입되자, 생활고는 더욱 심해졌다.

"공화당 위에 재벌 있다." 재벌이 나라를 쥐락펴락한다는 야당의 비판에, 청와대조차 속수무책이었다. 1976년 14.1%, 1977년 12.7%로 정점을 찍었던 경제 성장률은 1978년 9.7%, 1979년 6.5%로 급락하다가, 1980년에는 -5.2%를 기록했다. 한국전쟁 이후 처음으로 마이너스 성장을 기록할 정도로, 이 시기 경제는 엉망이었다. '한강의 기적'으로 칭송받던 박정희 시대 경제 성장은, '짙은 그늘'을 드리우고 있었다.

●

운명의 날, 10월 26일

부산만 하더라도 1979년 부도율이 전국의 2.4배, 서울의 3.0배로 치솟았다. 마산은 1979년 9월까지 수출 공업 단지 24개 업체가 휴업 또는 폐업하면서, 6000여 명이 일자리를 잃었다. 1979년 당시 월 최저 생계비는 27만 7642원이었으나, 근로자 월 평균 임금은 14만 2665원에 불과했다. 최저 생계비조차 벌 수 없는 노동자가 다수였다. 이렇게 누적된 시민의 불만이 부마민주항쟁으로 터져 나왔다. "바보야, 문제는 경제야It's the economy, stupid." 1992년 미국 대선에서 빌 클린턴이 한 말처럼 '경제'가 문제였다.

부마민주항쟁이 터지고 열흘이 지난 10월 26일 저녁, 궁정동 안가에서 술자리가 벌어졌다. 이 자리에서 중앙정보부장 김재규는 권총으로 경호실장 차지철을 먼저 쏜 다음, 박정희를 향해 방아쇠를 당겼다. 가수 심수봉의 기타 반주에, 모델 신재순이 라나 에 로스포의 〈사랑해〉를 부르던 순간이었다. "사랑해 당신을. 정말로 사랑해. 당신이 내 곁을 떠나간 뒤에 얼마나 눈물을 흘렸는지 모른다오." 박정희가 노래를 따라 흥얼거리던 순간, 김재규는 32구경 발터로 차지철에 이어, 박정희의 가슴을 쏘았다. 저녁 7시 40분이었다. 두 발을 쏜 후 세 발째 총알이 발사되지 않자, 김재규는 의전과장 박선호로부터 건네받은 38구경 리볼버로, 박정희의 머리를 다시 쏘았다.

이보다 5년 전인 1974년 8월 15일, 영부인 육영수도 문세광이 쏜 리볼버 총탄에 머리를 맞아 숨졌다. 최고 권력자 부부가 같은 총기로, 둘 다 총상에 의해 목숨을 잃었다. 18년 동안 철권통치를 이어온 박정희는 그렇게 죽었고, 10·26을 통해 유신 체제는 몰락했다.

●

산불은 산을 다 태워야 멈춘다

박정희의 오른팔이나 다름없는 김재규는 왜 박정희와 차지철을 쏘았을까? 부마항쟁이 이어지던 1979년 10월 18일 아침, 중앙정보부장 김재규는 부산대학교 본관(지금의 인문관)을 방문했다. 당시 부산대학교 본관 2층은 계엄군 지휘부로 쓰였다. 10월 18일 부산에 내려가 부마항쟁을 직접 살펴본 김재규는, 일부 불평분자의 '폭동'이 아님을 직감했다. 심각한 사태로 발전할 수 있는, 박정희 지배 체제에 대한 '민란'으로 받아들인 것이다. 김재규는 '개발 독재와 재벌 중심 경제에 희생당한 서민의 분노'가 부마항쟁의 원인이라고 생각했다. 부산을 직접 둘러본 김재규는 박정희에게 이렇게 보고했다. "유신 체제에 대한 도전이고, 물가고에 대한 반발과 조세에 대한 저항에다가, 정부에 대한 불신까지 겹친 민중 봉기입니다. 불순 세력은 없습니다."

김재규의 상황 인식과 달리, 박정희와 차지철은 부마항쟁을 '탱크로 밀어 버릴 사태'라고 생각했다. 김재규의 보고를 들은 박정희는 화를 벌컥 내며, 이렇게 말했다. "앞으로 부산 같은 사태가 생기

부산대학교 인문관

부산대 본관으로 지은 건물이다. 1956년 건축가 김중업이 설계해서, 1957년 9월 공사를 시작, 1959년 10월 완공한 건물이다. 1층은 사람들이 편하게 지날 수 있도록 필로티로 구성했다. 건물이 곡면으로 휘는 부분에 출입구와 중앙 계단, 전면 유리를 배치했다. 중앙 계단을 통해 오르내릴 때 유리를 통해, 파노라마로 펼쳐지는 전망을 접할 수 있다. 계단실 뒤편으로 모자이크 창을 내서 조형미를 강조했다. 서강대 본관, 제주대 본관과 함께, 김중업이 지은 3대 대학 건축물로 꼽힐 곳이다. 부마항쟁 당시 계엄군의 지휘 본부로 쓰이기도 했다. 인문관 앞 운동장은 '넉넉한 터'다. 2015년 8월 17일 총장 직선제를 주장하며 본관 4층에서 투신 사망한, 부산대 고현철 교수의 추모 조형물도 인문관 앞에 있다. ⓒ 백창민

면, 이제는 내가 직접 발포 명령을 내리겠다. 자유당 때는 최인규 (1960년 3·15 부정 선거 당시 내무부 장관)나 곽영주(4·19 혁명 당시 경무대 경무관)가 발포 명령을 내려 사형을 당했지만, 내가 직접 발포 명령을 하면 대통령인 나를 누가 총살을 하겠느냐."

박정희가 이런 말을 내뱉자, 동석했던 차지철이 이렇게 맞장구쳤다. "캄보디아에서는 300만 명을 죽이고도 까딱없었는데, 우리도 데모 대원 100만~200만 명쯤 죽인다고 까딱 있겠습니까."

이런 상황 인식의 '차이'는 유신 체제 상층부에 심각한 '균열'을 발생시켰다. '균열'은 결국 유신 체제의 '파국'으로 이어졌다. 김재규는 박정희의 '제거'만이 수많은 희생을 피할 수 있는 '해결책'이라 생각했다. 그는 산을 다 태우기 전에, 산불을 멈추고 싶었는지 모른다.

●

의사인가, 시해자인가

김재규는 '의사義士'인가, '시해자弑害者'인가? 묘하게도 70년 전인 1909년, 이토 히로부미伊藤博文가 안중근의 총탄에 쓰러진 날도 10월 26일이다. 일제 식민 지배의 원흉인 이토 히로부미와 유신 체제의 정점인 박정희가 모두, 10월 26일 총탄에 쓰러졌다.

같은 날 이토 히로부미를 쏜 안중근이 한국과 일본에서 극단적 평가를 받는 것처럼, 김재규도 극단적인 평가를 피하지 못했다. 10·26 당시 박정희는 62세였고, 별다른 지병이 없었다. 김재규가 박정희를 쏘지 않았다면, 유신 체제는 1979년에 무너지지 않았을 것이다. 독재자(박정희)의 죽음은 또 다른 독재자(전두환)의 등장으로 이어졌지만, "야수의 심정으로 유신의 심장을 쏜" 김재규에 의해 박정희 체제는 막을 내렸다.

영화 《남산의 부장들》은 박정희를 쏜 김재규가, '육본(육군 본부)'이 아닌 '남산(중앙정보부)'으로 갔다면, 역사가 달라지지 않았을까 라는 여운을 남겼다. 거사 후 궁정동 안가에서 차를 타고 남산으로 향했던 김재규는, 중앙정보부에서 가까운 3·1 고가도로 입구에서 차를 돌려, 육본으로 향했다. 차량에 동승했던 정승화 육군 참모총장의 말을 듣고, '즉흥적으로' 목적지를 바꿀 정도로, 그는 거사 이후 계획이 치밀하지 않았다.

김재규는 박정희 저격 직전에, 부하 박선호와 박흥주에게 자신의 계획을 털어놓고, 단독으로 거사하다시피 했다. 김재규는 왜 다른 이와 함께 거사를 준비하고, 그 이후를 도모하지 않았을까? 재판 과정에서 김재규는 그 이유를 이렇게 털어놓았다. "이조 시대 이래 2인 이상이 역모를 해서, 성공한 사례를 볼 수 없었기 때문에, 혼자서 골똘히 구상했다."

거사 과정에서 김재규는 자신이 죽을 확률이 90% 이상이라고 생각했다. 목숨을 걸고 '홀로' 거사했기 때문에, 김재규는 박정희를 쓰러뜨리는 데 성공했으나, 그로 인해 김재규는 박정희 사후 정국을 주도하지 못했다. '암살'은 단독으로 가능하지만, '혁명'은 혼자서는 불가능하다. 이 지점이 김재규와 전두환의 차이였다. 전두환은 휘하 병력이 많지 않은 보안사의 수장이었으나, '하나회'라는 사조직이 있었다.

10·26 당시 육군 참모총장인 정승화와 3군 사령관 이건영은 김재규가 추천한 사람이었고, 특전사령관 정병주는 김재규의 학교 후배

였다. 국방부 장관 노재현과도 사이가 나쁘지 않았던 김재규는, 비상 상황에서 군을 움직이기 위해, 육군 본부 벙커로 향했을 것이다. 육본으로 향한 김재규는, 국무회의를 위해 옮긴 국방부 청사에서 10월 27일 자정을 넘겨, '체포'되었다. 10월 27일 0시 20분, 김재규의 '10·26 혁명'이 좌절되는 순간이었다.

●

대학판 새마을운동, 실험대학

10월 26일 당시 중앙정보부 요원 상당수는 비상계엄과 위수령이 발동된 부산과 마산에 나가 있었다. 김재규가 남산 중앙정보부로 가서, 참모총장을 비롯한 고위 장성을 회유하고, 소집된 국무위원 회의장을 봉쇄한 후 비상계엄을 선포했다면, 정국을 주도했을지 모른다. 중앙정보부 물리력만으로 정국을 장악하기 어려웠을 거라는 시각도 있으나, '남산'으로 갔다면 적어도 거사한 지 5시간 만에 체포되지는 않았을 것이다.

1974년 1월 8일 긴급조치 1호 발동으로 시작된 '긴조 시대'는 2159일 동안 이어지다가, 박정희 사후인 1979년 12월 8일 해제되었다. 긴급조치뿐 아니라 박정희가 집권한 18년 중 10년 동안 계엄령과 위수령, 비상사태가 이어졌다. '비상'이 '일상'처럼 이어지던 시대였다.

1972년 박정희는 전국교육자대회에서 이런 입장을 표명했다. "대학은 단순히 지식을 전수하는 곳이 아닙니다. 올바른 국가관을 가진 근대 산업 사회의 기능 간부와 민족국가의 내일을 지도해 나갈 역군을 길러 내는 곳입니다."

　대학이 국가 발전에 기여해야 한다는 '국가주의' 발상을 드러낸
것이다. 1963년 11월 박정희가 연설을 통해 처음 내뱉은 '조국 근대
화'의 물결은 캠퍼스에도 몰아쳐, '대학 근대화'가 추진되었다. 민주
주의보다 경제 성장을 앞세우는 '개발 독재'를 표방하면서, 국가 권
력은 대학 근대화까지 주도하기 시작했다. 이 과정에서 '졸속 정책'
이 속출했다.

　1970년대 들어서는 정부 주도로, 대학 특성화와 실험대학 및 지역
대학 강화, 연구 기반 조성 사업이 추진되었다. 이 중 핵심은 1973년
부터 시행된 '실험대학pilot institute' 정책이었다. 실험대학은 정부가
개혁이 가능한 대학을 선정하고, 선별적으로 지원하는 정책이다.

　실험대학 정책을 앞세워, 군사 정부는 대학의 교육, 인사뿐 아니
라, 구체적인 항목까지 관리하기 시작했다. 대학 운영 평가 지표 중
에는 도서관 이용도와 도서 구입에 대한 항목이 포함되었다. 서강
대, 고려대, 연세대를 포함한 10개 대학으로 출발한 실험대학은,
1981년 89개 모든 대학으로 '확대'되었다. 공교롭게 1973년은 '새
마을운동'이 본격적으로 시동을 건 해다. 박정희는 농촌을 뜯어고
친 것처럼, 대학도 개조하기를 원했다. 실험대학은 '대학판 새마을
운동'이었다.

●

박정희 체제를 무너뜨린 '박정희 키즈'

　대학이 경제 개발에 필요한 '인력 양성소'로 바뀜에 따라, 대학의

무게 중심도 이공계로 옮겨 가기 시작했다. 인력이 필요한 국가와, 학생을 늘려 돈을 벌고 싶은 대학, 한국 사회의 뜨거운 교육열이 결합하면서, 대학과 대학생은 크게 늘었다.

서울대학교와 충남대학교가 새 캠퍼스로 이전하고, 사립대학이 다투어 지방 캠퍼스를 마련한 때도 이 시기다. 1967년 대구대와 청구대를 통합해 출범한 영남대학교는, 이사회를 통해 박정희를 '교주校主'로 모셨다. '박정희 왕립대학'이라 불린 영남대는, 100만 평 부지에 20층짜리 중앙도서관 신축 계획을 세웠다. 캠퍼스 부지가 여유 있는 영남대에, 당시로서는 초고층인 20층 도서관을 세운 까닭은 무엇일까?

경부고속도로를 달려 경산을 지나던 박정희가 측근에게 "영남대가 어디냐?"라고 물었다. "저쪽입니다. 각하"라고 답하자, 박정희는 "여기서는 안 보이네"라고 한마디 했다. 각하의 한마디에 고속도로에서도 잘 보이도록, 20층짜리 도서관을 세웠다는 속설이 전한다. 평양의 김일성종합대학 도서관보다 더 높은 도서관을 짓기 위함이었다는 '이설'이 있으나, 박정희 지시로 지었다는 점은 같다. '맘모스 계획'이라는 이름으로 대규모 캠퍼스를 계획한 영남대는, 1980년 박정희의 딸, 박근혜를 이사장으로 모셨다.

재수생이 크게 늘어 사회 문제가 되자, 1978년 10월 문교부는 대학 입학 정원을 크게 늘렸다. 실업고등전문학교와 초급대학, 간호학교는 '전문대학'으로 바꿨다. 1970년대 전문대학 학생 수는 4배 가까이 급속히 늘었다. 산업화와 공업화에 필요한 기술자와 직업인을 양성하려는 조치였다.

역설적으로 박정희 시대 대학 문호 개방으로 늘어난 대학생이,

유신 체제의 '저항 세력'이 되었다. 부마민주항쟁을 주도한 부산대와 동아대, 경남대 학생들은, 정원 확대를 통해 대학에 입학한 세대다. 뿐만 아니라 이들은 초등학생 시절부터 줄곧 박정희 체제에서 교육받고, 자라난 '박정희 키즈'였다. 이승만의 교육 투자로 길러진 '한글세대'가 4·19 혁명을 통해 이승만을 무너뜨린 것처럼, '박정희 키즈'가 자라나 유신 체제를 붕괴시킨 사건이 부마민주항쟁이다.

대학이 체제에 순응하는 '인력 양성소'로 길들여지면서, 대학도서관도 그에 맞게 재편되었다. '대학의 심장'인 도서관은 자유로운 학문과 연구, 토론의 장이 아닌, 기능인을 양산하는 '대학의 공장'으로 바뀌었다. 학생 수만큼 장서 수가 늘지 않은 이유도 있지만, 기능인 양성을 위한 '자습 공간' 확대에 주력하다 보니, '칸막이 열람실'이 대학도서관의 핵심 공간으로 자리매김했다.

실험대학 운영은 대학도서관 운영에 어떤 영향을 미쳤을까? 1979년 실험대학과 비실험대학의 운영을 평가한 자료에 따르면, 39개 실험대학(11.56)보다 41개 비실험대학(12.68)의 도서관 운영 평가 점수가 1점 이상 높게 나왔다. 박정희에 이어 전두환 시대까지 이어진 실험대학 정책이 실패한 정황은, 대학도서관 지표를 통해서도 알 수 있다. '실험대학'이라는 이름의 '대학실험'은, 실패한 대학 정책으로 귀결되었다. 새마을운동이 농촌 개조에 결국 실패한 것처럼.

문제는 실패한 대학 정책에 의해 한국 대학의 '기본 질서'가 놓였다는 점이다. 국가 권력에 의해 '기능인 양성소'로 전환한 대학은, 시장 권력에 포섭된 채, '스펙 쌓기의 장'에서 벗어나지 못하고 있다. 대학도서관도 '학문과 교육 공동체의 중심'이 아닌, '취준생의 공부방'에 머물고 있다.

부마항쟁의 발화점, 부산대학교 도서관

다시 10·26의 도화선 역할을 한 부마민주항쟁으로 돌아가 보자. 10월 16일 일어난 부마항쟁은 어떻게 시작되었을까? 1979년 초 부산대학교에는 이런 얘기가 떠돌았다. "부산대에는 '3불不'이 있다. 부산대 상징인 독수리는 날지 않고, 후문 쪽 무지개 형상으로 조성된 자유의 종은 울리지 않으며, 유신 반대 시위가 전국에서 일어나도 부산대 학생들은 시위를 하지 않는다."

그런 부산대학교에서 1979년 10월을 앞두고, 물밑에서 '거사'를 준비하는 움직임이 일었다. 10월에 '거사'를 계획한 이유는, 10월 17일이 유신 체제를 선포한 날이었기 때문이다. 1979년 10월 15일 부산대 이진걸과 신재식은 도서관과 본관 강의실에서 〈민주선언문〉과 〈민주투쟁선언문〉을 각각 배포했다. 유신 독재를 반대하는 시위를 위해 '도서관 앞'에서 모이자는 내용이었으나, 이날 시위는 실패로 끝났다.

전날의 실패를 발판 삼아, 시위는 다시 준비되었다. 다음 날인 10월 16일 경제학과 2학년 정광민은 인문사회관(지금의 제2사범관) 강의실에서 유인물을 뿌리고 외쳤다. "여러분, 우리 이제 투쟁할 때가 왔습니다. 나가서 싸웁시다!"

정광민은 수십 명의 학생을 이끌고, 도서관으로 향했다. 중앙도서관 앞에서 100여 명의 학생이 모이며 시작된 시위는, 삽시간에 수백 명으로 불어났다. 당시 도서관은 부산대 학생들이 수업이 없을 때면, 늘 배회하는 장소였다. 더군다나 2학기 중간고사를 앞두고,

도서관은 많은 학생으로 북적였다.

도서관 열람실을 돌며 시위를 촉구하던 정광민을, 사복경찰이 연행하려 하자, 학생들은 격분했다. 난투극 끝에 경찰을 내쫓고 난 후, 시위대는 스크럼을 짜고, 운동장(지금의 인문관 앞 넉넉한 터)으로 향했다. 운동장을 한 바퀴 돌며 "유신 철폐" "독재 타도"를 외치자, 시위 학생은 수천 명으로 불어났다.

정문에서 경찰과 대치하던 학생들은, 경찰이 페퍼포그(가스차)를 앞세워 진압하자 흩어졌다. 경찰이 쏜 최루탄에 본관(지금의 인문관) 유리창이 박살 나기도 했다. 흩어진 학생들은 도서관 앞으로 다시 모였다. 구호를 외치며 집회를 하던 학생들은 교내를 벗어나, 시내로 향하기로 했다.

부산대 초기 시위를 주도했던 정광민에 따르면, 학교 밖 진출 계획은 애초에 없었다. 교내 시위조차 성공 가능성이 낮았던 시절에, 학교 밖 시위는 상상조차 하기 어려웠다. 지도부 없이 비조직적으로 시작한 부산대 교내 시위가, '시민 항쟁'으로 폭발할 거라 짐작한 사람은 '아무도' 없었다.

학교를 빠져나와 온천장과 교대 앞, 서면을 거친 시위대는, 부영극장(지금의 부산극장) 앞에서 시위를 시작했다. 동아대학교, 고려신학대(고신대) 학생들도 시위 행렬에 가세했다. 학생들은 경찰과 대치 및 해산을 반복하면서, '게릴라식' 시위를 이어 갔다.

저녁 무렵 시민이 합세하면서, 시위 군중은 5만 명을 넘어섰다. '학생 시위'에서 '민중 항쟁'으로 바뀐 것이다. 파출소와 경찰서, 언론사, 경남도청, 세무서가 시위대의 공격을 받았다. 이 과정에서 남포파출소를 비롯하여 11개 파출소가 파괴되었다.

●

부산을 넘어 마산으로 옮겨 붙은 항쟁

다음 날인 10월 17일 부산대학교에는 '휴교령'이 내려졌다. 부산대가 막히자, 이날 시위는 동아대학교(지금의 동아대 구덕 캠퍼스)에서 일어났다. '부산대에 밀리면 안 된다'라는 동아대생의 결기도 작용했다. 도서관 앞에서 '연좌'로 시작한 동아대 시위는, 오후에 도서관 앞 '집회'로 이어졌다.

부마항쟁 이틀째인 1979년 10월 17일, 동아대 학생들의 연좌시위가 시작된 곳은 '중앙도서관(지금의 석당기념관)' 앞이다. 석당기념관은 1957년 12월 18일 지상 3층, 700여 평 규모로 완공한 건물이다. 초기에는 도서관이 아닌 총장실, 학장실, 학숙 본부, 박물관으로 쓰였다. 1968년부터 동아대학교 중앙도서관으로 쓰였고, 설립자인 정재환의 호를 따서 '석당도서관'이라 불렀다. 도서관이 부민캠퍼스로 이전하면서, 2009년 9월부터 '석당기념관'으로 바뀌었다. 1층에 '석당함진재'라는 고서古書 도서관이 있다.

10월 17일 교내에서 집회를 하던 동아대 학생들은, 구덕수원지 쪽 계곡으로 흩어져 시내로 이동했다. 유신 선포 7주년인 이날 저녁, 남포동 일대는 전날처럼 시위가 이어졌다. 학생뿐 아니라 시민이 적극 가세해서 시위가 격렬해지자, 10월 18일 자정을 기해, 부산 전역에 비상계엄령이 선포되었다. 부산에서 시작된 시위는 부산 지역에 그치지 않고, 마산으로 옮겨 붙어, '마산항쟁'으로 이어졌다.

마산 시위는 10월 18일 아침, 경남대학교 도서관 앞과 월영지, 학도호국단 사무실 앞에 대자보가 붙으면서 시작됐다. 분위기가 심상치 않자, 대학 당국은 서둘러 휴교령을 내렸다. 경남대 학생 1000여 명은 집으로 가지 않고, 도서관 앞 공터에 모였다. 도서관 앞 공터는 나이 든 복학생이 많이 모여, '노인정'이라 불린 곳이다.

당시 도서관은 지금의 국제교육관 건물이다. 1974년 지은 이 건물은 1980년 8월 지금의 중앙도서관이 완공되기 전까지, 임시로 도서관으로 쓰였다. 경남대학 본관과 월영지 사이 공간이 '10·18광장'이라고 불리는 이유는, 1979년 10월 18일 이곳으로부터 마산항쟁이 시작되었기 때문이다.

교문 앞에서 경찰과 대치하던 학생들은 3·15의거기념탑에서 모

마산 3·15의거기념탑

1960년 3월 15일 마산에서 일어난 의거를 기념해서 1962년 7월 10일 세웠다. 1979년 10월 18일 오후 학교를 빠져나온 경남대 학생들은 이곳에 집결했다. 경남대 학생과 합류한 마산 시민들은 마산항쟁을 이어 갔다. 마산에서 파출소 공격이 나타난 건 1960년 3·15와 1979년 10·18뿐만이 아니다. 1946년과 1987년에도 파출소에 대한 공격이 있었다. 해방과 1987년 민주화 투쟁 국면에서 마산 시민은 적극적으로 시위에 나섰다. © 백창민

이기로 하고, 학교를 빠져나갔다. 우발적이었으나 이심전심으로 이어진 행동이었고, 아무도 계획하지 않았으나 누구나 참여한 시위였다. 한국학중앙연구원 사회과학부 김원 교수가 부마항쟁을 '심성의 연대로 이어진 저항'이라 표현한 건 이 때문이다. 그 시절 남녘 변방의 대학도서관은 마음과 마음을 잇는 '연대의 장'이었다.

10월 18일 오후 5시 3·15의거기념탑 주변에 모인 수백 명의 학생이, 불종거리 일대에서 시민, 노동자와 합류하면서, 시위는 확산되었다. 파출소, 공화당사, 경찰서에 대한 공격이 이어졌다. 마산 시위는 부산보다 더욱 격렬했다. 마산항쟁은 '시위'를 넘어서 '봉기'였다는 분석이 있다.

●

유신을 끝장낸 '유신 대학'들

10월 16일 부산에서 촉발된 시위가 열흘 후 10·26으로 이어질 줄 누가 알았을까? 부산대학교는 1975년 이후 단 한 건의 유인물도 뿌려지지 않아, '유신 대학'이라는 오명으로 불렸다. 동아대는 학문이 아닌 스포츠 명문이라는 뜻으로, '동아야구대학'이라 불렸다. 심지어 경남대학은 유신을 '찬성'하는 데모가 일어났던 곳이다. 부마항쟁 이전까지 영남 지역 학생운동은, 부산이 아닌 대구가 주도했고, 학교로 보면 경북대학교가 중심이었다. 그런 부산대와 동아대, 경남대가 유신 체제를 뒤흔든 '민주항쟁의 진원지'가 된 것이다.

이렇다 할 데모를 하지 않았던 부산대, 동아대, 경남대에서, 유신 체제를 뒤흔든 시위가 터져 나온 건 왜일까? 예외적이고 돌발적인 사건이 당대의 보편적인 정서를 잘 드러낼 수도 있다. 에두아르도 그렌디Edoardo Grendi는 이런 현상을 '예외적 정상'이라는 개념으로 설명했다. 억눌려 있긴 했지만, 유신 체제에 대한 반대 정서는 광범위하게 퍼져 있었던 게 아닐까? 남녘땅 도서관 앞에서 돌발적으로 일어난 시위는, 학생과 시민이 얼마나 박정희 독재 체제에 염증을 갖고 있었는지를 드러낸다.

10월 15일 불발된 시위부터 10월 18일까지, '도서관'은 매일 항쟁의 시발점 역할을 했다. 부산과 마산 모두 '대학도서관 앞'에서 시위가 촉발된 이유는 뭘까? 서슬 퍼런 독재 정권 치하에서 일상적으로 많은 학생이 모여 있는 공간이, 도서관이기 때문이다. 대학생의 도서관 유입은 정권이 부추기기도 했다. 1977년 문교부가 〈4월 중 학원대책〉이라는 제목으로 각 대학에 하달한 지시 사항 중에는 '도서관'에 대해 언급한 내용이 있다. "학과별로 과제를 부여하여 수업 종료 후 도서관에서 공부토록 유도함."

"학우여!"의 '학'자만 외쳐도, 경찰과 정보기관원이 달려드는 상황에서, 대학도서관은 학생이 공개적으로 모일 수 있는 '유일한' 장소였다. 부마민주항쟁의 불꽃이 모두 부산대와 동아대, 경남대 도서관 앞에서 발화한 이유는 이 때문이다.

부마민주항쟁이 시작된 부산대학교 도서관 건물은 중앙도서관을 새로 지으면서 철거했다. 부산대는 도서관이 있던 곳에는 '건설관'을 새로 지었다. 옛 도서관 자리에는 부마항쟁이 시작된 곳이라는 표지석이 서 있다. 1999년 10월 16일 세운 표지석에는 이 자리에 서린 역사적 의미가, 신영복 선생 글씨로 새겨져 있다. "유신 철폐 독재 타도, 민주주의 신새벽 여기서 시작하다."

부산대학교 캠퍼스는 '효원벌' 또는 '새벽벌'이라 불린다. 효원曉 原은 '먼저 동트는 곳'이라는 뜻이다. 부산대 초대 총장 윤인구가 지은 이름이다. 이름 때문일까? 유신의 종말을 고하는 민주주의의 '새벽'이 이곳에서 시작되었다.

●

부산대에서 만날 수 있는 김중업의 흔적

부산대학교는 1946년 5월 15일 개교했다. 개교 당시 부산대 도서 관은 옛 수산대학(지금의 부경대학교) 건물에 자리 잡고 있었다. 일본 인이 남긴 5만 권의 '적산'을 인수한 것이, 부산대학교 장서의 출발 점이었다. 부산대학교가 처음 세운 도서관은 1956년 9월 지은 '효 원도서관'이다. 도서관 완공을 앞둔 1956년 4월 김규태가 초대 관 장으로 임명됐다.

효원도서관은 고딕 양식의 ㅁ자형 건물이다. 개관한 무렵 동쪽 2층은 대학원, 남쪽 2층은 중강당으로 썼다. 나머지 공간은 도서관 으로 사용했다. 박물관으로 바뀐 이 건물은, 건축가 김중업이 설계 했다. 당시 열람실 좌석 수는 200여 석이었다. 석재로 만든 이 건물 의 돌은, 부산대학교와 금정산 곳곳에 있던 암석을 채석·절단해서 썼다고 한다.

개관 당시 도서관 공간 중 눈에 띄는 부분은 USIS룸이다. 미국공 보원United State Information Service 도서관의 순회문고를 비치하는 공간 이었다. 미국공보원은 부산대 도서관에 상당량의 장서를 기증하기 도 했다. 초기 한국 대학도서관 성립 과정에서, 미국공보원 도서관이 어떤 영향을 끼쳤는지 알 수 있는 대목이다.

지금은 부산대 박물관으로 쓰이는 효원도서관은, 김중업이 남긴 작품 중 흔치 않은 고딕 양식 건물이기도 하다. 효원도서관 정초식 때 설계자 김중업과 총장 윤인구를 비롯해 참석자 명함을 모두 모아, 건물 외벽에 넣은 후 시멘트로 봉했다고 한다.

부마민주항쟁이 촉발된 '중앙도서관'은 1966년 5월 15일, 부산대학교 개교 20주년 기념일을 맞아 개관했다. 설계는 부산대 건축공학과 도영주 교수가 맡았다. 1963년 10월 13일 공사를 시작했지만, 예산 부족으로 3년 넘게 걸려 완공했다. 반지하를 포함해 3층 규모였던 중앙도서관은 철근콘크리트로 지었다. 건물 면적은 1222평, 20만 권 장서를 소장할 수 있는 서고를 갖췄다. 1층 320석, 2층 250석의 열람실을 뒀고, 공사비용은 4500만 원이 들었다.

●

대학도서관 개혁 운동의 진원지

부마민주항쟁 1년 후인 1980년 9월 15일, 부산대학교는 새로운 도서관을 개관했다. 지금의 '새벽벌도서관'이다. 건물 면적 3200평에 지하 1층, 지상 4층 건물이었다. 15억 1400만 원의 공사비가 들었고, 열람석 수는 2600석을 갖췄다. 좌석 수 기준으로 기존 도서관보다 5배 가까이 규모가 컸다. 부마민주항쟁의 무대였던 기존 중앙도서관은 '구도서관'으로 명칭을 바꿨다.

'구도서관'은 1984년 9월 1일 '과학분관'으로 재개관하면서, '과학도서관'이라 불렸다. '과학도서관'은 1999년 1월부터 '자율도서관'

이라는 이름의 보존 서고로 쓰였다. 구도서관(과학분관)은 2008년 10월 23일 건설관을 짓기 위해 '철거'하면서 사라졌다. 지은 지 42년, 부마항쟁이 일어난 지 29년 만이었다.

한편 부산대학교는 1994년 9월 9일 새로운 도서관을 개관하면서, 기존 도서관은 '제2도서관'이라는 이름의 학습도서관으로 전환했다. 새롭게 지은 도서관은 '제1도서관'이라는 이름의 연구도서관으로 사용했다. 2017년 6월 부산대학교 제1도서관은 '중앙도서관'으로, 제2도서관은 '새벽별도서관'으로 이름을 바꿨다.

부산대학교 새벽별도서관

새벽별도서관은 1987년 6월 항쟁 당시 부산대학교 중앙도서관으로 쓰였다. 6월 항쟁 후 일어난 부산대학교 '도서관 개혁 운동'의 현장이기도 하다. 새벽별도서관 앞에 10·16부마항쟁기념탑이 있다. 10·16부마항쟁기념탑은 부마항쟁 9주년인 1988년 10월 16일 세웠다.
ⓒ 백창민

부산대학교는 1987년부터 1988년까지 '대학도서관 개혁 운동'이 일어난 곳이기도 하다. 학생들은 부산대학교 도서관이 안고 있는 문제점을 건물, 시설, 자료, 직원, 서비스로 나눠 조목조목 비판했다. 이 과정을 통해 부산대학교 도서관 개혁의 전기를 마련했다.

흥미로운 대목은 당시 도서관 개혁 운동을 주도한 이가 '이용자'인 학생들이었다는 점이다. 책, 시설과 함께 도서관의 3요소로 꼽히는 '사서'는 도서관 개혁 운동의 '주체'가 아닌 '대상'이었다. 당시 학생이 쓴 대자보 중에는 도서관 사서의 문제를 지적하는 글이 꽤 있다. 학생들이 쓴 대자보 제목이다.

> "사서의 '자질' 문제 있다"
> "대학 당국이 저지른 업보는 당연히 대학 당국이 져야 한다–도서관의 무능력 사서 처리에 대하여"
> "대학도서관 사서란 어떤 자격을 갖추어야 하는가"
> "자료의 개념도 모르는 현장 사서들은 자각하라!"

당시 개혁의 대상이었던 사서는 이제 도서관 개혁의 '주체'일까, 여전히 '대상'일까? '대학의 맹장'으로 취급받던 도서관을, '대학의 심장'으로 다시 뛰게 하는 운동이 부산대학교에서 시작되어 전국으로 퍼져 나갔다. 부산대에 이어 전남대, 경북대, 전북대에서도 도서관 개혁 운동이 이어졌다.

●

부마민주항쟁은 왜 제대로 조명받지 못했을까

부마민주항쟁은 4·19 혁명 이후 처음으로 학생과 시민이 함께 싸운 민중 항쟁이었다. '박정희 시대 최후의 도시 봉기'인 부마민주항쟁은, 유신 체제의 몰락을 촉발시킨 '발화점'이었다. 존 리드John Reed 가 1917년 러시아 혁명을 '세계를 뒤흔든 10일'로 쓴 것처럼, 조갑제는 10월 16일부터 10월 26일까지를 '한국을 뒤흔든 11일간'으로 묘사한 바 있다.

그럼에도 '한국을 뒤흔든' 부산과 마산의 항쟁은 제대로 조명받지 못했다. '민주 항쟁'이 아닌 '부마사태'로 불리며 오랫동안 잊혔다. 4월 혁명이 4·19, 광주민중항쟁이 5·18, 6월 항쟁이 6·10처럼 날짜로 기억되고 불리는 것과 달리, 부마민주항쟁은 10·16과 10·18이라는 날짜조차 잊혔다.

부산대학교 학생조차 5·18은 알아도 10·16은 모르는 경우가 많다. 10월 16일은 부마민주항쟁이 일어난 지 40년 만인 2019년이 되어서야, 국가기념일로 지정되었다. 부마민주항쟁은 왜 잊혔을까? 박정희가 죽으면서 유신 체제는 끝났지만, 신군부에 의해 군사 독재가 이어졌기 때문이다.

"부마항쟁은 광주항쟁을 낳았고, 광주는 6월 항쟁을 낳았다." 성공회대 교양학부 한홍구 교수는 부마항쟁이 없었다면, 5·18 광주도, 6월 항쟁도 없었을 거라며, 부마민주항쟁을 '한국 민주주의의 디딤돌'로 평가했다. 부마민주항쟁 정신을 새 헌법에 명기하자는 의견이 있는 배경은 이 때문이다. 유신 체제 몰락 후 '서울의 봄'이, 민주화된 대한민국을 의미하는 '한국의 봄'으로 이어졌다면, 부마항쟁은 지금보다 훨씬 더 큰 의미로 조명받았을 것이다. 하지만 '진정한 봄'을 열지 못했다고 해서, 부마민주항쟁의 의미가 퇴색될 수는 없다.

민주주의는 정녕 피를 먹고 자랄 수밖에 없는가? 1979년 부마민주항쟁과 1980년 광주민중항쟁, 1987년 6월 항쟁을 거치고 나서야, 우리는 기나긴 '독재 시대'를 벗어났다. 박정희를 향해 방아쇠를 당긴 건, 어쩌면 부마민주항쟁으로 폭발한, 들끓는 '민심'이었는지 모른다. 남녘땅 부산과 마산의 대학도서관에서 일어난 분노의 '함성'은, 박정희를 향한 '총성'으로 이어졌다.

'스파르타의 300'은 알지만,
'광주의 300'은 모르는 당신에게

빛고을 광주의 도서관

6·10 만세 운동이 일어나고 3년 후, 식민지 조선에서 저항이 움트기 시작했다. 1929년 원산에서 발생한 노동자 파업은 일제의 탄압에도 불구하고, 1월부터 4월까지 90일 넘게 이어졌다. 조선총독부는 원산 인구의 3분의 1이 참여한 이 파업에, 경찰뿐 아니라 일본군 19사단 함흥연대까지 투입해서, 무력으로 진압했다. 이것이 일제강점기 주요 노동운동이자 민족해방운동으로 꼽히는 '원산 총파업'이다. 원산 총파업이 일어난 그해, 남녘땅 나주에서 또 다른 사건이 터졌다. 바로 '광주학생독립운동'이다.

광주학생독립운동은 단순한 '학생운동'이 아니다. '일제강점기 3대 독립운동'의 하나로 평가받는다. 3·1 운동과 6·10 만세 운동에

2부 혁명과 민주화 투쟁의 무대

도 학생이 참여했지만, 광주학생독립운동은 이전 독립운동과 다른 점이 있다. 우선 학생이 '개별적으로' 참여하지 않고, 학교 차원에서 '조직적으로' 참여했다는 점이다. 학생들은 학교 안팎에 만들어진 조직을 바탕으로, 식민 지배에 대한 저항 의식을 표출했다. '조직적' 이었기 때문에, 광주학생독립운동은 광주라는 지역에 한정되지 않고, '전국적인' 독립운동으로 확산할 수 있었다.

누군가의 '죽음'과 상관없이, 전국적인 시위로 발전했다는 점도 특징이다. 작가 송우혜와 전북대 명예교수 강준만이 지적한 바처럼, 근대 이후 한국의 대규모 시위에는 누군가의 죽음이 '계기'가 된 경우가 많다. 고종의 죽음과 3·1 운동, 순종의 죽음과 6·10 만세 운동, 김주열의 죽음과 4·19 혁명, 광주 시민 학살과 5·18 광주민주화운동, 박종철·이한열의 죽음과 6월 항쟁, 신효순·심미선의 죽음과 촛불 시위…. 광주학생독립운동은 어떤 이의 죽음이 계기가 되지 않고 항쟁이 일어난 점에서 부마민주항쟁과 같지만, 전국적인 시위로 확산된 점에서 2016년 박근혜 대통령 탄핵 과정의 촛불 항쟁과 비슷하다.

●

항일 독립운동을 기념하는 유일한 도서관

'독서회'가 중심이 되었다는 점도 주목할 부분이다. 식민지 조선의 현실을 깨닫고, 항일운동 전개하는 과정에서 '책'과 '독서 모임'이 매개가 된 것이다.

광주학생독립운동기념회관은 1967년 11월 동구 황금동에서 문을 열었다. 이듬해인 1968년 7월 1일에는 부속도서관이 개관했다. 한국전쟁 이후 광주에서 처음 문을 연 도서관으로 알려져 있다. 2014년에는 서구 화정동으로 옮겨, 도서관과 기념관, 기념탑을 새롭게 건립했다.

화정동에 새로 문을 연 광주학생독립운동기념회관의 공간 구성은 여느 도서관과 다를 바 없지만, 식민지 독립운동을 기념하는 도서관으로는 유일한 곳이다. 25만 권 가까운 장서를 소장하고 있고, 763석의 좌석을 갖추고 있다. 광주광역시 도서관 중 두 번째로 많

광주학생독립운동기념회관 도서관
광주학생독립운동기념회관 도서관은 1968년 동구 황금동에서 문을 열었다. 현존하는 광주광역시 도서관 중 가장 역사가 오래된 곳이다. 2014년 9월 2일 서구 화정동 지금의 자리로 이전해서 새롭게 문을 열었다. 근처에 113개의 계단이 있는 '광주학생독립운동기념탑'이 있다. 113개의 계단은 광주학생독립운동이 일어난 11월 3일을 의미한다. ⓒ 백창민

2부 혁명과 민주화 투쟁의 무대

은 좌석을 갖춘 도서관이다.

광주에 '근대 도서관'이 생긴 건 언제부터일까? 광주광역시 동구청이 펴낸《동구의 인물 1》에 따르면, 1917년 최한영을 비롯한 광주공립보통학교(지금의 서석초등학교) 출신이 모여, '신문잡지종람소'를 열었다. 신문과 잡지를 함께 읽고, 공부와 강연을 하고, 소식을 주고받는 장이었다. 3·1 운동 때에는 독립선언서를 등사하고 운동을 조직한 공간이었다.

신문잡지종람소는 흥학관과 함께, 광주 시민사회운동의 원조로 꼽히고 있다. 신문잡지종람소는 옛 측량학교(옛 광주적십자병원) 자리에 있었다. 1919년 4월에는 오츠카 타다에大塚忠衛가 사립 도서관인 '광주도서관'을 열었다. 1920년에는 전라남도가 '광주부립도서관'을 개관했다는 기록이 있다. 광주도서관에 대한 기록은 많이 남아 있지 않아, 규모와 위치가 확실치 않다. 1920년에 문을 연 '전남문고' 역시 광주에 있었다. 1931년 시점에 전남문고의 장서량은 2441권이었다. 1929년에는 광주향교가 '광주도서관'을 열었다는 기록이 있다.

광주중앙도서관도 광주학생독립운동과 관련 있는 공간이다. 광주학생독립운동에 주도적으로 참여했던 학교 중 전라남도립사범학교(전남사범학교, 지금의 광주교육대학교)가 있다. 광주학생독립운동 당시 전남사범학교는 지금의 광주중앙도서관 자리에 있었다.

일제는 광주학생독립운동에 참여했다는 이유로 전남사범학교를 폐교시켰다. 1991년 7월 2일 개관한 광주중앙도서관은, 광주학생독립운동에 적극적으로 참여한 전남사범학교 터에 세웠다. 식민지 독립운동 유적지에 문을 연 흔치 않은 도서관이다. 광주에는 일제 잔재 위에 지은 도서관도 있다. 1990년 문을 연 송정다가치문화도서관은 송정신사 자리에 지었다. 송정다가치문화도서관으로 올라가는 계단은 송정신사 때 흔적으로 알려져 있다.

●

서울의 봄과 광주의 오월

박정희가 김재규의 총에 맞아 숨진 1979년 10월 26일부터, 신군부의 비상계엄이 전국으로 확대된 1980년 5월 17일까지를, '서울의 봄'이라고 부른다. 18년 동안 이어진 박정희 철권통치로, 억눌려 있던 민주화에 대한 요구가 터져 나온 시기였다. 대학가에서는 학생회 부활과 학원 민주화, 병영 집체 훈련 거부, 계엄 해제 같은 민주화 바람이 크게 일었다.

1980년 5월 18일 자정을 기해, 비상계엄이 전국으로 확대됐다. 18일 새벽부터 정치 활동과 집회 시위가 금지되고, 대학에 휴교령이 내렸다. 신군부는 사전에 블랙리스트로 작성해 두었던 800여 명에 대해 수배령을 내리고, 이 중 600여 명을 체포했다.

김대중, 문익환, 고은, 이문영, 김상현, 이해찬, 송건호, 이호철, 한승헌, 한완상을 비롯한 37명은 내란 음모 혐의로 체포되었다. 신군부는 이 사건을 '김대중 내란 음모 사건'으로 조작해서 발표했다. 김영삼 제명이 부마민주항쟁을 일으킨 하나의 원인이 된 것처럼, 김대중 체포가 불러올 호남 지역의 반발에 대해, 신군부는 알고 있었을 것이다. 그 반발을 무력으로 진압한 후 권좌에 오른다는 시나리오를, 신군부는 가지고 있었다. 그해 '서울의 봄'은 봄이되, '오지 않은 봄'이었다.

광주에서는 1980년 5월 14일 전남대학교에서 시위가 벌어졌다. 경찰 진압으로 전남대 학생들은 중앙도서관 앞까지 밀려났다. 도서관 앞까지 후퇴한 시위대 1만여 명은, 이후 경찰 저지선을 뚫고, 교문 밖으로 진출했다. 시내로 진출한 시위대는 전남도청 앞 광장을 장악하고, '민족민주화성회'를 개최했다.

다음 날인 5월 15일에도 전남대, 조선대, 광주교대생 1만 6000여 명의 학생이, 도청 분수대 주변에서 연좌시위를 벌였다. 서울에서는 5월 15일 '서울역 회군' 후 시위가 이어지지 않았으나, 5월 16일 밤 8시 광주 금남로에서는 3만여 명의 시민과 학생이 모인 '횃불 대행진'이 열렸다.

당시 학생운동 지도부는 대학가에 휴교령이 내려질 경우, '연속적, 동시다발적, 전국적 시위'를 벌이기로 '약속'했다. 유시민의 지적처럼, 이 약속은 지켜지지 않았다. 5월 17일 밤 신군부는 전국 주요 대학에 계엄군을 투입했다. 휴교령과 계엄군 투입에도, 유일하게 시위 약속을 지킨 곳이 광주였다. 약속은 지키기 위해 존재하지만, '약속'을 지킨 대가로 광주가 치른 '희생'은 너무나 컸다.

1980년 5월 17일 밤, 전남대학교와 조선대학교에 배치된 제7공수여단은 교내에 강제 진입했다. 이 과정에서 공수부대원은 전남대 곳곳에 남아 있던 학생을 폭행한 뒤 끌고 갔다. 이날 전남대에서 69명, 조선대에서 43명의 학생이 연행되었다.

전남대학교 중앙도서관은 이전부터 집회가 자주 열린 공간이다. 5·18 광주민중항쟁 당시 전남대학교 중앙도서관은, 지금의 도서관 별관이다. 외벽이 흰색이라 '백도白圖'라 불리는 도서관 별관은

전남대학교 도서관 별관

지금은 도서관 별관으로 쓰이는 이 건물이, 5·18 광주민중항쟁 당시 전남대학교 중앙도
서관이었다. 외벽 색깔이 흰색이어서 '백도'라고 불린다. 도서관 별관 앞쪽 붉은 벽돌 건
물이 지금의 중앙도서관이다. 전남대는 '홍도'라고 불리는 중앙도서관 옆에 하이브리드
도서관인 '정보마루'를 새롭게 건립했다. ⓒ 백창민

1975년 5월 준공한 건물이다. 철근콘크리트로 지은 지하 1층과 지
상 3층 건물로, 광주시민회관을 작업한 임영배와 이수가 설계했다.

전남대학교 도서관은 1953년 9월 학동 캠퍼스에 있는 의과대학
본관 2층 강의실에서 출발했다. 1955년 '금호각'을 신축해서 도서
관으로 사용하다가, 1975년부터 1990년까지 '백도' 시대를 거쳤다.
전남대학교는 1990년 11월 새로운 도서관을 신축해서, 본관으로
삼았다. 붉은색 벽돌로 외관을 꾸민 도서관 본관은 '홍도紅圖'라고
불린다.

약무광주 시무민주

일요일이었던 5월 18일 아침 10시, 전남대학교 교문 앞에 수백 명의 학생이 모여, 계엄 해제와 계엄군 철수를 외쳤다. 학생들이 흩어지지 않자, 공수부대가 곤봉을 휘두르며 난폭하게 진압했다. 학생들이 광주가톨릭센터 근처 시내로 이동해서 시위를 이어 가자, 공수특전단은 곤봉과 대검을 사용해서 잔인하게 공격했다.

그러자 학생과 시민도 보도블록을 깨서 돌을 던지고, 각목을 들기 시작했다. 5월 19일 오후 4시 30분경 광주고등학교 근처에서 장갑차가 시민에게 둘러싸이자, 계엄군은 '발포'했다. 계엄군이 총을 쐈다는 사실이 알려지자, 시민의 시위도 거세지기 시작했다. 1980년 광주에서 '폭도'는 시민이 아닌 계엄군이었다. 폭도인 계엄군으로부터 자신을 보호하기 위해 시민은 총을 들었고, 스스로 '시민군'이 되었다.

5월 21일 오후 1시 도청 앞 금남로에 모인 10만 명이 넘는 시민을 향해 공수부대는 '집단 발포'했다. 비무장 시민을 향한 '조준 사격'이었다. 이 발포로 최소 54명이 죽고, 500명 이상이 다쳤다. 5월 21일 하루 동안 계엄군은 48만 4484발의 총알을 시민에게 발사했다. 당시 광주시 인구는 80만 명이었다. 계엄군은 이날 하루에 광주 시민의 60%를 살상할 수 있는 탄환을 난사했다.

도청 앞 집단 발포가 있던 5월 21일, 신군부는 헬기를 동원해서 기총 사격을 했다. 광주 전일빌딩 옥상에 설치된 경기관총을 향해 신군부의 헬기는 총탄을 퍼부었다. 광주기독병원에서 헌혈을 마치고 집으로 가던 전남여상 3학년 박금희는, 헬기 총격으로 사망했다.

계엄군이 발포하자, 시민도 가만히 있지 않았다. 집단 발포에 분노한 시민은 5월 21일, 아시아자동차 공장(지금의 기아 오토랜드 광주 제1공장)에서 장갑차를 확보해서, 금남로로 몰고 나왔다. 시민은 화순과 강진, 나주, 담양에서 총기를 확보해, 무장하기 시작했다. 이때부터 '시위'는 '교전'으로, '참여'는 '참전'으로 바뀌었다. 5월 21일 저녁 시민군은 계엄군을 광주 외곽으로 물리쳤다. 경무장에 가까운 시민이, 3개 여단 2500명에 달하는 중무장 공수특전단을 물리친 것이다.

행정과 치안의 공백 상황에서 시민군은 전남도청을 장악하고, 질서 정연하게 치안을 유지했다. 1894년 6월 동학농민군이 전주성을 장악한 이래, 민중이 도청사를 장악한 건 80여 년 만에 처음이었다. 광주시민은 사재기를 자제하고, 부상자를 위한 헌혈에 앞장섰다.

범죄도 거의 일어나지 않아, 신군부가 주장한 '폭동'과는 거리가 멀었다. 당시 광주 시내 42개 은행에는 1500억 원이 넘는 현금이 있었고, 도청과 여러 회사 건물에도 많은 자금이 있었으나, 누구도 이 돈을 훔치지 않았다. 이 시기 해방된 광주가 '절대 공동체' 또는 '광주 코뮌'이라고 불리는 이유다.

임진왜란 때 조선을 구한 충무공 이순신은 '호남이 없었다면, 나라를 지킬 수 없었을 것若無湖南 是無國家'이라고 했다. 한국 현대사에서 광주 항쟁이 없었다면, 민주화된 대한민국은 없었을지 모른다若無光州 是無民主.

전남도청

전일빌딩 245에서 바라본 전남도청 전경. 1980년 5월 21일 시민을 향한 집단 발포가 있었던 곳이며, 5월 27일 새벽 시민군이 계엄군에 맞서 최후 항전을 벌인 곳이다. 전남도청 본관은 일제강점기 전남에서 조선인 건축가로 유일하게 활동한 김순하가 1925년 설계한 건물이다. 1975년 김태만에 의해 3층으로 증축 설계되었다. 본관 왼편에 있는 전남도청 회의실(옛 민원실) 역시 1930년 김순하가 설계했다. 도청 앞에서는 1980년 5월 22일부터 26일까지 시민 궐기대회가 이어졌다. ⓒ 백창민

•

우리는 끝까지 싸울 것입니다

1980년 5월 27일 새벽 전남도청에서는 계엄군의 진압에 맞서, 시민의 '최후 항전'이 있었다. 최후 항전 직전인 새벽 3시 50분, 도청

에서 스물한 살 여대생 박영순의 마지막 방송이 울려 퍼졌다.

"광주 시민 여러분, 광주 시민 여러분, 지금 계엄군이 쳐들어오고 있습니다. 사랑하는 우리 형제, 우리 자매들이 계엄군의 총칼에 숨져 가고 있습니다. 우리 모두 계엄군과 끝까지 싸웁시다. 우리는 광주를 사수할 것입니다. 여러분 우리를 잊지 말아 주십시오. 우리는 최후까지 싸울 것입니다."

한홍구 교수의 표현처럼, '반만년에서 가장 긴 새벽'인 1980년 5월 27일 새벽 4시, 계엄군은 전남 도청 측면과 후면을 통해 기습적으로 밀고 들어왔다. 계엄군의 일제 사격 후 도청에 진입한 공수부대는, 시민군을 향해 총알을 난사했다. 시민군을 이끌던 윤상원은 2층 민원실에서 사망했다.

시민군 중에는 꽃다운 10대 학생도 여럿 있었다. 광주상고(지금의 광주동성고등학교) 1학년 문재학도 그중 한 명이다. 먼저 죽은 친구를 생각해 도청에 남은 '소년'은, 끝내 살아 돌아오지 못했다. 교련복을 입은 '막내'는 싸늘한 시신으로 가족에게 돌아왔다. 작가 한강의 소설 《소년이 온다》의 주인공 '동호'는 바로 문재학이다.

계엄군의 진압 작전은 1시간 10분 만에 종료되었다. 계엄군은 투항한 시민군 8명을 도청 앞에서 '확인 사살'하기까지 했다. 계엄군은 도청 진압 과정에서 사망자 약 25명, 체포된 사람이 약 200명이라고 발표했다. 최후의 항전 과정에서 죽은 사람이 정확히 몇 명인지는, 아직도 밝혀지지 않았다. 5·18유족회 집계에 의하면, 광주민중항쟁 과정에서 사망자는 166명, 행방불명된 사람은 65명이다. 부상으로 사망한 사람은 400명이 넘는다.

최후 항전을 앞두고, 총을 든 사람은 도청에 남고, 총을 놓은 사람

2부 혁명과 민주화 투쟁의 무대

은 도청을 빠져나갔다. 총을 들고 싸운 자는, 다시 산 자와 죽은 자로 나뉘었다. 죽은 자는 죽어서 원통했고, 산 자는 살아서 부끄러웠다. 죽은 자의 원통함과 산 자의 부끄러움은, 모두 살아남은 자의 몫으로 남았다.

막강한 무력을 지닌 계엄군에 맞서, 광주시민들이 도청에 남아 끝까지 싸운 이유는 뭘까? 계엄군이 도청에 진입했을 때, 도청을 지키던 시민이 모두 도망갔다면, 광주 항쟁은 '폭동'으로, 계엄군에 의해 죽어간 사람은 '폭도'로 기록되었을 것이다. 먼저 희생된 사람의 죽음이 헛되지 않도록, 300여 시민은 도청에 남아서, '끝까지' 싸웠다. 그렇게 광주는 자신의 피로 '항쟁의 역사'를 썼다.

'스파르타의 300'은 알지만, 도청을 지킨 '광주의 300'을 모른다면, '무지'한 게 아니라 '무심'한 것이다. 한나 아렌트Hannah Arendt가 말한 '악의 평범성'을 언급하지 않더라도 그런 '생각 없는 삶'과 '무지막지'가 쌓여, 악은 자라난다. 나아가 한 사회를 집어삼키는 '광기'가 된다.

시민을 죽여서라도 권력을 잡겠다고 날뛴 신군부는, 광주가 아니더라도 어딘가를 '희생양'으로 삼았을 것이다. 그 대상은 부산이나 대구, 대전, 인천, 춘천이었을 수도 있다. 광주는 우리 누군가가 겪었을, 어쩌면 대한민국 전체가 겪었어야 할 희생을 대신했다.

●

도서관 건물에 날아든 기관총탄

광주의 '도서관'에는 광주민중항쟁의 흔적이 곳곳에 남아 있다.

5월 17일 계엄군은 전남대학교 교내에 진입해서, 도서관에서 공부하던 학생들을 무차별 구타하고 구금했다.

조선대학교 중앙도서관 앞 대운동장은 계엄군이 진주했던 장소다. 계엄군은 5월 19일부터 21일 사이에 시민과 학생을 무차별적으로 연행했고, 체육관 야전 막사에서 폭행과 고문을 가했다. 조선대학교 도서관은 1950년 6월 10일, 본관 2층에서 좌석 200석, 장서 2만 권 규모로 출발했다. 지금의 중앙도서관은 2003년 2월 10일 개관했다.

1968년 동구 황금동에서 문을 연 광주학생독립운동기념회관은 광주광역시에서 가장 오래된 도서관이다. 광주학생독립운동기념회관이 화정동으로 이전하면서, '광주청소년삶디자인센터'가 들어섰다. 지하 1층, 지상 6층 철근콘크리트조로 지은 이 건물은 서범식이 설계했다. 5·18 당시 학생들은 '학생회관'이라 불린 이곳을 집결지로 삼아, 시위를 전개했다. 특히 5월 18일 오후 흩어졌던 시위대가 다시 모여, 광주학생독립운동기념회관에 있던 경찰 차량과 장비를 부순 일은, 첫날 시위의 기폭제로 작용했다.

전남도청 앞에 있는 전일빌딩은 헬기 총격 흔적이 남아 있는 건물이다. 《전남일보》 사옥이었던 이곳에서 계엄군 헬리콥터가 발사한 기관총탄 자국이 200군데 넘게 발견되었다. 1968년 세워진 전일빌딩은 금남로에 들어선 최초의 10층 건물로, 광주의 랜드마크였다. 조동희와 오무송이 함께 설계했다.

5·18 당시 전일빌딩 6층에는 사립 공공도서관인 '전일도서관'이 있었다. 전일도서관은 전남일보와 전일방송을 세운 남봉 김남중 회장이 사재로 만든 도서관이다. 1970년 4월 25일 개관한 전일도서관

은, 광주에서 두 번째로 문을 연 공공도서관이다. 5000여 평의 면적에 좌석 수 725석, 장서 5만 권으로 개관했다. 1970년대 광주에는 도서관이 턱없이 부족했기 때문에, 새벽부터 전일도서관에 들어가려는 사람이 전남도청 앞까지 줄을 서곤 했다.

1980년 시점에 광주시 도서관 좌석 수를 살펴보면, 광주학생독립운동기념회관이 1019석, 전일도서관이 1023석이었다. 5·18 당시 전일도서관은 좌석 수를 기준으로, 광주에서 가장 큰 도서관이었다. 전일도서관은 1971년 7월, 지방 최초로 이동문고 차량을 운영하기도 했다.

《전남일보》에서 오랫동안 언론인으로 일한 양동균은, 1973년 무렵 전일도서관 관장이었다. 1973년 한국도서관협회 총회에서 감사장을 받기도 했다. 5·18 과정에서 수백 명의 언론인이 해직되었고, 양동균 역시 마찬가지였다. 양동균은 광주민중항쟁과 관련하여 해직당한, 드문 '도서관인'이 아닐까.

전일도서관은 김남중 회장 타계 후 '남봉도서관'으로 바뀌었다가, 신문사가 매각되는 과정에서 문을 닫았다. 족보와 향토 자료가 많았던 전일도서관 장서는 전남대와 조선대 도서관에 기증되었다.

5·18 당시 헬기의 총탄이 전일빌딩에 쏟아지던 그때, 전일도서관은 건물 6층에 자리하고 있었다. 1986년 전두환 정권은 건국대 점거농성사건 과정에서 헬기를 동원해 도서관에 있던 시위대를 진압했다. 이보다 6년 앞서 전두환 신군부는 광주에서 헬기를 통해, 도서관이 있는 건물에 기관총탄을 퍼부었다. 군대와 경찰이 헬기를 동원해서 도서관 건물에 총격을 가하고 진압을 한, 흔치 않은 사례다.

도서관 건물이 겪은 일련의 사태만으로, 전두환 정권 시기가 얼마나 폭압적인 시대였는지 알 수 있다. 전일빌딩은 광주민중항쟁 40주년을 맞은 2020년, '전일빌딩 245'로 다시 문을 열었다. 245는 전일빌딩에서 발견된 총탄 245개를 의미한다. '전일도서관'은 사라졌지만, 새롭게 단장한 '전일빌딩 245' 2층과 3층에는 '디지털정보도서관'이 문을 열었다.

●

'도서관'에 남은 항쟁의 흔적

광주광역시 우산동에 자리한 '무등도서관'은, 정주영 현대그룹 회장이 5·18 민주화운동으로 고통받은 광주 시민을 위로하기 위해, 1981년 지하 2층, 지상 3층 규모로 도서관을 지어 기부한 곳이다. 무등도서관이 세워진 곳은 1980년 5월 22일, 계엄군의 총격으로 시민이 사망한 자리이기도 하다. 무등도서관은 민주화 투쟁 과정에서 시민이 숨진 자리에 건립된, 드문 도서관이다. 37만 권이 넘는 장서를 보유한 무등도서관은, 장서량을 기준으로 광주광역시에서 가장 큰 도서관이다.

도서관은 아니지만, '녹두서점'은 5·18 당시 들불야학을 이끈 윤상원이 야학 강사, 노동자와 함께 《투사회보》를 만든 곳이다. 광주민중항쟁 당시 녹두서점은 《투사회보》를 통해 시민의 눈과 귀, 지도부 역할을 담당했다. 신문과 방송이 관제 언론으로 전락한 상황에서, 《투사회보》는 광주에서 유일하게 '언론' 역할을 했다. 1980년 6월 녹두서점은 문을 닫았고, 그 터에 표지석만 남았다.

5·18 당시 항쟁홍보팀의 본부 역할을 한 YWCA회관 2층에는 '광

주양서협동조합'이 자리했다. 광주 여성운동의 산실이자, 반독재 민주화 투쟁 공간이었던 YWCA회관은, 건축가 김한섭이 설계했다. 1980년 5월 27일 새벽 30여 명의 시민군이 이곳에서 계엄군과 맞서 싸우다가 죽고 체포되었다.

금남로4가역 근처에는 '5·18민주화운동기록관'이 있다. 광주가 톨릭센터를 리모델링해서 기록관으로 만들었다. 1975년 지은 광주 가톨릭센터는 철근콘크리트로 지은 지하 1층, 지상 7층 건물로 박강평이 설계했다. 해방 전에는 전남재판소와 광주법원이 이 자리에 있었다. 2011년 5월 25일 '유네스코 세계기록유산'으로 지정된 5·18 광주민중항쟁 기록물이 소장되어 있고, 다양한 전시도 이뤄진다. 이 건물 4층에는 1만 6362권의 민주·인권·평화 분야 장서를 갖춘 5·18 특화 도서관이 있다.

5·18 과정에서 시민군은 전남대학교병원 옥상에 경기관총 2대를 설치했다. 시민군이 옥상을 지킨 전남대병원은 계엄군의 총격과 폭력에 부상당한 시민을 헌신적으로 치료한 곳이다. 당시 12층이었던 전남대학교병원은 광주에서 손꼽히는 고층 건물이었다. 영화 《택시운전사》의 실제 주인공 위르겐 힌츠페터Jürgen Hinzpeter를 비롯한 여러 외국인 기자가, 전남대병원 옥상에 머물며 취재를 했다. 병원 옥상 바로 아래 12층에는 전남대학교병원 '도서실'이 자리했다. 전남대병원은 광주 최초의 근대 의료 기관인 자혜의원이 있던 자리다. 전남대병원은 한때 국립중앙도서관으로 쓰인, 남산 어린이회관을 설계한 이광노의 작품이다.

오월길과 오월도서관길

2002년 국립묘지로 승격된 5·18민주묘지에는 '5·18추모관'이 있다. 추모관에는 시민의 시신을 감쌌던 비닐과 태극기, 유품, 계엄군의 진압 장비가 전시되어 있다. 지하 1층, 지상 3층 규모의 5·18추모관은 김인호가 설계했다. 추모관 3층에는 5·18 관련 서적을 비치한 '자료실'이 있다.

전남도청이 무안군 신청사로 이전하면서, 도청이 있던 자리에 2015년 9월 '국립아시아문화전당ACC, Asian Culture Complex'이 조성되었다. 광주를 '아시아 문화 중심 도시'로 자리매김하기 위해 세운 건물이다. 2003년부터 건립 계획에 착수해서 햇수로 13년 만에 문을 열었다.

국립아시아문화전당은 14만 제곱미터 면적에 지하 4층, 지상 1층으로 조성했다. 지상보다 지하 공간이 더 큰 이유는, 금남로에서 무등산을 조망할 수 있도록 하고, 옛 전남도청을 돋보이도록 하기 위함이다. 광주민중항쟁 현장인 전남도청은 아시아문화전당의 '일부'가 되었다. 국립아시아문화전당 문화정보원에는 '라이브러리 파크Library park'라고 불린 도서관이, 어린이문화원에는 '어린이도서관'이 있다.

광주광역시 동구 장동에는 인권에 관한 장서를 3000여 권 소장한 '알암인권작은도서관'이 있다. 민간에서 문을 연 최초의 '인권도서관'으로, 고 알암 명노근 교수를 기념하여 도서관 이름을 지었다. 명노근 교수는 5·18 과정에서 수습대책위원으로 활동했다. 산수오

국립아시아문화전당 도서관

국립아시아문화전당(ACC)에는 '도서관'이 있다. '라이브러리 파크(Library park)'라고 불리는 곳이다. 열람실과 북라운지, 이벤트홀, 휴게 공간으로 구성했고, 아시아 문화 예술 전문도서관으로 운영하고 있다. © 백창민

거리는 5·18 당시 시위대의 집결지로 계엄군과 공방이 오갔던 곳이다. 산수오거리 근처 산수공원에는 1997년 '산수도서관'이 문을 열었다. 산수오거리는 작가 임철우가 쓴 장편소설《봄날》의 첫 번째 에피소드 배경으로 등장하는 곳이다.

도청에서 최후 항전이 있던 5월 27일 새벽, 도청 외곽에도 시민군이 경계를 선 장소가 있었다. 10여 명의 시민군이 있던 사직공원은 그런 곳 중 하나다. 사직공원은 풍년을 기원하던 사직단이 있던 공간이다. 시민군 6명이 계엄군에게 체포된 사직공원에는 1989년 '사직도서관'이 문을 열었다. 사직도서관은 23만 권이 넘는 장서를 보유하고 있다.

광주공원은 5·18 당시 시민군이 무기를 가지고 훈련하던 곳으로, 5월 27일 계엄군이 점령한 주요 거점 중 하나다. 광주공원 빛고을

시민문화관에는 '문화예술작은도서관'이 문을 열었다. 옛 구동공원인 '광주공원'은 광주 최초의 근대 공원이다. 일제강점기에는 광주신사가 자리했다.

'금호평생교육관'이 있는 월산동 주변은 5월 27일 새벽, 시민군과 7공수여단 사이에 교전이 벌어졌던 곳이다. 교전 과정에서 시민군 1명, 7공수여단 장교 1명이 사망했다. 상무대 자리에 조성된 5·18기념공원에는 '광주학생교육문화회관'이 있다. 광주학생교육문화회관 옆에는 5·18민주화운동학생기념탑이 있다. 1980년 5월 26일 수습대책위원과 시민이 줄지어 걸어가, '죽음의 행진'을 했던 농성광장 주변에는, 2015년 '상록도서관'이 문을 열었다.

광주학생독립운동기념회관과 광주중앙도서관까지 생각하면, 빛고을 도서관 곳곳이 독립운동과 민주화운동 사적지나 다름없다. 광주광역시는 5·18 사적지를 연결하여 '오월길'이라는 답사 코스로 소개하고 있다. '오월도서관길'을 따로 만들 수 있을 정도로, 광주광역시 도서관에는 5·18과 광주학생독립운동 사적이 많다.

●

시대정신을 담은 거대한 도서관

1981년 5월 26일 서울대 경제학과 4학년 김태훈은, 서울대 중앙도서관 6층에서 "전두환 물러가라"라는 구호를 외친 후 투신 사망했다. 5·18 5주년을 맞은 1985년 5월에는, 미문화원 점거농성사건이 터졌다. 5·18 이후 전국의 대학도서관은 광주의 진실을 알리려는 투쟁의 공간이 되었다.

5·18 이후 민주화 투쟁을 통해 6월 항쟁이 일어나고, 1987년 개헌을 통해 1991년 지방자치제가 부활했다. 이를 통해 전국 곳곳에 수많은 공공도서관이 세워졌다. 민주화 시대로 접어들면서, 도서관은 양적으로 크게 늘어났다.

권위적이고 천편일률적인 모습의 도서관 '건축'에도 변화의 바람이 일었다. 도서관 '서가 구조'는 폐가제에서 개가제로, '공간'은 이용자 친화적으로 바뀌었다. 검열되던 '장서'는 시민이 원하는 책으로 채워졌다. '서비스'도 도서관 이용자인 시민의 눈높이에 맞게 바뀌었다. 이런 변화를 생각하면 5·18 광주민중항쟁은 '오늘의 도서관'을 일군 '전환점'이기도 하다.

'책'과 '독서회'를 통해 독립운동을 일으키며, 광주는 식민지 조선의 '빛'이 되었다. 들불야학과 녹두서점에서 책을 통해 시대의 어둠을 밝히려 했던 이들이 광주민중항쟁의 선두에 섰다. 그들의 고결한 희생 덕분에 우리는 한 걸음 더 나아갔다. '빛고을'이라는 이름처럼 광주는 민주주의의 '횃불'로 타올랐다. 저항 정신으로 일어선 광주는 우리 시대의 '텍스트'이고, 그 자체로 시대정신을 담은 거대한 '도서관'은 아닐까?

•

우리에게 '광주'는 무엇인가

작가 유시민의 말처럼, 광주의 희생과 참혹한 패배는 사람들에게 깊은 상처를 남겼다. 부마민주항쟁과 광주민중항쟁 모두 '국지적 봉기'였기 때문에 성공할 수 없었다. 유시민은 광주항쟁을 이렇게 평했다.

　참혹한 패배로 막을 내린 광주민중항쟁은 많은 국민의 가슴에 깊은 죄책감을 남겼다. 신군부가 광주에서 무자비한 살상을 저지를 수 있었던 것은 다른 지역 시민들이 계엄군의 폭력에 굴복했기 때문이었다. 그로부터 7년이 지난 1987년 6월, 민주헌법쟁취국민운동본부는 어느 지역도 고립되지 않는 전국적 도시 봉기를 정밀하게 기획하고 준비했다. 광주 시민들만 홀로 고립의 아픔을 겪게 만든 1980년 5월의 잘못을 반복하지 않으려고 노력했다. 6월 민주항쟁은 사실상 광주민중항쟁의 전국적 확대판이었다.

　_유시민,《나의 한국현대사》, 돌베개, 2014년, 235~236쪽.

역사학자 한홍구는 이렇게 말했다.

　광주는 그 자체만 놓고 본다면 실패한 무장봉기입니다. 처절하게 패배한 봉기였지요. 그러나 긴 역사에서 볼 때 광주만큼 성공한 운동도 찾기 어려울 겁니다. 광주는 그야말로 새로운 시대를 열었습니다. 1980년대 이후 한 세대에 걸친 역사가 광주로부터 비롯되었습니다. 패배한 싸움이었던 광주가 새 시대를 열 수 있었던 것은 잘 졌기 때문입니다. … 광주에서의 죽음은, 광주의 장엄한 패배는 수많은 광주의 자식에 의해 위대하게 부활했습니다.

　_한홍구,《지금 이 순간의 역사》, 한겨레출판, 2010년, 69쪽.

1987년 6월 항쟁을 통한 한국의 민주화는 결국 광주로부터 비롯

되었다. 광주의 희생을 통해, 우리는 시대의 어둠을 건넜다. 작가 한 강이 2009년 '용산 참사'를 바라보며, "저건 광주잖아"라고 혼잣말 한 것처럼, "광주는 고립된 것, 힘으로 짓밟힌 것, 훼손된 것, 훼손되 지 말았어야 했던 것의 다른 이름"이다. 용산과 세월호, 이태원 같 은 '참사'가 계속되는 한, 우리에게 광주는 '과거 완료형'이 아닌 '현 재 진행형'이다.

'도서관 점거 농성'은 어떻게
'6월 항쟁'으로 이어졌나?

1982년 3월 18일 부산 미국문화원이 화염에 휩싸였다. 부산 고려
신학대(고신대) 학생 김은숙과 이미옥, 부산대학교 최인순, 부산여
자대학 김지희는 부산 미문화원에 들어가, 불을 질렀다. 누구보다
폭력을 미워해야 할 신학대 학생과 장래가 보장된 의대생과 약대
생, 여대생이 일으킨 사건이었다.

부산 미문화원에 불을 지른 후, 학생들은 근처 유나백화점과 국
도극장에서 유인물을 뿌렸다. 전두환 정권의 광주 시민 학살을 알
리고, 미국의 책임을 묻는 내용이었다. 휘발유 30리터가 갖는 '인화
력'을 제대로 예측하지 못한 이들의 방화로, 부산 미문화원 '도서관'
에서 공부하던 대학생 장덕술이 질식해 숨지고, 세 명이 다쳤다.

2부 혁명과 민주화 투쟁의 무대

'부미방'을 아시나요?

부산 미문화원 방화사건(부미방)을 주도한 고신대 학생 문부식은 신학적 고민으로부터 사회 문제에 관심을 키워 왔다. 또 다른 주역인 김은숙은 부마민주항쟁에 처음부터 끝까지 참여하며, 유신 체제의 몰락과 신군부의 등장을 지켜봤다.

문부식은 1981년 9월 김현장과 만남을 통해, 광주에서 일어난 참상을 알게 되었다. 신군부가 광주에서 자행한 만행을 알리기 위해 고심하던 문부식은, 1982년 2월 말 김은숙에게 시민의 이목을 집중시킬 '방화' 형태의 시위를 제안했다. 방화와 유인물 배포 방식으로 시위를 구상한 두 사람은, 이미옥, 최인순, 유승렬, 김지희와 함께 시위를 계획했다.

1982년 3월 18일 오후 2시, 문부식의 지휘 아래 김은숙과 이미옥은 부산 미문화원 1층에 휘발유를 뿌렸고, 문화원 안에 미리 들어가 있던 최인순과 김지희가 불을 붙였다. 방화와 함께, 부산 미문화원은 화염에 휩싸였다. 같은 시간 유승렬은 유나백화점 4층에서, 박원식과 최충언은 국도극장 3층에서 '미국은 더 이상 한국을 속국으로 만들지 말고 이 땅에서 물러가라'라는 내용이 담긴 유인물 수백 장을 뿌렸다. 당시 3층 규모였던 부산 미문화원 1층은 도서관과 간행물 열람실, 사무실이었고, 2층은 미 대사관 부산 사무소, 3층은 대사관 직원 숙소였다. 이때의 방화로 도서관을 포함한 1층 공간 대부분과 장서 6000권이 불탔다. 도서관이 전소된 이 사건은, 우리 역사에서 드문 '도서관 방화 사건'이기도 하다.

당시 이들의 주장과 시위는 '충격'이었지만, 광주 학살을 알리는 계기가 되었고, 반미운동의 '효시'가 되었다. 부산 미문화원 방화사건 주역은 검거된 후, 수사를 거쳐 재판에 넘겨졌다. 대구고등법원에서 이들의 재판이 진행될 때 일이다. 재판을 마치고 법정을 나서던 이들의 변호인은 '돌팔매질'을 당하기도 했다. 이돈명, 황인철, 홍성우, 김광일, 이흥록과 함께, 부산 미문화원 방화사건을 변호한 14인의 변호인 중 한 사람이 노무현이다. 당시 노무현은 35세 청년 변호인이었다.

부산근현대역사관 별관

1982년 일어난 부산 미국문화원 방화사건의 현장이다. 1929년 동양척식주식회사 부산지점으로 지은 건물이다. 해방 후 미국문화원으로 쓰이다가, 1999년 대한민국에 반환되었다. 2003년부터 '부산근현대역사관'으로 쓰이고 있다. © 백창민

왜 하필 문화원, 그리고 '도서관'이었을까

1985년 5월은 5·18 광주민중항쟁이 5주년을 맞는 해였다. 주요 대학 학생들은 '광주의 진실'을 사회에 널리 알릴 수 있는 방법을 모색했다. '광주 학살'이 전두환 신군부의 최대 약점이라 생각한 학생들은, 당시 금기시했던 광주민중항쟁을 전면적으로 알려, 정권에 타격을 가할 생각이었다. 그 일환으로 사회적 파장을 크게 일으킬 수 있는 '점거 시위'를 계획했다.

1985년 5월 16일 서울대와 고려대, 연세대, 성균관대 4개 대학 5월 투쟁위원장이 성균관대학교 학생회관에 모였다. 이 모임을 통해 점거 시위를 논의했고, 학교별로 15~20명씩 총 70~80명이 서울 미문화원 2층 도서관을 점거한다는 계획을 세웠다.

서울 미국문화원이 처음부터 점거 농성 장소로 꼽힌 건 왜일까? 시위 지도부는 동맹인 미국문화원이 갖는 상징성과 파급 효과, 치외법권 지역이어서, 농성을 안정적으로 이어 갈 수 있는 '이점'을 고려했다. 미국문화원 공간 중 '도서관'이 아닌 다른 곳을 점거하자는 의견도 있었던 모양이다. '왜 하필 도서관이냐, 그렇지 않아도 대사관보다 상징성이 떨어지는데, 도서관보다 다른 공간을 점거해야 하는 것 아니냐'하는 의견이었다.

여러 논란 속에 결국 미문화원의 '도서관'이 점거 장소로 낙점된 이유는 다음 3가지라고 한다. 70명이 넘는 학생이 농성을 벌일 넓은 공간이 도서관밖에 없고, 미문화원 도서관은 신분증만 제시하면 누구나 손쉽게 출입할 수 있는 데다가 마지막으로 도서관 역시 미문화원 시설로 치외법권 지역이기 때문이다. 언뜻 '도서관'은 탈정치적인 공간으로 보이지만, 도서관이 갖는 개방성과 접근성은 도서관을 '가장 정치적인 공간'으로 만들기도 한다.

1985년 5월 23일 낮 12시 5분, 함운경을 비롯한 서울대, 연세대, 고려대, 성균관대, 서강대 학생 73명은 서울 미국문화원에 진입했다. 서울 미문화원 점거시위, 정확히 말하면 서울 미문화원 '도서관' 점거농성사건은 이렇게 시작됐다.

●

72시간 이어진 '도서관' 농성

미문화원 2층 도서관에 진입한 학생들은 이용자에게 양해를 구하고, 밖으로 나가 달라고 요청했다. 그 후 내부 집기로 입구에 바리케이드를 설치했다. 도로 쪽 창문에 플래카드를 내걸고, "광주 학살 지원 책임지고, 미국은 공개 사과하라" 같은 요구를 하며 점거 농성을 시작했다.

학생들은 미국대사와 면담, 내외신 기자 회견을 요구했다. 미국대사관이 이를 거절하자, 광주민중항쟁에 대한 미국의 개입과 해명, 사과가 있기 전까지 농성을 계속하고, 경찰이 진입하면 음독 또는 투신하겠다고 으름장을 놨다. 학생들은 청산가리를 가지고 있다고 협박했지만, 실제로는 음독할 수 있는 극약을 가지고 있지 않았다.

농성 이틀째 아침에는 미문화원 도서관장 래빈, 미국대사관 정치 담당 참사관 던롭과 공식 대화를 나누기도 했다. 학생들은 광주민중항쟁 과정에서 20사단의 이동을 승인한 미국의 책임과 개입에 대해 캐물었다. 미국 측은 '승인'을 '인정'했지만, 그 이후 사태는 미국이 책임질 부분이 아니라는 답변을 반복했다. 학생과 미국 측 대화는 4차에 걸쳐, 계속 이어졌다.

점거 시위와 단식 농성이 사흘째로 접어들자, 학생들은 지치기 시작했다. 일부 학생은 탈진해서 병원에 실려 가기도 했다. 결국 학생들은 5월 26일 정오에 맞춰, 72시간 점거 농성을 풀고, 자진 해산하기로 했다. 26일 오전 11시 함운경과 이정훈이 〈우리는 왜 미문화원에 들어가야만 했나〉라는 성명서를 읽는 것으로 농성을 마쳤고, 학생들은 태극기를 앞세우며 미문화원을 나섰다.

●

미문화원 점거 농성의 '파장'

미문화원을 나서자마자, 학생들은 전원 검거되었다. 점거 농성에 참여한 73명 중 함운경을 비롯한 25명이 구속되고, 19명이 기소됐다. 당시 조직 사건이 아닌 단일 사건으로는, 최대 구속자를 낸 사건이었다.

학생들의 점거 시위는 미문화원이라는 장소가 갖는 상징성 때문에, 사회적 파장뿐 아니라 국내외 관심 역시 컸다. 박철언이 남긴 증언처럼, 이 사건에 대한 전두환 정권 기류는 '초강경' 대응이었다. 정권은 언론을 통해 학생들을 '용공'으로 몰아가려 했다. 하지만 정권 의도와 상관없이, 신군부의 광주 학살과 5·18 과정에서 미국의 묵인 및 책임에 대해, 시민이 관심을 갖는 계기가 되었다.

같은 해 5월, 작가 황석영 이름으로《죽음을 넘어 시대의 어둠을 넘어》가 출판되었다. 2·12 총선을 통해 약진한 신민당은 5월 30일, 광주 사태 진상 조사를 위한 국정조사결의안을 국회에 제출했다. 6월 7일에는 윤성민 국방부 장관이 국방위원회에 〈광주 사태 보고서〉를 제출했다. 5년이나 쉬쉬 묻혀 있던 광주민중항쟁이 공론의 장에서 거론되기 시작했다.

미문화원 점거농성사건 이후 전두환 정권은 학생운동 세력에 대해 대대적인 검거에 돌입했다. 7월 18일까지 63명을 체포해서 56명을 구속하고, 10월 말에는 조직 사건을 터뜨렸다. 10월 29일 각종 시위와 노사분규 배후에, 좌경용공 학생의 지하 단체인 '서울대학교 민주화추진위원회(민추위)'가 있다고 밝히고, 민추위 위원장 문용식과 민주화운동청년연합(민청련) 의장 김근태의 구속을 발표했다. 이것이 28명이 구속되고, 17명이 수배된 '깃발-민추위 사건'이다.

'깃발-민추위'를 주도한 사람 중에 유일하게 붙잡히지 않은 인물이 박종운이다. 박종운은 피신하는 동안 후배 집에 잠깐 들렀다. 이 때문에 그 후배가 남영동 대공분실에 끌려갔다. 후배는 1985년 미문화원 점거농성사건 때 농성 학생을 지원하는 가두시위에 참여했다가, 구류를 살기도 했다. 그 후배 이름은 서울대학교 언어학과 84학번 '박종철'이다. 누가 알았을까? 1985년 '미문화원 도서관 점거농성사건'이 '깃발-민추위 사건'과 '박종철 군 고문치사사건'을 거쳐, 1987년 '6월 항쟁'으로 이어질 줄을.

2부 혁명과 민주화 투쟁의 무대

미국이 한국에 '도서관'을 연 이유

부산 미문화원과 서울 미문화원은 광주민중항쟁을 알리기 위한 학생들의 '거사' 장소라는 점과, 도서관이 방화 및 농성 장소가 되었다는 점 외에, 또 다른 공통점이 있다. 두 건물 모두 일제강점기에 지어져, 꽤 오랜 역사를 지닌 건물이라는 점이다.

부산 미문화원은 1929년 '동양척식주식회사 부산지점'으로 건립되어 사용되다가, 해방과 함께 미군 제24사단의 숙소로 쓰였다.

옛 서울 미국문화원 건물

일제강점기에 미쓰이물산 경성지점으로 지은 건물이다. 해방 후 미국대사관, 미국문화원, 서울시청 을지로별관으로 쓰이다가, 밀랍인형 박물관인 그레뱅 뮤지엄으로 활용되었다. 1985년 5월 72시간 동안 '서울 미문화원 점거농성사건'이 벌어진 역사의 현장이다. ⓒ 백창민

1949년부터 미문화원으로 활용되다가, 한국전쟁 시기에는 미국 대사관으로 쓰이기도 했다. 서울 미문화원 건물은 일제강점기 미쓰이三井물산 경성지점으로 사용하던 건물로, 1952년 7월부터 1970년 12월까지 18년 동안 '미국대사관'으로 쓰였다.

그 후 미쓰이빌딩은 미국공보원, 즉 미국문화원 건물로 쓰이다가, 서울시로 넘겨져, 서울특별시청 을지로별관으로 쓰였다. 을지로별관으로 쓰이던 시절, 서울시 대표도서관 건립추진반 사무실이 이곳에 마련되어, 지금의 서울도서관 개관을 준비했다. 2014년부터 2019년까지는 그레뱅 뮤지엄Grevin Museum으로 활용되었다.

'미국문화원 도서관'과 '미8군 도서관'은 미국이 한국에서 운영한 대표적인 도서관이다. 미8군 도서관은 주한미군과 군무원을 위한 시설이며, 미국문화원 도서관은 한국인을 대상으로 한 공간이다. 미국은 왜 한국인을 대상으로 '도서관'을 운영했을까?

1945년 9월 8일 남한에 진주한 미군은 군정 시행 과정에서 '공보기구'를 설치했다. 미군의 점령 정책을 조선에 전파하기 위한 기구였다. 여기서 '공보'란 '선전propaganda'의 개념이다. 1947년 5월 30일 주한미군사령부USAFIK는 '공보원OCI, Office of Civil Information'을 창설했다. 미국공보원은 1947년 9월 부산과 대구, 1948년 1월 인천, 2월 춘천과 청주, 3월 이후 전주, 개성, 전남 광주, 서울, 대전에 '지부'를 차례로 설립했다. 남한 각 도시에 설립된 미 공보원 지부는 '도서관'과 영화, 강연, 각종 학습을 위한 '강당'으로 공간을 구성했다.

미국공보원 지부는 이후 남한 주요 도시에서 미국 문화를 전파하고, 미국을 선전하는 장으로 활동했다. 1948년 정부 수립 후 미군정청의 공보부는 대한민국 정부 '공보처'가 되고, 주한미군사령부 공

2부 혁명과 민주화 투쟁의 무대

보원은 1949년 7월부터 주한미국대사관이 접수해서, '미국공보원 USIS, United States Information Service'이 되었다. 우리에게 부산 미문화원, 서울 미문화원으로 알려진 곳은 미국공보원 부산 지부와 서울 지부인 셈이다.

1960년대 이후 주한미국공보원은 한국 엘리트를 대상으로 선전 활동에 집중했다. 레스터 어샤임Lester Asheim은 《발전도상국의 도서관》에서 "미국공보원 도서관의 목적은 도서관 사업을 추진하기 위함이 아니라, 미국에 유리한 정보를 퍼뜨리기 위함"이라고 지적한 바 있다. '아메리칸 드림'을 보여 주고, '미국의 목소리'를 들려주는 '선전의 장'인 것이다.

미국은 도서관을 비롯한 공보원을 한국뿐 아니라, 전 세계 150개 나라에서 운영했다. 이를 위한 연간 예산이 20억 달러에 달했다. 1950년대 이후 미국공보원 도서관은, 미국의 입김이 미치는 나라에서 미국의 소프트 파워를 지탱하는 주요 채널로 기능했다. 특히 미국공보원 도서관은 해당 국가 엘리트를 대상으로, 미국에 대한 호감도를 높이고, 영향력을 행사하는 공간이었다.

1999년 미국은 공보원 조직을 국무부 산하로 통폐합했다. 한국에 있던 미국공보원도 더 이상 '미국문화원'이라는 이름으로 운영되지 않는다. 주한미국대사관은 2000년부터 서울 용산에 '아메리칸 디플로머시 하우스American Diplomacy House Seoul(옛 아메리칸 센터)'를, 부산·광주·평택·강릉·제주에서 '아메리칸 코너American Corner'를 운영하고 있다. 미국문화원 도서관의 후신인 셈이다.

서울 용산에 위치한 아메리칸 디플로머시 하우스

주한미국대사관은 문화원을 운영하지 않지만, 서울 용산에 아메리칸 디플로머시 하우스(옛 아메리칸 센터)와 전국 여러 도시에서 아메리칸 코너를 운영하고 있다. 주한미국대사관이 '공공 외교의 장'이라고 소개하고 있는 아메리칸 스페이스는 책과 DVD, 3D 프린터를 비치한 자료실과 강연장을 갖추고 있다. 미국문화원 도서관의 후신이라 할 수 있다.
ⓒ 백창민

●

'동맹'은 무엇을 위함인가

1985년 미문화원 도서관을 점거했던 학생들은 광주 5·18 당시 미국의 책임에 대해 물으며, 미국은 우리에게 무엇인가라는 '질문'을 던졌다.

반세기 이상 굳건했던 '한미동맹', 우리의 '동맹'은 무엇을 위함일까? 동맹은 국익을 위한 '수단'이지, 동맹 자체가 '목적'이 될 수 없다. '동맹'이 '국익'을 침해할 때 우리는 동맹 관계를 어떻게 할 것인가? 당연히 동맹 관계를 재고하고, 조정해야 할 것이다.

국제 관계에는 영원한 '적'도, 영원한 '친구'도 없다. 명明을 향한 의리, '동맹'을 고집하다가, 신흥 강국 청淸에 국토를 유린당했던 병자호란의 교훈을 우리는 어떻게 새겨야 할까? 40여 년 전 미문화원 도서관을 점거하고, 학생들이 외쳤던 '질문'은 여전히 유효하다. '미국'은 우리에게 무엇이고, '동맹'은 우리에게 어떤 의미인가?

'대학의 심장'이
초토화된 사건

건국대학교 언어교육원

　건축가 김중업金重業은 1922년 3월 9일 평양에서 태어났다. 평양 경림소학교를 거쳐, 1939년 3월 평양고등보통학교를 졸업했다. 1939년 일본으로 건너간 그는, 1941년 일본 요코하마橫濱고등공업학교(지금의 요코하마국립대학) 건축과를 수석으로 졸업했다. 졸업 후 1942년부터 3년 동안, 일본에서 가장 큰 마쓰다松田-히라다平田건축사무소에서 일했고, 1942년 김병례와 결혼했다.

　해방 직전인 1944년 김중업은 귀국했다. 잘 알려지지 않았지만, 김중업은 해방 직후 '공산청년동맹'과 '북조선건축연맹' 창설에 관여했다. 북한 지역에서 활동하던 그는 김일성 체제에 반감을 느낀 후 월남, 1948년부터 1952년까지 서울대학교 공과대학 건축학과에서 조교수로 일했다.

한국전쟁 때 부산에 머문 김중업은, 1952년 9월 유네스코 주최로 열린 베니스 세계예술가대회International Conference of Artists에 한국 대표로 참여했다. 베니스에서 그는 세계 건축의 거장 르 코르뷔지에Le Corbusier를 만났다. 베니스 대회가 끝난 후 김중업은 파리에 있는 르 코르뷔지에 아뜰리에로 막무가내 찾아갔고, 테스트를 거쳐 1952년부터 1955년까지 그의 건축사무소에서 일했다. 르 코르뷔지에 건축사무소 시절을 거치면서, 김중업은 한국 현대 건축을 대표하는 건축가로 성장했다.

건국대학교 언어교육원
28년 동안 건국대학교 중앙도서관으로 쓰이다가 법과대학 건물을 거쳐, 지금은 언어교육원으로 활용하고 있다. 평면이 Y자 형태인 건국대학교 언어교육원은 유네스코 본부를 연상시킨다. © 백창민

정부 비판 그리고 강제 출국

1956년 2월 귀국한 그는, 3월 5일부터 종로구 관훈동에 '김중업 건축연구소'를 열면서, 왕성한 활동을 시작했다. 홍익대학교 건축학과 교수가 된 시기도 이해다. 1959년 등장한 김수근과 함께, 김중업은 한국을 대표하는 건축가로 활동했다.

김중업은 명보극장(1956), 부산대학교 본관 및 정문(1958), 서강대학교 본관(1958), 유유산업 공장(1959) 같은 초기 작품을 필두로, 1962년에는 주한프랑스대사관을 선보였다. 그의 대표작으로 꼽히는 주한프랑스대사관은 김수근의 공간 사옥과 함께, 한국 현대 건축에 가장 큰 영향을 끼친 작품으로 평가받는다.

한양대학교 에리카 건축학부 정인하 교수는 김중업의 주한프랑스대사관을 '한국 건축사의 고전'으로 꼽았다. 그 이유로 '동시대 서구 건축을 수용하면서 한국적 정서를 가장 뛰어나게 표출하고, 한국 전통 건축의 지붕을 현대적 이미지로 승화시키면서, 독특한 시적 울림을 주는 건축물'이라는 점을 들었다.

이후 김중업은 UN묘지 채플(1963), 제주대학교 본관(1964), 서산부인과 병원(1965), 부산 UN묘지 정문(1966), 국제화재해상보험회사 사옥(1968), 삼일로빌딩(1969, 지금의 삼일빌딩)으로 왕성한 활동을 이어 갔다. 1970년 완공된 31층짜리 삼일로빌딩은 롯데호텔이 완공된 1979년 이전까지, 한국에서 가장 높은 건물이었다.

건축가로 활발하게 활동하면서 그는 와우아파트 붕괴, 청계천 주민 성남 강제 이주(광주대단지 사건) 같은 박정희 정권의 무분별한 개발 정책을 비판했다. 이전에도 그는 5·16 쿠데타 과정에서 육사 생도의 관제 데모와 정부가 추진한 애국선열상 건립 계획, 대통령 측근의 동빙고동 호화 주택에 대해 비판의 목소리를 높인 바 있다.

5·16 쿠데타 직후 육사 생도가 군사 혁명 지지 시위를 하자, 김중업은 "지금이 어느 땐데 관제 데모냐"라고 비판했다. 와우아파트는 붕괴 사고 전부터, 언론을 통해 문제점을 지적했다. 박정희 측근이 동빙고동에 에스컬레이터를 설치한 호화 주택을 짓자, '로마 말기 현상'에 비유하며 비판하는 글을 언론에 썼다. 김중업이 얼마나 소신 있는 건축가이자 지식인인지 알 수 있는 일화다. 서슬 퍼런 군사 정권하에서 그는 현실 문제를 외면하지 않는 '사회 참여형 건축가'였다. 김수근을 포함한 동시대 다른 건축가와 김중업의 도드라진 차이점이 바로 이 대목이다.

이 과정에서 김중업은 중앙정보부와 수사 기관에 끌려가 고초를 겪기도 했다. 삼일로빌딩 설계비를 받지 못한 상황에서 보복성 세무 조사를 받자, 그는 성북동 자택까지 처분해야 했다. 계속된 정부 비판으로 김중업은 '반체제 인사'로 분류되었고, 1971년 11월 가족을 두고 해외로 추방당했다. 7년에 걸친 해외 추방 기간 동안, 김중업은 국내에서 건축가로서 쌓은 기반을 잃었다.

한국을 떠나 있는 동안 김중업은 프랑스와 미국에서 활동을 이어간다. 1978년 11월 귀국해서, 1988년 5월 11일 66세로 세상을 떠날 때까지, 한국교육개발원 신관(1979), 육군박물관(1982), 진주문화회관(1982), 중소기업은행 본점(1983), 목포문화방송국(1984), 올림픽공원 조형물(1985), 광주문화방송국(1986) 같은 작품을 남겼다.

김중업의 초기 작품, 건국대학교 언어교육원

김중업 초기 작품 중에 건국대학교 언어교육원이 있다. 이 건물은 원래 도서관으로 지어, 30년 가까이 건국대 중앙도서관으로 쓰였다. 건국대 언어교육원은 부산대학교 효원박물관과 함께, 김중업이 남긴 흔치 않은 도서관 건축물이다. 김중업은 제주대학교 본관 2층을 도서관 공간으로, 제주대학교 서귀포 캠퍼스 이농학부 도서관을 설계한 바 있지만, 안타깝게 지금은 모두 철거되었다. 김중업이 유일하게 설계한 공공도서관, 경주시립도서관(1959) 역시 건립되었다가 사라졌다. 김중업 작품 목록에 이화여대 도서관(1956), 대구대학 도서관(1961)이 있지만, 두 도서관은 실제 지어지지 않고 계획안에 그쳤다.

《시적 울림의 세계: 김중업 건축론》을 펴낸 정인하 교수는, 김중업의 작품 세계를 그의 대표작 주한프랑스대사관을 전후로 구분한다. 김중업이 프랑스에서 귀국한 직후인 1956년부터 1961년까지는, 르 코르뷔지에 건축을 모방하고, 변용하는 시기로 파악했다. 건축가 김중업은 건국대학교 언어교육원을 '모방과 변용'의 시기인 1956년 설계했다.

지상 4층 규모, 철근콘크리트로 지은 이 건물은 1957년 공사를 시작해서 1958년에 준공했고, 1976년 열람실을 증축했다. Y자 모양 평면을 지닌 건국대학교 언어교육원은 외관도 독특하지만, 내부는 더욱 특이한 구조다. 내부에 가파르지 않은 경사로가 있어서, 장애가 있는 사람도 쉽게 건물을 이용할 수 있다. 건물 중앙엔 원형 계단이 자리해서, 층간을 빠르게 이동할 수 있다.

건물 평면뿐 아니라 건물 외부와 내부에 Y자 기둥을 사용해서, 통일성을 추구하되, 단조롭지 않도록 처리했다. Y자 형태 건물 외관은 파리 유네스코 본부에서 영감을 받은 것으로 알려져 있다. 건국대 언어교육원이 자리한 부지는 서울캠퍼스 중심부에 해당하는 언덕이다. 이 언덕은 세 갈래 방향으로 능선이 흘러내린다. 김중업은 지형에 따라 Y자 형태 도서관을 짓고, 캠퍼스의 랜드마크로 삼으려 했다.

Y자 형태 건물 중심부엔 원형 지붕을 얹었다. 김중업은 원래 이 원형 지붕 아래에 천장으로부터 빛이 들어오는 서고를 설치해서, 서고를 중심으로 세 방향으로 열람실을 배치하려 했다. 하지만 건국대 언어교육원은 김중업의 설계 도면과 상당히 다르게 시공되었다. 건축주인 학교와의 이견, 당시 시공 수준이 설계를 구현하지 못하면서, 바뀐 부분이 있는 걸로 보인다. 김중업이 설계한 이 건물은, 1961년부터 1989년 상허기념도서관 개관 때까지, 28년 동안 건국대학교 중앙도서관으로 쓰였다.

김중업이라는 거장의 작품으로 기억될 건국대 언어교육원은, 뜻하지 않게 한국 현대사의 한 페이지를 장식한다. 바로 '건대사태', '애국학생투쟁연합(애학투련) 사건'으로 알려진 '건국대 점거농성사건' 때문이다. 1983년 12월 21일 전두환 정권은 '학원 자율화' 조치를 발표했다. 이 조치를 통해 100명 가까운 해직 교수와 1300여 명의 제적 학생이 학교로 돌아오고, 캠퍼스에 상주하던 경찰 병력이 철수했다. 학원 자율화 조치 발표 후 1984년 총학생회가 부활하고, 1985년 전국학생총연합(전학련)이 탄생하면서, 학생운동은 활기를 찾았다.

사흘 밤 나흘 낮 이어진 농성

1986년 10월 28일 전국 27개 대학 2000여 명의 학생이 건국대학교에 모여 집회를 열고, '전국반외세반독재애국학생투쟁연합(애학투련)'을 출범시켰다. 애학투련은 노선과 조직이 흩어져 있는 학생운동 세력을, 하나로 결집하기 위해 만들어졌다.

전두환 정권은 1987년 대통령 선거를 앞두고, 직선제를 지지하는 민심이 크게 일자, 반대 세력을 뿌리 뽑고, 정권을 연장하려 했다. 박철언이 회고한 것처럼, 전두환은 국회 해산과 비상계엄령을 포함한 '친위 쿠데타'를 구상했다. 1986년 인천 5·3 민주항쟁 때부터 '공안 정국'으로 전환한 전두환 정권은, 건국대 집회를 통해 학생운동 세력을 일망타진하고자 했다. 당시 당국은 대학생 집회를 사전에 봉쇄하곤 했다. 하지만 애학투련 출범 집회 당일 건국대에는 전투경찰을 대규모로 배치했을 뿐, 검문조차 하지 않았다.

10월 28일 오후 애학투련 결성식이 끝나자마자, 경찰은 대규모 병력을 동원해서 강제 진압을 시작했다. 진압을 피해 학생들은 건국대학교 중앙도서관(지금의 언어교육원), 대학본관(지금의 행정관), 사회과학관(지금의 경영관), 학생회관, 교양학관(지금의 법학관) 5개 건물로 흩어졌다. 건국대는 경찰에 철수 요청을 했고, 시위 학생들도 자진 해산하겠다고 했지만, 경찰은 거부했다. 경찰의 '계획된' 진압으로, '계획에 없던' 3박 4일간의 점거 농성이 시작되었다. 농성 학생의 30%인 465명은 여학생이었다.

2부 혁명과 민주화 투쟁의 무대

건국대학교 행정관

건국대 점거농성사건 당시 사회과학관(현 경영관)에 이어 두 번째로 많은 학생이 농성한 건물이 대학본관(현 행정관)이다. 애학투련 결성식이 대학본관 앞에서 열렸기 때문에, 많은 시위 학생이 대학본관으로 피신했다. 농성에 돌입한 학생들은 도서관 옥상과 본관 옥상을 줄로 연결, 음식을 나누기도 했다. 농성과 진압 과정에서 가장 큰 피해를 입은 건물이다. ⓒ 백창민

여러 건물에 시위대를 강제로 몰아넣은 경찰은, 전기와 물을 끊고, 언론을 통해 '공산혁명 분자에 의한 건국대 점거난동사건'이라며, 시위 학생을 용공 세력으로 몰아갔다. 첫눈까지 내린, 때 이른 추위 속에, '사흘 밤 나흘 낮'에 걸쳐, 점거 농성은 이어졌다. 나흘째인 10월 31일 아침, 경찰은 강제 진압을 시작했다.

치안본부(지금의 경찰청)는 학생 시위 진압 과정에 처음으로 헬기를 동원하고, 소방차 30대, 연인원 1만 8900명의 전투경찰을 투입했다. 경찰의 과잉 진압으로, 학생 53명이 부상을 당하거나 화상을

입었고, 모든 시위 학생이 연행되었다. 학생 농성과 경찰 진압 과정에서 건국대는 23억 5000만 원의 손실을 입었다.

경찰은 연행 학생 1525명 중 무려 1288명을 용공 분자로 몰아 구속했다. 한국 학생운동 사상 최대 공안 사건인 동시에, 해방 이후 단일 사건으로, 가장 많은 구속자를 낸 사건이다. 최다 인원 농성, 최악의 진압 방식, 최대 구속자를 낸 건국대 점거농성사건은 세계 학생운동사에서도 드문 사건이다. 사건 직후 정부와 언론은 '공산 분자들이 뿌리 뽑혀, 더 이상 캠퍼스에서의 소요는 없을 것'이라며 학생운동의 종말과 학원의 안정을 단언했다.

●

대학의 심장이 초토화된 사건

3박 4일간 농성이 있었던 건국대학교 중앙도서관(지금의 언어교육원) 현장으로 돌아가 보자. 중앙도서관으로 피신한 150여 명의 학생은 경찰 진입을 막기 위해, 도서관에 있던 책상과 의자, 목록함을 바리케이드로 사용했다. 이 과정에서 도서관의 소중한 자산인 목록 훼손을 피하고자, 목록함 서랍을 빼서, 안전한 장소에 따로 보관했다. 당시 도서관에는 40만 권의 장서가 있었지만, 경찰과 대치 과정에서 농성 학생은 도서관 장서를 훼손하거나 불태우지 않았다. 건국대 도서관 장서가 '분서焚書'를 피할 수 있었던 이유다.

시위와 상관없이 도서관에서 공부하던 건국대 학생 중 상당수가, 도서관과 다른 학교 학생을 지키기 위해 함께 남았다. 도서관 농성 학생들은 돈을 모아, 자판기에서 컵라면과 초코파이를 뽑아 먹었다. 먹을 게 떨어지자, 옥상 물탱크에 있던 물로 굶주림과 목마름을 달래며 버텼다. 도서관 옥상에서 돌에 줄을 매달아, 대학본관으로 던져 건물 사이를 연결했고, 도서관에 있던 먹을거리를 본관 시위대와 나누기도 했다.

건국대학교 중앙도서관은 10월 31일 아침 9시, 경찰이 가장 먼저 진압을 시작한 곳이다. 당시 도서관에는 사회과학관과 대학본관 다음으로 농성 학생이 많았다. 경찰이 동원한 헬기 2대가 사과탄과 소이탄을 터뜨리고, 고가 사다리차로 최루액을 뿌리면서, 전투경찰의

건국대 언어교육원(옛 도서관) 중앙 나선형 계단
건축가 김중업은 도서관 건물 중앙에 나선형 계단을 설치하고, 나선형 계단 주변으로 원형 서고를 설치하고자 했다. 나선형 계단 공간은 바닥부터 지붕까지 터진 공간으로, 계단 위에는 원형 지붕을 얹었다. ⓒ 백창민

진압이 이뤄졌다. 도서관에 있던 시위 학생은 전원 연행되었다. 경찰 진압 과정에서 도서관 유리창이 200장 넘게 깨지고, 서가가 쓰러지면서, 일부 장서가 훼손되었다. 도서관의 핵심인 장서가 불타진 않았으나, 건물 곳곳이 파손되는 걸 피할 순 없었다.

66시간 50분 동안 이어진 점거 농성과, 헬기까지 동원된 진압으로, 건국대 중앙도서관은 말 그대로 '초토화'되었다. 군사 정부 시절 경찰이 도서관에 상주하거나, 도서관에서 학생을 강제 연행한 일은 드물지 않았지만, 헬기까지 동원한 진압은 유사 이래 처음이었다. 다사다난했던 한국 현대사에서, 지성의 전당이자 '대학의 심장'인 대학도서관이, 경찰 진압으로 초토화된 사건은, 건국대 점거농성사건과 1989년 5월 3일 일어난 부산 동의대 사건뿐이다.

●

뜨거운 역사의 현장으로 기억될 도서관

전두환 정권 의도대로 학생운동 세력은 '일망타진'되었지만, 건국대 점거농성사건은 의도치 않게 학생운동이 '대중화'하는 계기로 작용했다. 지하 서클 위주로 활동하던 운동권 학생이 대거 구속되자, 학생운동은 학생회 중심의 대중 노선으로 전환했다. 일망타진으로 인한 정권의 자신감이 지나쳤던 걸까? 건국대 점거농성사건으로부터 75일 후에, 박종철 군 고문치사사건이 터지면서 역사는 새로운 국면으로 접어들었다. 건국대 점거농성사건이 끝나고 불과 7개월 후, 우리는 1987년 '6월 항쟁'을 맞는다.

건국대학교 언어교육원은 한국 현대 건축의 거장 김중업이 설계

10·28 건대항쟁 기림상

대규모 구속자를 낸 건국대학교 점거농성사건(10·28 건대항쟁)은 한국뿐 아니라 세계 학생 운동사에서도 드문 사건이다. 이 사건을 기억하고 기념하기 위해 1991년 10월 28일 만든 기림상이다. 당시 가장 많은 학생이 농성했던 사회과학관(지금의 경영관) 앞에 세웠다. 민중미술 1세대 작가 김봉준이 조각했고, 기림상 앞에는 서울시 인권현장 바닥동판이 새겨져 있다. ⓒ 백창민

한, 보기 드문 도서관이다. 인권은 물론, 생명까지 앗아 가는 군사 정부 시절, 도서관 건물 역시 큰 시련을 겪었지만, 70년 가까이 생명력을 이어 오고 있다. 사회적 발언을 이어 간, 현실 참여형 건축가의 작품이기 때문일까? 그가 설계한 '도서관'은 한국 현대사의 뜨거운 현장으로 기억될 것이다.

도서관이 '민주주의 보루'였던 시절은 언제일까?

한국 현대사에서 1987년은 큰 의미를 지닌다. 기나긴 군사 독재에 맞서, 대통령 직선제를 포함한 새로운 헌법을 쟁취하면서, '87년 체제'를 출범시킨 해이기 때문이다. 1987년에 무슨 일이 있었기에, 우리는 '6월 항쟁'이라는 역사의 드라마를 쓸 수 있었을까? 만화가 최규석의 작품 제목처럼, 그해 우리는 어떻게 '100도씨'까지 끓어올랐을까?

1987년 1월 남영동 대공분실로 연행된, 서울대생 박종철 군이 고문으로 숨지는 사건이 발생했다. 1월 14일 아침 8시 치안본부 대공수사 2단은, 서울대 언어학과 3학년 박종철 군을 임의 동행해서 조사했다. 중요 수배자였던 박종운의 소재를 파악하기 위함이었다.

박종철 군이 끌려간 '남영동 대공분실'은 '남산 안기부', '서빙고호
텔(보안사령부 대공분실)'과 함께 악명을 떨친 곳이다.

 남영동 대공분실 509호에서 조사를 받던 박종철 군은, 욕조에서
물고문을 받다가 사망했다. 박종철 군이 숨을 거둔 다음 날인 1월
15일, 그의 사망 소식이 《중앙일보》 사회면에 2단 기사로 실렸다.
이 사건이 불과 5개월 후 '6월 항쟁'을 촉발시킬 거라 짐작한 사람
은 아무도 없었을 것이다.

 1월 16일 《동아일보》는 '박종철 군의 사인으로 물고문이 의심된

남영동 대공분실

'국제해양연구소'라는 위장 간판을 내걸었던 남영동 대공분실은 건축가 김수근의 건축
물로 알려져 충격을 주기도 했다. 1976년 10월 5층으로 완공된 남영동 대공분실은 1983년
12월 7층으로 증축했다. 2005년 7월 '경찰청 인권보호센터'로 이름을 바꿨다. 인권 유린의
현장이었던 이곳은 '민주화운동기념관'으로 단장해서 개관을 준비 중이다. ⓒ 백창민

다'라는 의사 오연상의 말을 보도했다. 같은 날 박종철 군 유해는 벽
제 화장터에서 강제 화장되어, 임진강에 흩뿌려졌다.

●

하늘이여 땅이여, 사람들이여

박종철 군 사건을 덮기 위해, 치안본부장 강민창은 조사관이 책
상을 '탁 치니 억 하고 죽었다'라고 발표했다. 말도 안 되는 해명
을 시민들이 납득할 리 없었다. 《동아일보》 김중배 논설위원은 1월
17일 자 〈하늘이여 땅이여, 사람들이여〉라는 칼럼에 "하늘이여 땅
이여, 사람들이여, 저 죽음을 응시해 주기 바란다. 저 죽음을 끝내
지켜 주기 바란다. 저 죽음을 다시 죽이지 말아 주기 바란다"라고
썼다.

박종철 군 고문치사 사건에 대한 분노와 군부 독재에 대한 저항
이 쌓이면서, 전두환 정권에 대한 인내가 바닥을 드러냈다. 침묵하
던 시민의 '소리 없는 분노'가 역사의 수레바퀴를 굴리기 시작했다.
2월 7일 고 박종철 범국민추도회에 이어, 3월 3일 고문 추방 국민평
화대행진이 연이어 열렸다. 박종철 군 사건을 조작과 은폐로 덮으
려 했던 전두환 정권은, 4월 13일 '호헌 조치'를 발표했다. 임기 중
개헌을 받아들이지 않고, 현행 헌법에 따라 자신의 후임자에게 정
권을 넘기겠다는 내용이었다. 사실상 '군부 통치'를 이어 가겠다는
선포였다.

4·13 호헌 조치가 발표되자, 정국이 숨 가쁘게 돌아가기 시작했
다. 대통령 직선제 개헌과 군부 독재를 끝내기 위한 '호헌 철폐 투

쟁'이 일어났다. 야당도 전두환 정권과 타협하려는 세력을 배제하고, 김영삼과 김대중을 중심으로 통일민주당을 창당했다. 민주 대 독재의 구도가 확연해졌다.

5월 18일 명동성당 '광주민중항쟁 제7주기' 미사에서 천주교 정의구현사제단 김승훈 신부는, 박종철 군 고문치사 사건이 은폐·조작되었음을 폭로했다. 구속 경찰 2명 외에, 박종철 군을 죽인 경찰이 3명 더 있고, 경찰 수뇌부가 사건을 은폐하려 한다는 내용이었다.

치안본부가 박종철 군 고문치사 사건을 은폐하고 축소했음이 폭로되면서, 시위는 확대되기 시작했다. 5월 27일 향린교회에서 '호헌 철폐 및 민주 헌법 쟁취 국민운동본부(국본)'가 발족했다. '국본'은 6월 내내 항쟁의 구심점 역할을 담당했다. 국본은 민정당 노태우 대통령 후보 지명일이자 6·10 만세 운동 날에 맞춰, 박종철 군 고문 살인 규탄을 위한 국민대회를 갖기로 했다. 국민대회는 서울을 비롯한 전국 22개 지역에서 동시다발적으로 열기로 했다.

●

현대사의 결정적 순간을 지킨 사서

대학가에서도 6·10 국민대회를 앞두고, 시위가 이어졌다. 6월 9일 오후 2시 연세대학교 중앙도서관 앞 민주광장에서 '6·10 대회 출정을 위한 연세인 총궐기대회'가 열렸다. 도서관 광장에서 집회를 마친 학생들은 대열을 이뤄, 교문 앞으로 진출하기 시작했다. 시위대와 전투경찰의 공방이 치열해지면서, 화염병과 돌멩이, 최루탄이 난무했다. 이 과정에서 연세대학교 2학년 이한열이 SY44 최루탄에 맞고, 쓰러졌다. 근처에 있던 이종창이 부축했지만, 축 늘어진 이한열은 몸을 가누지 못했다.

로이터통신 한국 특파원 정태원이 이 장면을 카메라에 담았다. 그가 찍은 사진이 《중앙일보》에 실리면서, 시민들은 큰 충격과 분노에 사로잡혔다. 이 사진은 6월 항쟁을 상징하는 결정적 장면으로, 사람들의 기억에 새겨졌다. 민중화가 최병수가 이 장면을 판화로 만들었고, "한열이를 살려 내라"는 대형 걸개그림도 제작되었다.

이한열을 부축했던 도서관학과 2학년 이종창은 6월 15일 시위 도중 돌에 맞았다. 이 때문에 그는 두개골 골절과 뇌좌상을 입고, 두 차례 큰 수술을 받았다. 이종창은 병상에 누워 있다가 회복한 후, 연세대 도서관 사서로, 구산동도서관마을과 파주 가람도서관 관장으로 일했다. 이한열 군 사건이 6월 항쟁에 미친 영향을 생각하면, 이종창은 한국 현대사의 결정적 순간을 지킨 '사서'가 아닐까?

이한열의 중태 소식이 알려지자, 시위는 더욱 거세졌다. 6월 10일 전두환 정권은 차기 대통령 후보로 노태우를 지명했다. 이날 저녁 대한성공회 서울주교좌성당 종탑에서 종소리가 울리고, 민주 쟁취 국민운동본부의 선언이 스피커를 통해 울려 퍼졌다. 6·10 항쟁의 시작이었다.

6·10 항쟁의 시작을 알리는 종소리는 어디서 울렸을까? 서울주교좌성당을 정면에서 바라볼 때 왼편에 있는 종탑이다. 1987년 6월 10일 저녁 6시, 이곳 종탑에서 42번의 종소리가 울렸다. 분단 독재 42년을 끝장내자는 의미였다.

대한성공회 서울주교좌성당

1926년 1차 완공 당시 서울주교좌성당은 공사비 부족으로 십자가 모양으로 완공하지 못했다. 1990년대 들어 예산을 마련하면서 증축 공사에 들어갔다. 1996년 서울주교좌성당은 건축가 김원에 의해, 아서 딕슨의 설계도대로 완성되었다. ⓒ 백창민

•

아서 딕슨의 설계도가 '기적적으로' 전해진 사연

6·10 항쟁의 신호탄을 울린 서울주교좌성당은, 당시 지금과 같은 십자가 모양이 아니었다. 제3대 마크 트롤로프Mark N. Trollope 주교는 1917년 영국왕립건축협회Royal Institute of British Architects 회원이었던 아

서 딕슨Arthur Stansfeld Dixon에게 교회 설계를 의뢰했다.

아서 딕슨의 설계도를 바탕으로, 1922년 9월 24일 영국대사관 옆 정동 3번지에서 공사가 시작되었다. 공사비 부족으로, 서울주교좌성당은 처음 계획한 300평 중 173평만 짓고, 1926년 5월 2일 미완성인 채로 공사를 마무리했다. 십자가 평면으로 설계된 성당은 날개 부분을 완성하지 못한 채, 일一자 모양으로 공사가 끝났다.

1990년대 대한성공회 100주년을 맞아, 서울주교좌성당의 증축이 결정되었다. 작업을 맡은 이는 건축가 김원이다. 김원은 남아 있는 서울주교좌성당에 강철과 유리로 지은 공간을 추가하여, 전통과 현대가 어우러지는 아름다운 성당을 구상했다. 김원이 구상을 피력하자, 당시 책임자였던 신부는 현대적 공간을 추가하는 안보다, 최초의 설계대로 완성해 달라고 요청했다. 성당의 요청에 건축가 김원은 자신의 안과 성당의 안까지, 두 가지 설계안을 준비할 테니, 성당에서 최종 결정을 하도록 했다.

김원은 자신의 구상을 다듬는 동시에, 아서 딕슨의 설계 도면을 찾기 시작했다. 아서 딕슨의 설계 도면을 찾지 못하면, 최초 설계안대로 증축하기도 어려운 상황이었다. 영국에 있는 지인을 통해 김원은, 1929년 사망한 아서 딕슨의 유품을, 버밍엄도서관이 소장하고 있다는 사실을 확인했다.

영국으로 날아간 김원은 버밍엄도서관을 찾았다. 버밍엄도서관에 가 보니, 꽁지머리 히피 스타일 사서가 자리를 지키고 있었다. 김원은 꽁지머리 사서에게 사정을 설명하고, 60여 년 전 아서 딕슨이 남긴 설계 도면을 구할 수 있는지 문의했다. 김원이 보기에 꽁지머리 사서는 미덥지 않았지만, 믿고 기다릴 수밖에 없었다. 도서관 사서는 여러 시간 동안 먼지를 뒤집어쓰며 서고를 뒤졌고, 마침내 아서 딕슨의 설계도를 찾아냈다. 아서 딕슨의 설계도를 확인한 김원은 복사가 가능한지, 사서에게 물었다. 그랬더니 꽁지머리 사서가 이렇게 답했다. "Why Not?(왜 안 되겠어?)"

정말 고맙다고 감사를 전하는 김원에게, 버밍엄도서관 사서는 이렇게 말했다. "동양의 먼 나라에서 우리 도서관을 찾아 준 것이 더 고맙다. 당신 같은 사람을 위해서 도서관은 존재한다."

거대한 설계 도면을 복사해 주면서 버밍엄도서관 사서는 자신이 '도서관에서 일하면서 가장 보람 있는 순간'이라는 말을 함께 전했다고 한다. 지구 반대편에서 도서관을 방문한 동양인 이용자에게, 간절히 찾던 자료를 찾아 건넸기 때문이다.

●

'서울주교좌성당'이라는 아름다운 건축물이 완성되기까지

아서 딕슨의 설계 도면을 '기적적으로' 입수한 김원은, 자신이 계획했던 현대적 공간을 추가하는 구상을 접었다. "설계도를 쫙 펼쳐 보니, 도면을 자른 표시가 있더라고요. 그때 심정이 어땠을까, 그 표시가 마치 후배 건축가에게 보내는 편지 같다는 느낌이 들었어요. 마치 '완성해 달라'는 것 같았지요."

김원은 수십 년 전 푸른 눈의 이방인 건축가가 그린 설계 도면대로 성당을 완성하는 일이, '사명'처럼 느껴졌던 모양이다. 1994년 5월 27일 증축 공사를 시작한 서울주교좌성당은 1996년 5월 2일 완공되었다. 공사 중단 70년 만에, 아서 딕슨의 설계도대로 성당을 완성한 것이다. 산고를 거쳤지만, 서울주교좌성당은 새롭게 공사한 부분이 어디인지 구분할 수 없을 정도로 말끔하게 증축되었다. 난 공사를 담당한 현장소장은 완공 후, 성공회 신자가 되었다.

서울주교좌성당이라는 아름다운 건축물의 완성은, 아서 딕슨과 언제 쓰일지 알 수 없는 건축가의 도면을 64년 동안 보관했던 버밍엄도서관, 설계 도면을 기를 쓰고 찾아낸 사서, 영국까지 날아가 설계 도면을 입수한 건축가 김원의 노력이 있었기에 가능했다. '도서관'이 어떤 기능을 하고, '사서'가 무슨 역할을 하는지 알 수 있는 이야기다.

6월 항쟁을 통해 한국 사회는 대통령 직선제를 포함한 민주 제도를 쟁취하는 데 성공했다. 하지만 연말에 이어진 대통령 선거에서 노태우 후보가 당선됨으로써, 민주 정부를 수립하는 데는 실패했다. '6월 항쟁'이 '6월 혁명'에 이르지 못한 이유는, 정치권력의 교체까지 나아가지 못했기 때문이다. 절반의 성공, 절반의 실패였다. 이후 한국 사회는 절차적 민주주의 쟁취 이후에도, 여전히 민주주의가 화두가 되는 '민주화 이후의 민주주의' 시대로 접어들었다.

1987년 6월 항쟁의 열기는, 그해 7월부터 9월까지 '노동자 대투쟁'으로 이어졌다. 6월 항쟁 이후 문화 분야에도 검열과 판금(판매 금지)이 해제되는 조치가 이뤄졌다. 8~9월에는 〈아침이슬〉을 비롯한 금지 가요 686곡이 해금되었다. 9월 1일 영화 시나리오 검열이 폐지되고, 10월 19일에는 판금 도서 431종이 해금되었다. 대학도서관 서가 구조가 '폐가제'에서 개방적인 '개가제'로 본격적으로 전환된 계기도, 6월 항쟁 이후 '도서관 개혁 운동'이 일어나면서부터다. 민주화는 도서관 수의 증가뿐 아니라, 도서관 건축과 입지, 장서와 공간, 서비스에도 큰 영향을 끼쳤다.

•

서울대 민주 열사 추모비가 '중도' 주변에 있는 이유

시위와 집회가 자주 이어지던 시절, 대학도서관은 '도서관'으로 기능하기 어려웠을 것이다. 서울대학교 중앙도서관과 행정관 사이에 있는 '아크로폴리스'는 집회 공간으로 애용된 곳이다. 이곳은 왜 '아크로폴리스'라 불릴까? 1975년 3월 24일 비상 학생총회를 시작으로, 이곳은 서울대학교 주요 집회 공간으로 자리 잡았다. 당시 집회 현장을 취재한 서울대 학보사 기자 신봉길은 〈관악의 아크로폴리스〉라는 기사를 썼다. 이를 계기로 중앙도서관 앞 광장은 '아크로폴리스'라고 불리기 시작했다.

경찰이 캠퍼스에 상주하는 상황에서, 도서관은 경찰의 접근이 가장 어려운 공간이어서, 시위 장소로 자주 '활용'되었다. 일상적으로 학생이 많이 모이는 공간이라는 점도 작용했을 것이다. 서울대가 관악으로 이전하기 전인 문리대 시절에도 도서관은 시위에 '활용'되곤 했다.

1980년대 김세진, 이재호, 박종철 열사의 장례식도 모두 중앙도서관 앞 아크로폴리스에서 열렸다. 그래서일까? 6월 민주 항쟁의 발화점이 된 박종철 군 추모비와 흉상도 1997년 6월 서울대학교 중앙도서관 근저에 세워졌다. 중앙도서관 입구에 서 있는 황정하 열사의 추모비는 서울대 안에 세워진 첫 민주열사 추모비다. 서울대 출신 열사 추모비가 중도 주변에 줄지어 서 있는 이유는, 중앙도서관과 아크로폴리스가 학생운동의 중심 무대였기 때문이다. 서울대학교는 '민주화의 길'을 조성해서, 서울대 출신 민주 열사의 발자취를 둘러볼 수 있도록 하고 있다.

캠퍼스에 상주하는 기관원과 사복경찰을 피해 시위를 하려다 보니, 때로는 기상천외한 방법이 동원되기도 했다. 1978년 11월 13일 서울대 국사학과 3학년 김용흠은, 중앙도서관 5층 열람실 난방기에 나일론 끈을 고정했다. 몸에도 끈을 묶은 그는 도서관 창문 난간에 매달려, 메가폰으로 구호를 외치며, 유인물을 뿌렸다. 사복형사가 잡으려 하자, '뛰어내리겠다'라고 협박하며 시위를 이어 갔다. 시위가 지지부진해지면서 붙잡히긴 했으나, 끈에 의지해 도서관 난간에 매달린 김용흠은 '관악산 타잔'이라 불렸다. '관악산 타잔'을 필두로, 수많은 '도서관 타잔'이 출현했다. 시위를 주도한 학생은 도서

박종철 열사의 흉상과 추모비

서울대 중앙도서관 근처에 '박종철 열사 흉상'과 '민주열사 박종철의 비'가 함께 서 있다. 흉상에는 박종철 열사의 약력이, 추모비에는 추모의 글이 새겨져 있다. 박종철 군이 세상을 떠난 지 10년 되는 해인 1997년 6월 민주열사박종철기념사업회가 세웠다. ⓒ 백창민

2부 혁명과 민주화 투쟁의 무대

관 건물에 매달린 채, 구호를 외치거나 유인물을 배포했다. 이 과정에서 목숨을 잃거나 떨어져, 부상을 입는 경우가 비일비재했다.

이한열 군의 모교 연세대학교 중앙도서관 앞 광장은 '민주광장'이라고 불렸다. 군사 정부 시절, 수많은 학생의 시위와 집회가 이곳 민주광장에서 열렸다. 도서관 앞 광장에서 시위가 이어질 때 광장에 모인 학생뿐 아니라, 도서관에 있던 학생인들 책에 집중할 수 있었을까? 수많은 학생은 '강의실'이 아닌 '거리'에서 진실과 진리를 위한 행보를 이어 갔다. 박종철과 이한열, 그리고 거리를 메운 수많은 학생과 시민의 투쟁을 통해, 우리 민주주의는 조금씩 전진했다. 그런 맥락에서 연세대와 서울대 도서관 앞 광장은 '민주'와 '아크로폴리스'라는 이름에 부끄럽지 않은 공간이다.

●

도서관이 '민주주의의 최전선'이었던 시절

'68년' 이후 많은 나라에서 학생운동이 퇴조한 상황과 달리, 한국 학생운동은 어떻게 1990년대 중반까지 '장기 지속'할 수 있었을까? '시민'은 있었으나 '시민 사회'는 형성되지 않은 그 시절, 학생운동은 시민 사회 역할을 대신하며, 민주화 투쟁의 중심에 섰다.

서울대와 연세대뿐 아니라 수많은 대학도서관이 '투쟁의 현장'으로, '민주화의 무대'로 기능했다. 한국 현대사에서 도서관이 '민주주의 보루'였던 시절을 꼽으라면, 단연 이 시대가 꼽힐 것이다. 흥미로운 대목은 당시 도서관에서 일하는 사서가 '보루'를 지키는 '전사'는 아니었다는 점이다. 도서관인이나 사서는 민주화 투쟁을 위한 자료를 제공하거나 시위를 주도하지 않았다. 대학도서관은 학생이라는 '이용자'에 의해 '민주주의의 최전선'이 되었다.

그 시절 대학도서관이 언더서클이나 사회과학 출판사, 인문사회과학 서점처럼, 사회 변혁의 지식과 사상을 제공한 공간은 아니다. 1980년대부터는 전자 복사기 보급 같은 인쇄 제본 기술의 발달로, 학생들은 도서관이 아닌 곳에서도 쉽게 책과 문건을 구해 볼 수 있게 되었다. 그럼에도 대학도서관이 한국 민주화 투쟁의 주요 '무대'로 기능한 사실은 부정할 수 없다.

연세대학교 중앙도서관과 민주광장

연세대 학생회관에서 바라본 중앙도서관 모습이다. 중앙도서관과 학생회관 사이에 있는 공간이 바로 '민주광장'이다. 중앙도서관 오른편으로 보이는 동상은 용재 백낙준의 동상이다. 아이러니하게도 군사 정부 시절 학생들은 도서관보다 맞은편 학생회관 서클룸에서 사회과학 서적을 탐독하며, 사회 변혁을 위한 '공부'를 했다. © 백창민

민주화 이후에도 계속된 대학도서관에 대한 불만은, 캠퍼스 '생활도서관' 운동으로 이어지기도 했다. 1990년 5월 17일 김규환의 주도로 고려대학교에서 개관한 생활도서관은, 이화여대와 서울대를 비롯한 다른 대학으로 확산되었다.

　　1988년 9월 연세대학교 학생회관 남쪽 동산에 이한열 추모비가 세워졌다. 이후 이곳은 '한열 동산'이라 불리게 됐다. 2015년 6월 한열 동산에 새로운 기념비가 다시 세워졌다. 기념비에는 '198769757922'라는 12개의 숫자가 새겨져 있다. 이 숫자는 이한열이 직격탄에 맞고 쓰러진 1987년 6월 9일과 그가 숨을 거둔 7월 5일, 그의 노제가 치러진 7월 9일, 그리고 꽃다운 그의 나이 22살을 의미한다.

　　서울대학교에 세운 박종철 열사 흉상은 중앙도서관과 아크로폴리스를 바라보고 있다. 흉상 근처 기념석에는 그가 숨진 후, 그의 벗들이 바친 추모시의 제목이 새겨져 있다. "우리는 결코 너를 빼앗길 수 없다."

　　수많은 희생과 그 희생이 헛되지 않도록 '투쟁한' 사람들에 의해, 우리 민주주의는 여기까지 왔다. 도서관이 기억하고, 전승할 또 하나의 자료는, '도서관'을 무대로 싸운 이름 모를 사람들 아닐까? 사랑도 명예도 이름도 남김없이 싸운, 그들 말이다.

3부

제국부터 민국까지, 국가도서관 이야기

경복궁 집옥재

조선총독부도서관

국회도서관

덕수궁 중명전

국립도서관

국립중앙도서관

인민대학습당

조선은 왜
'쉽게' 망했을까?

경복궁 집옥재

1863년 즉위한 고종은 43년 동안 왕위에 있었다. 왕좌에 머문 기간만 놓고 보면, 고종은 조선의 왕 27명 중에 영조 52년, 숙종 46년에 이어, 세 번째로 재위 기간이 길다. 흥선대원군이 친정을 한 10년을 제외해도 33년이니, 결코 짧은 기간이 아니다.

긴 재위 기간 때문이었을까? 고종은 즉위 기간 내내 흥선대원군과 갈등, 왕후 민씨 일가의 정권 장악과 부패, 임오군란, 갑신정변, 동학농민전쟁, 을미사변, 아관파천, 을사늑약 체결, 강제 퇴위 같은 파란만장한 사건을 겪었다. 1897년 대한제국을 선포하였으나, '제국'이라는 이름에 걸맞지 않게, 국권은 열강에 의해 심각하게 위협받았다.

무능한 왕인가, 비운의 황제인가

고종은 4만여 권의 책을 소장한 '장서가'였을 뿐 아니라, '커피 애호가'로 알려져 있다. 선글라스, 발전기, 전차 같은 신문물을 받아들이는 데도 적극적이었다. 영어 교육과 도량형의 통일, 노비제 폐지 같은 정책을 펴서, 근대화를 위해 애쓰기도 했다. 공교롭게 일본의 메이지明治 천황도 고종과 같은 해인 1852년 태어났다. 작가 송우혜는 한일 양국에서 각각 제위에 오른 두 사람의 공통점을 이렇게 정리했다. "같은 해 태어나 어린 시절 제위에 올랐고, 권력 의지가 강하고 외형상 친정 체제를 구축했다. 수명이 길어 장기 집권했으며 여색을 탐해 자녀가 많았다. 어릴 때 죽은 자녀가 많고 후계자는 병약했다."

여러 공통점에도 불구하고 고종과 메이지 천황의 결정적인 차이는, 한 사람은 '망국의 군주'로, 다른 한 사람은 근대화를 이끈 '개명군주'로 기억된다는 점이다. 무엇이 두 사람의 성공과 실패를 결정하고, 어떤 요인이 두 나라의 근대화 달성과 식민지 전락을 갈랐을까?

질문은 이어진다. '망국의 군주'로 기억되는 고종을 우리는 어떻게 평가해야 할까? 왕국王國의 멸망에 왕이 책임을 벗기는 어렵다. 열강의 각축, 일본의 침략 속에서 국권을 지키지 못한 것은 사실이니까. 그의 능력이 더 뛰어났다면, 조선 왕조 또는 대한제국의 생명은 연장되었을까? 국권을 빼앗기지 않으면서, 시대 과제인 근대화의 길을 걸어갔을까?

고종에 대한 질문은, 조선 망국亡國의 이유에 대한 물음으로 이어진다. 임진왜란과 정유재란, 병자호란의 외침을 막아 낸 조선은 왜 일제 침략을 막아 내지 못했을까? 518년이라는 긴 역사를 이어 온 조선은 도대체 왜 망했을까? 주한미국대사관에서 오랫동안 근무한 그레고리 헨더슨Gregory Henderson은 《소용돌이의 한국정치》에서 이런 의문을 표한 바 있다. "1910년에 그 많은 인구를 거느리고, 그토록 훌륭한 유산을 가진 한국이, 그렇게 쉽게 멸망한 것은 기이한 일이다."

●

한 번은 실수, 두 번은 실패, 세 번은 실력

조선 망국에 대해 이런저런 분석이 있지만, 명확하게 원인을 규명하지 못하는 것도 사실이다. 흥선대원군의 쇄국정책 때문에, 망국적인 당쟁과 민족성 때문에, 제국주의 열강 일본의 강력함 때문에, 고종 황제의 무능함 때문에, 친일 매국노 때문에, 폐쇄적이고 착취적인 제도 때문에…. 쉽게 정리하기 어려울 정도로 조선 망국의 이유는 간단치 않다.

맹자는 "한 나라가 멸망하는 것을 보면, 반드시 그 나라 스스로가 망할 짓을 한 후에 다른 나라가 그 나라를 멸망시킨다國必自伐然後 人伐之"라고 말했다. 제국주의 시대 근대화에 성공한 소수의 나라를 제외하고, 상당수 나라가 '식민지'를 경험했다. 식민지 시대를 부끄러워할 필요는 없지만, "나쁜 일본 놈들"이라고 욕만 할 게 아니라 우리가 자초한 '망할 짓'은 무엇이었기에, 자주적 근대화를 이루지 못하고, 식민지로 전락했는지 곱씹을 필요는 있다.

한일 강제병합으로부터 318년 전에 터진 임진왜란 때 조선은 200만 명이 죽고, 10만 명이 일본에 끌려갔으며, 전 국토를 유린 당했다. 일본 침략으로 망국 직전까지 몰린 조선 왕조는, 7년간 이어진 전쟁으로부터 아무것도 배우지 못했단 말인가. 더 가까이는 1637년 1월 남한산성에서 삼전도로 끌려 나와, 청 태종 홍타이지皇太極에게 삼배구고두례三拜九叩頭禮 하며 굴욕적으로 항복한 기억을 잊었단 말인가? 한 번은 '실수'라지만, 두 번은 '실패'이고, 세 번은 '실력'이자 '무능'이다. 어쩌면 조선은 임진왜란과 병자호란 때 이미 사망 선고를 받은 체제가, 250년 넘게 '연명'하다가 '자연사'한 건 아닐까?

에드워드 기번Edward Gibbon이 로마의 멸망 원인을 묻기보다 어떻게 장기간 존속했는지 물은 것처럼, 혹자는 조선에 대한 질문 역시 '망국의 원인'이 아닌, 518년 동안이나 '지속한 이유'에 대해 살펴야 한다고 말한다. '망국'의 원인이든 '장기 지속'의 요인이든, 조선 망국의 역사를 되새기는 이유는, 똑같은 과오를 되풀이하지 않기 위함이다. "과거를 기억하지 못하는 자들은 과거를 되풀이하기 마련Those who cannot remember the past are condemned to repeat it"이라는 조지 산타야나George Santayana의 말도 있지 않은가.

●

우리는 왕실과 양반에게 '책임'을 물었나

1919년 고종이 죽자, 일제에 의한 '독살설'이 퍼지면서, 그의 죽음은 3·1 운동으로 이어졌다. '산' 고종보다 '죽은' 고종이 끼친 영향이 더 컸다는 평이 있지만, 이 대목에서 우리가 생각할 점은 역사학자 김기협의 지적처럼, 조선 종말의 '격'인지 모른다. 한 사람의 죽음에도 '품격'이 있는 것처럼, 국가의 종말에도 '격'이 있다. 망하는 마당에 무슨 '국격'을 따지냐고 타박할지 모르지만, 조선 망국은 어떤 '장렬함'을 남겼을까?

고종 죽음으로부터 26년이 지나 해방이 되었을 때 우리는 군주를 두는 '왕정王政'이나 '입헌군주제立憲君主制'를 고려하지 않았다. 고종의 비운 또는 무능과 상관없이, 해방 후 우리는 '대한왕국'이나 '대한공국'이 아닌 '대한민국'을 수립했다. 새로운 나라의 정치 체제로 시민이 주인 되는 '민주공화제'를 선택했다.

일제강점기 조선 왕실이 독립을 위해 '헌신'했다면, 왕실 복원이나 입헌군주제 도입에 대한 논의가 있었을지 모른다. 실제로 대한민국 임시정부 강령은 왕실을 존중한다는 조항을 담기도 했다. 임진왜란 때 선조는 의주로 피난을 떠났지만, 세자인 광해군은 왕을 대신해서 강원도와 함경도에서 의병을 모아 싸웠다. 정유재란 때는 호남에서 의병과 군량미를 모아 후방을 지원했다. 일제강점기 조선 왕실의 누구도, 광해군 수준으로 대일전쟁에 '참전'하지 않았다. 해방 후 아무도 왕실의 복원을 말하지 않을 정도로, 조선 왕실은 존재감을 잃었다. 고종 사망 후 일제 경찰이 수집한 자료에 따르면, 고종에 대한 당대 사람의 평가를 확인할 수 있다. '우리에게 하등의 은전을 베푼 적이 없는 자, 우리를 가렴주구 한 놈, 우리를 일본에 팔아넘긴 매국노.'

한일 강제병합 후 일제로부터 가장 많은 은사금을 제공받은 이가,

고종을 비롯한 조선 왕실이었음을 생각하면,《친일인명사전》의 첫 페이지에 기록될 사람은 고종 이희李㷩를 포함한 왕실인지 모른다.

왕실과 함께 조선 망국에 책임을 질 집단은 지배 계급인 '양반'이다. '한 나라의 멸망에는 필부도 책임이 있다天下興亡匹夫有責'라는 말이 있지만, 책임에도 경중이 있다. 을사오적 같은 몇몇 매국노만이 문제였을까? 지배 계급인 양반은 조선 왕실과 함께, 가장 큰 책임을 져야 할 대상이지만, 비판을 피해 간 집단이다.

임진왜란 당시 '백성에게는 추상같고, 왜적에게는 허수아비같던' 양반의 지배는 조선 후기로 올수록 강화되었다. 강준만 교수는 임진왜란과 병자호란으로 왕실과 양반의 체통이 땅에 떨어졌음에도, 지배 체제가 유지된 이유를 이렇게 비유했다. '우리 사회에서 재벌이 존경받지 않지만, 누구나 재벌을 선망하기 때문에 재벌의 지배 체제가 유지되듯, 조선의 양반 지배 체제 역시 그러했다'라고.

구한말 조선을 둘러본 영국 지리학자 이사벨라 비숍Isabella B. Bishop은 양반 계급을 '허가받은 흡혈귀licensed vampires'라고 표현했다. 량치차오는 조선의 양반을 '모든 악의 근원'이자, '나라가 망해도 나는 부귀하고 편안하다고 하는 자들'이라고 비판했다. 메이지 유신의 성공에 일본 지배계급인 '사무라이'가 기여한 점을 생각할 때, 개화와 망국 과정에서 조선 양반의 처신은 비판할 지점이 많다.

●

건청궁과 장안당, 곤녕합에 담긴 뜻

고종 이야기로 돌아가 보자. 고종은 1863년 12월 즉위했지만, 아버지 흥선대원군이 10년 동안 정국을 주도했다. 1873년 11월 5일 스물두 살이 된 고종은 친정을 선포하고, 권력을 행사하기 시작했다. 이 과정에서 고종은 경복궁 북쪽에 '건청궁'을 새로 지었다. 1873년 지은 건청궁은 고종의 권력 의지를 표상하는 건물이다. 역대 조선 왕실은 궁 안에 궁을 두지 않았기 때문에, 궁으로 명명된 유일한 궁궐 공간이다. 고종과 명성황후가 머문 공간이며, 1887년 3월 6일 에디슨 전기 회사를 통해, 이 땅에서 처음으로 전깃불을 밝

건청궁(乾淸宮)

'건청'이란 '하늘이 맑다'라는 뜻이며, 청나라 자금성에도 같은 이름의 궁이 있다. 일제는 1909년 건청궁을 헐고, 1939년 조선총독부미술관을 지었다. 조선총독부미술관은 해방 후 현대미술관을 거쳐, 1960년 이후 전통공예미술관으로 쓰이다가, 1998년 경복궁 복원 정비 계획에 의해 철거됐다. 건청궁은 2004년부터 2006년까지 복원해서 2007년 10월부터 일반인에게 공개하기 시작했다. 지을 당시 252칸이었던 건청궁은 192칸으로 복원되었다. ⓒ 백창민

힌 곳이기도 하다.

건청궁에는 왕의 거처인 장안당長安堂과 왕비의 처소인 곤녕합坤寧閤이 있다. 하늘은 맑고乾淸, 땅은 편안하고坤寧, 오래도록 평안하기를長安 바라는 마음으로 지은 이름이다. 이름과 달리 하늘을 상징하는 왕은 온갖 풍파를 겪었고, 땅을 표상하는 왕비는 시해되고, 왕실의 평안은 망국으로 이어지고 말았지만.

고종은 1891년 8월 13일 건청궁 안에 왕의 서재로 '관문각觀文閣'을 지었다. 말 그대로 '글을 읽는 집'이라는 뜻이다. 사바틴Sabatin이 설계한 이 건물은, 우리 궁궐에 지은 최초의 서양식 건물로 꼽힌다.

곤녕합

건청궁 안에 왕비의 처소로 지은 건물이 '곤녕합'이다. 동쪽 누각에는 '사시향루(四時香樓)'라는 편액이 걸려 있고, 남쪽 누각에는 '옥호루(玉壺樓)'라는 편액이 걸려 있었다. 곤녕합 옥호루는 '을미사변'의 현장으로 명성황후가 시해된 곳이다. ⓒ 백창민 서양 문물에 대한 고종의 관심을 상징하는 관문각은, 지은 지 10년 만에 철거되고 만다. 관문각이 헐린 이유는 '부실 공사' 때문이었다. 마치 대한제국 근대화 프로젝트의 '좌초'를, 상징하는 것만 같다.

고종은 정조를 롤 모델로 삼아, 왕실도서관 규장각을 강화했다. 1874년 민규호, 민영익, 민응식, 김윤식, 홍영식, 김홍집 같은 개화 파 지식인을 규장각 요직에 임명하고, 규장각 제도를 예전처럼 복 원했다. 이때 규장각 책에 대한 정리 작업을 실시해서, 목록을 작성 하기도 했다.

1876년 2월 2일 조일수호조규(강화도조약) 체결 후 고종은 서양 신서적 구입에 신경을 썼다. 고종이 2차 수신사에 이어, 일본과 중 국에 조사견문단과 영신사 같은 시찰단을 파견하고, 개화 추진 기 구인 '통리기무아문'을 설치한 시기도 이때다.

●

고종이 신서적을 모은 이유는?

고종은 개화 과정에서 입수한 책을 규장각에 보관하고, 상당량을 '집옥재集玉齋'에 소장한 걸로 보인다. 건청궁과 나란히 자리한 집 옥재는 '옥처럼 귀한 책을 모은 곳'이라는 뜻이다. 1881년 함녕전咸 寧殿의 북별당北別堂으로 지은 집옥재는, 고종이 거처를 경복궁으 로 옮기면서, 1891년 7월 20일 지금의 위치로 이전했다. 고종은 집 옥재를 정보 습득과 개화 정책 구상을 위한 왕실도서관으로 건립했 다. '전당합각재헌누정殿堂閤閣齋軒樓亭'이라는 건물의 위계로 보면, '재齋'에 해당하는 건물은 주거 또는 독서와 휴식을 취하는 건물인 경우가 많다. 그런 집옥재에 고종은 어진御眞을 봉안하고 영국, 일본, 오스트리아 공사를 접견하기도 했다.

어진의 봉안처가 되었다는 사실은, 왕정王政의 중심지가 되었음을 의미한다. 집옥재가 단순한 '도서관'이 아니라, 고종의 '집무실'이기도 했음을 알 수 있다. 이곳에 있던 장서의 상당수는 서구 근대 문물에 관한 책이었고, 을미사변 전까지 집옥재는 동도서기東道西器, 구본신참舊本新參으로 표현되는 개화 추진의 중심지로 가능했다.

고종이 집옥재에 소장했던 장서는 4만 권에 달했다고 한다. 이렇게 수집된 책에 '집옥재'라는 장서인을 찍고,《집옥재서목》과《집옥재서적목록》같은 도서 목록을 작성하기도 했다. 1884년 작성된 목록을 보면, 서양 관련 책을 600종 수집한 사실을 알 수 있다. 당시 수집한 서양 관련 서적은 천문, 역서, 지구, 지리, 항해, 외국 사정, 어학, 공법, 외교, 군사, 전술, 무기, 수학, 의학, 농업, 식물, 물리, 화학, 전기, 증기, 광업, 음악 같은 다양한 분야를 망라하고 있다.

서울대학교 규장각에 전해진 조선 왕실의 책을 분석해 보면, 규장각의 전성기인 정조 때부터 고종 이전 시대까지 중국에서 수집한 책보다, 고종 시대에 수집한 중국 책이 더 많다. 전체 장서인이 찍혀 있는 3444종의 중국 책 중에, 이른바 '집옥재 도서'로 알려진 고종의 장서가 1924종으로 55%를 차지한다. 고종 시대에 얼마나 열정적으로 근대 문물에 대한 책을 수집했는지 알 수 있다.

책에 대한 고종의 관심은 그의 서재 또는 도서관을 통해서도 알 수 있다. 고종은 왕실도서관인 규장각을 복원했을 뿐 아니라, 관문각과 집옥재, 수옥헌에 이르기까지 서재와 도서관을 갖추고, 수만 권의 장서를 끌어모았다. 고종이 책을 좋아한 군주였음을 그의 도서관을 통해서도 알 수 있다.

●

집옥재 시대의 종말과 왕실 장서의 행방

고종이 을미사변 이후 경복궁을 떠나면서, 도서관이자 고종 정치의 중심 공간이던 집옥재 시대도 저물었다. 1년 6일 동안 러시아공사관에 머물던 고종은, 경운궁으로 환궁한 후 대한제국 시대를 열었다. 경운궁을 기반으로 개혁과 개화에 박차를 가하던 고종은, '수옥헌(지금의 중명전)'을 지어, '왕립도서관'으로 발전시킬 구상을 가졌던 모양이다. 수옥헌이 왕립 또는 황실도서관으로 제대로 발전했다면, 집옥재 시대에 수집한 책이 핵심 장서가 되었을 것이다.

집옥재에 있던 책은 어떻게 되었을까? 고종이 러시아공사관을 거쳐 경운궁에 자리 잡으면서, 집옥재 장서 일부는 수옥헌으로 옮겨졌을 것이다. 안타깝게도 수옥헌은 1901년 11월 16일, 화재로 불타고 말았다. 이 과정에서 수옥헌에 있던 '숱한 귀한 서책'도 함께 소실되었다.

《고종시대의 재조명》을 쓴 이태진 교수에 따르면, 1905년 을사늑약으로 일제가 설치한 통감부는 1908년 9월 규장각에 도서과圖書課를 설치했다. 규장각 도서과는 규장각, 홍문관, 집옥재, 시강원, 북한산성 행궁에 흩어져 있던 책을 합쳐, '제실 도서帝室圖書'로 정리했다.

1910년 한일 강제병합 이후 제실 도서는 왕실 사무를 맡았던 이왕직李王職 도서실이 담당했다. 이왕직은 1910년 12월 30일 일제가 조선 왕실 업무를 관장하고, 왕족을 감시하기 위해 만든 기관이다. 훗날 조선총독부도서관장이 되는 오기야마 히데오荻山秀雄가 조선에 건너와, 처음 자리 잡은 곳이 이왕직 도서실이다.

1911년 6월 조선총독부가 11만 권에 달하는 제실 도서를 '점유'하기로 결정함에 따라, 취조국取調局이 책을 강제 인수했다. 취조국은 왕실 관련 일부 자료만 이왕직에 남겼다. 이 자료가 창경궁 장서각을 거쳐, 한국학중앙연구원 장서각의 도서로 이어졌다.

조선총독부 취조국은 왕실로부터 넘겨받은 제실 도서에, 경복궁 경성전에 있던 강화사고 책 5000권, 태백산 봉화사고, 오대산 평창사고, 적상산 무주사고에 있던 책까지 합쳐 참사관실參事官室로 넘겼다. 참사관실은 분실分室을 만들어 도서 관리를 전담케 하고, 1915년 12월 도서 정리 작업을 시행했다.

조선총독부 참사관 분실은 도서 정리 작업을 통해, 조선본과 중국본으로 책을 나눈 후, 4부 분류법으로 책을 정리하고, 도서 번호를 기입했다. 도서 카드와 분류별 임시 목록, 간단한 도서 해제도 작성했다. 규장각 도서로 전하는 책에 '조선총독부도서지인朝鮮總督府圖書之印'이라는 도장이 찍힌 시기도 이때다.

참사관 분실이 관리하던 제실 도서는, 경성제국대학 부속도서관을 거쳐, 해방 후 서울대학교 규장각으로 이어졌다. 해방이 되고, 공화국이 수립되었지만, 서울대가 소장한 조선 왕실 장서는 국립중앙도서관으로 이관되지 않았다.

'작은도서관'으로 재탄생한 집옥재

집옥재 영역은 1990년대 말까지 청와대 경호부대가 주둔하면서 개방하지 않다가, 1996년부터 경복궁 영역으로 돌아왔다. 문화재청은 집옥재를 '작은도서관'으로 꾸며, 2016년 4월부터 시민에게 공개했다. 작은도서관으로 단장한 집옥재는, 장서각 자료를 비롯한 장서 1000여 권과 조선 시대 문헌 230여 권을 갖추고 있다.

중국풍으로 지은 집옥재는 고종 당시에는 이국적인 '신식 건물'이었다. 집옥재의 양쪽 벽은 목재가 아닌 벽돌을 쌓아 만들었고, 청나라풍 건축 양식으로 지었다. 집옥재는 강녕전, 교태전, 경회루 같은 경복궁의 주요 전각과 달리, 팔작지붕이 아닌 맞배지붕이다. 외부에 원기둥을 세우고, 내부에는 사각기둥을 배치했다. 집옥재 현판은 북송北宋 명필 미불米芾의 글씨를 집자했다. 경복궁 다른 전각이 가로글씨인 데 반해, 세로글씨 현판이다.

집옥재는 동쪽과 서쪽, 북쪽에 대청마루보다 한 단 높은 둘레 마루를 놓았다. 책을 두는 서가는 동쪽과 서쪽 마루 벽면에 두었다. 바깥에서 볼 때 집옥재는 단층 건물이지만, 북쪽 둘레 마루 위에 다락으로 오르는 계단이 있다. 남쪽 대청마루 위는 통층이고, 북쪽 둘레마루 위는 중층인 독특한 건물이다.

집옥재를 중심으로 좌우에 협길당協吉堂과 팔우정八隅亭이 복도로 연결되어 있다. 집옥재와 중층 복도로 연결된 팔우정은 고종의 책을 보관하던 곳이다. 집옥재가 '도서관'이라면, 팔우정은 '개인 서재'로 기능했다. 팔우정은 1층과 2층의 난간 모양이 다르고, 지붕 처마 아래에 닫집 같은 낙양각을 붙였다. 집옥재와 팔우정을 연결하는 복도도, 집옥재 쪽 복도는 1층, 팔우정 쪽 복도는 2층으로 구성했다. 향원정과 함께 경복궁을 대표하는 정자로 꼽힐 팔우정은, 한때 고종이 즐긴 '가배coffee'와 음료를 파는 북카페로 운영했으나, 지금은 카페 시설을 철거했다.

1897년 10월 12일 고종은 황제에 즉위하면서, 마한·진한·변한, 삼한을 아우르는 큰 한이라는 뜻을 담아, 국호를 '대한大韓'으로 정했다. 연호를 '광무光武'로 삼은 이유는, 힘을 길러 외세에서 벗어나 나라를 빛내자는 의미였다. 한나라를 다시 일으켜 후한後漢 시대를

(京128)   A HALL IN KYONG POK PALACE.   京城景福宮集玉齋 (朝鮮名所)

경복궁 집옥재

《조선명소 시리즈 사진엽서》에 실린 사진이다. 가운데 건물이 '집옥재'이고, 왼쪽은 '팔우정', 오른쪽에 연결된 건물이 '협길당'이다. 집옥재는 경복궁이 문을 열지 않는 화요일을 제외하고, 매일 오전 10시부터 오후 4시까지 이용할 수 있다. 집옥재와 팔우정만 개방되며, 협길당은 개방하지 않는다. ⓒ 서울역사박물관

연 광무제光武帝처럼, 대한제국을 일으키고 싶었기 때문이라는 해석도 있다. 왕비를 잃고 해외 공사관에 피신했던 고종은 대한제국을 열고 광무개혁을 추진했으나, 제국의 건국도 개혁도 늦었다.

●

주인이 제 역할을 못 할 때 나라는 어떻게 될까

한국 근현대사의 첫 번째 비극은, 근대화를 추구했어야 할 그 중요한 시기에 국권을 잃고, 식민지로 전락했다는 사실이다. 서구 문물에 대한 고종의 관심은 집옥재를 채웠던 수많은 장서를 통해서도 알 수 있다. '뛰어난 리더leader는 동시에 훌륭한 독서가reader'라고 하지만, 그 반대는 성립하지 않는 모양이다. 도서관에 근대 문물에 대한 책이 수만 권 모여 있더라도, 그 자체가 근대화를 보장하지는 않는다. 근대에 대한 관심과 갈망이 있더라도, 책 속의 지식을 현실로 만드는 것은 별개의 문제다.

아버지를 잘 둔 덕에 왕위에 오른 고종은, 흥선대원군 하야 이후 왕으로서 자격과 능력을 '입증'하지 못했다. 오히려 세습 체제의 한계를 '증명'했다. 조선의 다른 왕보다 고종이 더 무능해서, 조선이 망한 건 아닐 것이다. 하지만 시대의 소임을 감당하기에 그의 능력은 부쳤고, 시대는 그에게 벅찼다.

한 사람의 비운悲運이 개인의 비운으로 그치면 좋으련만, 서 있는 자리에 따라 '개인의 비운'은 '역사의 비운'으로 직결되기도 한다. 고종의 비운은 개인에 머물지 않고, 국가와 모든 조선인의 비운으로 이어졌다. 나라의 '주인'이 제 역할을 못 할 때 나라는 어떤 운명에 처하는가? 우리는 망국과 식민지를 거치며, 뼈저리게 경험했다. 이것이 시민이 주인인 공화국 시대, 고종과 집옥재가 우리에게 주는 교훈 아닐까?

도서관으로 흥한 나라,
도서관에서 망한 나라

덕수궁 중명전

정동貞洞은 조선 태조 이성계의 두 번째 부인, 신덕왕후의 무덤 정
릉貞陵이 있던 곳이다. 한양도성 안에 왕비의 능을 마련했는데, 신
덕왕후 강씨에 대한 이성계의 사랑이 지극했음을 알 수 있다. 정릉
은 신덕왕후와 사이가 좋지 않던 태종 이방원에 의해 도성 밖(지금
의 성북구 정릉동)으로 옮겨지지만, 정릉이 있던 곳이어서 '정동'이라
는 이름이 남았다.

선조 때 사림은 이조 전랑 자리를 두고 갈등하며, 동인東人과 서
인西人으로 나뉜다. 강경파 김효원의 집이 동쪽에, 온건파 심의겸의
집이 서쪽에 있어서, 각각 동인과 서인으로 불렸다. 동인을 대표하
는 김효원의 집은 낙산 건천동에, 서인을 대표하는 심의겸의 집은

지금의 정동에 있었다. 정동은 당쟁의 진원지이기도 했던 셈이다.

●

열강의 각축장 정동

정동은 19세기 후반 서구 열강의 공사관이 모여 있던 곳이다. 1883년 미국공사관, 1884년 영국공사관, 1885년 러시아공사관에 이어, 1889년 프랑스공사관, 1891년 독일공사관이 들어섰다. 1901년과 1902년에는 벨기에공사관과 이탈리아공사관이 정동과 가까운 서소문동에 각각 자리 잡았다. 이 일대에 외국 공사관이 몰

아관파천의 현장, 러시아공사관
아관파천은 일국의 왕이 자신의 나라에 있는 타국 공사관으로 피신한 초유의 사건이다. 러시아공사관은 사바틴이 설계했다. 사바틴은 독립문을 비롯해 경운궁의 구성헌, 돈덕정, 정관헌과 손탁호텔 같은 서양식 건물을 설계한 사람이다. 러시아공사관은 한국전쟁을 거치면서 건물 대부분이 파손되어 지금은 3층 전망탑과 건물 일부만 남아 있다. ⓒ 백창민

3부 제국부터 민국까지, 국가도서관 이야기

린 이유는 뭘까? 교통이 편리하고, 도성 안이면서 상대적으로 외져, 공사관이 자리할 공간이 남아 있었기 때문이다.

1895년 을미사변乙未事變이 일어나자 신변에 위협을 느낀 고종은, 1896년 2월 11일 정동에 있던 러시아공사관으로 1년 동안 피신했다. 이른바 '아관파천俄館播遷'이다. 일국의 왕이 자신의 영토에 있는 다른 나라 공사관으로 피신하는 초유의 사태가 일어난 것이다. 고종은 일본의 위협을 견제하기 위해 친일 내각을 치고, 친러 내각을 구성했다. 아관파천으로 고종은 러시아의 힘을 빌려, 일본의 한반도 침략에 맞서려 했으나, 러시아와 일본은 '로마노프-야마가타 의정서'를 맺으며, 조선에서 이익을 챙기기 바빴다.

러시아공사관으로 피신한 지 1년 만인 1897년 2월 20일, 고종은 경복궁이 아닌 경운궁(지금의 덕수궁)으로 환궁했다. 외세에 흔들리지 않는 독립국가 건설의 필요성을 느낀 고종은, 1897년 10월 12일 대한제국을 선포하고, 환구단에서 황제에 즉위했다.

황제 즉위와 함께 고종은 '광무개혁'을 단행했다. 근대적 토지 조사 사업과 상공업 진흥 정책을 추진하고, 각종 학교와 공장을 설립하면서, 철도와 전차, 전화 같은 신문물을 도입했다. 구성헌, 돈덕전, 석조전, 정관헌, 중명전 같은 서양식 건물이 경운궁에 세워진 시기도 이 무렵이다. 덕수궁에 있는 서양식 건물은 근대화를 이루려한 고종의 의지를 담고 있다. 하지만 이름과 달리, 대한제국은 '제국帝國'도 '왕국王國'도 아닌, 일본의 '속국屬國'이나 다름없는 상황으로 전락하고 있었다.

'황실도서관' 수옥헌

정동극장 옆으로 난 골목길로 들어서면, '중명전重明殿'을 만날 수
있다. 중명전의 원래 이름은 '수옥헌漱玉軒'으로 1899년 6월 지은
'황실도서관'이다. 1897년 9월 30일 미국의 앨런Horace Newton Allen 공
사가 본국에 보낸 〈주한미국공사관 주변과 도로의 약도〉에는 이곳
을 'King's Library'로, 1901년 영국공사관의 브라운 대령Colonel Browne
이 그린 〈서울 지도Western Quarter of Seoul〉에는 'Library Imperial'로 표
시하고 있다.

수옥헌의 설계자는 누구일까? 대한제국 내부 소속 기사인 미국
인 다이J. H. Dye(이순우)라는 설과 스위스계 러시아인 사바틴Afanasii
Ivanovich Scredin-Sabatin(김정동)이라는 2가지 설이 있다. 사바틴은
1891년 경복궁 건청궁에 서양식 서재 관문각觀文閣을 지은 사람이
다. 중전 민씨 시해 사건 당시 경복궁에 머문 사바틴은 을미사변乙
未事變을 직접 목격하기도 했다. 훗날 인천부립도서관 건물로 쓰인
제물포 세창양행 사택을 설계한 사람도 사바틴이다. '근대 건축가'
로 조명받고 있는 사바틴은 '근대 도서관 건축가'이기도 했다.

고종은 경복궁 집옥재에 4만여 권의 장서를 가지고 있었다. 아관
파천으로 경복궁을 떠나, 1897년 경운궁으로 환궁하면서, 집옥재
일부 장서도 수옥헌으로 가져왔을 것이다. 황실도서관 수옥헌의 책
은 집옥재 장서 일부와 경운궁 환궁 이후 모은 장서였을 것이다.

지은 지 2년 만인 1901년 11월 16일, 수옥헌은 화재로 소실되었
다. 당시 수옥헌에는 '귀한 서책이 숱하게 있었다'고 전하는데, 가구

와 함께 모두 불타 버리고 말았다. 규장각을 다시 강화하고, 근대 문물에 대한 책을 집옥재에 열정적으로 수집한 고종의 행보로 볼 때, 수옥헌에도 상당한 장서가 있었을 것이다. 화재로 책과 건물이 불타 버렸기 때문인지, 수옥헌 장서는 목록이 따로 전하거나 알려진 내용이 없다. 불에 타기 전 1층 건물이던 수옥헌은, 1902년 5월 이후 지하 1층, 지상 2층 벽돌조 건물로 다시 지었다.

●

싸움 한번 해 보지 못하고 체결한 을사늑약

1905년 러일전쟁에서 승리한 일제는, 대한제국을 식민지로 삼기 위해 박차를 가하기 시작했다. 같은 해 7월 29일 일본 총리이자 외상 가쓰라 다로桂太郎와 미국 육군장관 윌리엄 태프트William H. Taft는 이른바 '가쓰라-태프트 밀약'을 맺었다. 일본의 조선 지배와 미국의 필리핀 지배를 상호 승인한다는 내용이었다.

같은 해 8월 12일 일본과 영국은 '제2차 영일동맹'을 통해, 일본의 조선 지배와 영국의 인도, 버마(미얀마) 지배를 묵인하기로 했다. 9월 25일 일본은 포츠머스에서 러시아와 강화조약을 통해, 한국에 대한 지배 권리를 보장받았다. 대한제국은 '국제 사회의 일원'이 아닌, '열강의 전리품'일 뿐이었다.

서구 열강의 묵인을 얻은 일제는, 1905년 11월 9일 이토 히로부미伊藤博文를 특사로 파견해서, 고종 황제와 내각 대신에게 외교권을 일본에게 넘기는 조약 체결을 강요했다. 이토 히로부미가 여러 차례 알현하며 조약 체결을 강요하자, 고종은 '대신들과 의논하여 조처하라'며 뒤로 물러서고 말았다.

11월 17일 고종이 불참한 가운데, 이토 히로부미가 주재한 어전 회의가 수옥헌에서 열렸다. 경운궁 주위에 일본군을 배치한 이토 히로부미는, 내각 대신 8명에게 개별적으로 조약 체결에 대해 찬반을 물었고, 5명으로부터 찬성 의사를 확인했다. 1905년 11월 18일 새벽 1시였다. 조약에 찬성한 내부 대신 이지용, 군부 대신 이근택, 외부 대신 박제순, 학부 대신 이완용, 농상공부 대신 권중현은 '을사 오적'이라 불렸다.

을사오적으로 꼽히지 않았을 뿐, 탁지부 대신 민영기는 문안 수정 작업에 참여해서 결과적으로 찬성한 것이나 다름없고, 법부 대신 이하영은 오래전부터 친일 행각을 해 왔다. 궁내부 대신 이재극도 고종과 이토 히로부미 사이에서 조약 체결을 위해 큰 역할을 했다. 참정 대신 한규설을 제외하고, 대한제국 대신이 모두 일제 지배를 적극 찬동하거나 받아들인 점이 충격적이다. 고종 역시 비판에서 자유로울 수 없다. 고종 입장에서는 내각 대신에게 미룸으로써, 우회적으로 반대 의사를 표명한 것일 테지만, 결과적으로 조약 체결의 길을 터준 셈이나 다름없었다. 더구나 매국노를 대신으로 임명한 사람도 고종 자신 아닌가.

●

대한제국, 망국의 현장

날씨나 분위기가 스산하고 쓸쓸하다는 표현으로 '을씨년스럽다'는 말이 있다. 이 표현은 '을사년스럽다'가 '을시년스럽다'를 거쳐

변한 말이다. '을사년乙巳年 망국'의 충격이 얼마나 컸으면, 을씨년
스럽다는 말이 널리 퍼졌을까?

여기서 궁금한 대목은 한 나라가 싸움 한번 제대로 해 보지 않고,
조약 체결로 '속국'으로 전락할 수 있느냐는 점이다. 임진왜란과 병
자호란 때도 망하지 않고, 518년이나 이어 온 조선은 어떻게 조약
체결로 식민지로 '추락'했을까? 이를 지켜본 외국인도 이상하게 느
낀 모양이다. 중명전 근처에서 을사늑약 체결을 지켜본 미국공사관
부영사 윌러드 스트레이트Willard Straight는 이런 기록을 남겼다. "한
나라 운명이 내가 서 있는 곳에서 50야드 안쪽에서 결정되고, 인구

을사늑약 체결 현장

중명전 1층 전시실에 재현되어 있는 을사늑약 체결 현장이다. 왼쪽부터 이근택(군부 대
신), 권중현 (농상공부 대신), 이지용(내부 대신), 이완용(학부 대신), 하야시 곤스케(일본 정부
특명 전권 공사), 이토 히로부미(일본 정부 특사), 박제순(외부 대신), 한규설(참정 대신), 민영
기(탁지부 대신), 이하영(법부 대신) 순이다. 참정 대신 한규설을 제외한 민영기와 이하영도
을사늑약 체결에 협조적이었기 때문에, '을사오적'이 아닌 '을사칠적'으로 불러야 한다는
주장도 있다. ⓒ 백창민

1200만 명의 독립제국이 투쟁도 없이 착취당하고 괴롭힘을 당하게 된다는 것이 불가능하게 보였다. 하지만 (조선의) 각료들은 서명을 끝마쳤다."

수옥헌, 지금의 중명전을 다루는 이유는, 이곳이 '황실도서관'인 동시에, 대한제국의 운명을 가른 '역사의 현장'이기 때문이다. 앞서 수옥헌에서 이토 히로부미가 대한제국 대신들에게 을사늑약 찬성 의사를 확인했다는 사실을 언급했다. 그 후 대한제국 외부 대신 박제순과 일본 정부의 특명 전권공사 하야시 곤스케林権助가 을사늑약을 체결하는데, 그 장소 또한 수옥헌이다. 굴욕적인 조약 체결을 통해, 대한제국은 외교권을 잃고, 일본의 속국으로 전락했다.

대한제국 황실도서관 수옥헌은 어떻게 을사늑약 체결 장소가 된 걸까? 1904년 4월 14일 함녕전 온돌을 고치다가, 경운궁에 큰 화재가 발생했다. 중화전을 비롯한 대부분의 전각이 불타자, 고종 황제는 수옥헌으로 처소를 옮기고, 집무실로 사용했다. 황실도서관 수옥헌이 우리 역사 속으로 깊숙이 들어서게 된 사연이다.

을사늑약 체결 이후인 1906년부터 수옥헌은 '중명전'이라는 이름으로 불렸다. 헌軒에서 전殿으로 건물은 격상되었으나, 국력과 국권은 회복 불능의 상황으로 치닫고 있었다.

●

헤이그 특사 파견과 고종의 강제 퇴위

을사늑약 체결로 외교권을 박탈당한 고종 황제는, 1907년 네덜란드 헤이그Hague에서 열린 제2회 만국평화회의에 이상설, 이준, 이위종, 헐버트 네 명을 특사로 파견했다. 일제 침략과 을사늑약의 부당함을 호소하고, 외교권을 되찾기 위한 '특사特使'이자, 일제 감시 속에 비밀리에 파견한 '밀사密使'다.

6월 25일 헤이그에 도착한 특사는 만국평화회의에 참석해, 일제의 침략상을 폭로하려 하였으나, 대한제국의 자주적 외교권을 인정받지 못하면서, 회의에 참석하지 못했다. 울분을 참지 못한 부사副使 이준은 7월 14일 숨지고, 헤이그에 묻혔다. 정사正使 이상설은 해외에서 독립운동을 이어 가다가, 1917년 3월 2일 시베리아 니콜리스크에서 48세로 사망했다. 을사늑약 때 고종에게 '죽음으로써 조약 비준을 거부하라'고 상소했던 이상설은, 죽음을 앞두고, 이런 유언을 남겼다. "동지들은 합심하여 조국광복을 기필코 이룩하라. 나는 광복을 못 보고 이 세상을 떠나니, 어찌 고혼인들 조국에 돌아갈 수 있으랴. 내 몸과 유품은 남김없이 불태우고, 그 재는 바다에 버린 후 제사도 지내지 말라."

이위종은 항일운동을 이어 가다가, 러시아 혁명 이후 볼셰비키 혁명군에 가담했다. 이후 행적은 알려지지 않고 있다. 1905년 워싱턴 특사에 이어, 1907년 헤이그에 특사로 파견된 헐버트는, 1910년 한일 강제병합 이후 추방되었다. 백척간두에 선 조국을 구하기 위해 머나먼 이국에서 분투한 헤이그 특사는, 헐버트를 제외하고 아무도 살아 돌아오지 못했다. 유해가 돌아온 사람도 이준 선생뿐이다. 뜻한 바를 이루지 못했지만, 헤이그 특사는 일제 침략을 세계에 알렸다.

헤이그 특사 파견 소식을 접한 일제는, 1907년 7월 18일 고종 황제를 강제 퇴위시켰다. 7월 20일 경운궁 중화전에서 열린 양위식에는 황위를 물려주는 고종도, 물려받는 순종도 참석하지 않았다. 7월 24일에는 '정미7조약'이라 불리는 한일신협약을 체결해서, 통감이 한국 내정에 일일이 간섭할 수 있도록 했다. 정미7조약을 통해 일제는 '고문 정치'를 '차관 정치'로 전환하고, 7월 31일에는 대한제국 군대를 '해산'시켰다. 8월 1일 해산에 반발한 대한제국 군대와 일본군 사이에 총격전이 벌어졌다. 대한제국 군대의 처음이자 마지막 '전투'였다.

만국평화회의를 통해 원하는 바를 이루진 못했지만, 중명전은 고종 황제가 헤이그 특사를 파견한 장소다. 1907년 4월 20일 이준은 이곳 중면전에서 고종의 위임장을 받았다. 특사 파견 후 고종은 일제에 의해 퇴위당하고 유폐되는데, 고종의 강제 퇴위를 촉발한 장소 또한 중명전인 셈이다. 을사늑약을 체결한 '망국의 현장'이자, 헤이그 특사 파견으로 망국을 막으려는 '구국의 몸부림'이 모두, '황실도서관' 중명전에서 벌어졌다.

정조 시대 규장각은 왕실도서관을 넘어, 국정의 자문기구이자, 개혁 정치의 산실이었다. 단원 김홍도가 그린 〈규장각도奎章閣圖〉는, 도서관이 역사를 이끌어 간 시대를 증언하는 작품이다. 정조 재위 시절 도서관으로 '흥했던' 조선은, 역설적으로 도서관에서 '망했다'. 한 나라가 도서관에서 '망국'을 맞은 건, 세계사적으로도 흔치 않다. 황실도서관 중명전은 바로 그 현장이다.

망국 그 후, 중명전 이야기

헤이그 특사 파견 12년 후인 1919년 1월 21일, 고종은 68세로 세상을 떠났다. 고종의 장례식인 3월 3일을 앞두고, 3·1 운동이 일어났다. 작가 송우혜는 고종이 살아 있는 동안 나라를 위해 이룩한 업적보다 '죽은 고종의 차가운 시신이 오히려 더욱 거대하고 장렬하고 가치 있는 기여를 말없이 성취'해 냈다고 평했다.

을사늑약 체결 당시 이상설은 '황제가 인준해도 나라가 망하고, 인준하지 않아도 망하니, 인준을 거부하고 사직을 위하여 순사殉死'할 것과 '을사오적을 처단하고 조약을 파기하라'는 상소를 올렸다. 이상설이 주장한 바처럼, 고종이 죽음으로써 늑약 체결을 거부했다면 어땠을까? 하지만 고종은 이상설의 상소처럼 처신하지 않았다. 왕과 대신이 죽음을 무릅쓰고, 나라를 지킬 각오였다면, 나라가 그 지경에 처하진 않았을 것이다.

한편 경운궁에 세운 중명전이 궁궐 담장 밖으로 밀려난 이유는 뭘까? 대한제국 시절 경운궁은 지금보다 3배 넓은 규모였다. 경운궁은 고종 황제가 강제 퇴위된 후, 선황제先皇帝가 거처하는 궁으로 위상이 달라지고, 이름도 '덕수궁德壽宮'으로 바뀌었다. 1910년 한일 강제병합 후 일제가 경운궁을 축소하면서, 중명전은 궁궐 밖에 놓이게 되었다. 1912년부터는 서울에 주재하는 외교관 모임인 서울 구락부Seoul Club가 중명전을 임대해서 사용했다.

1925년 3월 12일 중명전에 화재가 발생해서, 2층이 전소되었다. 책과 신문을 두던 2층 서적실에서 시작된 화재로, 중명전은 상당한

황실도서관이자 역사의 현장인 '중명전'

고종은 규장각을 강화하고 경복궁 집옥재에 수많은 서책을 모으기도 했다. '황실도서관' 인 중명전에도 상당한 장서가 있었을 것으로 보이지만, 화재로 불타고 말았다. 중명전 뒤 편에는 고종이 침전으로 쓰던 만희당이 있었다. 중명전이 외국인을 위한 서울 구락부로 쓰일 무렵 만희당 자리에는 수영장이 설치되기도 했다. 중명전 옆에는 주한미국대사의 관저 '하비브하우스(Habib House)'가 있다. ⓒ 백창민

손상을 입었다. 이후 복구된 중명전은 구락부로 계속 사용되었고, 해방 후 서울 클럽, 아메리칸 클럽으로 쓰였다.

1919년 고종이 세상을 떠난 후 일제는 선원전 전각부터 해체해서 매각했고, 이 과정에서 덕수궁 영역은 대폭 축소되었다. 경성제일공립고등여학교(지금의 경기여자고등학교), 경성여자공립보통학교(지금의 덕수초등학교), 구세군사관학교(지금의 구세군역사박물관) 같은 학교 부지와 경성방송국, 경성부민관이 덕수궁 영역에 자리를 잡았다. 1933년부터는 덕수궁을 일반에게 공원으로 개방하고, 1938년

3부 제국부터 민국까지, 국가도서관 이야기

에는 덕수궁 석조전을 이왕가 미술관으로 바꿨다. 1934년 12월에는 연못을 만들어, 스케이트장으로 사용하기도 했다.

창경궁昌慶宮이 '창경원昌慶苑'이라는 이름의 동물원·식물원으로 전락한 것처럼, 경운궁도 '덕수궁'이라는 이름으로 공원이 되었다. 해방 후 미소공동위원회가 석조전에서 열리면서, 세인의 관심을 모으기도 했지만, 왕실이라는 주인을 잃은 덕수궁은 쇠락의 역사를 걸었다.

1948년 대한민국 정부 수립 이후 중명전은 국유 재산이 되었다. 1963년에는 영구 귀국한 영친왕 이은과 이방자 여사 소유가 되었다가, 1977년 민간에 매각되며, 개인 소유로 바뀌었다. 이후 오랫동안 방치되면서 중명전은 크게 훼손되기도 했다. 2006년부터 문화재청이 관리하면서, 2007년 2월 덕수궁에 다시 편입되었다. 2009년 문화재청은 공사를 통해, 중명전을 대한제국 당시 모습으로 복원했다.

오랫동안 방치된 중명전은 철저히 '잊힌 도서관'이기도 하다. 우리 도서관 역사와 문헌정보학사를 보면, 친일파가 주축이 되어 추진한 '대한도서관'은 국립도서관 건립 시도로 거론하지만, 정작 중명전은 언급조차 하지 않는다. 우리 근현대사에서 중요한 의미를 갖는 중명전을 도서관 역사에서 다루지 않는 건 이상하다.

●

'암흑'의 역사가 시작된 도서관

중명전의 '중명重明'은 일월日月이 하늘에 함께 있어서 광명이 거듭된다는 의미다. 해를 상징하는 임금과 달을 의미하는 신하가 각자의 자리에서 책임을 다한다는 뜻을 담고 있다. 하지만 건물 이름과 달리, 고종은 일제의 강압을 회피하기 바빴고, 나라의 녹을 먹는 다수 대신은 을사늑약을 찬성했다.

역사는 반복된다고 했던가? 을사늑약 체결 후 92년이 지난 1997년 대한민국은 'IMF 구제금융 사태'라는 위기를 맞았다. '경제 망국'으로까지 불린 위기가 나라를 덮쳤지만, 대통령과 정부 고위 관료 중 누구도 책임지지 않았다. 2024년 12월 3일 윤석열 대통령이 일으킨 내란 사태 때도, 대한민국 장관 중 자신의 직을 던지며 반대한 사람은 없었다.

국권을 잃지 않았다면, 중명전은 대한제국 또는 근대화된 나라의 '황실도서관' 또는 '국립도서관'으로 역사에 기록되었을 것이다. '광명光明이 계속 이어져, 그치지 않는 전각'이라는 뜻을 지닌 중명전. 이름과 달리, 중명전의 광명은 이어지지 않았다. 중명전은 '광명'이 아닌, '암흑'의 역사가 시작된 곳이다. 우리 역사에서 '망국의 현장'으로 기록된 '도서관'은 중명전이 유일무이하다. 또 그래야만 한다.

**'책 없는 도서관'은
언제부터 시작되었을까?**

을사늑약이 체결된 이듬해인 1906년 이범구, 이근상, 박용화, 민형식, 윤치호, 이봉래는 근대적 도서관의 필요성에 뜻을 모았다. 이들은 회현방 미동 이용문의 집을 임시사무소로 삼아, 도서관 건립을 추진했다. 도서관 건립 움직임이《황성신문》에 자세히 보도되면서, 각계 인사의 기증과 지원이 이어졌다. 1906년 3월 25일 도서관장에 탁지부 대신 민영기, 평의원장에 궁내부 대신 이재극, 서적위원장에 학부 대신 이완용이 각각 선임되었다. 도서관 건물로 종정부 청사를 사용하고, 도서관 건축과 운영비는 임원이 공동 부담하기로 했다.

1910년 2월 종정부 회의를 통해, '대한도서관大韓圖書館'으로 확정하면서 도서관 규모가 커졌고, 모든 준비를 마친 후 개관을 앞두고 있었다. 하지만 한일 강제병합 이후인 1911년 5월, 도서관 개관을 위해 수집한 10만여 권의 장서는 조선총독부 취조국取調局에 몰수되었다. 몰수된 대한도서관 장서는 1928년부터 1930년에 걸쳐, 경성제국대학 부속도서관으로 옮겨졌다.

문헌정보학계에서는 대한도서관 설립 추진을 최초의 근대적 '국립도서관' 건립 시도로 파악하기도 한다. 잘 알려진 대로 민영기, 이재극, 이완용은 모두 친일파다. 1905년 을사늑약, 1907년 정미7조약이 체결되면서, 대한제국은 사실상 일제의 '속국'이나 다름없는 상황이었다. 이 시기에 추진된 도서관을 '국립'도서관으로 볼 수 있을까?

●

도서관을 세우지 않는 '無도서관' 정책

1910년 한일 강제병합 직후 초대 총독 데라우치 마사타케寺內正毅는 조선의 학교, 책방, 개인 집을 수색했다. 이 과정에서 일제는 51종 20여만 권의 책을 압수해서 불태웠다. 진시황과 히틀러도 그랬지만, 책을 불태우는 만행은 군국주의자의 필연인가? '애국장서회진愛國藏書灰燼'이라는 이름으로 단행된 이 '분서焚書' 사건으로, 조선 출판물은 크게 훼손되었다. 분서에 앞서 이토 히로부미와 데라우치 마사타케는 규장각 귀중본을 포함한 조선 고서적 상당량을, 자료 조사라는 명목으로 '강탈'해서, 일본으로 반출한 바 있다. 일제의 출판물 탄압은 '분서'에 그치지 않았다. '분서' 이후에는 대대적인 '금서禁書' 조치로 출판을 철저히 통제했다.

조선총독부는 총무, 내무, 탁지, 사법, 농상공 5부를 두었지만, 교육을 담당하는 '학부'는 아예 두지 않았다. 교육은 내무부 아래 학무국이 맡도록 했다. 1914년 1068개였던 사립학교가 일제의 무단 통치 시기를 거치면서, 1919년에는 749개로 '급감'했다. 학교마저 없앤 일제가 '도서관'을 세우려 했을까? 반면 일본 본토의 공사립 도서관은 1904년 99개에서, 1926년 4336개로 크게 늘어났다.

타이완 국가도서관인 국립타이완도서관(National Taiwan Library)
태평양전쟁 과정에서 타이완총독부도서관은 미군 폭격으로 건물이 파괴되기도 했다. 일본 패전 후 타이완총독부도서관과 남방자료관을 합쳐, '타이완성행정장관공서도서관'으로 이름을 바꿨다. 이후 '타이완성타이베이도서관'을 거쳐 1973년 7월 1일 '국립타이완도서관'으로 이름을 바꿨다. 청나라 시대부터 타이완에 대한 방대한 문서 자료를 보유하고 있다. © Wikimedia

'도서관'에 관해 특기할 대목은, 일본 국내에서는 1879년 〈교육령〉을 통해, 도서관을 독립 교육 기관으로 명문화했지만, 〈조선교육령〉에서는 도서관에 대해 언급조차 하지 않았다는 점이다. 일제는 1910년 한일 강제병합 이후, 조선에서 도서관을 운영하지 않는 정책으로 일관했다. 도서관을 운영하지 않을 뿐 아니라, 자생적으로 문을 연 조선인의 도서관을 폐쇄해서, 말 그대로 도서관이 없는 '무도서관無圖書館' 정책을 추진했다. 일제가 실질적으로 조선을 지배하기 시작한 1905년 을사늑약 때부터 1920년대 초까지, 통감부나 조선총독부 차원의 도서관 건립은 아예 추진하지 않았다.

일본의 '제국도서관(지금의 국회국립도서관)'이 도쿄 우에노上野 공원 도쿄음악학원 부지에 개관한 시기는 1906년이다. 본토 제국도서관과 비교하면, 조선총독부도서관 개관은 20년 가까이 늦다. 일제가 조선과 함께 식민 지배를 한 타이완臺灣의 경우, 1915년 8월 9일 '타이완총독부도서관'이 문을 열었지만, 조선은 이보다 10년이 늦었다.

●

일제는 '도서관'을 왜 건립했나

조선총독부에서 도서관 건립을 고려하기 시작한 시기는, 1919년 3·1 운동 이후다. 3·1 운동을 겪으면서, 일제는 강압적인 동화정책인 '무단 통치武斷統治'가 실패했음을 깨닫고, 유화적인 식민 통치를 시도한다. '문화 통치文化統治'의 시작이다. 일제 통치가 본질적으로 바뀐 것이 아니라, 조선 동화 정책을 더욱 효율적으로 추진하기 위해, 통치 스타일을 바꿨다.

헌병 대신 경찰이 치안을 담당하면서, 조선총독부에 경무국을 설치하고, 경찰 수를 크게 늘렸다. 일제는 패망 때까지 조선 경찰 수를, 전체 관리의 20% 선으로 유지했다. 1910년 481개였던 경찰 관서는 1920년 2761개로 크게 늘었고, 같은 시기 5694명이던 경찰 수도 1만 8376명으로 3배 이상 늘렸다. '특별고등부'라는 비밀경찰부도 이때 설치했다. '문화 통치'라는 이름으로 '무단 통치'가 이어졌음을 알 수 있다. 이 시기 일제는 조선인의 숨통을 일부 틔우면서, 조선인 사이에 격차를 발생시키는 동시에, '친일파'를 양성했다.

조선총독부가 주도한 도서관 건립도 이때 이뤄졌다. 1921년 문을 연 이범승의 경성도서관에 부지와 건물을 무상 제공하고, 1922년 경성부와 인천부에 공공도서관을 개관했다. 1925년에는 조선총독부도서관의 문을 열었다. '무도서관' 정책으로 일관하던 일제는 왜 조선에 도서관을 건립했을까?《일본의 식민지 도서관》을 쓴 가토 가즈오加藤一夫와 가와타 이코이, 도조 후미노리는 이렇게 지적했다. "독립된 사회 교육 기관이나 문화 시설이 아닌 '통치 도구'로 도서관을 건립했다."

일제는 식민 지배를 시작하자마자, 타이완과 조선, 만주 지역의 역사, 지리, 문화에 이르기까지 각종 정보를 샅샅이 조사했다. 조선에서 이를 담당하던 부서는 조선총독부 취조국이다. 취조국은 1911년 6월 궁내부 이왕직이 가지고 있던 홍문관, 규장각, 집옥재, 시강원, 북한산 이궁, 정족산 사고에 있던 장서 11만 권을 이관받았다. 취조국이 가지고 있던 조선 왕실 장서는, 훗날 경성제국대학 부속도서관으로 넘어가지만, 취조국이 담당했던 조선 문헌 수집 업무는, 1925년 개관한 조선총독부도서관으로 이어졌다.

●

천황 제삿날에 개관한 총독부도서관

일제는 조선총독부도서관을 환구단圜丘壇 근처 석고단石鼓壇 자리에 지었다. 조선총독부도서관의 건립 위치도 '통치 도구'로 도서관을 지었다는 주장을 뒷받침한다. 조선총독부도서관 부지는 낙산 아래와 탑골공원이 거론되다가, 석고단 영역으로 결정되었다.

민족문제연구소 특임연구원 이순우에 따르면 석고단은 1902년 송성건의소頌聖建議所라는 단체가 고종 황제 즉위 40년과 망육순 (51세)이라는 양대 경축일을 기념하기 위해 만들었다.

일제는 경복궁 근정전 앞에 조선총독부 청사를 지었을 뿐 아니라, 1913년에는 고종 황제가 대한제국을 선포했던 환구단을 없애고, 그 자리에 '조선철도호텔'을 세웠다. '조선총독부도서관'도 대한제국과 고종 황제를 지우기 위한 목적으로, 석고단 자리에 지었다. 1938년에는 조선철도호텔 근처에 지상 8층짜리 '반도호텔'까지 들어섰다.

일제는 대한제국을 상징하는 장소였던 환구단을 훼손한 후, 식민 통치에 활용했다. 이 과정에서 대한제국이라는 독립국가의 성역을 일개 호텔 정원과 도서관 뒷마당으로 전락시켰다. 정치와 무관해 보이는 도서관을, 가장 정치적인 목적으로 활용한 셈이다. 도서관이라는 문화 시설을 헤게모니 장악을 위해 활용한, 일제의 통치 전략이 놀랍기만 하다.

조선총독부도서관 공사는 1923년 3월에 시작해서, 같은 해 12월에 마무리했다. 도서관은 지하 1층, 지상 2층 규모 본관과 지상 5층 높이 서고로 완성했다. 도서관 업무는 개관 전인 1923년 11월부터 경성부 대화정 2정목 조선헌병대사령부 진단소 안에서 시작했다. 도서관 개관을 총독부 건물이 아닌, 조선헌병대사령부에서 준비한 사실도 의미심장하다.

이순우 특임연구원에 따르면, 조선총독부도서관 건립 비용은 총독부가 아닌 조선상업은행이 부담했다. 예산이 부족했던 조선총독부는 도서관 건축비와 비품비를 조선상업은행에게 부담시키고, 대

광통관

광통관은 우리나라에서 가장 오래된 은행 건물 중 하나다. 1909년 완공했다가 1914년 화재가 나자 1915년 복구했다. 네오바로크 양식으로 지은 건물이다. 이화여대 건축과 임석재 교수는 광통관을 대한의원 본관과 한국은행 화폐박물관의 계보를 잇는 건물로 파악했다. ⓒ 백창민

신 총독부 소유 건물을 조선상업은행에 제공했다. 그 건물이 바로 '광통관'으로 알려진, 지금의 우리은행 종로금융센터다.

조선총독부도서관이 문을 연 해는 1925년이고, 개관한 날짜는 진무천황제일인 4월 3일이다. 진무천황은《일본서기》와《고사기》에서 전하는 일본 초대 천황이다. 진무천황제일은 진무천황이 죽은 날로 이날을 조선총독부도서관 개관일로 삼은 것이다. 도서관 개관 날짜만 봐도, 천황의 '신민臣民'을 길러 내는 기관으로, 조선총독부도서관을 상정하고 있었음을 알 수 있다.

개관 시점의 도서관 열람 시간은 오전 8시 또는 10시부터 밤 9시까지였다. 매주 수요일과 기원절紀元節, 시정기념일, 천장절축일天長節祝日, 연말연시(12월 28일~1월 6일)에는 휴관했다. 기원절은 진무천황이 즉위한 날이고, 시정기념일은 일제가 식민 지배를 시작한 날이다. 천장절축일은 천황의 생일이다. 일본 천황가와 일제의 식민 통치 기념일을 도서관 휴관일로 삼았다. 열람료는 1회 4전씩, 10회권은 35전이었고, 신문 열람은 무료였다.

●

박완서 눈에 비친 총독부도서관

소설가 박완서의 작품《그 많던 싱아는 누가 먹었을까》에는 조선총독부도서관을 언급하는 장면이 나온다.

선생님이 가르쳐준 도서관은 지금의 롯데백화점 자리였다. 그때 그 도서관을 우리는 공립도서관이라고도 했고 총독부도서관이라고

도 했다. 해방되고 나서 국립도서관이 된 바로 그 건물이었다. (중략)
붉은 벽돌 건물엔 권위주의적인 정적이 감돌고 있었고 감히 어디로
어떻게 들어가 책을 빌리는 절차를 밟아야 하는지 도무지 감을 잡을
수가 없었다.

박완서 눈에 비친 조선총독부도서관의 모습이 인상적이다. 어린
그녀의 눈에도 '국가주의'를 지향한 조선총독부도서관이 '위압적'
으로 다가왔던 모양이다.

조선총독부도서관은 운영 면에서 눈에 띄는 부분이 있다. 1930년
9월부터는 공휴일을 제외하고, '연중무휴'로 문을 열었다. 1930년
11월에는 '도서관 주간'을 맞아, 라디오 방송을 하기도 했다. 책이
부족한 지방 도서관을 위해, 매월 50권씩 책을 대출하는 '순회문고'
를 운영했고, 1932년에는 도서관 이용을 늘리기 위해, 60명이 이
용할 수 있는 '대중문고'를 열었다. 1935년 7월 15일부터는 아동석
30석, 부인석 20석을 갖춘 '부녀자문고'를 무료로 운영하기도 했다.

1935년 1월에는 조선총독부도서관장을 회장으로 하는 '조선총
독부도서관사업회'를 만들어, 각종 강연회, 강습회, 독서회, 전람회,
좌담회, 영화회를 열었다. 조선총독부도서관사업회 회원이 되면 도
서관 관보官報를 받아 볼 수 있었고, 도서관 장서를 '관외 대출'하는
것도 가능했다.

분류는 '듀이십진분류법decimal classification'이 아닌, 〈조선총독부도
서관 분류표〉를 따로 만들어 사용했다. 1876년 발표된 듀이십진분
류법이 국제 표준으로 자리 잡기 시작한 시기는, 1920년대 후반으
로 알려져 있다. 〈조선총독부도서관 분류표〉는 1924년 4월 사서로

부임한 시마자키 스에히라島崎末平가 여러 도서관 분류표를 참고해서 만든 것으로 추측된다. 관장인 오기야마 히데오荻山秀雄가 교토제국대학 출신이어서 그런지, 〈교토제국대학 부속도서관 분류표〉와 비슷한 부분이 많다고 알려져 있다.

●

한반도 장서의 3분의 1을 가지고 있었던 총독부도서관

조선총독부도서관의 초기 예산은 이범승이 운영한 경성도서관보다 조금 많은 수준이었고, 일본 내 현립도서관인 아키타秋田현립도서관보다 적었다. 개관 때 확보했던 1만 2000권의 장서 중 1만 권은 조선총독부의 사무용 도서였고, 2000권은 조선교육회로부터 기증받은 책이었다. '건물부터 짓고 보자'는 식의 도서관 정책은 식민 시대의 '유산'이었던가? 관장이었던 오기야마 히데오조차, 개관 당시 조선총독부도서관이 책이 없는 '도서무관圖書無館'이었다고 회고한 바 있다.

이여성과 김세용이 발간한 《숫자조선연구》에는 1930년도 조선과 일본 본토의 도서관 현황을 비교한 자료가 있다. 당시 조선에 48개 도서관이 있을 때, 일본 본토에는 4609개 도서관이 있었다. 장서 수는 조선에 있는 도서관 전체 장서가 31만 5244권일 때, 일본 본토는 1000만 권에 육박하는 963만 5566권이었다. 열람 인원은 조선이 73만 1337명일 때, 본토는 2335만 4767명이었다. 일본 본토와 조선의 수치를 비교하면, 도서관 수는 1.04%, 장서는 3.27%, 열람 인원은 3.13%였다. '내선일체'를 부르짖은 일제의 도서관 인프라 '차별'은 수치로도 확연히 알 수 있다.

초기에는 총독부도서관이라 하기에 초라한 수준이었지만, 1934년부터는 장서 수가 12만 권을 넘겨, 경성제국대학 부속도서관을 제외하고, 조선에서 가장 규모가 큰 도서관이 되었다. 1937년에는 20만 권에 육박하는 장서를 갖추고, 하루 이용자 수도 1000명 가까이 늘었다. 장서와 이용자는 늘었지만, 총독부도서관이 조선 도서관 장서의 3분의 1을 가지고 있을 정도로, 장서의 편중이 심했다.

일본 본토의 '제국도서관'과 비교하면, 조선총독부도서관의 장서량은 어느 정도였을까? 1937년 3월 말을 기준으로, 도쿄 제국도

일본 제국도서관

일본 문부성은 1872년 도쿄 유시마에 '서적관'을 개관했다. 유시마서적관은 도쿄서적관 (1875년), 도쿄부서적관(1877년), 도쿄도서관(1880년)으로 이름을 바꿨다. 1897년 메이지 정부는 제국도서관 관제를 공포하고, 1906년 도쿄 우에노 공원에 '제국도서관'을 개관했다. 제국도서관은 조선총독부도서관보다 19년 빨리 문을 열었다. © Wikipedia

서관은 84만 7676권을 소장하고 있었고, 조선총독부도서관은 4분의 1 수준인 19만 9032권을 가지고 있었다. 한 가지 흥미로운 사실은, 장서량이 4분의 1 수준이었지만, 하루 열람 인원은 제국도서관이 1327명, 조선총독부도서관이 949명으로 큰 차이가 나지 않았다는 점이다. 장서 10만 권 이상의 일본 제국 내 도서관 중에, 조선총독부도서관은 하루 이용자가 네 번째로 많은 도서관이었다. 인프라는 열악했지만, 식민지 조선에서 도서관에 대한 '열망'은 그만큼 컸던 것일까?

●

총독부 '홍보 기관'이었던 도서관

조선총독부도서관이 소장했던 장서가 어떤 책인지 알기 위해서는, 식민지 조선의 출판 상황을 짚어 볼 필요가 있다. 일제는 1909년 2월 〈출판법〉을 만들어 시행했다. 〈출판법〉은 책으로 출간하려는 원고의 '사전 검열'과 '사후 납본'을 의무화해서, 출판물을 통제하는 법이다. 뿐만 아니라 한일 강제병합 이후에는, 경무총감부 아래 고등경찰과를 승격시켜, '도서계'에서 신문, 잡지, 출판물, 영화의 검열과 단속을 담당하도록 했다. 도서계는 1926년 4월 24일 경무국 '도서과' '검열과'로 이름을 계속 바꾸면서, 일제 패망 때까지 이어졌다. 일제의 검열과 통제를 거친 책만 도서관이 '소장'하고, '독서'할 수 있는 시대였다.

1937년 6월 출범한 고노에近衛 내각 때부터 일본의 사상 정책은, '사상 통제'에서 '사상 동원'으로 바뀌기 시작했다. 1937년 9월부터

'국민정신 총동원 운동'이 시작되고, 1938년 5월 5일부터는 〈국가 총동원법〉이 시행되었다. 전쟁 승리를 위해 '전선戰線'에서 필요한 모든 것을 '후방銃後, home front'에서 동원할 수 있고, 모든 이가 전쟁에 복무하도록 하는 법이다. '문헌보국文獻報國'을 도서관 깃발과 노래로 만들어 기치로 세운 조선총독부도서관도, 자료 수집과 열람, 운영 면에서 총독부의 동원 정책을 충실히 이행했다. '문헌보국'은 문헌으로 천황의 국가에 보답한다는 뜻이다.

일제강점기 조선은 일제의 일본어 강요로, '이중 언어' 상황에 놓여 있었다. 1913년 0.61%였던 조선인의 일본어 해독률은, 1930년대 중반 10%를 넘어, 1943년 말에는 22.15%까지 상승했다. 식민지 조선의 엘리트 중에는, 조선말을 아예 하지 못하는 사람도 상당수 생겨났다. 문맹률은 여전히 높아서, 1930년 즈음에는 80%에 육박했다. 당시 일본의 문맹률은 8.5%였다. 일본인은 열 사람 중 한 사람 정도가 글을 읽지 못할 때, 조선인은 열에 여덟이 '까막눈'이었다.

총독부 학무국 소속 기관이었던 조선총독부도서관은, 근본적으로 일제의 식민 통치 정책에 발맞춰 운영되었다. 총독부도서관은 1935년 10월부터 《문헌보국》이라는 기관지를 발행했다. 《문헌보국》에는 신착 도서 목록뿐 아니라, 조선 내 발매 금지 도서 목록, 경무국 납본 목록, 문부성 추천 도서 소개가 실렸다. 조선총독부도서관이 금서를 관리하고, 일제 추천 도서를 홍보하는 '사상 통제 기관' 역할을 했음을 알 수 있다. 일본 도서관 학자들이 쓴 《일본의 식민지 도서관》은 조선총독부도서관이 '총독부의 홍보 기관으로 기능하다가 패전을 맞았다'라고 평했다.

조선총독부도서관 관장은 개관 때부터 1945년 8월 15일 일본이 패망할 때까지, 오기야마 히데오가 계속 맡았다. 오기야마 히데오는 교토제국대학 사학과 출신으로, 교토제국대학 도서관과 이왕직, 중추원, 학무국, 조선사편집위원회 촉탁을 거쳤다. 열정적인 '사서'라기보다, 총독부 방침을 충실히 실행하는 '행정가'의 면모가 강한 인물이었다.

조선총독부도서관 사서 수는 개관 시점인 1925년에 3명, 1929년에는 4명, 1940년에는 6명, 1942년에는 8명이었다. 전체 직원 수는 개관 시점에 19명으로 출발해서, 1940년에는 77명으로 늘었다. 이 중 조선인은 54명이었다. 일제는 통치 기구 내에 조선인 등용을 억제하는 정책을 취해왔다. 1937년 7월 7일 중일전쟁 발발과 함께, 일제는 조선에서 전쟁 수행을 위한 '총동원 체제'를 시행했다. 전시 총동원 체제가 시행되면서, 관료가 늘어났고, 조선인 관료 수도 함께 늘었다. 조선총독부도서관에서도 상황은 비슷했다.

조선총독부도서관의 관장과 사서, 서기는 일본인이 차지했으나, 시간이 흐르면서, 조선인이 두각을 나타내기 시작했다. 이 중 조선인으로 부관장 자리에 오른 이재욱과 세 번째 서열까지 올라선 박봉석은, 해방 후 조선총독부도서관이 '국립도서관'으로 재탄생하는 데 큰 역할을 한다.

●

국립중앙도서관의 전신, 하지만 잊힌 도서관

해방이 되면서, 조선총독부도서관은 '국립도서관'으로 바뀌었다. 국립중앙도서관은 조선총독부도서관을 그대로 이어받아, 문을 열

3부 제국부터 민국까지, 국가도서관 이야기

었다. 국립중앙도서관은 해방 이후부터를 자신의 역사로 인정하고, 총독부도서관 시절은 역사에 포함시키지 않고 있다. 그러나 조선총독부도서관이 국립중앙도서관의 '전신前身'이었음을 부정할 수는 없다.

조선총독부도서관 개관에 앞서, 총독부 학무국이 언론사 기자에게 밝힌 4가지 도서관 운영 방침이 있다. 첫째 조선 통치의 주의·방침에 따라 사상을 잘 지도하고, 교육의 보급, 산업을 위한 참고도서를 갖출 것, 둘째 조선 민족의 문헌을 모을 것, 셋째 조선 연구를 위한 화한양서和漢洋書를 수집할 것, 넷째 조선의 도서관 보급과 발달을 위해 지도 기관 역할을 할 것.

총독부의 운영 방침처럼, 조선총독부도서관은 불온서적을 차단하고, 총독부가 선정한 도서와 목록을 소개함으로써, 조선인을 사상적으로 통제하는 식민지 '통치 기구'로 충실하게 기능했다. 그와 동시에 조선총독부도서관이 해방 후 국립도서관의 '토대'가 된 것도 사실이다.

어두운 시대의 '흑역사'이기 때문일까? 조선총독부도서관에 대한 기록과 연구가 부족해서, 이 도서관이 어떤 성격을 지녔고, 어떻게 기능했는지, 그 전모를 알기 어렵다. 일제강점기 조선 도서관 체제의 정점에 있었고, 이후 국립도서관으로 전환된 중요한 곳임에도, 조선총독부도서관에 대한 책과 논문은 거의 찾아보기 어렵다. 1973년 발간된《국립중앙도서관사》에서 다룬 수십 페이지 분량이 고작이다.

그럼에도 우리가 '조선총독부도서관과 그 시대'에 주목해야 하는 이유가 있다. 우리 도서관 제도의 큰 틀이 이 시기에 놓였기 때문이다. 이 땅의 근대 도서관은 식민 시대를 거치면서 도입되었지만, 그 시절 도서관은 사상과 지식의 통제 기관이기도 했다. 동시에 도서관은 '국가주의'와 '동원 체제'에 복무하는 공간이었다. 이런 이유로 해방 후 우리 도서관의 과제는, 일제강점기의 잔재를 어떻게 '청산'할 것인가에 맞췄어야 했다.

문제는 우리 도서관 분야에서 이런 논의와 실천이 이뤄졌느냐 하는 점인데, 안타깝게도 우리 도서관은 식민 시대의 '청산'보다는, 현상 '유지'와 도서관학 지식의 '수입'에 급급했다. 우리 도서관은 식민 시대의 '청산'을 미루면서, 또 다른 식민의 현장으로 '전락'한 건 아닐까.

'조선총독부도서관'은 해방 후 '국립도서관'을 거쳐, '국립중앙도서관'으로 바뀌지만, 그 자리는 롯데백화점과 롯데호텔이 들어서며 흔적이 사라졌다. 1925년 문을 열어 반세기 동안, 식민지 조선과 대한민국 도서관을 이끌던 건물은 그렇게 철거되었다. 소공동 6번지, 지금은 롯데백화점 주차장으로 쓰이는 공간에는 '국립중앙도서관 옛터' 표석 하나만 남았다.

'제국의 사서' 이재욱과 박봉석은
'친일파'인가?

지금의 국립중앙도서관은 1963년까지 '국립도서관'이라 불렸다.
'국립도서관'은 조선총독부도서관의 시설, 장서, 사람을 그대로 승
계해서, 1945년 10월 15일 문을 열었다. 여기서 짚고 넘어갈 부분
은, 조선총독부도서관의 거의 모든 부분을 승계한 도서관이, '간판'
만 바꿔 단다고 '국립도서관'으로 전환될 수 있느냐 하는 점이다.

이 전환은 조선총독부에서 일하던 관료와 경찰이 미군정을 거쳐,
대한민국 공무원과 경찰로 그대로 이어진 현실과 무엇이 다를까?
작가 박완서는《그 많던 싱아는 누가 다 먹었을까》에서 그녀가 겪
은 '해방'의 풍경을 이렇게 남겼다.

달라진 건 아무것도 없었다. 일본인 교장 선생님과 선생님들이 안 보이는 건 당연했지만 일본어를 가르치던 국어 선생님이 그냥 우리 말의 국어 선생님으로 눌러앉아 있는 건 잘 이해가 안 됐다.

두 달 전까지 '사상의 관측소' 역할을 하며 '총독부도서관'으로 군 림하던 곳이, 간판만 바꿔 단다고 '국립도서관'이 되는 걸까? 경찰 과 관료뿐 아니라 국립도서관에서 확인할 수 있는 모습이 우리가 겪은 '해방'의 실체는 아니었을까?

•

대한민국 정부보다 먼저 출범한 '국립'도서관

국립도서관이 개관한 1945년 10월 15일은 대한민국 정부 수립 전이다. 정부가 수립도 되기 전에 '국립'도서관이 존재할 수 있는가 라는 문제 제기가 있을 수 있다. 국립서울대학교 역시 같은 질문을 피할 수 없다. 국립도서관과 국립서울대학교 모두 실질적인 설립 주 체는, 대한민국 정부가 아닌 '미군정'이었음을 상기할 필요가 있다.

일제 통치 기구와 제도, 인력을 그대로 유지한 미군정의 '현상 유 지' 정책이 아니었다면, 국립도서관과 국립서울대학교는 다른 방향 으로 설립되었을 가능성이 있다. 국립도서관 이재욱李在郁 관장과 박봉석朴奉石 부관장은 조선총독부도서관 고위직에 있던 이들이다. 해방 조국에서 일제에 부역하지 않은 인물을 중심으로 새로운 도서 관을 설립하자는 논의가 일었다면, 국립도서관 건립 양상도 달라졌 을 것이다.

국립도서관 탄생 과정에서 빼놓을 수 없는 사람이 바로 박봉석이다. 박봉석은 도서관 분야에서 '한국 도서관의 아버지'로 평가받는 인물이다. 1905년 8월 22일 경남 밀양에서 태어난 박봉석은, 1927년 중앙고등보통학교를 나와, 1931년 중앙불교전문학교(동국대학교의 전신)를 졸업했다.

　1931년 3월부터 조선총독부도서관에서 일하기 시작했고, 신분은 고원雇員이었다. 박봉석은 조선총독부도서관에 들어간 시기부터 1945년 해방이 될 때까지, 주로 분류와 편목 업무를 담당했다. 1939년 3월에는 일본 문부성 공립도서관 사서 검정 시험에 합격했다. 해방될 때까지 조선인 중 일본 문부성이 발급한 '사서 자격증'을 보유한 사람은, 최장수와 박봉석 두 사람뿐이다.

　박봉석은 1940년 개성 중경문고中京文庫 개관 준비를 맡으면서 새로운 분류표를 완성했고, 이를 〈조선공공도서관 도서분류표〉로 발표했다. 1940년 시점에 조선총독부도서관 서열 10위였던 박봉석은, 1942년에는 80여 명의 직원 중 서열 3위로 뛰어올랐다. 오기야마 히데오荻山秀雄 관장과 이재욱 부관장에 이어, '넘버 스리'였던 셈이다.

　해방 직후인 1945년 8월 16일 박봉석을 비롯한 조선인 직원은, 일본인으로부터 조선총독부도서관 접수를 결의하고, 도서관 장서와 시설 보존에 힘썼다. 1945년 9월 1일 박봉석은 건국준비위원회(건준)를 방문했고, 건준으로부터 조선총독부도서관과 철도도서관의 운영을 요청받았다. 조선총독부도서관 접수와 건국준비위원회 접촉, 낙향한 이재욱 관장 추대 같은 일련의 움직임을 보면, 박봉석은 '정무적' 감각도 상당한 인물이 아니었나 싶다.

1945년 10월 1일 오기야마 히데오 관장으로부터 도서관 운영권을 넘겨받았고, 10월 15일 아침 9시 이재욱을 관장으로, 박봉석 자신은 부관장으로 국립도서관을 개관했다. '국립도서관'이라는 이름은 박봉석과 미군정 문교부 최승만 교화과장이 정했다.

●

박봉석에 대한 불편한 진실

1945년 12월 미군정은 국립도서관의 법률 분야 장서를 법제도서관으로 이관하고자 했다. 박봉석과 도서관 직원은 미군정을 설득해 이 조치로부터 도서관 장서를 지켰다. 1946년 4월 1일에는 '국립조선도서관학교'를 설립해서, 사서 양성에 힘썼다. 국립조선도서관학교는 도서관 인력 양성을 위해 조선인 스스로 설립한 최초의 교육 기관이다. 박봉석은 1945년 조선도서관협회와 1947년 조선서지학회 결성을 주도하고, 〈조선십진분류표〉와 〈조선동서편목규칙〉을 발표하며, 열정적으로 활동했다.

박봉석을 다룬 책마다 그가 일제강점기에 만든 〈조선공공도서관 도서분류표〉가 "당시 여건으로는 신분상 위험이 따르는 일"이며, "냉혹한 일본의 침략 정책 밑에서 박봉석의 굳은 민족의식을 엿볼 수 있는 흔쾌한 일"이라고 서술하고 있다. 박봉석이 일본 다음에 '조선문'을 배치한 이 〈분류표〉가, 그의 민족주의 성향을 드러내는 지점일까?

박봉석은 〈조선공공도서관 도서분류표〉를 1940년과 1941년에 걸쳐 《문헌보국文獻報國》을 통해 공개 발표했다. 《문헌보국》이 어떤 매체인가? 총독부 소속 관서인 조선총독부도서관의 '기관지'다. 총독부뿐 아니라 특고경찰이 감시의 눈빛을 번득이는 상황에서, 민족의식이 엿보이는 〈분류표〉를 공개적인 지면을 통해 발표하는 게 가능했을까? 이런 상황을 누구보다 잘 알았을 박봉석이, 신분상 위험이 따르는 〈분류표〉를 만들어, 조선총독부도서관 기관지에 발표까지 했다?

박봉석은《문헌보국》에 발표한 〈조선공공도서관 도서분류표〉의 첫 문장을 이렇게 시작하고 있다. "신동아 건설의 가을, 우리 조선 도서관계도 그 박차를 가해야 하나, 발랄한 활동을 하고 있다고 말할 정도는 아니다." 박봉석이 '조선 도서관계도 박차를 가해야 한다'고 언급한 '신동아 건설'은, 일제가 부르짖은 '대동아공영권'을 지칭

국립도서관 초대 부관장 박봉석
국립중앙도서관 2층 문화마루에는 박봉석 부조가 새겨져 있다. 일제강점기 박봉석은 조선총독부도서관에서 서열 3위까지 올랐다. 해방 직후부터 한국전쟁 기간까지 박봉석은 국립도서관 개관, 조선도서관협회 결성, 국립조선도서관학교 설립 같은 활발한 활동으로 우리 도서관의 기틀을 마련했다. ⓒ 백창민

한다.

박봉석이 만든 〈조선공공도서관 도서분류표〉는 그의 민족주의
성향을 드러내는 대목이 아니라, 사서로서 그가 지닌 열정과 성실
함을 보여 주는 지점이 아닐까? '한국 도서관의 아버지', '한국의 멜
빌 듀이', '도서관 사상가'… 박봉석에 대한 헌사와 찬사는 넘치지
만, 정작 그의 '사상'을 제대로 확인할 수 있는 '전집'은 출간조차 되
지 않았다. '한국 도서관의 아버지'인 박봉석이 이럴진대, 다른 사람
은 말해 무엇하랴. 초대 국립도서관장 이재욱의 저술을 모은《이재
욱 전집》도, 도서관이나 문헌정보학계가 아닌, '영남민요연구회'에
서 출간했다.

●

이재욱은 왜 철저히 잊혔을까

이재욱은 국립도서관(1945~1963년) 역사상 유일한 '사서 출신 관
장'이다. 대구에서 태어난 이재욱은 경성제국대학 법문학부 조선어
문학과를 졸업했다. 1931년 조선총독부도서관에 촉탁으로 들어가,
'사서'를 거쳐, 1943년에는 조선총독부도서관 서열 2위인 '부관장'
이 되었다.

1905년 박봉석과 같은 해에 태어난 이재욱은, 조선총독부도서관
에도 같은 해(1931년)에 들어갔다. '동갑내기'에 '입사 동기'인 셈인
데, 이재욱의 승진이 더 빨랐다. '제국대학' 출신인 데다가, 중추원
참의를 지낸 조부 이병학의 '후광'이 작용했을 수 있다. 식민지 도서
관에서 보기 드문 '출세'를 한 걸 보면, 이재욱이나 박봉석 모두 '능

력'을 인정받았던 모양이다.

오기야마 히데오 관장이 와병 중일 때는, 부관장인 이재욱이 총독부도서관을 이끌기도 했다. 이재욱은 1945년 초 조선총독부도서관을 그만두고, 고향인 대구로 내려가 경북도청에서 일하다가, 해방을 맞았다. 해방 이후 국립중앙박물관장 김재원과 이병도의 추천을 받아, 국립도서관 초대 관장이 되었다.

이재욱은 1935년《농촌도서관의 경영법》을 한성도서주식회사를 통해 발간했고, 해방 후 1947년에는《독서와 문화》를 조선계명문화사를 통해 출간했다. 이재욱이 남긴 글을 살펴보면, 국문학과 민속학, 서지학, 도서관학 분야에서 상당한 식견을 지녔음을 알 수 있다. 이재욱은 조선어문학회와 진단학회, 조선서지학회 발기인으로 참여했고, 1946년 박봉석에 이어 조선도서관협회 2대 회장을 맡았다.

박봉석 부관장과 함께 '국립조선도서관학교'를 만들어, 강사로도 활동했다. 일제강점기부터 해방 이후까지 그는 도서관 분야 '강습회'에서 빠지지 않는 강사였다. 특히 1939년부터 1943년까지 조선도서관연맹 주최로 열린 도서관 강습회에서, 이재욱은 강사로 나선 사람 중 '유일한' 조선인 사서였다.

그가 가진 실력이나 존재감으로 볼 때 이재욱은 박봉석에 필적하면 필적했지, 부족한 사람이 아니다. 박봉석이 도서관학을 중심으로 전문성을 키운 사람이라면, 이재욱은 도서관학뿐 아니라 여러 학문 분야를 넘나들며, 팔방미인 같은 재능을 뽐낸 사람이다. 도서관 분야에서는 박봉석이, 도서관 분야 밖에서는 이재욱에 대한 평가가 높았을 것이다. 그럼에도 어찌 된 일인지, 이재욱은 잊혔다.

●

'제국의 사서' 이재욱과 박봉석은 '친일파'인가

해방 직후 박봉석이 장서와 시설을 지키고, 일본인 관장으로부터 도서관을 넘겨받아 국립도서관으로 전환한 활동은 그의 공적으로 치하해 마땅하다. 하지만 박봉석이 '사상 관측소' 역할을 한 조선총독부도서관에서 서열 3위까지 오른 사실을 어떻게 봐야 할까? 총독부도서관 부관장이었던 이재욱 역시 마찬가지다. 도서관에 대한 열정과 업무 능력이 남달랐음을 알 수 있지만, 이들이 몸담은 조직이 일제 통치 기구의 하나였음을 고려할 때 당혹스러운 것도 사실이다.

이재욱은《조선총독부 직원록》에 1937년부터 이름이 나타난다. 처음에는 '촉탁'이라고 나오는데, 조선인 중에 가장 많은 수당을 받았다(월 수당 73원). 1939년에는 '촉탁'이 아닌 '사서'로 기록이 나온다. 조선총독부도서관에서 일한 조선인 중 가장 먼저 '사서'가 되었다. 총독부도서관에 들어간 지 8년째인 1939년부터 이재욱은, 오기야마 히데오 관장에 이어, 두 번째로 관등이 높았다.

1940년에는 이재욱과 함께 박봉석이 '사서'로 기록된다. 1941년《조선총독부 직원록》부터는 조선인 이름이 사라지고, 일본식 이름만 나타난다. 사서 '아오키 슈조靑山修三'가 이재욱이고, 사서 '와야마 히로시게和山博重'가 박봉석이다. 〈개정조선민사령〉에 의해 1940년 2월 11일부터 '창씨개명'이 시행되는데, 이재욱과 박봉석 모두 1941년《조선총독부 직원록》작성 이전에 창씨개명을 했다.

조선총독부 소속 기관에서 일하면서, 창씨개명을 피하기 어려웠을 테고, 창씨개명 여부가 친일 부역의 잣대는 아니다. 하지만 이들이 식민지 조선에서 '사상 통제'를 주도한 조선총독부도서관에서 '고위직'으로 일한 조선인이라는 점은 주목할 대목이다.

조선총독부도서관 부관장 이재욱과 서열 3위 박봉석의 '관등'은 어느 정도였을까?《조선총독부 직원록》에는 1942년부터 오기야마 히데오荻山秀雄 관장만 표기하고, 직원의 관등은 1941년까지만 기록이 남아 있다. 1941년 이재욱은 사서 관직 4등급, 박봉석은 6등급이었다. 〈조선총독부도서관 직제〉를 살펴보면, 관장은 주임관, 사서는 판임관이다. 이재욱과 박봉석은 판임관인 사서였는데 관등은 이재욱이 더 높았다. 해방 즈음에는 이재욱과 박봉석 모두, 사서 2등급과 4등급으로 각각 승진했을 가능성이 있다.

해방 후 남조선노동당은 '주임관 이상'을 '친일파'로 규정했다. 1947년 3월 13일 남조선과도입법의원은 '부일 협력자, 민족 반역자, 전범, 간상범에 대한 특별법률조례(이하 〈특별조례〉)'를 상정하고, 7월 2일 최종안을 확정했다. 〈특별조례〉에 따른 부일 협력자는 10만~20만 명, 민족 반역자는 약 1000명, 전범은 200~300명, 간상배는 1만~3만 명으로, 총 20만 명 정도가 '친일 반민족 행위자'로 추산됐다. 제헌국회에서 만든 〈반민족행위처벌법〉(이하 〈반민법〉)은 '칙임관 이상'의 관리를 '친일파'로 규정했다.

남조선로동당의 규정, 남조선과도입법의원의 〈특별조례〉〈반민법〉까지, 어느 기준을 적용하더라도, 이재욱과 박봉석은 친일파로 '단죄'되지 않았을 것이다. 다만 당시 친일파 청산 기준이 '최대치'가 아닌, '최소치'에 가까웠다는 점은 생각할 필요가 있다. 또한 이재욱과 박봉석이 '사상의 관측소' 역할을 하던 조선총독부도서관의

'고위직 조선인'이라는 사실 역시 변함이 없다.

우리가 프랑스처럼 '엄격한' 과거 청산을 했다면, 이재욱과 박봉석은 '부일 협력자'에 포함되었을 수 있다. 친일 청산을 제대로 하지 못한 한국 사회는, 과학자와 건축가, 사서 같은 '테크노크라트'의 친일과 부역에 대해 관대하거나 신경 쓰지 않았다. 하지만 이 부분 역시 짚고 넘어가야 하지 않을까?

조선총독부도서관을 그대로 '승계'해서 문을 연 국립도서관은, '사상 통제 기관'으로 기능했던 자신의 과거에 대해 어떤 '반성'을 했을까? 국립도서관의 개관일을 1945년 10월 15일로 정하면, 그것

국립도서관의 전신, 조선총독부도서관
해방 후 '국립도서관'으로 쓰인 이 건물은 1923년 '조선총독부도서관'으로 지었다. 국립도서관은 1974년까지 반세기 동안 소공동에 자리했다. 국립도서관이 있던 자리에는 롯데백화점 본점 주차장이 들어섰다. ⓒ 서울역사박물관

으로 조선총독부도서관 시절의 과거는 '청산'되거나 '단절'되는 것인가? 국립도서관뿐 아니라, '제국의 사서'이자 일제강점기 지도적 위치에 있던 이재욱과 박봉석 같은 도서관인이, 식민 통치 기구에서 일한 과거에 대해 아무런 '반성'과 '입장 표명'이 없었던 점은 아쉬움으로 남는다.

●

도서관 지도자는 왜 '납북'되었을까?

한국전쟁이 터진 후인 1950년 7월 13일 국립도서관 박봉석 부관장은 '납북'되었다. 이재욱 관장 역시 7월 15일 정치보위부원에게 끌려갔다. 《이재욱 전집》에 이재욱 관장이 1950년 7월 20일 오후 2시 의정부시 가능동 부근에서 사망했다고 추정하는 내용이 있지만, 확실치 않다. 이재욱 관장의 아내가 그의 납북과 관련해 작성한 〈실향사민 신고서〉가 남아 있다. '사망'이 확실하다면, 〈실향사민 신고서〉를 따로 작성해서, 대한적십자사에 제출하지 않았을 것이다.

국립도서관 이재욱 관장, 박봉석 부관장뿐 아니라 서울대학교 도서관 초대 관장을 지낸 김진섭도 납북되었다. 국립도서관 동서과장을 지낸 박희영은 '근대 한국 도서관 선구자 3인'으로 이재욱, 박봉석, 김진섭을 꼽은 바 있다. 공교롭게 이 세 명은 한국전쟁 과정에서 모두 '납북'되었다. 실제로 이 세 사람은 해방 후 도서관 분야에서 지도적 위치에 있던 인물이다. 서울대학교 출범 직전 경성대학 시절 도서관장 이인영, 보성전문학교 도서관 초대 관장을 지낸 손진태도 납북되었다.

《북한 민족주의운동 연구》에서 이신철이 지적한 내용처럼 한국전쟁 과정에서 북한은 이른바 '모시기 공작'을 통해 저명인사를 포섭한 걸로 알려져 있다. '모시기 공작' 대상이 된 인물은 다섯 부류다. 첫 번째 남한에 머물던 북한 정당·단체에 속한 사람들, 두 번째 노동당 비밀 당원 또는 지지자이면서 남한 행정부와 국회에서 고위직으로 활동하던 사람들, 세 번째 남북연석회의에 참석한 인사들, 네 번째는 사회 각 분야의 저명인사 또는 전문가이면서 자수하거나 협력에 나선 사람들, 다섯 번째는 반동분자로 연행 또는 체포 대상자들이다.

이재욱, 박봉석, 김진섭은 사회 각 분야의 저명인사 또는 전문가에 해당한다. 해방 후 김일성과 북한 정권이 '도서관'에 관심이 많았던 점을 감안하면, 남한 도서관에서 지도적 위치에 있던 이 세 명을, 북한이 '모시기 공작' 대상에 올렸을 가능성이 있다. 인민군이 국립도서관 장서를 북한으로 이송하려 한 점까지 고려하면, 도서관 분야 전문가를 포섭 또는 납북해서, 북한 도서관 인프라 재건에 활용하려 했을 개연성이 있다.

한편 납북된 도서관 지도자들은 어떻게 되었을까? 1968년 발행된《북한총람》은 납북 이후 박봉석의 행적을 이렇게 전하고 있다.

박봉석 朴奉石 ▲전 도서관 부관장 ▲6·25 당시 납북 ▲1954년까지 인민지 人民誌 사에서 잡부로 일함 ▲1958년 12월경 함경남도 북청 과수농장 노동자로 이주함

책에 실린 내용이 사실이라면, 안타까운 소식이다. 박봉석의 간략

한 소식 외에, 이재욱, 김진섭, 이인영, 손진태의 납북 이후 행적은 알려진 바가 많지 않다. 한국전쟁 이후 생존했다면, 북한 도서관과 학계에서 활동했거나, 삶을 이어 갔을 것이다. 이들의 행적을 추적하는 건, 우리 도서관계가 풀어야 할 과제다.

또 하나 일제강점기까지 동질성을 유지했던 남북 도서관이 해방과 한국전쟁을 거치면서, 어떻게 '분단'되어 갔는지 규명하는 것도 과제다. 대학의 경우 경성제국대학을 모태로 서울대학교와 김일성종합대학이 '일란성 쌍생아'처럼, 미국식 대학과 소련식 대학으로 각각 변모했다는 분석이 있다. 남과 북의 도서관은 미국식 문헌정보학과 소련식 도서관학을 받아들여 어떻게 변화했을까? '도서관의 분단' 과정을 추적 하는 작업 역시, 우리 도서관 분야의 과제다.

●

전쟁이 도서관에 남긴 상처

한국전쟁 과정에서 도서관이 입은 피해는 컸다. 북한 인민군은 서울을 점령한 후, 국립도서관 고서 1만여 권을 이송하다가, 우이동에 은닉했다. 총무과장 남상영이 은닉한 고서를 찾아내 다시 회수했으나, 운이 좋은 사례에 해당한다. 한국전쟁 직후 서울대학교 도서관을 둘러본 연세대 도서관장 민영규가 남긴 증언을 보자.

"서고는 텅 비어 있고 난데없이 허청 같은 창고 속에 문제의 규장각 도서들이 몇백 석 노적가리처럼 쌓아 올려져 있었다. 실로 괴상한 광경이었다. 고서 한 권이 마치 돌멩이 팽개치듯 문전門前에서 대각선 저쪽까지 보내자면 10미터도 족히 될 거리를 이리저리 쌓고

쌓인 것이 천장까지 닿아 있었으니 말이다.

백린 사서가 그 몰골이 된 고서 무더기 속에서 석탄 광부가 무색할 정도로 검은 먼지를 뒤집어쓰고 한 권 한 권을 캐어 내고 있었다. 시멘트로 된 밑바닥에 썩은 물이 흠뻑 괴었다.

나중에 안 사실이지만, 서울이 유엔군에 의해 탈환은 되었으나 아직 민간의 입주가 허용되지 않았을 때 미 본국의 모 기관에서 파견되었다는 어느 여인이 규장각 도서를 마이크로필름으로 찍어 가고 난 뒤의 처참한 모습이 그 꼴이었던 것이다.”

마이크로필름으로 촬영한답시고, 썩은 물 바닥에 규장각 귀중본을 노적가리처럼 내팽개치고 간 ‘모 기관 어느 여인’은 누구였을까? 서울대학교 도서관에서 35년 동안 재직한 박종근에 따르면, 미8군 소속 ‘라이샤워 여사’였다고 한다. 그녀는 이렇게 촬영한 마이크로필름을 오키나와 극동군 사령부로 가져갔지만, 이후 필름의 행방은 묘연해졌다.

한국전쟁 기간 국립도서관은 ‘다른 용도’로 쓰이기도 했다. 인민군은 서울을 점령한 후 국립도서관을 ‘서울시 정치보위부’로 사용했다. 도서관을 납북 인사를 조사하고, 억류하는 공간으로 활용한 것이다. 백인제와 백붕제는 1950년 7월 19일 체포되어, 국립도서관에 2주 동안 억류됐다가, 서대문형무소로 옮겨 갔다. 그 후 9·28 서울 수복으로 인민군이 퇴각할 때 미아리 고개를 거쳐, 북으로 끌려 갔다.

백인제와 백붕제 외에도, 위당 정인보, 독립운동가 박열, 동국대학교 교수 정준모, 대구대학 초대 학장 전봉빈, 재무부 인사과장 노홍열, 〈국경의 밤〉을 쓴 시인이자 언론인 김동환, 《동아일보》 편집국장 장인갑, 《서울신문》 사회부장 겸 문화부장 여상현, 국제보도사 편집국장 한상직, 《자유신문》 기자 조경석, 《민주일보》 기자 호해섭, 방송인 이석훈과 최충현, 출판인 김영철, 창덕여자중학교장 박승호가 소공동 국립도서관에 억류되었다가 납북되었다. '서울시 정치보위부'로 쓰인 만큼, 이들 외에도 수많은 인사가 국립도서관에서 조사를 받고 북으로 끌려갔다.

알렉산드리아 도서관을 비롯하여, 무릇 전쟁을 통해 파괴된 도서관이 한둘이 아니지만, 한국전쟁이 우리 도서관에 남긴 상처는 컸다. 철도도서관과 춘천도서관, 진주도서관은 완전히 '파괴'되었고, 건물과 장서가 온전한 곳을 찾기 어려울 정도로 인적·물적 손실이 심각했다.

●

대통령에게 찍혀 '잘린' 국립도서관장

이재욱 관장이 납북되면서, 공석이 된 국립도서관장 자리에, 1951년 2월 17일 후임으로 임명된 사람은 조근영이다. 경북 영양 출신으로 와세다대학 정치경제과를 졸업한 그는, 초대 문교부(지금의 교육부) 문화국장을 지냈다. 조근영 관장은 5년 2개월 재임했다. 국립도서관과 국립중앙도서관을 통틀어, 가장 재임 기간이 긴 '최장수 관장'이다. 동시에 대통령에게 찍혀 '잘린' 첫 관장이기도 하다.

《동아일보》 기사에 따르면, 1956년 4월 18일 이승만 대통령이 국립도서관을 시찰했다. 도서관을 둘러보는 과정에서 청소 상태가 마음에 들지 않았는지, 이 대통령이 불쾌한 표정을 지은 모양이다. 대통령 시찰로부터 4~5일이 지난 후, 조근영 관장은 문교부 장관으로부터 '스스로 물러나지 않으면 좌천'될 거라는 사임 압박을 받았다. 청소 상태를 이유로 사임하는 것은 부당하다고 판단한 조근영 관장은, 〈문교부 장관 이선근 씨에게 보내는 공개장〉이라는 반박문을 신문 지면에 발표했다.

'지금까지 사재를 털어 가며 양심적으로 도서관 발전에 심혈을 기울여 왔는데, 사소한 이유로 기관장을 '초개'와 같이 희생시킨다면 어떤 공무원이 안심하고 자신의 직무에 충실할 수 있겠느냐, 설사 대통령이 일시적으로 화가 나서 과도한 지시가 있다 해도, 문교부 장관이라면 사리 판단을 해서 피해가 가지 않도록 조치해야지, 부하에게 사표만을 강요하는 것은 천만부당하다'라는 내용이었다. 청소 상태를 이유로 국립도서관장을 사임시키는 행태도 황당하지만, 대통령이 인상 썼다고 관장을 자른, 문교부 장관 이선근도 우습

국립중앙도서관 옛터 표석

서울 소공동 롯데백화점 본점 주차장에 있는 국립중앙도서관 옛터 표석이다. 지금은 백화점 주차장으로 변했지만, 바로 이곳에 조선총독부도서관과 국립도서관, 국립중앙도서관이 자리했다. 이곳은 한국 도서관 역사에서 가장 중요한 공간 중 하나다. ⓒ 백창민

기는 마찬가지다.

1955년 4월 조선도서관협회는 총회를 열어, 한국전쟁으로 활동이 중단된 협회를 '한국도서관협회'로 바꾸고, 회장과 간사를 각각 선출했다. 한국도서관협회로 이름을 바꾼 후 첫 번째 회장이 조근영 관장이고, 간사는 훗날 마을문고 운동을 이끈 엄대섭이 맡았다.

●

친일파부터 과학자 출신 관장까지

조근영 관장이 '잘린' 뒤 국립도서관은 어떤 관장이 거쳐 갔을까? 3대 정홍섭 관장은 역대 국립도서관장 중 《친일인명사전》에 오른 유일한 인물이다. 일제강점기에 그의 이름은 요시다 히로아키吉田浩明. 도서관 분야에도 친일 행적을 보인 이들이 있지만, 중요한 시기에 관장 자리에 오른 이가, 시류에 잘 영합하는 '친일 관료' 출신이었다는 점은, 국립도서관에 불행한 일이었다. 3대 관장 정홍섭은 불과 8개월 남짓 관장 자리에 머물러, 역대 관장 중 손꼽을 정도로 재임 기간이 짧았다. 국립도서관장 자리가 문교부 관료가 '짧게 머물다 가는 곳'으로 자리매김하기 시작한 건 정홍섭 이후부터다.

김상필 5대 관장은 1900년 3월 22일 함북 성진에서 태어나, 함흥 영생중학교 교장을 하다가, 해방 후 월남했다. 《조선일보》 감사역과 문교부 수석장학관, 공보실 선전국장을 거쳐, 1956년 8월 문교부 문화국장을 지냈다. 그가 국립도서관장으로 2년 4개월 재임하는 동안 4·19 혁명이 일어났다. 이 과정에서 김상필 관장이 "국립도서관 직원들에 의해 사표를 제출케 됐다"라는 언론 보도가 남아 있다. 국립도서관에도 '혁명의 기운'이 번진 걸까? 도서관 직원이 들고 일어나 관장을 몰아낸 건지, 관장직을 유지하기 어려울 정도로 직원들에게 신망을 잃은 건지 궁금하다. 하지만, 구체적으로 어떤 일이 있었는지 알기 어렵다.

8대 최락구 관장은 마지막 국립도서관장이면서, 첫 국립중앙도서관장이다. 그의 재임 기간 중인 1963년 10월 28일 〈도서관법〉이 제정·공포되면서, 국립도서관이 '국립중앙도서관'으로 명칭을 바꿨기 때문이다. 최락구 관장은 경남 고성 출신으로, 문교부 사회교육과장을 거쳐, 국립도서관장에 임명됐다. 소공동 국립도서관 건물을 민간에 매각하고, 국유지에 새롭게 도서관을 건립하자는 구상도 이즈음부터 있었다.

최락구는 국립도서관장 재임 후 국립과학관장을 거쳐, 1967년 문교부 편수국장으로 발령받았다. 문교부 편수국장으로 일한 후 1969년 11월부터는 창덕여자중학교장을 맡았다. 그가 창덕여자중학교장으로 재임하던 1971년 7월 8일《경향신문》에 다음과 같은 기사가 실렸다. "문교부는 무인가 학급 증설, 신입생 정실 입학 찬조금 강징, 부정 전입학, 부교재 강매 등 부정행위를 저지른 것이 특별 감사에서 드러난 서울사대부속국민학교 최삼준 교장, 서울북공고 박재남 교장, 창덕여중 최낙구 교장 등 3명을 8일 직위 해제하고 교육공무원법 56조에 따라 징계위에 회부, 파면키로 했다." 국립도서관장 출신이 이후 공직 생활 중 비위 사실로 불명예 '파면' 당한, 첫 사례다.

국립도서관의 잃어버린 13년

초대 이재욱 관장 이후 국립도서관장은 2대 조근영 관장을 제외하면, 대체로 재임 기간이 1년 내외로 짧았다. 대부분은 문교부 고위 관료 출신이었다. '사서 출신' 도서관 전문가의 임명은 이뤄지지 않았다. 2대 조근영 관장부터 8대 최락구 관장까지, 문교부 국·과장 출신이 아닌 관장은 단 한 명도 없었다.

'사서'가 관장으로 선임되지 않고, 재임 기간까지 짧다 보니, 국립도서관장으로서 전문성을 기를 시간도 없었다. 문교부 관료 출신 관장 임명은 국립도서관 정체성 확립에 악영향을 끼쳤다. 국립도서관은 문교부 고위 관료가 '짧게 거쳐 가는' 산하 기관으로 자리 잡기 시작했다.

국립도서관이 국립중앙도서관으로 바뀌는 계기는, 1963년 〈도서관법〉을 통해서다. 해방 후 18년 만이었다. 그 기간 동안 국립도서관을 비롯한 모든 도서관은, 법적으로 지위가 보장된 기관이 아니었다. 한때 '제국의 도서관'으로 뚜렷한 존재감을 지녔던 조선총독부도서관은, 해방 후 국립도서관으로 거듭났지만, '국립공공도서관' 수준으로 위상이 약해졌다. '국립서초도서관'으로 종종 놀림 받는 '국립중앙도서관'의 허약한 위상은 이때부터 시작되었다.

1945년 10월 15일 재개관 시점에, 국립도서관이 보유한 장서는 28만 4457권이었다. 국립중앙도서관으로 이름이 바뀐 1963년 시점의 장서는 35만 8198권. 국립도서관이라 불린 18년 동안 늘어난 장서량은 7만 3741권에 불과하다. 한국전쟁 기간이 끼어 있지만,

18년 동안 연평균 4096권이 늘어났을 뿐이다. 일제강점기와 비교하면, 장서량 증가 속도는 4분의 1에 그쳤다.

해방 후 국가도서관의 기틀을 마련했으나, 한국전쟁 이후 국립도서관은 장서 증가 속도나 인프라 면에서 일제강점기보다 퇴보한 건 아닐까? 이런 맥락에서 국립도서관에게 한국전쟁 이후 시간은 '잃어버린 13년'인지 모른다. 식민 잔재 청산과 공화국에 걸맞은 도서관 비전을 수립하고 매진했어야 할 이 시기, 국립도서관은 '청산'도 '비전 수립'도 하지 못한 채, 세월만 흘려보낸 건 아닐까? 조선총독부도서관과 국립중앙도서관 사이에서, '국립도서관'의 시대는 그렇게 저물었다.

국가도서관에 자리한
독재자의 '하사품'

국립중앙도서관

　'국립중앙도서관'은 '조선총독부도서관'이 문을 연 1925년에 설립된 걸까? 아니면 1945년 개관한 '국립도서관' 시절에 출발한 걸까? 종로도서관, 남산도서관, 부산광역시립시민도서관은 모두 일제강점기 문을 연 날로부터 도서관 역사를 헤아린다.

　일제 식민 통치를 경험한 국립타이완도서관National Taiwan Library 역시, 도서관 개관 시점을 타이완총독부도서관이 문을 연 1914년부터 꼽고 있다. 반면 국립중앙도서관은 조선총독부도서관 시절을 자신의 역사로 포함시키지 않는다. 국립중앙도서관은 1945년 10월 15일을 '개관일'로 삼고 있다. 이날은 국립도서관이 문을 연 날이며, 미군정 시절이다.

흥미로운 대목은, 1970년대 초반까지는 국립중앙도서관이 지금과 다른 관점을 취했다는 점이다. 1973년 발간된《국립중앙도서관사》는 조선총독부도서관 관장인 오기야마 히데오를 '1대 관장'으로 표기했다. 해방 후 국립도서관 초대 관장을 역임한 이재욱은 '2대 관장'으로 기록하고 있다.《국립중앙도서관사》가 발간된 시점까지만 해도, '조선총독부도서관 시절'을 국립중앙도서관의 역사로 포함시켰음을 알 수 있다.

2006년 발간된《국립중앙도서관 60년사》부터는 조선총독부도서관 시대를 거의 다루지 않을 뿐 아니라, 자신의 역사로 포함시키지 않았다. 국립중앙도서관이 1945년부터 '60년' 된 도서관이라는 사실을, 자체 발간물로부터 분명히 명시했다. 이런 입장은 2016년 발간한《국립중앙도서관 70년사》에도 그대로 이어졌다.

●

국립중앙도서관이 '남산'으로 간 까닭은?

소공동에 있던 국립중앙도서관은 1974년 남산 중턱으로 이전했다. 국립중앙도서관이 도심 소공동에서 접근이 불편한 남산으로 이전한 배경에는, 황당한 사연이 있다. 박정희 정권은 을지로 롯데타운 건설 과정에서, 국립중앙도서관 부지를 롯데그룹에 넘겼다. 서울 도심 개발 과정에서 국립중앙도서관의 이전은 고려할 수 있는 일이다. 문제는 이전 자체보다 그 과정이 '졸속'이었다는 점이다. 소공동 부지를 롯데그룹에 내주면서, 국립중앙도서관은 이전할 공간을 마련해야 했다. 이 과정에서 국립중앙도서관 이전 장소가 남산

어린이회관 건물로 '졸속' 결정되었다.

국립중앙도서관은 1973년 10월 롯데에 소공동 부지를 8억 원에 매각하기로 했다. 하지만 다음 해인 1974년 6월까지 이전 부지를 마련하지 못했다. 정상적인 상황이라면, 이전할 부지를 먼저 확정하고, 기존 부지를 매각하는 수순이 맞다. 국립중앙도서관은 정권의 압력으로, 도서관 부지부터 먼저 내놓고, 9개월 가까이 이전할 장소를 정하지 못했다.

남산 어린이회관은 처음부터 도서관 용도로 지은 건물이 아니다. 접근성뿐 아니라 장서 보존을 포함한 여러 문제가 발생하는 건, 필

국립중앙도서관으로 쓰인 남산 어린이회관
무애 이광노가 설계한 남산 어린이회관은 당시 첨단 소재와 최신 공법을 사용해 완공한 건물이다. 프리캐스트 공법으로 콘크리트 구조물을 외벽에 쌓아 커튼월로 마감했다. 층마다 돌출된 처마는 한국 전통 건축의 곡선미를 살린 요소다. © 백창민

연적인 귀결이었다. 지은 지 얼마 안 된 어린이회관 건물은, 언론을 통해 '안전' 문제까지 거론됐던 모양이다. 어린이회관으로 '부실'한 건물이 도서관으로는 '안전'했을까?

사실 국립중앙도서관은 장서가 늘고, 공간이 부족해지면서, 1960년대부터 이전 논의가 있었다. 1968년에는 화재로 3000권의 책이 불타기도 했다. 국가도서관 최초의 화재 사건이다. 화재로 수천 권의 책이 손실된 국립중앙도서관은, 17년 후인 1985년 시설 점검 때 '소방 시설 불량' 판정을 받기도 했다.

1969년 국립중앙도서관은 문예중흥 계획에 따라, 130만 권을 수용할 수 있는 1만 2000평의 설계안을 제시했다. 이 설계안은 20억 원의 재원 마련 문제로 중단되었다. 여의도에 6000평 건물을 새로 짓기로 한 또 다른 안은, 추진조차 되지 않았다. 동숭동 서울대학교 문리대 부지가 매각되면서, 그 자리로 국립중앙도서관을 옮기자는 의견이 일었으나, 당국이 묵살했다. 우여곡절 끝에 국립중앙도서관이 이전한 곳이 남산 어린이회관이었다.

●

남산 시절의 국립중앙도서관

1966년 박정희는 남산에 '종합민족문화센터'라는 이름으로, 국립극장과 도서관, 현대미술관, 종합박물관, 세종대왕기념관을 포함해 매머드급 문화 시설을 짓는다는 계획을 발표했다. 예산을 포함한 여러 문제로, 국립극장과 국립국악원 국악사 양성소(지금의 별오름극장)만 짓고, 도서관을 포함한 나머지 시설은 '백지화'되었다. 국립중앙도서관은 종합민족문화센터 부지에 신축되지 않고, 어린이회관으로 이전했다. 소공동이라는 도심에서 남산으로 밀려나면서, 신축도 아닌 어린이회관 건물로 쫓겨난 것이다.

남산 어린이회관은 종합 전시실, 과학 오락 전시실, 실험실, 도서실, 천체과학관, 수영장, 체육관 같은 시설을 갖추고, 1970년 7월 25일 문을 열었다. 영부인 육영수 주도로 지은 어린이회관은 지하 1층, 지상 18층 건물로, 개관 당시 동양 최대 규모였다. 최상층에는 1시간에 360도 회전하는 원형 회전식당을 처음으로 설치했다.

남산 어린이회관은 서울대학교병원 본관과 국기원을 작업한 건축가 무애 이광노가 설계한 건물이다. 철근콘크리트조 건물이며, 미리 제작한 프리캐스트 콘크리트를 외벽에 반복적으로 사용해서 마감했다. 서울대 건축학과 교수를 역임한 무애 이광노는 김중업, 김수근과 함께, 한국 현대 건축 1세대를 대표하는 건축가다. 남산 어린이회관은 건축 의도와 상관없이 '도서관'으로 용도변경되었으나, 이광노는 서울대학교 규장각, 제주대학교 도서관을 작품으로 남겼다.

동양 최대 규모로 문을 연 남산 어린이회관은, 문을 연 지 얼마 지나지 않아, 1973년 5월 5일 능동에 문을 연 어린이대공원으로 이전하기로 했다. 연건평 2만여 제곱미터의 '새 건물'을 지어서 말이다. 어린이가 이용하기 불편하고, 교통편이 좋지 않다는 이유였다. 어린이와 부모가 접근하기 어렵고 불편한 그 공간이, '도서관 이용자'에게는 편리했을까?

어린이회관의 능동 이전이 결정된 후, 국립중앙도서관은 약 5개월의 보수 공사를 거쳐, 1974년 12월 남산 어린이회관 건물로 입주

했다. 국립중앙도서관의 남산 '이전'은, 1967년 탑골공원에서 종로
도서관을 '철거'한 사건과 함께, 박정희 정권이 도서관을 어떻게 여
겼는지 보여 주는 상징적인 사건이다.

국립중앙도서관이 두 번째로 옮겨 간 남산 회현 자락은 사연 많
은 터다. 이곳은 일제강점기 '조선신궁朝鮮神宮'이 자리했던 곳이다.
국립중앙도서관은 1974년 12월부터 1988년 5월까지, 13년 5개월
동안 조선신궁 터였던 남산 자락에 머물렀다. 1988년 국립중앙도
서관이 반포동으로 이전한 후 남산 어린이회관 건물은 '서울시과학
교육원'으로 바뀌었다. 1999년 1월부터는 '서울특별시교육청교육
연구정보원'으로 쓰이고 있다.

●

국립'서초'도서관인가, 국립'중앙'도서관인가

1988년 국립중앙도서관이 새롭게 이전한 반포동 부지는, 지하철
서초역과 서울고속버스터미널 중간쯤에 위치하고 있다. 지금 기준
으로 봐도 교통이 편리한 곳이 아니다. 도서관 전용 건물을 새로 지
어 이전했다는 점에서는 다행일지 모르나, 접근성 면에서 좋은 점
수를 주기 어렵다. 그나마 서울고속버스터미널 근처에 있어서, 지
방에서 올라오는 이들이 이용하기 낫다는 점을 위안 삼아야 할까?

반포대교부터 예술의전당까지 이어지는 길은 '반포대로'다. 반포
대로는 서울고속버스터미널, 가톨릭대학교 서울성모병원, 서울지
방조달청, 국립중앙도서관, 대한민국 학술원, 대검찰청과 대법원,
예술의전당까지 주요 기관이 밀집한 곳이라 '강남의 세종로'라고

불린다.

'금싸라기' 강남땅에 도서관이 있으니, 이 얼마나 대단하냐고 생각할 분도 있겠다. 반포대로에서 가장 접근성이 떨어지는 곳에 국립중앙도서관과 예술의전당이 있다. 국립중앙도서관 위치는 앞서 언급했고, 예술의전당은 어디에 있을까? 반포대로 끝자락, 왕복 8차선인 남부순환로 '건너편'에 있다. 군사 정권이 문화와 예술을 어떻게 바라봤는지 알 수 있는, 상징적인 대목이다.

문헌학자 김시덕 씨는 《갈등도시》에서 반포동 국립중앙도서관 부지가, 신흥 종교 박태선의 전도관(천부교)이 매입했던 땅임을 언급했다. 이곳이 '신앙촌'으로 개발되었다면, 국립중앙도서관은 어

국립중앙도서관

1988년 서초구 반포동에 개관한 국립중앙도서관. 개관 초기에는 지금처럼 도서관 전면에 '국립중앙도서관'이라는 이름을 부착하지 않았다. 국립중앙도서관은 본관과 디지털도서관, 사서연수관, 자료보존관 4개 건물로 이뤄져 있다. ⓒ 백창민

디에 건립했을까? 그 장소가 어디인지 특정할 수는 없지만, 그 입지의 특성은 알 수 있다. '접근성'이 좋은 곳은 아니었을 것이다.

서초구 반포동에 1988년 신축 개관한 국립중앙도서관은 지은 지 10여 년 만에 '균열'이 발생하며, '붕괴' 위험이 있다는 진단을 받기도 했다. 전용 건물을 지어 신축한 지 십수 년 만에 '부실 공사'로 안전 문제가 불거졌다니, 이 나라의 도서관은 정책부터 건물에 이르기까지, '부실투성이'였던 셈이다.

●

한반도에는 두 개의 '국립중앙도서관'이 있었다

'국립도서관'은 1963년 10월 28일 〈도서관법〉이 공포되면서, '국립중앙도서관'으로 이름을 바꿨다. 당시 국가가 세운 도서관이 여럿 있지 않고, 국립'지방'도서관이 따로 있지 않은 상황에서, 왜 '중앙'이라는 이름을 추가했을까? 한때 우리 사회에서 가장 인기 있는 상호는 '중앙'과 '서울'이었다. 국립도서관도 이 대열에 합류하고 싶었던 걸까?

'국립'에 '중앙'까지 더한 이름을 갖게 되면서, 국립중앙도서관은 전문적인 문화 시설로 '독립성'을 강화했을까? 이름과 달리 '종속성'이 심화된 것은 아닐까? 실제로 국립중앙도서관에 전문성 있는 사서직 관장은 임명되지 않았고, 문교부와 문체부 고위 관료가 날아와 관장 임기를 채우곤 했다. 국립중앙도서관 전환 초기에는 예산 배정뿐 아니라, 납본 제도마저 제대로 도입되지 않아, 장서 확보에 애를 먹었다.

국립도서관의 명칭 변경은 '북한'을 의식한 조치일 가능성도 있다. 북한은 1946년 평양시립도서관을 '국립중앙도서관'으로 이름을 바꿔, 국가도서관으로 삼았다. 평양의 '국립중앙도서관'은 1945년 서울에서 문을 연 '국립도서관'을 다분히 의식한 이름이라 할 수 있다. 이런 상황에서 1963년 남한의 국립도서관이 '국립중앙도서관'으로 이름을 바꿈으로써, 서울과 평양에 '국립중앙도서관'이 각각 존재하게 되었다.

이 때문인지 모르지만, 북한은 국립중앙도서관의 이름을 1973년 '중앙도서관'으로 바꿨다. 평양의 중앙도서관은 1982년 '인민대학습당'이라는 새로운 명칭으로 이름을 바꾸지만, 1963년부터 1973년까지 한반도에는 두 개의 '국립중앙도서관'이 있었다.

한편 북한은 1980년 7월부터 1년 9개월의 공사 기간을 거쳐 1982년 4월 1일 평양에 인민대학습당을 개관했다. 공교롭게도 국립중앙도서관의 신축 이전에 대한 기사가 흘러나오기 시작한 시점은 1981년 가을부터다. 이 시점은 북한이 평양 김일성광장에 인민대학습당을 대규모로 건립한 시기와 묘하게 '일치'한다.

북한이 김일성광장이라는 상징적인 공간에 세계 최대 규모의 도서관을 건립한 시점부터, 남한에서도 국립중앙도서관 신축 논의가 일기 시작한 것이다. 북한에서 거대한 국가도서관을 완공하니까, 남한 당국도 국립중앙도서관을 새로 짓자는 생각을 한 걸까? 세종문화회관과 여의도광장이 탄생한 에피소드를 떠올리면, 국립중앙도서관과 평양 인민대학습당의 '연관설'이 우연만은 아닐 수 있다.

한 가지 아쉬운 점은 남북 체제 경쟁이 '도서관' 분야에서 제대로 전개되지 않았다는 점이다. 평양 김일성광장 인민대학습당 건립에 맞서, 서울 광화문광장에 국립중앙도서관을 세운다든지, 단일 건물로 세계 최대 도서관으로 꼽힌다는 인민대학습당보다 더 큰 규모의 국가도서관을 짓는다든지…. 남북한의 체제 경쟁이 도서관 분야까지 전면적으로 '확대'되지 않은 점은 아쉽다.

●

건축가 서현의 국립중앙도서관 비판

위형복이 설계한 반포동 국립중앙도서관은 철근콘크리트 구조로 지은 지하 1층, 지상 7층 건물이다. 9×9미터 모듈을 기본으로 설계한 건물이다. 수직선과 수평선 모두 굵직하게 처리해서 웅장함을 강조했고, 외벽은 화강석으로 마감했다.

도서관 본관은 정면과 측면, 후면이 모두 같은 입면으로 처리되어 통일감을 주지만, 권위주의적 느낌을 주는 건물이다. 최초 설계에 있던 전면 계단과 식당 건물은 사라지고, 중앙광장은 축소되었다. 이 과정에서 관료주의적인 '관공서' 건물의 인상이 강화되었다. 국립중앙도서관과 유사한 외형을 가진 공공 기관 건물은 흔히 찾아볼 수 있다. 도서관 건물 특유의 독자성과 기능성이 외형에 드러나는 건물은 아니다.

건축가 서현은 국립중앙도서관 건물에 대해 이렇게 평한 바 있다. "국립중앙도서관 전면에는 열주와 계단이 근엄하게 들어서 있다. 건물 현관까지 자동차를 타고 가자는 권위적인 관청 건물의 예를 충실히 따랐다. 더구나 휠체어를 탄 이는 혼자서 들어갈 수도 없다. 콘크리트 뼈대의 외부에는 근엄하게 돌을 붙였지만 내부는 그냥 적당히 칸막이를 쳐서 책을 쌓아 둔 것이 대한민국 국립중앙도서관의 모습이다."

서현의 지적처럼, 국립중앙도서관은 사람을 압도하는 육중한 건물에, 파르테논 신전을 연상시키는 열주를 외벽에 새겼다. '지혜의 전당'을 형상화한 모습으로 보이지만, 중앙 현관을 기준으로 좌우 대칭 구조에, 외벽에는 석재를 많이 노출해서 권위적으로 보인다. 근엄함을 강조하는 건물 모양새다.

국립중앙도서관 외관이 권위적이냐 아니냐는 어쩌면 부차적인 문제일 수 있다. 도서관의 목적과 기능에 충실하면서, 우리나라 도

국립중앙도서관에 있는 전두환 휘호석

"국민 독서 교육의 전당"이라는 이 글씨는 전두환이 썼다. 반포동에 자리한 지금의 국립중앙도서관은 전두환 임기 때인 1984년 공사를 시작했다. 반포동 국립중앙도서관이 개관한 1988년 5월 28일, 전두환은 대통령이 아니었음에도 이 휘호석은 설치되었다. ⓒ 백창민

서관을 대표할 건물인가라는 점이 핵심이다. 국립중앙도서관뿐만 아니라 우리나라 도서관 건물의 외형과 구조는 대부분 단순했다. 네모난 건물을 올리고, 내부를 적당히 구획해서 자료실과 서고, 사무실을 배치하면, 그게 '도서관'이었다. 최근 들어 다양한 입면과 공간을 가진 도서관이 늘고 있지만, 한동안 우리 '도서관 건축'은 '학교 건축'만큼이나 단조롭고 뻔했다.

건물 외관에 새겨져 있는 '국립중앙도서관' 명칭을 보이지 않게 가리고, 이 건물 사진을 시민에게 보여 주면, 이곳이 '도서관'임을 알아볼 사람이 얼마나 될까? 건립 당시 없었던 '국립중앙도서관'이라는 글자가 건물에 크게 붙어 있는 건, 도서관을 알아보지 못하는 시민을 위한 '친절'일까?

●

한국에 '국가도서관'이 많은 이유?

한국에는 국회도서관, 국립중앙도서관, 법원도서관 같은 '국가도서관'이 여럿 있다. 입법부, 행정부, 사법부가 국가도서관을 하나씩 보유하고 있는 이유는 '삼권분립'의 원리를 도서관에서도 구현하기 위함일까?

국립중앙도서관의 분관 격이라 할 수 있는 국립세종도서관, 국립어린이청소년도서관, 국립디지털도서관, 국립장애인도서관까지 헤아리면, 국가도서관은 7개나 된다. 여기에 국회도서관은 부산에 '분관(국회부산도서관)'을 개관했고, 국립중앙도서관은 평창에 '국가문헌보존관'을 조성할 예정이다. 여기에 지역마다 국가도서관 분관 건립을 추진하고 있어서, 가히 '국가도서관 프랜차이즈 시대'라 할 만하다.

'국가도서관'이 많은 편에 속하는데, 대한민국 정부가 도서관을 중요하게 생각해서, 이렇게 많은 국가도서관이 존재하는 걸까? 아니면 국가가 주도하는 중앙집권적 도서관 정책의 잔재일까? 그동안 대한민국 정부가 도서관을 중시했다는 증거는 찾기 어렵기 때문에, 전자보다는 후자에 가깝지 않을까?

'도서관은 다다익선'이라고 생각하는 분도 있겠지만, 국가도서관이 많은 건 '옥상옥'일 수 있다. 국립중앙도서관 업무가 과거에 비해 늘어났지만, 담당하던 기능이 분산된 측면도 있다. 의회도서관 역할을 하는 국회도서관이 따로 존재하고, 대통령 직속 국가도서관위원회가 도서관 정책을 새롭게 담당하고 있다. 지역 대표도서관이 속속 건립되고 있는 상황에서, 국가도서관이 '난립'할 필요가 있을까?

국립중앙도서관 업무를 과감하게 다른 기관에 넘기는 시도도 필요하다. 국립중앙도서관만이 할 수 있는 전문성 있는 영역에 '집중'하면 좋지 않을까? '작은 결혼식'을 지향하는 세태가 바람직하지만, 국립중앙도서관이 굳이 나서 '작은 결혼식 박람회'까지 열어야 했는지는 모르겠다.

노스코트 파킨슨Northcote Parkinson은 영국의 식민지는 줄어드는데, 식민성 직원 수는 오히려 늘어나는 현상을 사례로 들며, '업무량과 상관없이 공무원 수는 늘어난다'는 사실을 증명한 바 있다. 그의 이름을 따서 명명한 '파킨슨의 법칙Parkinson's law'이 도서관이라고 예외일까? 1945년 국립도서관 개관 당시 34명이었던 국립중앙도서관

직원 수는, 78년이 지난 2023년 9배인 306명이 되었다.

●

평균 재임 기간 1.7년, 단명한 관장들

1800년 개관한 미국 의회도서관Library of Congress은 2024년까지 224년 동안, 14명의 관장이 재임했다. 2024년 6월 취임한 김희섭 관장은 국립중앙도서관의 '마흔두 번째' 관장이다. 국립도서관 시절을 제외하고, 국립중앙도서관 시대만 헤아려 보자.

1963년 제8대 최락구 관장부터 2022년 제41대 서혜란 관장까지 59년 동안, 국립중앙도서관은 34명의 관장이 거쳐 갔다. 관장의 평균 재임 기간은 1.7년이다. 관장으로 역량을 펼치기에 재임 기간은 너무 짧았다. 짧은 재임 기간도 문제지만, 관장의 전문성이 더 문제였다. 국립중앙도서관장 자리를 독차지해 온 문교부와 문체부 고위 관료들은 도서관에 대해 어떤 '전문성'을 지녔기에, 국가중앙도서관 수장 자리를 '독식'했을까?

국립중앙도서관 관장과 관련해 덧붙일 이야기가 있다. 사서 자격증 발급을 기준으로, 해방 이후부터 2025년 시점까지 총 10만 명이 넘는 사서가 배출되었다. 수많은 사서가 배출되었지만, 국립중앙도서관은 1950년 초대 이재욱 관장 납북 이후 2019년까지 69년 동안, 단 한 명의 '사서 출신 관장'도 선임하지 못했다.

해방 이후 10만 명 넘게 양성된 대한민국 사서 중에, 국립중앙도서관장 소임을 감당할 '사서'가 단 한 사람도 없었단 말인가? 국립중앙도서관 관장이라는 역할을 맡기에 이 땅의 '사서'는 역량이 부

　3부 제국부터 민국까지, 국가도서관 이야기

족했던 걸까? 2019년 개방형 관장제를 통해 임명된 서혜란 관장은, 이재욱 이후 두 번째 '사서 출신 관장'이며, 최초의 '여성 관장'이다.

●

국립중앙도서관에 '전통'의 글씨가 새겨진 사연

1974년 남산으로 이전한 후, 국립중앙도서관은 공간 부족과 습기 문제로 곤란을 겪었다. 1980년 10월 20일 남산 국립중앙도서관을 방문한 전두환에게 도서관 측은 이런 어려움을 호소했다. 국립중앙도서관의 호소가 통한 건지, 북한의 인민대학습당 건립에 자극받은 건지 알 수 없지만, 국립중앙도서관은 전두환 집권 시기인 1984년 3월 19일 반포동에 부지를 마련해서 공사를 시작했다. 신축 공사를 마치고 1988년 5월 28일 국립중앙도서관은 반포동에서 다시 문을 열었다. 국립중앙도서관 재개관과 함께, 전두환이 글씨를 쓴 '국민 독서 교육의 전당'이라는 커다란 휘호석이 도서관 앞에 자리 잡았다.

전두환은 1986년 1월 16일 국정 연설 때 '도서관'에 대해 '언급'했다. 대한민국 정부 수립 후 최고 권력자가 도서관을 정책적으로 언급한 첫 사례다. 전두환의 '치적'이라기보다 이승만-박정희 정권의 도서관에 대한 홀대를 드러내는 '촌극'이지만.

국립중앙도서관은 디지털도서관 건립 과정에서 '앞마당'에 둔 전두환 휘호석을 '뒷마당'으로 옮겼다. 언론을 통해 전두환 휘호석에 대한 비판이 일자, 인적이 드문 학술원 근처 '주차장 입구'로 슬그머니 옮겼다. 앞마당에 대놓고 '전시'하기는 그렇고, '철거'할 용기는 없어서, 눈에 띄지 않는 장소에 어정쩡하게 둔 걸까? 국립중앙도서관은 전두환의 '사비'가 아닌 국민 '혈세'로 지은 곳이다. 그런 국립중앙도서관이 건물 공사 기간에 집권했다는 이유로, 전두환 친필 휘호석을 40년이 가깝도록 '전시'하고 있다.

더구나 전두환은 국민을 학살하고, 권좌에 오른 자가 아닌가? 독재자의 휘호석을 '방치'하고 있는 국립중앙도서관의 역사 의식을 비판하지 않을 수 없다. 국립중앙도서관은 국가의 지적 유산과 함께, 독재자의 '하사품'을 후대에 전승하려는 것인가. 국립중앙도서관의 '어정쩡한' 처신을 전두환 휘호석을 통해서도 읽게 되는 건 지나친 '오독'일까?

●

'대표도서관'으로 아쉬운, '중심도서관'이라 하기에 애매한

조선총독부도서관 시대를 역사에서 '지운' 국립중앙도서관은 식민 시대의 잔재는 제대로 '청산'했을까? '국가주의 도서관'을 표방한 일제의 운영 방침은 '청산'되지 않고, 기나긴 군사 정부 시절을 거치면서 '변형'된 채 이어진 건 아닐까?

시민이 민주화를 뜨겁게 열망하던 시절, 국립중앙도서관은 이 사회를 바꿀 지식과 사상을 제공하는 공간이었을까. 아니면 세상과 동떨어진 '책 창고' 또는 '공부방'이었을까? 조선총독부도서관 시절처럼 '사상의 통제' 기관 역할을 하진 않았더라도 국립중앙도서관이 '사상의 자유'를 지키기 위해 싸운 '민주주의 보루'였던 것도 아니다. '국방부 금서' 사건처럼 우리 사회와 도서관의 '지적 자유'를 위협하는 문제가 터졌을 때, 이 나라 '대표도서관'과 그 '사서들'은 뭘 했을까?

　'도서관의 도서관', '도서관을 위한 도서관'을 지향한다는 국립중앙도서관을 도서관인은 어떻게 바라볼까? 늘 도움 주는 '친구' 같은 도서관? 도서관 분야에 궂은 일이 생겼을 때 '앞장'서서 싸운 도서관? 사서 개개인의 전문성을 바탕으로 스스로 '권위'를 쌓아 온 국가대표 도서관? 언젠가 국립중앙도서관에 대해 '한 줄'로 평해 달라는 요청에, 이렇게 답한 적이 있다.

　　'국가도서관'인 건 맞지만 '대표도서관'으로는 아쉬운 도서관. '중앙도서관'을 자처하나 '중심도서관'이라 하기에는 애매한 도서관.

의회는 왜 '도서관'이
필요할까?

국
회
도
서
관

'대통령제'를 시작하고 발전시킨 미국이지만, 미국 헌법의 제1조
는 입법부, 즉 '의회議會'에 대한 조항으로 시작한다. 미국 사회에서
국민을 대표하는 의회가 어떤 위상을 갖는지, 단적으로 알 수 있는
대목이다. 상원과 하원으로 구성된 미국 의회는 세계 최대 도서관
인 의회도서관Library of Congress을 보유하고 있다. 시민을 대표하는 의
회는 왜 '도서관'을 필요로 할까? 미국 의회도서관을 살펴보면, 의
회와 도서관의 관계에 대해 알 수 있다.

국민은 자신의 수준에 맞는 정부를 갖는다

미국 의회도서관 설립에 기여한 토머스 제퍼슨Thomas Jefferson은 '지식은 민주주의에 큰 영향을 미치고, 정치 발전에도 중요한 역할을 한다'라고 생각했다. 현대 민주주의 국가는 '인치人治'가 아닌 '법치法治'를 지향한다. 법치주의는 의회의 입법 활동을 통해 구현된다. 의회의 입법 활동은 지식과 정보를 바탕으로 하는데, 이를 위한 핵심 보좌 기관이 바로 '의회도서관'이라는 것이다.

'시민을 계몽하라. 그러면 폭정과 억압은 사라질 것이다.' 제퍼슨(미국 제3대 대통령)의 이런 생각은 의회도서관 탄생에 크게 기여했다. 본관 건물을 '토머스 제퍼슨관Thomas Jefferson Building'이라고 명명한 이유는 이 때문이다. 제퍼슨의 생각은 민주주의에 중대한 시사점을 던진다. 민주주의가 아무리 좋은 제도라 하더라도, 시민이 그에 상응하는 지식을 갖추지 않으면, 민주주의는 파행을 겪을 수 있다. 이런 맥락에서 조제프 드 메스트르Joseph de Maistre가 남긴 말은 시사하는 바가 크다. "모든 국민은 자신의 수준에 맞는 정부를 갖는다Every nation gets the government it deserves."

국회도서실에서 국회도서관으로

한국 의회도서관의 역사는 언제부터 시작되었을까? 한국전쟁 때인 1951년 9월 10일 국회는 본회의를 통해, 〈국회도서실 설치에 관한 결의안〉을 채택했다. 곧바로 국회는 국회도서실 설립위원회를 구성하고, 다음 해인 1952년 2월 20일 전시 수도 부산에서 국회도서실의 문을 열었다.

경남도청 무덕전武德殿에서 출발한 국회도서관은, 출범 당시 '도서관'이 아닌 '도서실'로 시작했다. 장서 3604권에, 직원은 1명이었다. 초기 장서 중 700권은 주한미국대사 존 무쵸John. J. Muccio가 빌려줬고, 1500여 권은 서울대 이하윤 교수가 기증했다.

'초라한 시작'이라 생각할 수 있으나, 1800년 존 애덤스John Adams 대통령 시절 출범한 미국 의회도서관도 740권의 장서로 출발했다. 심지어 미 의회도서관은 미영전쟁 때인 1814년 8월 24일, 영국 해군이 지른 불 때문에 전소되기도 했다.

1952년 6월 국회도서실은 국회사무처에서 일하던 김응현 실장을 촉탁으로 위촉했다. 국회도서관 1호 정직원이자, 초기에 중요한 역할을 한 여초如初 김응현金膺顯은 '서예가'로 유명하다. 여초는 광화문 현판 교체 논의가 있을 때 1순위로 꼽힌 당대 최고의 '명필'이다. '추사 이후 여초'라는 말이 있을 정도다. 국회도서관 반세기 역사를 기록한《국회도서관 50년사》의 제자題字도 여초가 썼다.

강원도 인제에는 김응현의 작품과 유품을 모은 '여초서예관'이 있다. 2013년 인제군이 세운 여초서예관은 국내 최대 서예전문박물관이다. 여초는 국내에서 기념관이 건립된 유일한 '도서관인'이다. 국회도서관 1층 안내판에는 여초를 '사서'로 표기하고 있다. 여초가 도서관학을 공부하거나 사서 자격증을 획득했는지는 확실치 않다. 사서 역할을 했다는 정도로 이해하면 될 성싶다.

1953년 9월 10일 국회가 서울로 복귀하면서, 국회도서실은 중앙청(옛 조선총독부 청사) 4층으로 이전했다. 국회도서실이 자리했던 곳 중 무덕전과 중앙청은 철거되어 사라졌다. 국회도서관 탄생 공간인 경남도청 무덕전은 2002년 동아대학교가 인수했다. 동아대는 2004년 무덕전을 철거하고, 국제관을 지었다. 중앙청은 1995년 8월 15일 김영삼 대통령이 역사 바로 세우기 일환으로 철거했다. 1954년 6월 국회와 국회도서실은 '부민관俯民館'으로 건립된 태평로 국회의사당으로 옮겼다. 사무실과 작은 열람실을 하나씩 두고, 시계탑 4층과 8층은 서고로, 10층은 비품 창고로 썼다.

서울특별시의회 본관

1954년부터 1975년까지 대한민국 국회의사당으로 사용한 건물이다. 일제강점기 '경성부민관'으로 지었다. '국회도서실'은 1954년 중앙청에서 이 건물로 옮겨 왔다가, 1956년 의사당과 이어진 제1별관으로 이전했다. 1991년부터는 서울시의회 의사당 및 본관으로 쓰이고 있다. ⓒ 백창민

불온서적 사건

  태평로 국회의사당 시절인 1955년 11월 16일, 국회도서실은 '민의원 사무처 도서관'으로 승격했다. 1956년 1월 21일에는 김경수 초대 도서관장이 취임했다. 1956년 4월 31일 신청사(옛 국회의사당 제1별관) 완공과 함께, 국회도서관은 신청사로 이전했다. 도서관 개관식은 제헌절인 1956년 7월 17일에 가졌다. 이듬해인 1957년 '국회도서관 불온서적 사건'이 터졌다. 도서과장 고재창高在昶이 불온서적 수입에 연루된 사건이다.

  고재창은 국립조선도서관학교를 졸업했다. 1946년부터 1950년까지 운영된 국립조선도서관학교는 77명의 졸업생을 배출했다. 박희영, 천혜봉, 리재철 같은 도서관 분야 원로가 이 학교 출신이다. 졸업 후 국립도서관에서 일한 고재창은, 유네스코 원조로 1953년 일본 게이오대학 도서관학교와 1955년 뉴질랜드로 연수를 다녀왔다. 해방 후 드물게 해외 연수를 다녀온, 도서관 분야 인재였음을 알 수 있다.

  고재창은 1954년 한국은행 자료실을 위해 〈한은도서분류법〉을 만들었다. 이봉순은 이화여대 도서관 분류법을 마련하는 과정에서, 경성제대 부속도서관에서 배운 〈일본십진분류법NDC〉과 고재창이 만든 〈한은도서분류법〉을 참고했다는 회고를 남겼다. 고재창은 1954년 서울신문사가 발행한 종합잡지《신천지》에 〈시민사회와 도서관〉이라는 글을 게재했다. 이 글은 현대적 의미의 '시민'을 다룬 최초의 글로 꼽힌다.

고재창은 1956년 4월 20일 열린 한국도서관협회 제2회 정기총회에서, 해외 연수 경험을 강연하기도 했다. 1956년 3월 31일부터는 국회도서관 초대 도서과장으로 일했다. 1950년대 고재창은 도서관 분야에서 촉망받는 사서 중 하나였다.

　　1957년 7월 고재창 과장은 사회주의 서적으로 보이는 '불온서적 수입 사건'에 연루되어, 서울시경 사찰과에서 조사를 받았다. 이 과정에서 그는 불온서적 수입의 주동자로 특정되었다. 구속을 앞두고 행방불명된 그는, 국회도서관장과 직원에게 자살을 암시하는 편지를 남겼다.

　　고재창 과장은 행방을 감췄고, 그사이 그는 국회도서관에서 파면되었다. 그의 도피를 도운 혐의로, 서울문리사범대(지금의 명지대학교) 도서실 책임자인 남영우가 조사를 받기도 했다. 고재창 과장을 포함한 8명의 사건 연루자는, 국가보안법 위반 혐의로 불구속 기소되었다. 2년 후 열린 재판에서 국가보안법 위반 혐의에 대해서는 무죄를 선고받았다. 도서관에서 발생한 불온서적 사건인 동시에, 장서 문제로 국가도서관 사서가 수사를 받고, 행방불명된 드문 사건이다. 이승만 시대 반공 체제 강화가 도서관 장서 영역까지 영향을 미쳤음을 보여 주는 사례이기도 하다.

　　1957년 11월 26일에는 2대 관장, 신현경이 취임했다. 1957년 국회도서관은 분류 체계로 듀이십진분류법DDC를 도입해서, 지금까지 사용하고 있다. 같은 국가도서관이지만, 국립중앙도서관은 한국십진분류법KDC를 사용한다.

●

남산에 세워질 뻔한 국회의사당과 도서관

이승만 정부 때인 1958년, 지금의 남산 백범광장에 국회의사당을 새로 짓기로 하고, 1959년 5월 15일 기공식을 거행했다. 기공식 후 1201 건설공병단 209부대가 국회의사당 건립을 위한 기반 공사를 시작했다. 국회의사당 설계도가 나오기 전에 공사부터 시작했다.

남산 국회의사당 설계 공모전에 당선된 사람은 건축가 김수근이다. 김수근은 강병기, 박춘명과 함께 2만 7000평 부지에, 3개 회의장을 갖춘 의사당과 25층 높이 의원 사무실, 관리동으로 구성된 국회의사당을 설계했다. 국회의사당의 남산 이전이 무산된 이유는 5·16 쿠데타 때문이다. 의회를 해산시켰으니, 의사당도 필요 없어졌다. 1961년 12월 16일 국회의사당 건립은 취소되고, 1962년 '공원'으로 환원이 결정되었다.

5·16 쿠데타가 아니었다면, 우리는 북악산 기슭 청와대와 마주보는 '남산 국회의사당'을 갖게 되었을 것이다. 국회의사당이 지금의 남산 백범광장에 예정대로 지어졌다면, 남산에는 '남산도서관'이 아닌 '국회도서관'이 들어설 뻔했다. 남산도서관의 전신인 남대문도서관도 다른 공간에, 다른 이름으로 자리 잡지 않았을까? 국회가 남산에 자리 잡았다면, 남산도서관뿐 아니라 국립중앙도서관 역시 1974년에 남산으로 옮겨 오지 않았을 것이다. 5·16 군사 쿠데타는 국가도서관의 입지에도 적지 않은 영향을 끼쳤다.

국회의사당은 이승만 대통령의 결정으로 남산에서 건립 공사를 시작했다가, 5·16 쿠데타로 남산 정착에 실패하고, 결국은 1975년 여의도에 자리를 잡았다. 국회의사당의 이전과 무산, 정착 과정에서 '대한민국 입법부'가 겪은 험난한 역사를 읽을 수 있다.

●

'군바리 관장' 시대

1961년 5·16 군사 쿠데타가 터지면서, 국회는 해산되었다. 5·16 군사 쿠데타 이후인 1961년 6월 9일 국회도서관은 '국가재건최고회의도서관'으로 이름을 바꿨다. 군부는 신현경 관장을 '자르고', 6월 10일 최고회의 '도서관장'으로 육군 중령 박연섭을 임명했다. 1962년 1월 10일에는 박연섭 관장 후임으로, 이금석 대령이 관장에 부임했다.

우리 도서관 역사상 현역 군인이 국가도서관관장이 된 단 둘뿐인 사례다. 교육을 총괄하는 문교부 장관에 해병대 대령 출신 문희석이 임명되기도 했으니, 군바리 국가도서관장은 '약과'라고 해야 할까? '군바리 관장'인 박연섭과 이금석은 국회도서관의 세 번째와 네 번째 관장이지만, 국회도서관의 제3대, 4대 관장으로 기록되지 않았다. 1962년까지 국회도서관은 '독립 기관'이 아닌 국회사무처의 '부속 기관'으로 머물렀다.

5·16 쿠데타로 권력을 잡은 박정희 군부의 등장으로, 의회를 중심으로 한 정치 영역은 축소되고, 행정 영역이 크게 확대되었다. 3공화국의 관료 중심 통치는 행정부의 비대화, 관료의 부패, 권력의 사유화로 이어졌다. 의회 역할이 축소되면서, 국회도서관의 위상도 줄어들 수밖에 없었다.

1963년 11월 26일 〈국회도서관법〉이 공포되면서, 국회도서관은 독립 기관으로서 첫걸음을 떼게 된다. 〈국회도서관법〉은 대한민국 법체계에서 단일 도서관을 규정하는 유일한 법령이다. 의회조사처도 이때 처음으로 만들었고, 납본 제도 역시 이때 도입되었다.

〈국회도서관법〉이 공포된 1963년은, 박정희가 윤보선을 꺾고, 대통령이 된 해다. 1963년 10월 15일 대선에서 박정희는 16만 표라는 박빙의 표 차이로 윤보선을 이겼다. 〈도서관법〉(10월 28일)과 〈국회도서관법〉(11월 26일)이 제5대 대통령 선거가 치러진 1963년 10월 15일 이후에 나란히 제정된 점은 주목할 만하다.

1964년 2월 26일 3대 도서 관장으로 강주진이 취임했다. 9년 넘게 관장으로 재임한 그는, 국회도서관 역사상 최장수 관장이다. 강주진 관장은 1947년 출범한 조선출판문화협회(지금의 대한출판문화협회)의 초대 사무국장 출신이다. 출판계 출신으로 드물게 국가도서관 관장을 지냈다. 강주진은 국회도서관장으로는 처음으로 한국도서관 협회 회장도 역임했다. 국회도서관장으로 한국도서관협회장을 맡은 사람은 강주진(3대), 김종호(4대), 송효순(5대)까지 3명이다. 1964년 제정된 〈국회도서관직제〉로 직원 수는 116명이 되었다.

●

군부 시절을 거쳐 독립 건물을 갖기까지

1975년 9월 15일에 국회도서관은 지금의 여의도 국회의사당 부지로 이전했다. 여의도 의사당 완공 직후 국회도서관은 건물을 마련하지 못하고, 의사당 지하에 자리했다. 당시 국회도서관은 국회의사당 지하 1층에 서고와 열람실, 사무실을 두고, 도서관장실은 지상 1층, 의원 열람실은 지상 2층에 두었다. 독립 건물을 가지지 못했던 국회도서관은 의사당 건물 중 1535평을 도서관 용도로 사용했다.

1978년 국회도서관은 3국 13과 208명으로 증원되었다. 1979년 6월에는 여의도 국회도서관 신축 계획이 잡혔다. 1984년까지 100만 권을 소장할 수 있는 1만 평 규모 현대식 도서관을 세운다는 계획이었다. 시민이 이용하기 편리하도록 도로변에 부지를 마련했다.

1979년 12·12 군사 쿠데타로 전두환 정권이 등장하자, 국회도서관의 위상에 큰 변화가 생겼다. 신군부에 의해 국회가 해산되자, 국회도서관은 '독립 기관'이 아닌 국회사무처의 '부속 기구'로 다시 전락했다. 1980년 10월 국회도서관은 '국가보위입법회의도서관'으로 명칭이 바뀌었다.

1981년 2월에는 법적 근거인 〈국회도서관법〉이 '폐지'되면서, 독립 기구로서의 위상을 잃었다. 1985년 3월 1일 〈국회사무처법〉이 개정되면서, 235명에 이르던 도서관 직원 수는 137명으로 41% 축소되었다. 군사 정부 시절이라는 점은 같지만, 박정희 때보다 전두환 시기 국회도서관은 더 큰 좌절을 겪었다.

1984년 3월 20일 국회도서관은 여의도 국회의사당 부지에서 도서관 신축 기공식을 가졌다. 1986년 완공을 목표로 공사를 시작했다. 계획보다 2년 늦은 1988년 1월 27일, 국회도서관 건물은 준공되었다. '도서실'로 출발한 국회도서관이 36년 만에 갖게 된 첫 독립건물이었다.

신축한 국회도서관은 장서 200만 권을 소장할 수 있는 규모였다. 일반 열람실 250석, 의원 열람실 30석, 의원 연구실 38개 실을 비롯한 13개 열람실, 510석을 갖췄다. 총공사비는 150억 원이 들었다. 국회도서관은 6월 항쟁 이후인 1988년 〈국회도서관법〉이 다시 제정되면서, 독립 기관으로서의 위상을 회복했다.

국회도서관의 건축 면적은 5517제곱미터이며, 연면적은 2만 5776.3제곱미터다. 지하 1층, 지상 5층 건물이며, 구조는 철근콘크리트와 철골 트러스다. 국회의원의 심기를 거스르지 않기 위함인지, 국회의사당보다 높지 않도록 건물 높이를 조절했다.

국회도서관은 책 보존을 위해 직사광선을 피하도록 설계됐다. 사무 공간을 외곽으로 배치하고, 서고는 북쪽에 배치했다. 설계는 건축가 이승우가 담당했다. 당시 이승우는 종합건축 대표였다. 이승우는 국회도서관뿐 아니라 서울대학교와 충남대학교 중앙도서관도 설계했다. 종합건축은 연세대학교 중앙도서관도 설계한 곳이다.

개관 초기에 국회도서관은 국회의원과 직원, 시민의 출입 동선을 나눠 배치했다. 국회의원만을 위한 별도의 출입 동선이라니 마뜩찮지만, 시민 대표인 국회의원의 의정 활동을 위함이라면 봐줄 수 있지 않을까? 다만 별도 동선을 마련할 만큼, 국회의원들이 도서관을 자주 이용했는지는 의심스럽다.

국회도서관은 정면과 측면, 후면이 비슷한 입면을 가지고 있다. 좌우대칭 구조일 뿐 아니라 진입로에 계단을 두어, 권위주의적 인상이 강하다. 외벽 재료로는 단단하고 차가운 느낌을 주는 화강석과 유리로 마감했다. 국립중앙도서관과 비슷해 보이는 이유는 이런 공통점 때문이다. 국립중앙도서관과 가장 큰 차이는 3층부터 5층까지 '중정中庭'을 두었다는 점이다. 근대 건축의 거장 미스 반 데 어 로에Mies van der Roeh는 건축을 '공간의 용어로 표현된 시대 의지 Architecture is the will of the epoch translated into space'라고 정의했다. 권위주의 적 외관을 지닌 국회도서관으로부터 우리는 어떤 '시대 의지'를 읽 을 수 있을까?

●

국회도서관은 큰 도서관인가, 작은 도서관인가

잘 알려져 있지 않지만, 국회의사당과 국회도서관, 의원회관 건물 을 연결하는 T자 형태의 '지하 통로'가 있다. 460미터 길이의 지하 통로는 1984년 국회도서관 신축 과정에서 설계됐다. 비상시에는 대피소로 쓰이며, 평소에는 비를 피해 국회 건물을 이동하거나, 자 료와 기록물을 옮길 때 사용한다. 시민은 출입할 수 없다.

국회도서관 5층뿐 아니라 의원회관 205호에는 국회의원과 보좌 진이 이용할 수 있는 80평 규모 '의원 열람실'이 따로 마련되어 있 다. 국회도서관은 의원이나 보좌진이 신청한 자료를 의원 사무실까 지 '배달'하기도 한다. 국회도서관에서 의원회관으로 책 배송은 어 떻게 할까? 책과 자료 신청이 많으면 차량을 이용할 듯싶지만, 그 양이 많지 않은지 도서관 직원이 '손수레'로 옮긴다고.

국회도서관에 연결된 '의정관'은 국회의원을 비롯하여, 국회에서 일하는 사람을 교육·훈련하는 곳이다. '국회전자도서관 겸 서고동' 으로 건립이 추진되었다. 건립 과정에서 지하층 서고동은 그대로 설치했지만, 지상층은 국회 사무 공간과 회의실로 용도가 바뀌었다. 국회예산정책처가 의정관에 자리하고 있는 건 이 때문이다. '전자도서관' 건립 계획은 훗날로 미뤄졌다.

의정관은 지하 4층, 지상 6층, 연면적 4만 5935제곱미터 규모로 2007년 12월 완공되었다. 시민은 국회도서관과 연결된 의정관 3층의 독도·통일자료실과 디지털정보센터만 출입할 수 있다. 의정관 지하 1층부터 지하 3층까지는 국회도서관 서고가 자리하고 있다.

국회도서관은 외형이 웅장한 건물이고, 국가도서관에 걸맞은(?) 거대한 규모를 자랑한다. 인원도 2016년 개정된 〈국회도서관직제〉를 기준으로 316명이 되었다. 국회의원이 300명이니까, 의원 1인당 국회도서관 직원 수가 1명이 넘는 셈이다. 규모와 직원 수만 놓고 보면, 대한민국에서 손꼽힐 도서관이다.

도서관의 크기는 '규모'에 의해 결정될 듯싶지만,《도서관학 5법칙The Five Laws of Library Science》을 쓴 랑가나단S. R. Ranganathan은 타고르Tagore의 이런 말을 인용한 적이 있다. "도서관의 크기는 건물에 있는 것이 아니라 직원의 서비스에 있다It is such hospitality that makes a library big not its size." 도서관의 실질적인 크기는 '규모'가 아닌 이용자에 대한 '환대'에 있다는 뜻이다. 타고르의 말을 기준으로 삼는다면, 국회도서관은 '큰' 도서관인가, '작은' 도서관인가?

•

통법부 시절에도 국회도서관은 '발전'할 수 있을까?

국회도서관의 역사를 정리한 두툼한 책《국회도서관 60년사》를 읽다가, 눈에 띄는 대목을 발견했다. 국회도서관이 3공화국 시절에

"비약적으로 성장"하고, 4공화국 시절에는 "안정적으로 발전"했다는 서술이 있다. '성장'이 수치에 입각한 개념이라면, '발전'은 양뿐 아니라 질적 내실화까지 함께 이룸을 의미한다. 직원과 조직, 장서량이 증가했으니, 이 시기 국회도서관이 외형적으로 '성장'한 점은 사실이다. 문제는 국회도서관이 외형뿐 아니라, 질적 내실화까지 함께 이뤘느냐 하는 점이다.

3공화국과 4공화국 시대는 박정희가 군부 독재를 이어 가던 시절이다. 3공화국 헌법에서 제3장에 있던 '국회'에 대한 조항은 유신 헌법에서 제6장으로 밀려났다. 심지어 유신 체제에서 국회는, 대통령 명령에 따라 법률을 통과하는 '통법부'로 전락했다. 한국 의회 민주주의가 '암흑기'를 겪던 시절, 의회의 입법 활동을 보좌하는 국회도서관은 질적으로 '발전'했다는 역사 서술이다. 국회도서관이 추구했던 '성장'과 '발전'이 무엇이었는지, 생각하게 하는 대목이다.

의회도서관은 의회 민주주의가 위협받는 상황에서도 '발전'할 수 있을까? 그런 발전이 가능하다면, 그것은 의회도서관의 목적에 부합하는 발전일까? 한국 의회 민주주의와 국회도서관은 도대체 어떤 영향을 주고받았을까?

●

국회의원은 도서관을 얼마나 이용할까?

책을 잘 읽지 않는 국민이 뽑은 국회의원이라 그럴까? 국회의원의 '도서관 외면' 역사는 길고 오래다. 1964년 당시 국회도서관을 찾는 의원은 하루에 서너 명뿐이었다. 당시 국회도서관은 추경을 합해, 연간 2500만 원의 예산을 썼다. 예산 규모로 국내 최대였지만, 이용률은 국내에서 가장 낮은 도서관이었다. 12만 권의 장서 중 3분의 1인 4만여 권은 외서였다. 당시 국회도서관 예산은 6390만 원으로, 국립중앙도서관과 서울대 중앙도서관 예산의 3배에 육박했다.

국회도서관 책을 '관외 대출' 할 수 있는 사람은 국회의원과 보좌진, 국회 직원뿐이다. 언론 보도에 따르면, 2013년 국회의원실에서 책을 대출한 건수는 국회도서관 전체 대출 건수의 24%를 차지했다. 나머지 76%는 국회에서 일하는 직원이 빌렸다. 이쯤 되면 국회도서관은 국회'의원'을 위한 도서관이 아니라, 국회'직원'을 위한 도서관이다. 대출 권수만으로 도서관 이용률을 판단할 수는 없지만, 21세기 들어서도 국회의원의 '도서관 외면'은 바뀌지 않은 셈이다.

대한민국에서 독서에 대한 수치는 날이 갈수록 낮아지고 있다. 얼마 전에는 유권자의 절반 가까운 사람이, 1년에 책을 단 한 권도 읽지 않는다는 수치가 나왔다. 대다수 시민이 책을 읽지 않는 사회에서 도서관은 제대로 성장하고 기능할 수 있을까? 앞서 언급한 조제프 드 메스트르의 말을 살짝 바꾸면, 이런 말이 된다. "모든 시민은 자신의 수준에 맞는 도서관을 갖는다."

•

국회도서관은 무엇이 다른가

국회도서관이 여느 도서관과 다른 점은 무엇일까? 그것은 국회도서관이 '입법 지원 기관'이라는 점이다. 1963년 11월 26일 제정된

〈국회도서관법〉 제2조는 국회도서관의 '임무'를 다음과 같이 규정했다. "도서관은 도서 및 도서관 자료를 수집하여 국회의원의 직무 수행에 자함과 동시에 도서관 봉사를 함을 그 임무로 한다."

행정부와 비교해서 전문성이 떨어지는 입법부의 전문성을 강화하기 위해, 의회도서관은 입법 활동을 보좌하는 중요한 기능을 수행한다. 의회도서관을 두는 나라가 많지만, 나라마다 의회도서관의 기능은 차이가 있다. 한국과 미국, 일본의 의회도서관은 의원뿐 아니라 시민에게 도서관 서비스를 제공한다. 이에 반해 독일과 프랑스 의회도서관은 오직 의원에게만 전문적인 서비스를 제공하고 있다. 영국과 캐나다 의회도서관도 의원에 대한 서비스에 집중하고, 일반인의 이용은 제한한다.

미국과 일본은 의회도서관이 국가도서관 기능을 겸한다. 한국의 경우 미국, 일본과 달리, '국립중앙도서관'이라는 국가도서관이 따로 존재한다. 국회도서관이 의원에 대한 입법 지원 업무에 집중하고, 나머지 업무는 국립중앙도서관에 이관해도 이상하지 않은 상황이다. 더욱이 우리나라 국가도서관 수는 이미 적지 않다. 국회도서관만 하더라도 2022년 부산 명지신도시에 자료보존관 명목으로 '국회부산도서관'을 건립했다.

국회부산도서관은 건립비 474억 원, 개관 준비금 141억 원을 합쳐 615억 원이 들었다. 국회는 여의도 면적의 8분의 1인 10만 평 땅에 자리를 잡고 있다. 통일과 부속 건물 건립을 위해, 부지에 여유를 두었다. 여의도 국회 부지가 부족하지 않음에도, 국회도서관이 410킬로미터나 떨어진 부산에 '국회부산도서관'을 건립한 이유는 무엇일까?

국립중앙도서관의 전경

왼쪽으로 보이는 건물이 본관이고, 오른쪽이 디지털도서관이다. 본관은 위형복이 설계했고, 디지털도서관은 정림건축이 설계했다. 국회도서관과 국립중앙도서관을 통합하자는 주장은 1960년대부터 국내외 전문가를 통해 여러 차례 제기되었다. ⓒ 백창민

현재 국회에서 논의 중인 '세종의사당'이 추진되면, 국회도서관이 세종시로 이전하거나 분관이 추가 건립될 수 있다. 그 상황이 되면 여의도 국회도서관 건물은 무엇으로 활용할 계획일까? 인구절벽 시대를 맞아 공공도서관 증설도 신중하게 고려해야 하는 상황에서, 국회도서관을 비롯한 '국가도서관'이 이렇게 많이 필요한 걸까? '분관'이라는 이름으로 국가도서관이 '우후죽순'처럼 지어지는 상황에서, 국회도서관과 국립중앙도서관 '통합론'에 대해 살펴보자.

●

국회도서관과 국립중앙도서관 '통합론'

우리 사회에서 국회도서관과 국립중앙도서관의 통합은 여러 차례 거론된 바 있다. 1960년대부터 통합에 대한 의견이 일었다. 1963년 〈도서관법〉 제정 때도 중앙도서관을 입법부 국회도서관에 두느냐, 행정부 국립도서관에 두느냐 논란이 있었다. 결국 중앙도서관을 행정부에 두기로 하면서, 국립도서관은 '국립중앙도서관'으로 이름을 바꿨다. 입법부 소속으로 정리했다면, 국회도서관 이름은 '국립국회도서관' 또는 '국회중앙도서관'이 되었을지 모른다.

국립중앙도서관이 소공동 부지를 롯데그룹에 매각하고, 1974년에 남산 어린이회관 건물로 옮길 때도 두 도서관의 통합 이야기가 나왔다. 국립중앙도서관이 이전 부지를 마련하지 못한 상황인 만큼 합쳐서 여의도에 통합도서관을 '신축'하자는 안이었다. 통합 주장은 주로 국회 쪽에서 흘러나왔다.

두 도서관을 통합하자는 논의는 1979년에 다시 일었다. 1978년부터 국회도서관은 여의도에 도서관 신축 계획을 준비 중이었다. 이 과정에서 아예 국립중앙도서관과 통합해, '국립국회도서관'을 건립하자는 의견을 국회도서관 측이 냈다.

이화여대 도서관학과 이봉순 교수도 국회도서관과 국립중앙도서관의 통합을 거론한 바 있다. 이봉순 교수는 1974년 국립중앙도서관의 남산 어린이회관 이전 때는 "부적절한 건물로 옮기느니, 국회도서관으로 들어가 명실상부한 대표도서관 기능을 회복할 것"을 제안했다. 그녀가 통합을 주장한 배경은 다음과 같다. "국립중앙도서관과 국회도서관을 통합함으로써 국가 대표 기관을 일원화시키고, 예산과 정력을 효율화시키며, 통일적인 도서관 정책을 수립해야 한다."

이봉순 교수는 한국도서관협회장 시절인 1981년, 이렇게 다시 말했다. "우리나라와 같이 좁고 작은 나라에서는 국립중앙도서관과 국회도서관이 하나로 통합돼야 마땅하다."

경기대 문헌정보학과 박상균 교수도 2002년 발간된 《국회도서관 50년사》에서 두 도서관의 통합을 주장했다. 박상균 교수는 통합의 이유로, 국회도서관의 모호한 성격을 지적했다. "이런 파격적인 제안을 감히 하게 된 이유는 국회도서관이 국립도서관인지, 공공도서관인지, 아니면 전문도서관인지 그 성격이 모호하기 때문이다."

국내뿐 아니라 해외 전문가도 국회도서관과 국립중앙도서관의 통합에 대해 의견을 제시했다. 1966년 미국 국제개발처AID 조사단은 한국 출판산업의 현황을 진단한 보고서에서 4가지 개선 방안을 제시했다. 그중 하나가 도서관을 확대 강화하고, 문교부에 단일한 출판 행정기구를 설치하며, 국립중앙도서관과 국회도서관을 통합하라는 권고다. 《발전도상국의 도서관직》을 쓴 레스터 어샤임Lester Asheim도 한국의 도서관 상황을 논하면서, '국가도서관 통합'을 언급했다. 국회도서관과 국립중앙도서관을 합치는 것이 한국 도서관 발전에 도움될 거라고 제안했다.

중복 사업, 이로 인한 예산 낭비, 비슷한 국가도서관의 '난립'으로 인해, '두 도서관을 통합하자'는 문제 제기는 꾸준히 이어져 왔다. 문제는 통합의 주체와 소속, 직원의 자리 문제가 불거지면서, 두 도서관의 통합 논의를 진지하게 진행하지 못했다는 점이다. 시민과

사회를 위해 지금의 국회도서관-국립중앙도서관 양립 체제는 과연 바람직한 것일까?

●

'국회도서관장'은 누가 되어야 하나

2017년 국회도서관장 자격에 대해 한 차례 논쟁이 일었다. 그동안 국회도서관장은 야당이 자신의 몫으로 추천권을 행사해 온 '보직'이었다. 1987년 여당이 국회사무총장을, 제1야당이 국회도서관장 자리를 '차지'하기로 합의한 이후 관행이다. 차관급인 국회도서관장은 야당이 정부 인사에서 챙길 수 있는 최고위직이다.

2014년 새정치민주연합(지금의 더불어민주당)은 정치 혁신의 일환으로, 국회도서관장직을 외부에 개방하기로 했다. 이 '결정'을 통해 국회도서관장 추천위원회를 구성한 후 성균관대학교 문헌정보학과 이은철 교수를 임명했다. 이은철 교수가 국회도서관장으로 임명되기 전까지, 국회도서관장직에는 단 한 번도 사서 또는 도서관 전문가를 임명한 적이 없다. 도서관 전문가로 부임한 이은철 관장 후임으로, 자유한국당(지금의 국민의힘)이 예전처럼 당내 인사 임명을 고려하면서, 국회도서관장 자격에 대한 논쟁이 일었다.

국회도서관장의 짧은 임기 역시 문제다. 2~3년에 불과한 관장 임기는 국회도서관 현황을 파악하고, 제대로 이끌기에 짧은 기간이다. 미국 의회도서관은 역사가 224년에 이르지만, 지금까지 도서관장은 단 14명이다. 13대 제임스 빌링턴James H. Billington은 28년 동안 관장으로 일하다가, 86세의 나이로 퇴임했다. 제8대 허버트 퍼트넘

Herbert Putnam 관장은 무려 40년을 재임했다.

미국 의회도서관보다 역사가 3분의 1에 불과한 우리 국회도서관은 그보다 많은 24명의 관장을 배출했다. 9년 동안 재임해서 최장수 관장으로 기록된 강주진, 7년 재임한 7대 김주봉 관장의 사례가 예외적일 뿐, 관장의 평균 재임 기간은 3년에 불과하다(박연섭과 이금석, 두 명의 '군바리 관장'까지 합하면 2.8년이다). 그나마 평균 재임 기간이 1.7년인 국립중앙도서관장보다 길다는 사실을 위안 삼아야 할까?

●

국회의원 위에 있다는 '입피아'를 아시나요?

도서관 규모와 예산에 비해 '낮은 이용률'로, 국회도서관이 '고심'한 역사는 길다. 1964년 4월에는 전직 국회의원과 일반 연구원에게 도서관 시설을 개방했다. 1977년에는 학계와 전문가에게 연구 편의를 제공한다는 목적으로, 대학교수에게 열람증 발급을 시작했다. 1998년 10월부터는 시민을 대상으로 전면 개방했다.

문화 시설이 부족했던 시절 도서관은 많을수록 좋았지만, 지금은 상황이 다르다. 도서관 수가 크게 늘어난 상황에서, 국회도서관의 '공공도서관' 기능 강화는 고개를 갸웃거리게 한다. 국회도서관의 책무는 국회의 입법 보좌 활동이 먼저다. 의정 활동 보좌가 충분하다면, 국회도서관의 시민 봉사는 박수 칠 일이다. 제 일을 잘하면서 일을 더 하겠다는데, 말릴 시민이 누가 있을까?

문제는 국회도서관의 입법 보좌 활동이 충분한가라는 점이다. 입법 지원 기관으로서 유용성을 의심받는 상황을 벗어나기 위해, 국회도서관이 공공도서관 성격을 강화하는 게 아니냐는 비판도 있다. 국회도서관이 의회도서관다워지는데, '국가도서관' 또는 '공공도서관'이라는 타이틀이 굳이 필요할까? 국회도서관은 '의회도서관'이라는 전문성만으로도 충분히 존재 의미를 지니는 곳이다. 하지만 입법 전문도서관도, 국가도서관도, 공공도서관도 아닌 애매한 정체성이 국회도서관의 현주소는 아닐까?

미국 의회도서관과 일본 국립국회도서관國立國會圖書館은 전문적인 입법 지원 조직인 의회조사처CRS와 조사 및 입법고사국調查及立法考査局을 산하 기관으로 각각 두고 있다. 이와 달리 국회도서관은

국회도서관

여의도 국회의사당 옆에 자리하고 있다. 국회도서관 1층에는 대출대와 국가전략정보센터, 빅데이터연구센터, 장애인석, 상설전시실이 있다. 2층에는 사회과학자료실과 법률정보센터가 있고, 3층에 인문자연과학 자료실이 자리하고 있다. 4층은 입법조사처가 사용하고, 5층에 의원열람실과 정기간행물실이 있다. ⓒ 백창민

2007년 '입법조사처'가 독립 기관으로 분리 출범했다. 예산과 인원, 장서는 계속 늘었지만, 입법조사처 분리 후 국회도서관의 위상은 더 모호해졌다.

무능한 국회, 일하지 않는 국회에 대한 '비판'이 오랫동안 있었다. 이런 상황에서 국회사무처를 비롯한 '국회 지원 기구' 역시 비판을 피해 갈 수 없다. 1976년 도입된 입법고시 출신이 국회사무처와 국회도서관, 국회예산정책처, 입법조사처의 고위직을 독점하면서, '입피아(입법 관료+마피아)'라는 말이 생겨났다. 국회의원은 유권자의 표로 심판이 가능하다지만, '국회의원 위에 있다'라는 '입피아'와 국회 '늘공'은 어떻게 개혁하고 심판해야 할까? '입법부 개혁'에는 국회의원뿐 아니라 국회의 '모든' 구성원과 제도, 기구, 예산이 포함되어야 한다.

●

국회도서관은 '세금 먹는 하마'인가

"정치와 의회 민주주의의 중요성이 커지는 상황에서 의회도서관이 의회를 보좌하여 정치 발전을 도울 수 있는 마중물이 되어야 한다." 의회도서관의 중요성을 언급할 때 흔히 볼 수 있는 표현이다. 대한민국 국회도서관은 어떨까? 대한민국 국회도서관 역사는 이 표현이 실현 불가능함을 '증명'해 온 건 아닐까? 국회의원이 이용하지 않는, 국회 입법 활동을 제대로 보좌하지 못하는 국회도서관은 '무용지물'일 뿐이다.

1953년 224만 원이었던 국회도서관 예산은, 1972년 2억 2764만

원으로 100배 넘게 늘었다. 1988년에는 23억 6071만 원으로 1000배를, 2005년에는 234억 2500만 원으로 1만 배를 돌파했다. 2023년 국회도서관 직원 수는 관장을 포함해 362명이며, 장서량은 821만 3129권, 예산은 734억 원이다. 1952년 개관 당시와 비교하면, 국회도서관의 직원 수는 360배 이상, 장서는 2278배, 예산은 3만 3000배 가까이 늘어났다.

1953년부터 2023년까지 70년 동안 국회도서관이 쓴 누적 예산은 1조 원을 넘겼다. 세금이 '눈먼 돈'이라고 하나, 국회도서관이 지금까지 쓴 '혈세'는 적지 않다. 입법 보좌 기능을 제대로 하지 못하는 국회도서관은 예산 786억 원짜리 도서관, 대출도 안 되는 '불편한 도서관' 일뿐이다. 대다수 시민은 한 해 예산이 수백억 원에, 직원이 360명이 넘는 국회도서관이 '있으나 마나 한 도서관'으로 기능하는 현실을 바라지 않을 것이다.

207개 공공도서관을 둔 서울시가 2024년 '도서관' 분야에 배정한 전체 예산은 183억 원이다. 이보다 4.3배 더 많은 돈을 쓰는 국회도서관은, 그 예산에 합당한 역할을 하는 걸까? 설립 취지에 맞는 역할을 하지 못한다면, 국회도서관 역시 '세금 먹는 하마'라는 비판을 피할 수 없다.

이런 상황이 계속되면, 입법 보좌에 필요한 꼭 필요한 장서와 인력, 시설을 제외하고, 국회도서관의 과감한 축소 또는 국립중앙도서관과 통합까지 고려해야 하지 않을까? 국회도서관은 언제쯤 예산과 인원에 걸맞은 역할을 보여 줄까? '민생'과 '민의'의 최전선에서 의회를 보좌하고, 민주주의를 지킬 '의회도서관'을 우리는 언제쯤 갖게 될 것인가?

한반도에서 가장 큰 도서관이
평양에 있는 이유

인민대학습당

해방 전 북한 지역은 남한보다 도서관이 많지 않았다. 일제강점기 38선 북쪽에는 평양부립도서관을 비롯해 7개 도서관이 있었고, 나머지 도서관은 모두 38선 이남에 있었다. 해방 전 한반도 북부보다 남부 지역에 도서관이 많았던 이유는 무엇일까? 일본인이 다수 거주하는 도시가 남쪽에 상대적으로 많았기 때문이다. 일제는 일본인이 많이 거주하는 도시를 '부'로 승격시키고, 부 단위에 '부립도서관'을 지었다.

해방 이후 북한 지역에서 도서관은 급속하게 늘어났다. 1946년 한 해 동안 30개 넘는 도서관과 수백 개의 도서실이 생겼다. 북한 지도부는 도서관 신설과 함께, 공공도서관과 학교 도서실이 소장했던 일본 책을 대대적으로 수거해서 폐기했다. 이를 위해 1949년 1월 14일 내각 서적출판지도국은 〈일본 서적 및 출판물 단속에 관한 규정〉을 포고하기도 했다. 해방 후 북한은 남한보다 더 치밀한 친일파 척결 과정을 거쳤고, 도서관에 대한 '식민 잔재 청산' 작업도 함께 추진했다.

●

'도서관'에 대한 김일성의 유별난 관심

해방 전 남한에 비해 도서관 수가 적었던 북한에서 도서관이 급속히 늘어난 이유는 뭘까? 당시 권력을 장악한 김일성 지도부가 도서관에 대해 큰 관심을 가졌기 때문이다. 1946년 3월 23일 김일성은 북조선임시인민위원회 명의로, 새 정부에서 추진할 〈20개 조 정강〉을 발표했다. 20개 정강 중 제17조는 "민족문화, 과학 및 기술을 전적으로 발전시키며 극장, 도서관, 라디오 방송국 및 영화관의 수효를 확대할 것"이라는 내용이다. '도서관 사업'을 국가의 기본 과업으로 활성화하겠다는 의지는, 1948년 9월 〈조선민주주의인민공화국 정부의 정강〉을 통해서도 재차 확인된다.

북한의 경우 최고 권력자가 도서관을 '정책적'으로 처음 '언급'한 시기는 1946년 3월이다. 남한에서 최고 권력자가 도서관을 최초로 언급한 시점은 언제일까? 믿기지 않지만, 1986년 1월 16일 전두환의 새해 국정 연설 때다. 1948년 정부 수립 이후 남한의 최고 권력자가 '도서관'을 정책적으로 언급하기까지, 무려 40년 가까운 시간이 걸렸다.

〈20개 조 정강〉 발표 후 북한은 도서관에 대한 정책을 빠르게 시행해서, 1947년에는 "35개 도서관과 717개의 도서실을 운영"하는 성과를 낳았다. 무상교육 실시와 학교 및 도서관 확대로, 1945년 80%에 달했던 북한의 문맹률은 1990년대 0% 수준으로 낮아졌다.

1990년대 '고난의 행군' 시대를 거치며, 교육 체계가 무너지고 있다는 보고가 있으나, 북한은 '8시간 일하고, 8시간 공부하고, 8시간 휴식하라'는 구호로 표현되는 '평생학습 제도'를 시행해 왔다. 해방 전후 남북한에 수많은 정치 지도자가 있었지만, 도서관 정책과 성과만 놓고 보면, 김일성과 비교할 지도자가 별로 없다.

●

김일성은 왜 '도서관'에 관심을 가졌을까?

여기서 궁금한 대목은 도서관에 대한 김일성의 '유별난 관심'이 어디서 연유한 것일까 하는 점이다. 김일성은 육문중학 시절 도서 주임에 2번 뽑혀, 도서관을 실질적으로 운영했다고 한다. 책을 가까이한 아버지 김형직의 영향과 육문중학 시절의 도서관 체험, 항일 무장투쟁 과정에서 사회주의 사상을 책으로 학습한 경험이 어우러지며, 김일성은 책과 도서관의 중요성을 체득한 듯싶다. 김일성이 사회주의 체제 선전과 주체사상 학습 공간으로 도서관을 적극 활용했다는 분석도 있다. '도서관'에 대한 김일성의 각별한 관심은, 개인 경험과 통치 목적이 어우러진 결과가 아닐까?

이 대목에서 한 가지 의문이 생긴다. 같은 시기 북한과 체제 경쟁을 했던 이승만과 박정희는, 왜 김일성처럼 반공과 자유민주주의 체제 선전 공간으로, '도서관'을 활용하지 않았을까? 도서관 체험 면에서 김일성이 학교 수준의 도서관(육문중학)을 경험했다면, 하버드대학과 프린스턴대에서 석박사 학위를 취득한 이승만은, 세계 최고 수준의 도서관을 경험한 바 있다.

한국전쟁의 폐허에서 나라를 재건해야 하는 상황은, 남한과 북한모두 비슷했다. 하지만 한국전쟁 이후 통계를 보면, 북한의 도서관인프라가 남한보다 월등하다. 1950년대 후반 북한은 1차 인민경제계획 5개년 계획을 마련하고, 도서관의 건물과 장서를 얼마나 확장할지, 수치까지 명시해서 계획을 추진했다.

상대적으로 남한의 도서관은 1970년대까지 양적으로나 질적으로 모두 열악했다. 1970년대까지 북한 경제 수준이 남한보다 우월했기 때문이라고 생각할 수 있으나, 남한이 북한 경제를 압도한 이후에도 남한의 도서관 인프라는 오랜 기간 형편없었다.

두 사람이 합쳐 30년 넘게 한반도 남녘을 통치한 이승만과 박정희는, 도서관 정책 면에서 누가 더 낫다고 평가하기 어렵다. 일제강점기와 비교해도, 이 시기 남한 도서관이 눈에 띄는 성장을 했다고보기 어렵기 때문이다. 미국 유학을 통해, 최고의 도서관 인프라를체험한 유학파 관료들이 권력자 주변에 포진한 이후에도, 대한민국도서관 정책은 '방치'에 가까웠다. 왜 그랬을까?

남한은 체제 유지를 위해 도서관에 '소홀'했고, 북한은 체제 유지를 위해 도서관을 적극 '활용'한 걸까? 이 생각이 맞다면, 도서관을두고 남한과 북한 권력자가 보인 모습은 판이하지만, 체제 유지를위한 '무관심'과 '관심'이라는 측면에서 남북은 '닮았다'.

해방 이후 북한의 3대 도서관

해방 후 '북한의 3대 도서관'을 꼽으라면, 평양의 국립중앙도서관과 과학원 도서관, 김일성종합대학 도서관 세 곳이 꼽힐 것이다. 북한은 '평양시립도서관'을 1948년 10월, 내각 결정을 통해 '국립중앙도서관'으로 개편했다.

개편 당시 국립중앙도서관은 교육성 소속이었으나, 1949년 1월 문화선전성 소속으로 바뀌었다(교육성과 문화선전성은 합쳐서 '교육문화성'이 된다). 이 시기를 전후해 도서관장을 맡은 이는 중국에서 독립운동을 했던 한빈韓斌이다. 중구역 중성동에 있던 국립중앙도서관은 출범 당시 장서량이 3만 5000권이었다. 1945년 서울에 개관한 국립도서관 장서가 28만 4457권이었으니까, 평양 국립중앙도서관 장서는 서울 국립도서관 장서의 12% 수준에 불과했다.

평양 국립중앙도서관은 장서를 빠르게 늘렸다. 한국전쟁 직전인 1950년 6월에는 11만 5000여 권으로, 장서량이 3.5배 증가했다. 한국전쟁 과정에서 평양은 폭격으로 '초토화'되었다. 이 과정에서 국립중앙도서관도 큰 피해를 입었다. 평양 국립중앙도서관 건물은 파괴되고, 전체 장서 중 61%에 해당하는 7만 500권이 불탔다. 김일성은 한국전쟁이 끝난 후 복구 사업 담화를 발표하면서, 도서관 복구와 강화를 직접 지시했다. "도서관 사업을 강화하기 위하여 중앙에 국립도서관을 복구, 확장할 것이며, 도 소재지, 주요 도시들에 도서관을 설치할 것을 인민경제계획에 포함시켜야 할 것입니다."

북한은 1953년 9월부터 국립중앙도서관 복구를 시작해서,

1954년 8월 15일 다시 문을 열었다. 1954년 말 평양 국립중앙도서관은 720제곱미터의 3층 별관을 새로 짓고, 열람실과 서고를 각각 1.5배와 2배 확장했다. 서가를 연결한 길이는 5킬로미터를 넘겼다. 한국전쟁 직후 도서관을 빠르게 복구했음을 알 수 있다. 1957년에는 책과 잡지, 신문, 화첩, 악보와 지도, 포스터, 각종 인쇄물과 레코드판을 포함하여, 15개 언어, 43만여 부의 자료를 확보했다.

자료량이 늘면서, 평양 국립중앙도서관 이용자도 크게 늘어났다. 1956년 한 해 동안 14만 5000여 명이 20만 부가 넘는 자료를 이용했다. 이용자 중 절대다수인 80%는 학생이었고, 노동자와 농민, 사무원, 학자가 나머지 20%를 차지했다. 이 시기 평양 국립중앙도서관은 '관내 열람'뿐 아니라, 범위를 정해 '관외 대출'을 허용했고, 그 범위를 넓혀 갔다. 도서관 이용 시간은 아침 9시부터 밤 10시까지였다. 도서 열람과 대출뿐 아니라 강연회와 독자 좌담회, 문학의 밤 같은 행사도 개최했다. 서지학과 도서관학 연구, 출판 사업 역시 진행했다.

1950년대 후반부터 북한은 대규모 도서관 시설을 구상했다. 이 과정에서 수백만 권의 장서를 소장할 수 있는 8000여 제곱미터의 서고, 500여 제곱미터의 국가 서고, 200여 제곱미터의 고전 희귀 서고, 1000명 넘는 이용자를 수용할 수 있는 열람실, 500여 명을 동시 수용할 수 있는 강당과 목록실, 휴게실, 마이크로필름실, 악보 음악실과 상설 전시실, 제본실, 인쇄소와 식당을 계획했다. 북한은 이 계획을 그대로 추진해서 1963년 10월, 1만 8000제곱미터 규모의 현대적 시설을 갖춘, 새 국립중앙도서관을 건립했다. 1973년 북한은 국립중앙도서관의 이름을 '중앙도서관'으로 바꿨다.

'과학원 도서관'은 한국전쟁 중인 1952년 12월, 과학원의 부속 도서관으로 문을 열었다. '과학원'은 학술 분야 엘리트가 모인 북한 최대의 연구 기관이다. 과학원의 초대 원장은 홍명희, 2대 원장은 백남운이 맡았다. 과학원 산하에는 8개(물리수학, 화학, 농학, 의학, 경제법학, 조선어 및 조선문학, 물질문화사, 역사학) 연구소를 뒀다. 도서관은 과학원의 학술 연구를 지원하기 위한 전문 도서관으로 출범했다. 1953년 1만 9000여 권에 불과했던 과학원 도서관의 장서는, 1957년 25만 권을 넘길 정도로 크게 늘었다.

'김일성종합대학 도서관'은 1946년 10월 김일성종합대학 출범 이후 개관했다. 초대 도서관장은 '언어의 천재'로 알려진 김수경金壽卿이다. 1950년대 후반에는 북한에서 제일가는 시설을 자랑했다. 문을 열 당시에는 책이 부족해서, 서적 기증 운동을 펼쳐, 4만여 권을 기증받기도 했다. 이렇게 모은 6만 3000여 권으로, 1947년 3월 도서관을 개관했다. 1957년에는 장서를 36만 권 가까이 확보했다. 아침 8시부터 밤 11시까지 운영해서, 교수와 학생의 연구 학습을 지원했다.

그나저나 1950년대 북한에서 가장 많이 발행되어 읽힌 책은 무엇일까? 레닌과 스탈린, 김일성 저작이 상위를 차지했지만, 가장 많이 발행된 책은 《위생 독본》이라는 교과서다. 무려 297만 부를 찍었다고 한다.

전후 복구 과정에서 김일성은 교시를 통해, 광장과 번화한 거리에 노동자를 위한 궁전과 극장, 도서관, 영화관, 체육관 같은 문화 시설을 짓도록 했다. 이런 공간 구성은, 인민의 더 나은 삶을 위한다는 '사회주의 체제 선전'의 측면이 강하다.

한국전쟁 이후 평양 도시계획 중 주목할 부분은 일정 면적과 주민 수에 맞춰, '도서관'을 '기본 시설'로 포함시켰다는 점이다. 1960년대부터 평양은 '소구역 계획 방법'을 바탕으로 도시 설계를 진행했고, 크기 400~500미터, 주민 수 6000~9000명 단위에는 유치원, 학교와 함께 아동도서관을 두었다. 이보다 큰 구역에는 병원, 영화관, 체육관과 함께, 구역 도서관, 구역 책방을 두도록 했다. 도시 '기본 시설'의 하나로, 일찍부터 도서관과 서점을 명시한 점이 눈에 띈다.

●

인민대학습당을 김일성광장에 세운 이유

북한 국립중앙도서관은 1973년 '중앙도서관' 시절을 거쳐, 1982년 '인민대학습당'이라는 이름으로 새롭게 문을 열었다. 잘 알려지지 않았지만, 인민대학습당은 단일 건물로는 세계 최대의 도서관으로 꼽히는 곳이다. 1982년 4월 1일 개관한 인민대학습당은 평양 남산재 언덕, 즉 김일성광장 중심축에 자리하고 있다. 인민대학습당 앞에는 인민군을 사열하는 '주석단'이 있고, 주석단 아래에는 남한의 광화문 도로원표에 해당하는 '나라길 시작점'이 세워져 있다. 개성, 원산, 함흥, 신의주까지 거리를 인민대학습당 앞 '나라길 시작점'으로부터 계산한다. 이곳이 평양의 중심축임을 알 수 있다.

1980년 9월부터 공사를 시작, 1년 7개월 만에 완공한 인민대학습당은 1973년부터 건립을 구상했다. 인민대학습당은 1979년 전국적인 현상 모집을 통해, 지금의 외관과 계획안을 확정했다. 인민대학습당이 있는 행정 구역은 평양직할시 중구역 남문동이다. 서평양에 속하는 '중구역'은 평양의 중심부다. 대동문, 보통문, 연광정 같은 문화유적, 김정은 위원장 집무실이 있어 '1호 청사'라 불리는 조선로동당 청사, 만수대의사당, 천리마동상 같은 주요 시설과 조형물, 로동신문사 같은 언론사가 중구역에 있다.

뿐만 아니라 인민문화궁전, 조선혁명박물관, 평양대극장, 평양체육관, 평양학생소년궁전 같은 문화 체육 시설, 김책공업종학대학, 평양의학대학 같은 교육 시설, 평양고려호텔 같은 숙박 시설, 평양냉면으로 유명한 옥류관과 평양 4대 음식(평양냉면, 평양온반, 대동강 숭어국, 녹두지짐이)으로 유명한 청류관 같은 대형 음식점이 모두 중구역에 모여 있다.

서평양 중구역에 1953년 만든 김일성광장은, 각종 군사 행진이

인민대학습당

김일성광장에서 바라본 인민대학습당 모습이다. 인민대학습당 바로 앞, 김일성과 김정일 초상화가 내걸린 곳이 '주석단'이다. 이곳에서 북한 지도부가 군대를 사열한다. '주석단' 바로 앞에 '나라길 시작점'이 있다. ⓒ 위키백과

3부 제국부터 민국까지, 국가도서관 이야기

나 군중 행사 때 수십만 명이 모이는 평양의 중심 공간이다. 김일성 광장은 대동강을 사이에 두고, 170미터 높이 주체사상탑과 마주하고 있는데, 김일성광장 중심부에 위치한 건물이 인민대학습당이다. 인민대학습당을 중심으로 좌우에 정부종합청사 1호와 2호가 있고, 1~2호 청사와 나란히 조선중앙력사박물관과 조선미술박물관이 자리하고 있다. 정면과 측면에 8각 열주를 세운 두 박물관은 연면적이 9690제곱미터로 같다.

서울로 치면, 광화문 앞에 국립중앙도서관을 세우고, 왼편에 국립중앙박물관을, 오른편에 국립현대미술관을 지은 것이나 다름없다. 김일성광장 중심축에 자리한 인민대학습당의 '입지'는 도서관에 대한 북한 정권의 '관심'이 그만큼 컸음을 방증한다. 남한의 국립중앙도서관은 소공동과 남산을 거쳐, 한강 남쪽 반포동으로 옮겼다. 경복궁 안에 있던 국립중앙박물관은 용산으로 이전했고, 국립현대미술관은 과천에 자리를 잡았다. 접근성을 고려하지 않은 문화 시설의 입지는 문화 예술에 대한 역대 정권의 '무관심'을 드러낸다. 입지만 놓고 보면, 도시의 중심에 도서관과 박물관, 미술관을 집중 배치한 북한과 '대조'를 이룬다.

●

북한이 자랑하는 인민대학습당

인민대학습당은 연면적 10만 제곱미터, 건축면적 2만 3000제곱미터에, 10개 동으로 구성된 10층 규모 건축물이다. 건물 길이는 190.4미터, 너비는 150.8미터, 높이는 63.56미터다. 서울 국립중앙도서관의 연면적이 3만 4772제곱미터다. 연면적을 비교하면, 인민 대학습당이 국립중앙도서관보다 3배 크다. 평양의 중심축에 세운 건축물이기 때문에, 건물의 쓰임보다 김일성광장 및 주변 건물과 조화, 그리고 상징성을 고려해, 규모를 결정한 건물이다.

75만 장의 푸른 기와를 얹은 '청와靑瓦'도서관인데, 기와 색깔은 김일성이 직접 선택했다고 한다. 남한은 대통령의 거처가 '청와대' 였던데 반해, 북한은 인민의 도서관에 '푸른 기와'를 얹었다. 건물 아래에서 위로 갈수록 색깔이 짙어지며, 푸른 기와는 파란 하늘과 조화를 고려했다. 건물의 기본 설계는 공훈 설계사 함의연이, 실시 설계는 김병옥이 담당했다.

함의연은 평양건설건재대학 건설과학연구소 교수로 평양체육관 (1973)과 만경대소년학생궁전(1988), 동평양대극장(1989), 청년중앙 회관(1989)을 설계했다. 1988년 인민과학자에 이어, 1989년 노력영 웅 칭호를 받았다. 북한은 '건축가'라는 말보다 '설계사'라는 말을 많이 쓴다. 함의연은 북한을 대표하는 '설계사'다. 김병옥은 평양도 시설계사업소 소속으로, 인민문화궁전(1974) 실시 설계를 맡았던 사람이다.

인민대학습당은 학이 날개를 펼치고 무리 지어 날아가는 모습을 통해, 미래를 향해 힘차게 나아가는 민족의 슬기로운 기상을 형상 화했다고 한다. 인민대학습당은 정면은 좌우 대칭이지만, 측면은 좌우 대칭이 아니다. 1~2층 하부에 열주를 두르고, 3층 위아래로 수평 띠 형태의 캔틸레버를 둘렀다. 건물 상부에는 높이가 다른 팔 작지붕을 겹쳐 올려, 조화롭게 보이도록 했다. 규모에 비해 육중해 보이지 않는 이유는 이 때문이다. 정면과 측면, 후면을 모두 비슷한 입면으로 구성한 서울 국립중앙도서관과 외관을 비교해 보는 것도 흥미롭다. 인민대학습당 건립에는 약 10억 달러가 소요된 걸로 알려져 있다.

북한은 해방 이후 소련의 영향을 받아, '사회주의적 사실주의'에 입각한 신고전주의 건축물을 많이 지었다. 그러다가 한국전쟁 이후인 1954년 3월 26일, 김일성이 전국 건축가 및 건설기술자대회에서 '민족적 건축예술론'을 제기하면서 변화를 맞았다. 이런 변화는 주체사상에 입각한 '주체건축론'으로 발전했다.

사회주의적 사실주의를 거쳐 민족적 건축을 표방하는 북한 건축물은 어떤 특성이 있을까? 서울대 환경대학원 전상인 교수에 따르면, 북한 건축은 시각적 균형을 중시하고, 상징성이 드러나는 기념비적 건축을 지향하며, 최단기간에 최상의 건축물을 완공하는 속도전을 강조한다.

인민대학습당은 이런 특성이 잘 드러나는 건축물이다. 외관만 보면, 인민대학습당은 평양대극장(1960), 인민문화궁전(1974)과 비슷하다. 이 건축물들이 주체건축론에 입각해, '민족주의 양식'으로 지은 건물이기 때문이다. 현대 건축 재료인 철근콘크리트 구조로 건물을 짓되, 조선식 기와지붕을 얹고, 내부 공간은 다양화한 건축물이라 할 수 있다.

송승섭 교수가 쓴《북한 도서관의 이해》에 따르면, 인민대학습당은 3000만 권의 장서를 소장할 수 있으며, 하루에 1만 2000명이 이용할 수 있다. 5000석 규모의 열람석과 800석 규모의 강의실 및 시청각실을 갖췄다. 이용자를 위해 200명의 강사와 800명의 사서, 200명의 번역 집단이 근무한다. 아침 9시부터 저녁 7시 30분까지 개방하며, 일요일에도 격주로 문을 연다.

만 17세 이상의 인민은 누구나 출입증을 발급받아 이용할 수 있다. 매 층마다 건물 중앙에 서고를 두고, 600개에 이르는 열람실과 강의실, 학습실을 서고 주변에 배치했다. 인민대학습당 열람실 옆에는 방마다 '문답실'을 두고, 이용자가 질문하면 연구원이나 교수가 즉석에서 설명해 준다. 대출대에서 책을 신청하면, 서고에 설치한 컨베이어 벨트를 통해, 책이 대출대로 이동하는 시스템을 갖추고 있다. 규모만 놓고 보면, 인민대학습당은 남북한을 통틀어 '한반도에서 가장 큰 도서관'이다. 대극장 네거리와 평양학생소년궁전을 연결하는 길은 '대학습당거리'라고 명명했다.

김일성 70세 생일에 맞춰 문을 연 인민대학습당 중앙홀에는 화강암으로 만든 김일성 석상이 세워져 있다. 북한의 주요 건축물 안에는 김일성 동상이 있다. 인민대학습당 역시 마찬가지다. 인민대학습당은 1994년 김일성 사망하자, 인민문화궁전, 김일성광장과 함께, 김일성의 관을 안치하는 장소로 거론되기도 했다.

북한은 인민대학습당을 5원짜리 지폐에 인쇄한 바 있다. 화폐에 인쇄되는 도안의 상징성을 감안할 때, 도서관에 대한 북한의 관심이 상당함을 알 수 있다. 화폐에 도서관을 새겨 넣은 사례는 세계적으로도 흔치 않다. 인민대학습당은 주요 관광 코스의 하나로, 북한이 자랑하는 곳이기도 하다.

인민대학습당은 도서관 기능뿐 아니라 교육 학습장 기능도 함께 갖추고 있다. 우리로 치면, 국립중앙도서관과 방송통신대학교, 한국교육방송공사EBS 기능까지 아우르는 공간이 바로 인민대학습당이다. 북한 당국은 이곳에 들르는 관광객에게 인민대학습당을 "온 사회 인텔리화의 중심기지, 근로자들의 통신종합대학, 전 인민 학습의 대전당"이라고 소개한다.

●

남북한 도서관의 비교

내친김에 남북한 도서관을 '비교'해 보자. 북한 도서관은 조선로동당 지휘 아래, 내각 교육위원회에 속해 있다. 내각에서 도서관을 담당하는 부서는 도서관지도국이다. 남한 도서관의 행정 체계가 '이원화'되어 있는 상황과 달리, 북한은 '일원화'되어 있다. 남한은 도서관을 '문화 시설'과 '교육 시설'로 바라보는 시각이 공존하고, 북한은 교육 시설의 관점으로 도서관을 바라본다는 점을 알 수 있다.

남한의 공공도서관에 해당하는 곳이 북한의 '군중도서관'이다. 군중도서관은 성인 대상의 군중도서관과 학생도서관으로 나뉜다. 두 도서관이 같은 건물에 함께 있는 경우도 있다. '학생소년궁전'은 방과 후 학교 시설이다. 학생소년궁전에 도서관이 함께 있는 경우도 있다. 평양에 있는 만경대학생소년궁전은 10만 권의 장서를 소장할 수 있는 곳으로 알려져 있다.

대학도서관과 전문도서관은 '과학도서관'으로 분류된다. 대학마다 상황이 다르겠지만, 북한 최고 예술대학인 김원균평양음악대학의 경우, 도서관과 음악도서관 외에 '교재도서관'이 따로 있다. 교재만 비치해서 대출하는 도서관이 별도로 있는 모양이다. 남한 광역지방자치단체에 있는 '대표도서관'에 해당하는 곳으로, '인민학습당'이 있다.

남한에 도서관 단체로 '한국도서관협회'가 있는 것처럼, 북한도 '조선도서관협회'가 있다. 남한의 한국도서관협회가 도서관계 '이익단체' 성격이라면, 북한의 조선도서관협회는 '학술단체'를 표방하고 있다. 남한은 출판된 책을 국회도서관과 국립중앙도서관에 '납본'한다. 북한은 인민대학습당에 납본하지 않고, '국가서적관'이 납본을 따로 담당한다.

1948년 8월 북조선인민위원회 결정으로, '국가서고'로 출범한 '국가서적관'은 북한에서 발행되는 신문, 잡지, 책 같은 모든 출판물을 수집해서, 영구 보존하는 '보존도서관'이다. 남한에서 〈도서관법〉 제정을 통해 1965년부터 '납본 제도'가 시행되었음을 생각할 때, 북한은 남한보다 17년 앞서 출판물을 체계적으로 수집·보존해 왔음을 알 수 있다.

도서관에 대한 각별한 관심에도 불구하고, 북한은 도서관에 대한 법령(조선민주주의인민공화국 도서관법)을 1998년에 마련했다. 1963년 제정된 남한의 〈도서관법〉도 빠르게 법제화되었다고 할 수 없지만,

북한 화폐 5원

화폐에는 그 나라를 대표하는 인물과 상징을 인쇄하기 마련이다. 화폐에 도서관을 인쇄하는 사례는 흔치 않은데, 북한은 5원 화폐에 인민대학습당을 인쇄했다. 북한이 인민대학습당을 '국가의 상징'으로 내세우고 있음을 알 수 있다. © Wikimedia Commons

북한에 비하면 35년이 빠른 셈이다.

남한은 사서 자격을 1급 정사서, 2급 정사서, 준사서로 구분한다. 4년제 문헌정보학과를 졸업하면 2급 정사서 자격을, 2년제 문헌정 보학과나 사서교육원을 졸업하면 준사서 자격을 부여한다. 북한은 매년 '사서 검정시험'을 실시해서, 1급부터 6급까지 사서 자격을 구 분한다. 북한의 3급 사서 이상은 2개 국어 이상을 습득해야 하며, 1급 사서는 3개 국어를 습득해서, 박사와 교수급 전문가에게 참고 봉사할 실력을 갖춰야 한다.

북한의 사서 자격이 더 세분화되어 있고, 그 자격이 더 엄격함을 알 수 있다. 남한은 도서관을 연구하고, 인재를 양성하는 학문 명칭 을 '도서관학'이라고 하다가, '문헌정보학'으로 바꿔 부르고 있고, 북한은 '도서관학'이라는 이름을 계속 사용하고 있다. 남한의 최고 학부인 서울대학교에는 문헌정보학과가 없지만, 북한 김일성종합 대학 어문학부에는 도서관학과가 있다.

●

남북한 국가도서관 중 책이 더 많은 곳은?

분류 체계로 남한은 한국십진분류표KDC를 사용하는 데 반해, 북 한은 십진분류표 형식을 활용하되, 성인 공공도서관(도서 및 서지 분 류표), 학생도서관(학생도서관 분류표), 대학도서관(도서분류표), 전문도 서관(중앙과학기술통보사 분류표)마다 분류표를 각각 사용하는 것으로 알려져 있다. 마르크스 레닌주의와 김일성 저작을 별도 항목으로 분류하는 점도 이채롭다.

남한 도서관은 주로 '개가제'이지만, 북한은 '폐가제'로 운영하는 도서관이 많다고 알려져 있다. 2000년대 초반까지 북한은 해외 사정을 얼마나 담고 있느냐에 따라 도서관 장서를 공개 도서, 준공개 도서, 비공개 도서 3가지로 나눴다. 준공개 도서는 도서관의 정해진 공간에서만 볼 수 있고, 비공개 도서는 당위원회 비서의 승인을 얻어야 볼 수 있다. 남한은 '인구수'를 기준으로 도서관을 설계하지만, 북한은 '장서 수'를 기준으로 도서관을 설계한다.

국가도서관의 장서를 비교하면, 남한의 국립중앙도서관이 1995년에 달성한 257만 권 장서를 북한 중앙도서관은 1971년에 달성했다. 인민대학습당이 1985년 1500만 권, 1998년 2700만 권 장서를 갖춘 반면, 국립중앙도서관은 2024년 시점에 1468만 736권 장서를 보유하고 있다.

국보급 고서 보유도 북한 인민대학습당이 13건, 남한 국립중앙도서관이 6건으로, 인민대학습당이 2배 정도 많다. 인민대학습당 소장 자료는 20일 정도 '대출'이 가능하지만, 국립중앙도서관 소장 자료는 대출할 수 없고 '열람'만 가능하다.

장서량이나 규모 면에서 인민대학습당과 김일성종합대학 과학도서관은 눈길을 끌지만, 이들 도서관과 다른 도서관의 격차는 꽤 큰 상황으로 보인다. 평양의 대학생도 자신이 다니는 대학도서관(과학도서관)을 이용하지 않고, 인민대학습당이나 중앙 기관 도서관을 주로 이용하는 것으로 알려져 있다.

《내외통신》 기사에 따르면, 1992년 시점에 북한은 1만 5000여 개의 각급 도서관과 도서실을 갖췄다. 이 수치를 액면 그대로 받아들이기 어렵지만, 북한 당국이 도서관에 각별한 관심을 두고 있는 사실은 여러 면에서 확인할 수 있다. 북한은 인민경제발전 계획에 도서관 건설 사업을 포함하고 있고, 인민대학습당과 김일성종합대학교, 평양 과학기술전당 전자도서관 개관 소식을《로동신문》1면을 통해 대대적으로 보도하기도 했다.

최근 북한은 '강성대국'을 실현하는 도구로, '전자도서관' 구축에 큰 관심을 쏟고 있다. IT와 과학기술 강국을 지향하면서 2014년부터는, '미래원'이라는 전자도서관을 각 시군에 설치하고 있다. 전자도서관을 구축하기 위해서는, 기술 인프라뿐 아니라 콘텐츠 저작권 문제 해결이 선결 과제다. 출판물을 국가가 직접 통제하고, 당의 정책 결정을 신속히 추진하는 북한 체제 특성상, 저작권 문제 해결이 쉬울 수 있어서, 전자도서관 구축 속도는 빠를 것으로 보인다.

2000년대 들어서는 김일성종합대학과 평양건축종합대학 같은 주요 대학에서 '전자도서관'이 문을 열었다. 북한의 카이스트로 알려진 김책공업종합대학은 북한 최대 규모의 전자도서관을 운영 중이다. 실제 2019년에 평양을 방문한 관광객에게 북한 가이드는 이렇게 말했다. "저희도 모든 책을 다 구해서 읽습네다. 전자책도 봅네다."

•

'장마당' 시대 북한의 책 문화

북한의 '독서 문화'도 흥미롭다. 북한에서 30년 넘게 살다가 탈북해서 남한에 정착한 경화는, 개성에서 학교 다닐 때 겪은 '1년에 1만 페이지 책 읽기 운동'에 대해 이렇게 소개했다. '전국적으로 학교에서 누가 더 많은 페이지를 읽었는지에 따라 교실 뒤쪽에 경쟁 도표를 그려 놓고, 매일매일 도표를 그려 가며 총화를 하기도 했다. 책을 읽는 것에 그치지 않고, 어떤 책을 보았으며 어떤 내용이었는지 꼭 쓰도록 하는 방식으로 엄격하게 통제했다.'

1만 페이지면 300페이지 기준으로, 1년에 34권의 책을 읽어야 한다는 계산이다. 김일성은 1975년 인민학교 교원에 대한 담화를 통해, 학생에게 책을 빌려준 후 '독서 감상문' 제출을 지시하기도 했다. 강제에 의한 방식이긴 하지만, 독서가 일종의 '훈련'을 통해 '습관화'된다는 점을 생각하면, 눈길을 끄는 독서 정책이기는 하다.

경화는 '책방'과 '도서 카드'에 대해서도 다음과 같이 언급했다. '북한에서는 학생이든 성인이든 책방에서 책을 빌릴 때 도서 카드를 발급해 준다. 특히 학생인 경우에는 책을 빌려 가는 당사자의 이름과 날짜, 어떤 학교의 몇 학년 몇 반인지와 주소가 적혀 있고, 그리고 보증인란에 세대주인 아버지 이름이 올려져 있다. 책을 빌려 갔다가 잃어버리거나, 선생님에게 회수당해 가져오지 못하는 경우, 열 배의 벌금이 아버지 월급에서 고스란히 빠져나가도록 되어 있다.' '도서관'이 아닌 '책방'에서도 책을 구입하지 않고, 빌려 본다는 점이 이채롭다. 책을 빌릴 때는 무료로 볼 수 있지만, 분실했을 때는 보증인 월급에서 벌금을 '원천 징수'한다는 점도 흥미롭다.

북한에서는 만화책을 '그림책'이라고 한다. 북한 주민도 '그림책'을 즐겨 보는데, '책 매대'라고 불리는 이동식 노점 책방에서 구해 볼 수 있다. 2000년대 중후반부터 북한에 등장한 책 매대는, 책을 빌려주기도 하고, 팔기도 한다. 대학가와 기차역의 책 매대는 그림책과 문학뿐 아니라, USB를 활용한 '전자책'도 팔거나 대여한다. 대여할 때는 보증금 대신 신분증을 맡긴다고 한다.

북한 최대 인터넷망인 '광명'은 이메일과 메신저, 뉴스뿐 아니라, '전자책 도서관'도 제공하는 것으로 알려져 있다. 북한이 출시한 태블릿 PC '삼지연 SA-70'은 안드로이드 운영 체제를 사용하고, 김일성 저작 같은 전자책을 제공한다. 2008년 '고려링크'라는 이동통신망 사업자가 출범한 이후, 북한의 휴대폰 이용자는 2024년 시점에 700만 명 정도라고 알려져 있다. 2650만으로 알려진 북한 인구에서 26% 정도가 휴대폰을 사용하는 셈이다. '터치폰'이라 불리는 스마트폰에도 '전자책'이 깔려 있다. '장마당' 시대 북한의 책 문화도 빠

김일성종합대학 과학도서관 내부
김일성종합대학 과학도서관은 개교 이후 출범했고, 장서량과 시설 면에서 최대 규모를 자랑한다. 김일성종합대학은 평양시 대성구역 용남동에 자리하고 있다. 근처에 있는 '려명거리'는 서울로 치면, 강남에 해당하는 곳이다. 평양을 방문한 워싱턴포스트 애나 핏필드 기자가 려명거리를 '평양의 맨해튼'이라는 뜻으로 '평해튼(Pyonghattan)'이라고 칭하면서 화제가 되었다. © Comrade Anatolii

르게 변하고 있다.

●

북한 도서관을 자유롭게 방문할 날을 기다리며

역사책을 통해 삼국 시대를 공부한 사람이라면, 한 번쯤 신라가 아닌 고구려가 주도한 통일을 생각해 봤을 것이다. 신라의 통일이 아쉬움을 남기는 이유는, '온전한 통일'이 아니었기 때문이다. 신라의 삼국통일은 '통일'이 아닌, 국토의 '상실'이라는 지적도 있다. 우리가 고구려 주도의 통일을 상상하는 이유 역시, 땅과 사람과 나라의 '온전한 하나 됨'을 바라기 때문은 아닐까?

우리 시대를 사는 사람은 해방과 분단에 대해 이런 질문을 던져 봤을 것이다. 전쟁은 일본이 일으켰는데, 왜 우리가 '분단'되었을까? 태평양전쟁 승전국인 미국은 일본 '본토의 분할'이 아닌 '제국의 분할'을 선택했고, 일본 제국의 일부였던 조선이 분할 대상이 되었다. 남북이 한국전쟁으로 나뉘어 싸우는 동안, 우리를 식민 '지배'했던 전범국가 일본은 전쟁 특수를 누리며 '부활'했다. 이 대목에서 해방 직후 유행했다는 말을 떠올리지 않을 수 없다. "소련 놈 속지 말고, 미국 놈 믿지 마라, 일본 놈 돌아온다."

강대국의 이해관계가 크게 작용했더라도, 해방 후 한반도의 '분단'은 피할 수 없는 '숙명'이었을까? 당대를 살아간 사람들이 힘과 지혜를 모았다면, '분단국가'가 아닌 온전한 '독립국가'를 세울 수 있지 않았을까? 우리가 1945년 해방 전후를 산 우리 선대에게 물음을 던지듯, 훗날 우리 후대도 우리에게 질문을 던질 것이다. 우리 시대에 평화와 통일은 결코 달성할 수 없는 과제였는지, "우리의 소원"이라고 노래 부르는 일 말고, 그 소원을 위해 우리는 무엇을 했는지.

세상은 저절로 좋아지지 않는다. '분단 체제'로 이득을 보는 세력이 존재하는데, '평화 체제'가 쉽게 이뤄지진 않을 것이다. 평화와 공존으로 가는 길은 멀고, 험할 것이다. 하지만 우리가 가야 할 길이기도 하다. 그 출발은 서로 알기 위해 애쓰고, 함께하기 위해 노력하는 것에서 시작해야 하지 않을까?

남북한의 책 문화와 도서관은 서로 다른 부분이 있지만, 비슷한 점도 많다. 서로 배울 점도 있을 것이다. 함께 교류하는 과정에서 평화와 공존의 징검다리는 하나씩 놓일 것이다. 기차를 타고 북한을 거쳐 유럽으로 가는 시대, 육로로 금강산과 백두산으로 떠나는 휴가, 평양에서 남한 맥주보다 맛있다는 대동강맥주와 평양냉면을 자유롭게 맛볼 수 있는 날을 기대한다. 인민대학습당을 비롯한 북한 도서관을 자유롭게 '구경'하고, '여행'할 수 있는 시대가 열리기를 바라 마지않는다.

최초의 '사서'를 찾아서

경성도서관과
경성부립도서관 옛터

도서관에서 일하는 사람을 언제부터 '사서司書'라고 했을까? 조선 시대 '사서'는 세자를 교육하는 세자시강원世子侍講院의 정6품 관직을 의미했다. 조선 시대 사서 역시, 경서와 사적史籍을 세자에게 가르치기 위해 '책'을 다뤘으나, 지금처럼 도서관에서 일하는 사람을 의미하지는 않았다.

조선의 왕실도서관, 규장각에서 서책을 담당한 사람은 '검서관檢書官'이라 칭했다. 검서관 중에 가장 유명한 사람은 '사검서四檢書'로 알려진 이덕무, 박제가, 유득공, 서이수일 것이다. 양반 서얼 가운데 학식과 재능이 탁월한 사람을 검서관으로 발탁했기 때문에, 당대 최고의 '책 전문가'라 할 만하다. 검서관은 규장각 관원을 보좌하며,

서책을 관리하고, 필사하는 일을 맡았다. 대한제국 대신 중 유일하게 독립운동을 했던 동농 김가진도 관직 생활을 '검서관'으로 시작했다.

조선의 국립대학 성균관의 도서관은 '존경각'이다. 존경각에서 책의 대출과 반납을 담당한 관리는 '책색관冊色官'이라고 불렸다. 존경각 초기에는 성균관 관원 중 정4품 사예司藝와 정8품 학정學正이 책의 대출·반납을 맡았다.

●

'도서관'과 '사서'는 일본으로부터 도입한 용어

이 땅에서 도서관 '사서'라는 용어는 언제부터 쓰였을까? 일제강점기의 유산이다. 대한제국이 국권을 잃고, 일본의 식민지로 전락하면서, 근대 도서관의 도입도 일제강점기 전후 이뤄졌다. 식민 시기에 도서관 제도가 보급되다 보니, 일본이 번안한 도서관 개념과 용어를 그대로 받아들여 쓰기 시작했다.

일본에서는 '사서'라는 용어를 언제부터 사용했을까? 1897년 제국도서관 관제에, 도서관장 아래 '사서장司書長(나중에 '사서관'으로 바뀐다)'과 '사서'를 두면서 쓰기 시작했고, 1899년 〈도서관령〉에 '사서'를 명시하면서, 법적으로 명문화되었다. '사司'는 직무나 벼슬, 관리를 뜻하는 말이다. '책書에 관한 관직'이라는 의미로 '사서'라는 명칭이 쓰이지 않았나 싶다. 일본에서 'librarian'을 '사서'로 번안한 이유와 계기가 있을 텐데, 그 정확한 유래를 알기 어렵다.

'도서관' 또한 일본이 번안한 명칭이다. 이 땅에서 쓰인 서적관,

종람소 같은 명칭이 '도서관'으로 통일되는 시기는 일제강점기를 거치면서부터다. 동아시아에서 일본이 가장 먼저 근대화를 추진하면서 서구 근대 문물을 번안하는 '우선권'과 '작명권'을 그들이 선점한 탓이다.

역사학자 전우용은 남이 지어 준 이름대로 불리는 자를 '식민지 백성'이라고 지적한 바 있다. 도서관과 사서 역시, 일본이 '지어 준 이름'을 그대로 사용하고 있다. 식민지를 겪지 않고, 스스로 근대화를 추진했다면, 우리는 'Library'와 'Librarian'을 무엇으로 이름 지어 불렀을까?

일본 국립국회도서관

일본에서 '사서'라는 용어가 공식적으로 쓰인 시기는, 1897년 제국도서관 관제에서 '사서장'과 '사서'를 언급하면서부터다. 제국도서관은 태평양전쟁 패전 후인 1948년, 미국 의회도서관을 모델로 삼아 '국립국회도서관'으로 전환되었다. © Wikipedia

●

처음으로 '사서 자격증'을 발급받은 사람은?

명칭은 그렇다 치고, 근대 도서관 제도가 도입된 후, 조선인 중에 가장 먼저 '사서'가 된 사람은 누구일까? 도서관계에서는 국립도서관 부관장 박봉석이라고 짐작하는 분이 많을 텐데, 박봉석은 '조선인 1호 사서'가 아니다.

일본 문부성이 주최한 사서 검정시험에서 가장 먼저 자격증을 취득한 조선인은 최장수崔長秀다. 1909년생으로 리쓰메이칸대학立命館大學을 졸업한 최장수는, 당시 조선총독부도서관에서 촉탁으로 일했다. 최장수는 1937년 조선인 중에 가장 빨리, 사서 검정시험을 통과했다. 일본 문부성이 사서 자격 검정을 예고한 때가 1936년인데, 1937년 치러진 제1회 시험에서 사서 자격증을 취득한 것이다.

당시 일본 문부성의 사서 검정시험은 필기와 실기시험을 모두 통과해야 자격증을 발급했다. 박봉석은 1939년 조선인으로는 두 번째로 사서 자격증을 취득했다. 자격증 취득을 기준으로 보면, 최장수가 박봉석보다 2년이 빠르다.

조선인 사서 자격증 1호인 최장수는 조선총독부도서관에서 일하다가, 해방 후 도서관을 떠나 '출판계'로 자리를 옮겼다. 조선인 최초로 사서 자격증을 발급받은 그가 도서관에서 활약하지 않은 사정은 아쉽다. 하지만 도서관을 잘 아는 그가 출판계에서 이어 간 활동으로, 해방 후 대한민국 책 생태계가 활력을 얻은 건 아닐까? 해방 후 국립조선도서관학교 강사로도 활약한 최장수는 대한교과서주식회사(지금의 미래엔) 이사와 감사, 부사장, 어문각 전무를 지냈다.

《조선총독부 직원록》에서 찾은 조선인 '사서'

일본 문부성이 1937년 사서 자격증을 발급하기 이전에는 '사서'가 없었던 걸까? 그렇지 않다. 일본인뿐 아니라 조선인 중에도 '사서'로 일한 사람이 있다.《조선총독부 직원록》을 통해 확인해 보면, 조선인 중에 가장 먼저 '사서'가 된 사람은 이긍종李肯鍾이다. 이긍종은 1929년 '사서'로 이름을 올렸다. 조선인 중 최초다.

경성부립도서관 종로분관(지금의 종로도서관)에서 일한 이긍종은 1927년《조선총독부 직원록》에 도서관 '촉탁'으로 이름이 등장한다. 도서관 촉탁 기록 역시, 조선인 중에 가장 빠르다. 촉탁으로 일

《조선총독부 직원록》에 기록된 조선인 사서

1929년《조선총독부 직원록》에 조선인 사서 이름(이긍종)이 처음으로 등장한다. '사서'로 기록된 조선인이 일한 곳은 경성부립도서관 종로분관(지금의 종로도서관)이다. © 국사편찬위원회

하면서 받은 월 수당이 무려 100원으로 나온다. 이긍종이 파격적인 대우를 받았음을 알 수 있다. 일제강점기 '엘리트'로 대우받은 초등학교 교사의 초임이 45원이었다. 조선총독부는 '조선인 임용 제한 불문율' 중 하나로 "조선인 고등관 봉급은 100원에 그친다"라는 규정을 적용하고 있었다. 이긍종이 받은 봉급은, 일제강점기 조선인이 받을 수 있는 최대치였다.

이긍종은 경성전수학교를 졸업하고, 일본 메이지대학에서 법학을 공부한 후, 1925년 미국 컬럼비아대학에서 경제학 석사 학위를 받았다. 월 수당 100원은 이긍종의 해외 유학 경력을 감안한 대우가 아닌가 싶다. 1925년 10월 17일 자《동아일보》는 그가 미국에서 6년 만에 석사 학위를 받고 '금의환향'했음을 보도했다. 일본 유학도 흔치 않던 시절, 미국 유학을 통해 '석사'가 된 그의 소식이 화제였음을 알 수 있다.

기록으로 확인 가능한 '조선인 사서 1호' 이긍종은 조선은행원과 경성부립도서관 종로분관장을 거쳐, 친일 언론사와 친일 단체에서 두루 활약했다. 친일 행적으로 이긍종은 '교토제국대학 조선인 졸업생 1호'이자, 경성도서관을 세운 삼촌 이범승과 나란히《친일인명사전》에 이름을 올렸다. 해방 후 이긍종은 2대 총선에서 충청남도 연기에 무소속 출마해서, 국회의원으로 당선되었지만, 임기 중인 1951년 1월 사망했다. 최초의 조선인 사서, 이긍종이 창씨개명한 이름은 미야무라 훈宮村薰이다.

조선인 중에 두 번째 사서로 이름을 올린 사람은 성달영成達永이다. 1927년 조선총독부 체신국 감리과 촉탁으로 일을 시작한 성달영은, 이긍종이 경성부립도서관 종로분관장을 그만둔 이후부터 후임 분관장을 맡았다. 그는 1934년《조선총독부 직원록》에 조선인 중 두 번째 '사서'로 기록을 남겼다. 성달영은 '조선도서관연구회' 이사를 맡기도 했다.

1926년 3월 발족한 '경성도서관연구회'는 1928년 3월 '조선도서관연구회'로 이름을 바꿨다가, 1939년 4월 '조선도서관연맹'으로 발전했다. 이 단체에서 조선인이 임원을 맡는 경우는 극히 드물었다. 성달영과 강진국姜辰國 정도가 조선도서관연구회 이사로 이름을 남긴 사례다. 성달영은 1939년까지《조선총독부 직원록》에 이름이 남아 있으나, 경성부립도서관 종로분관 이후 행적은 알 수 없다.

세 번째는 초대 국립도서관장 이재욱이다. 이재욱은 1939년 조선총독부도서관에서 일한 조선인 중 처음으로 '사서'가 되었고, 이때부터 조선총독부도서관에서 서열 두 번째가 된다. 박봉석은 1940년 '사서'로 이름을 올린 네 번째 조선인이다. 사서 자격증 취득 순서로 보나, 실제 조선총독부 기록으로 보나, 박봉석은 '조선인 사서 1호'가 아니다.

경성제국대학 부속도서관에서는 나중에 서울대학교 도서관 초대 관장이 되는 김진섭(1929년)보다, 박정식(1927년)과 김구경(1927년)이《조선총독부 직원록》에 더 빨리 '촉탁'으로 이름을 올렸다. 김진섭은 경성제국대학 부속도서관에서 가장 빨리 일을 시작한 조선인이 아니라 가장 오래 일한 조선인이다. 김진섭은 경성제대 부속도서관에서 11년 동안 근무했다.

●

한반도 최초의 '사서들'

이 땅 한반도에서 '사서' 직함을 달고, 가장 먼저 일한 사람은 누구일까? 《조선총독부 직원록》을 기준으로 삼으면, 1923년 경성부립도서관(지금의 남산도서관) 사서로 이름을 남긴 우에스기 나오사부로上杉直三郎와 시부에 케이조澁江桂藏 두 사람이다.

우에스기 나오사부로는 1922년 10월 5일부터 1927년 5월 10일까지, 경성부립도서관 2대 관장으로 일하기도 했다. 1886년 아오모리현青森縣에서 태어난 우에스기 나오사부로는 1912년부터 1922년까지, 조선총독부 '제생원'에서 훈도로 일했다. 제생원은 고아와 장애인을 위한 특수 교육 시설이다. 경성부립도서관장으로 재직한 후, 직업소개소장을 거쳐, 1935년 5월에는 경성부회 의원으로 당선되어 활동했다.

'사서' 직함을 달지는 않았지만, 오기야마 히데오는 일찍부터 조선 도서관 분야에서 일한 인물이다. 1883년 시코쿠四国 에이메현愛媛縣에서 태어난 오기야마 히데오는 1909년 교토제국대학 사학과를 졸업했다. 1912년 7월 일본 문부성이 개최한 도서관 강습회를 수료하고, 교토제국대학 부속도서관에서 일했다. 1914년 조선으로 건너와, 이왕직 도서실에서 촉탁으로 일하기 시작했다.

뒤이어 그는 1917년 중추원에 이어, 1921년 조선총독부에서 촉탁으로 일했다. 조선사朝鮮史와 교과서 편찬에도 깊이 관여했다. 이런 경력을 인정받아, 1923년 11월 조선총독부도서관 관장으로 임명되었다. 그는 1945년 해방 때까지 22년 동안 조선총독부도서관장으로 일했다. 오기야마 히데오는 도서관 교육과 근무 경험을 가지고, 이 땅에서 일한 최초의 사람일 가능성이 높다.

조선총독부 중추원은 식민 통치를 합리화하는 《반도사半島史》 편찬을 추진했다. 오기야마 히데오는 '중세사'를 담당한 필진이었다. 1923년 일제는 정무총감을 총재로 삼아, '조선사학회朝鮮史學會'를 결성했다. 오기야마 히데오는 훗날 경성제국대학 부속도서관 초대 관장이 되는 오구라 신페이와 함께, 조선사학회 평의원으로 참여했다. 일제는 조선 역사를 왜곡해서 집필하고, 식민 사관 정립에 기여한 사람을 조선 도서관의 최고 책임자로 배치했다. 이런 경향은 경성제국대학 부속도서관에서도 동일하게 나타난다. 일제가 '도서관'을 어떻게 바라봤는지 알 수 있는 대목이다.

만철경성도서관(철도도서관) 개관 실무를 맡았던 하야시 세이치林靖一도 눈여겨볼 인물이다. 1894년 시가현滋賀県에서 태어난 그는 1913년 조선총독부 철도국 고원으로 출발해서, 철도도서관장 자리에 오른 입지전적 인물이다. 하야시 세이치는 1920년 7월 21일 만철경성도서관을 개관했고, 1922년부터는 관장으로 일했다.

만철경성도서관 개관을 앞두고 하야시 세이치는 1919년 일본 본토의 여러 도서관을 견학했다. 같은 해 8월에는 와다 만키치和田萬吉가 6일 동안 진행한, 도쿄제국대학 공개 강연회에 참여했다. 하야시 세이치가 만철경성도서관을 개관하던 시점에, 해당 도서관은 남만주철도주식회사(만철) 소속이었기 때문에, 1924년 이전 《조선총독부 직원록》에는 이름을 올리지 않았다.

식민지 조선의 일본 도서관인

　내친김에 '식민지 조선의 3대 도서관'으로 꼽힌 경성제국대학 부속도서관을 살펴보자. 경성제국대학 부속도서관은 오구라 신페이를 시작으로 오타니 가즈마大谷勝眞, 후나다 쿄지船田享二, 다카기 이치노스케高木市之助, 토리야마 기이치鳥山喜一까지, 5명의 관장이 거쳐 갔다.

　초대 관장 오구라 신페이는 이두를 해석한 최초의 학자로, 향가와 조선어 방언 연구에 업적을 남겼다. 유일한 법학자인 후나다 쿄지는 패전 후 중의원 선거에 출마해서 3선 의원이 되었고, 중의원 의장을 맡기도 했다. 다카기 이치노스케는 일본을 대표하는 고전문학자 중 하나다. 도리야마 기이치는 발해사를 비롯한 중국사 연구로 인정을 받았다.

　경성제국대학 부속도서관장을 역임한 5명은 모두 '도쿄제국대학' 출신이다. 조선총독부도서관은 교토제국대학 출신 오기야마 히데오가 22년 동안 '장기 집권'했다. 그에 반해 경성제국대학 부속도서관은 도쿄제국대학 출신이 '독식'했음을 알 수 있다.

　1877년 '도쿄대학'으로 출발해서, 1886년 '제국대학'으로 바뀐 도쿄제국대학은 제국 관료 양성의 성격이 강한 데 반해, 1897년 설립된 교토제국대학은 이공계열을 중심으로 순수 학문 연구를 표방한 걸로 알려져 있다. 관장의 출신 학교 성향은 두 도서관 운영에 어떤 차이를 가져왔을까? 경성제국대학 부속도서관은 도쿄제국대학 도서관의 운영과 제도를 그대로 이식했고, 조선총독부도서관은 분류표를 비롯하여, 교토제국대학 부속도서관을 참고한 걸로 알려져 있다. 하지만 '식민지 통치'와 '제국에 복무'했다는 점에서 두 도서관은 별 차이가 없었다.

경성제국대학 부속도서관에서 '사서관'으로 근무한 사람은 테라사와 치료寺澤智了, 요시무라 사다요시吉村定吉, 곤도 온이치로近藤音三郎 3명이다. '사서관'은 제국대학 부속도서관에만 있던 직제로, 일제강점기 조선 땅에서 일한 사서관은, 경성제국대학 도서관에서 근무한 3명밖에 없다. 이 중에 요시무라 사다요시는 조선도서관연구회 기관지인《조선지도서관朝鮮之圖書館》발간을 제안하고, 1935년에는 조선도서관연구회 회장을 맡기도 했다.

《조선총독부 직원록》에서 확인할 수 있는 '사서'는 총 36명이며, 이 중 조선인은 이긍종, 성달영, 이재욱, 박봉석 단 4명뿐이다. 일제강점기 이 땅에는 도서관도 드물었지만, 사서로 일한 사람은 더욱 '희귀'했음을 알 수 있다. 경성도서관을 건립해서 운영한 윤익선과 이범승은 어떻게 봐야 할까? 그들을 '사서'로 볼 수 있을까? 그들 역시 도서관 업무에 깊숙이 관여했을 테지만, 그들은 '최초의 사서'라기보다 '선구적 도서관장'으로 보는 게 맞을 것이다.

●

대한민국 '사서 자격증' 1호 발급자는?

1945년 해방 후 한동안은 '사서'라는 명칭을 쓰지 않고, '도서원', '부도서원' 같은 명칭을 썼다. 미군정 시대 미국에서 쓰인 'librarian'과 'library assistant'를 그대로 직역해서 도서관과 부도서원 명칭을 썼던 모양이다. 일제강점기에는 일제에 의해 이식된 '사서' 명칭을 사용했다. 미군정으로 정치권력이 바뀌면서, 수십 년 동안 쓰던 직업명이 한순간에 바뀌었음을 알 수 있다.

대한민국 정부 수립 후인 1949년 1월 18일, 조선도서관협회는 정부에 첫 〈건의서〉를 제출했다. '도서원과 부도서원이라는 명칭을 일제강점기부터 쓰던 사서관, 사서로 각각 개정해 달라'는 내용이었다. 이 건의가 받아들여지지 않았다면, '사서'라는 명칭은 해방과 함께, 더 이상 쓰이지 않았을 것이다.

대한민국 정부 수립 이후 처음으로 사서 자격증을 발급받은 사람은 누구일까? 국립중앙도서관 사서 조재순에 따르면, 1966년 2월 2일 '준사서' 1호로 이름을 올린 이규동李揆東이다. 우리나라 사서 자격증 1호 발급자인 이규동은 경성제이고보(지금의 경복고등학교)와 히로시마고등사범학교를 졸업하고 교사로 일했다. 이규동은 대륜중학교 교장을 거쳐, 경북대학교 사범대학 영어교육과 교수를 지냈다. 언어학자인 그는 1953년 5월 28일부터 1958년 6월 13일까지, 경북대학교 초대 도서관장을 지냈다. 1955년부터 1959년까지는 한국도서관협회 이사를 맡기도 했다.

●

뿌리가 같은 한국과 일본 도서관은 언제부터 달라졌을까

'정사서' 자격증 발급 1호는 이종문李鍾文이다. 국립도서관 출신으로 당시 한국도서관협회 2대 사무국장이었던 이종문은, 1966년 5월 23일 정사서 자격증 발급 때 1호로 이름을 올렸다. 정사서 자격증 2호 발급자는 서울대학교 중앙도서관에서 오랫동안 사서로 일하고,《한국도서관사연구》를 쓴 백린이다. 이종문, 백린과 함께, 이 날 사서 자격증을 발급받은 사람은 191명이다. 성택경, 리재철, 장인식, 장일세, 박희영, 천혜봉, 임종순, 박계홍 같은 도서관계 원로의 이름이 10번 안에 줄줄이 몰려 있다. 10번 안에 있는 사람은 모두, 1965년 구성된 한국도서관협회 8대 임원진이다.

사서 자격증 1호 이종문은 국립도서관 시절인 1958년, 권영희와 함께 피바디Peabody대학 도서관학과로 유학을 다녀오기도 했다. 흥미로운 대목은 일본이 미국에 '도서관 연구조사단'을 파견한 때가 1959년이었다는 점이다. 국립도서관이 이종문과 권영희를 미국으로 도서관 유학을 보낸 1958년과 시기적으로 거의 일치한다. 이종문과 권영희 외에, 연세대학교 이명근, 이한용, 명재휘, 박영자, 서울대학교 유영현, 고려대학교 장일세가 비슷한 시기에, 피바디대학으로 유학을 다녀왔다.

이 무렵까지만 해도 이른바 '칸막이 열람실' 위주로 도서관을 운영하는 상황은 한국과 일본 모두 차이가 없었다. 좌석을 차지하려고 도서관 앞에 줄을 서는 풍경은, 한국이나 일본 모두 비슷한 풍경이었다. 1959년 일본 도서관 연구조사단은 미국 도서관의 '대출 규모'에 큰 충격을 받고, 귀국한 후 일본 도서관을 학습 공간이 아닌, 대출과 참고 봉사 위주로 전환하기 시작했다.

비슷한 시기에 똑같이 미국에 도서관 연수를 다녀왔는데, 우리 도서관 관계자는 뭘 보고 온 걸까? 우리는 일본으로부터 배워야 할 점은 '외면'하고, 청산할 잔재만 '계승'하고 있는 것은 아닐까? 우리 도서관은 지금도 '칸막이 열람실'을 운영하고 있다. 대한민국은 '도

탑골공원 시절 종로도서관

1960년대에 촬영한 종로도서관 사진이다. 종로도서관은 사직공원으로 옮기기 전 탑골공원에 자리했다. 1920년대부터 이어진 이 건물이 최초의 조선인 사서가 일한 공간이다. 기록으로만 보면, 이 땅에서 사서가 처음 일한 장소는 메이지쵸 시절 경성부립도서관으로, 옛 한성병원 터다. ⓒ 서울역사박물관

서관'이라는 이름으로 '독서실'을 운영하는 흔치 않은 나라다.

●

사서로 일했으되 기록으로 남지 않은 그들

'사서 자격증'은 어디서 발급할까? 〈도서관법〉과 시행령에 따라,

사서 자격증은 문화체육관광부 장관으로부터 위탁을 받아, 한국도서관협회에서 발급한다. 한국도서관협회에 따르면, 1966년 이후부터 2025년 현재까지 대한민국에서 '사서 자격증'을 발급받은 사람은 1급 정사서 3686명, 2급 정사서 5만 9927명, 갱신 정사서 4175명, 준사서 3만 5814명으로 총 9만 9429명이다. '정사서' 자격증은 1990년부터 1급과 2급으로 나눠 발급하기 시작했다.

'갱신 정사서'는 1966년부터 1989년까지 '정사서 자격증'을 발급한 사람 중 1990년 이후 1급 또는 2급으로 자격증을 새롭게 발급한 통계 수치를 말한다. 1966년부터 1989년까지 정사서 자격증을 발급받은 사람 중 1990년 이후 '갱신 정사서'를 신청하지 않은 이도 있다. 그사이 퇴임 또는 작고한 사서의 경우 '갱신 정사서'를 발급하지 않았을 것이다. 준사서보다 정사서 자격증 발급자 수가 더 많았다는 점을 고려할 때, 1966년 이후 사서 자격증을 발급받은 사람은 10만 명을 훌쩍 넘긴 것으로 보인다. 일제강점기 35년 동안 단 4명이었던 한국인 사서 수는 해방 이후 '폭발적으로' 늘었다.

이 땅에서 '사서'가 최초로 일한 장소는 어디일까? 기록으로 보면, 사서 직함을 단 사람(우에스기 나오사부로와 시부에 케이조)이 최초로 일한 공간은 경성부립도서관(지금의 남산도서관)으로, 지금의 명동 사보이호텔 자리다. 최초의 '조선인 사서(이긍종)'가 일한 장소는 경성부립도서관 종로분관(지금의 종로도서관)으로, 탑골공원 서문 일대다.

가장 많은 사서가 거쳐 간 곳은, 소공동 조선총독부도서관(지금의 국립중앙도서관)으로, 이재욱과 박봉석을 포함, 12명의 사서가 이름을 올렸다. 그다음은 동숭동 경성제국대학 부속도서관(지금의 서울대학교 중앙도서관)으로, 11명의 사서가 거쳐 갔다.

사서로 이름을 올리지 못했지만, 식민지 도서관에서 '촉탁'과 '고원'으로 일한 김진섭과 이봉순 같은 조선인도 있었다. 1920년 윤익선이 문을 연 취운정 경성도서관과 1921년 이범승이 문을 연 탑골공원 경성도서관에도 '사서' 역할을 한 조선인이 있었을 것이다. 하지만 '사서'로 일했으되, 기록으로 남지 않은 그들의 이름을, 우리는 알지 못한다.

도서관이 '산'으로
간 까닭은?

국토의 70%가 산이라는 대한민국. '논두렁 정기라도 받아야 면장을 한다'라는 말처럼, 학교 교가에 "○○산의 정기를 이어받아~"라는 가사도 많다. 하지만 1270개가 넘는 공공도서관 중에 산 이름을 넣은 도서관은 흔치 않다. 지리산, 설악산, 오대산, 북한산 같은 명산 이름을 딴 학교는 있어도, 도서관은 없다.

제주도 대표도서관인 한라도서관이 한라산의 이름을 달고 있지만, 여기서 '한라漢拏'는 제주의 또 다른 명칭이라 할 수 있으니, 산 이름이 들어간 도서관은 거의 없다 해도 과언이 아니다. 그런데 도서관 이름에 산이 들어간 흔치 않은 사례가 있으니, 바로 '남산도서관南山圖書館'이다.

'남산南山'은 남쪽에 있는 산을 말한다. 서울 남산, 경주 남산, 춘천 남산처럼, '남산'은 제법 있다. 반면 동산, 서산, 북산이라는 산 이름은 거의 없다. 산림청에 등록된 4440개의 산 중에 '남산'은 31개 있다. 남산은 왜 이렇게 많고, 수많은 남산 중에 서울의 남산은 왜 중요할까? 한양 남쪽에 많은 산이 있음에도, 목멱산木覓山만이 '남산'인 이유는 무엇일까?

●

목멱산은 왜 '남산'이 되었을까?

목멱산이 '남산'일 수 있는 이유는, 한양의 '안산案山'이기 때문이다. 조선을 건국한 이성계는 한양을 새 도읍으로 정하고, 북악산 아래 경복궁을 지었다. 경복궁은 제왕남면帝王南面에 의해 북악을 등지고, 남쪽을 바라보며 자리를 잡았다. 남쪽을 향한 경복궁 '앞산'으로 자리한 산이 바로 남산이다. 높이 270.1미터, 크기 동서 2.7킬로미터, 남북 2.1킬로미터의 나지막한 산이 중요했던 이유는, 새 나라, 새 도읍, 새 궁궐의 남주작, 안산에 해당하기 때문이다.

풍수지리 관점뿐 아니라, 한양도성이 남산을 거쳐 축성되고, 남산이 조선 봉수의 종착점이 되면서, 남산은 안보 측면에서도 중요성을 띠게 되었다. 남산에는 5개 봉수대를 설치했는데, 전국 5개 방향에서 전달된 봉수가 모두 남산으로 모였다.

일제강점기 들어서는 조선신궁과 한국통감부 및 조선총독부, 한국주차군과 헌병대 사령부가 자리하면서, 남산은 식민 통치의 중심지 역할을 담당했다. 박정희 군사 정부 시절에는 중앙정보부(지금의 국가정보원)와 수도경비사령부(지금의 수도방위사령부), 민주공화당사가 남산에 자리하면서, 권력 핵심부로 기능했다. 조선 시대 이래 남산은 단순한 산이 아니었다. 한양 남쪽에 있는 수많은 산 중에, 목멱산이 서울의 '남산'인 이유가 여기에 있다.

●

남산도서관의 전신, 경성부립도서관

남산이 애초부터 '남산'이 아니었던 것처럼, 남산도서관 역시 처음부터 '남산도서관'으로 불린 건 아니다. 남산도서관의 역사는 일제강점기까지 거슬러 올라간다. 1919년 3·1 운동을 기점으로, 강압적 식민 통치에 대해 조선의 저항이 거세지자, 일제는 '문화 통치'로 전환하기 시작했다. 헌병 경찰을 보통 경찰로 바꾸고, 교육 기회를 확대하면서, 신문 간행을 허용하는 '유화 조치'가 시작되는 시기가 이때부터다. 그 연장선에서 1922년 '경성부립도서관'을 개관했고, 이것이 바로 남산도서관의 전신이다. '경성부립도서관'은 일제가 경성부, 즉 서울에 건립한 최초의 공공도서관이다.

이 대목에서 일제가 본토와 식민지 조선의 도서관 건립에 어떤 '차별'을 두었는지 살펴볼 필요가 있다. 《일제치하 도서관과 사회교육》을 쓴 김남석 교수에 따르면, 1926년 당시 식민지 조선에는 총 18개의 공공도서관이 있었다. 이 중 절반인 9개는 조선인이 문을 연 도서관이었다. 1910년 한일 강제병합 시점부터 16년이 지난 1926년까지, 일제는 식민지 조선에 단 9개의 도서관을 건립했다. 같은 시기 일본 본토에는 공사립 도서관이 4336개 있었다. 본토와 조선의 수치를 비교하면, 일제가 식민지 조선에서 도서관 건립에 얼마나 '인색'했는지 알 수 있다.

●

'한성병원' 건물에 문을 연 경성부립도서관

'경성부립도서관'이 문을 연 곳은 메이지쵸明治町(지금의 명동) 2정목 25번지다. 경성부는 이 자리에 있던 한성병원 건물을 매입해서, 1922년 10월 1일 도서관을 개관했다. 일본인의 조선 거주가 시작되면서, 일본 정부는 군의軍醫가 진료하는 관립병원을 개항장에 설치했다. 한성부에는 1883년 공사관 의원을 설치해서 운영하다가 문을 닫았고, 1895년 다시 문을 연 곳이 바로 '한성병원'이다.

한성병원은 일본 거류민이 직접 운영하는 공립병원으로 출발했다가, 경영상 어려움으로 1909년 개인병원으로 바뀌었다. 내과, 외과, 부인과, 소아과, 산과에 수술실, 병동까지 갖춘 서양식 종합병원으로, 일본인과 조선인을 함께 진료했다. 1901년 고종이 한성병원에 금일봉을 하사했다는 기록이 있는 걸로 보아, 조선인 진료에도 나름의 역할을 한 것으로 보인다. 1908년 대한의원이 문을 열기 전까지 한성병원은 세브란스병원과 함께, 식민지 조선에서 가장 규모가 큰 현대식 병원이었다.

메이지쵸는 혼마치本町와 함께 일본 거류민의 중심지였고, 한성병원은 일본인 거류지의 대표적인 병원이었다. 일본인에게 익숙한 병원을 '도서관'으로 전환했기 때문에, 일본인이 이용하기 편리했을 것이다. 경성부립도서관의 입지만 봐도, 이곳이 일본인을 위한 도서관이었음을 알 수 있다.

개관 당시 경성부립도서관은 벽돌로 지은 2층 건물이었다. 도서관 1층에는 아동실(22평), 휴게실(3평), 사무실(3평)이 있었고, 2층에는 일반 열람실(32평)과 서고(5평)가 자리했다. 메이지쵸, 지금의 명동 시절 경성부립도서관 이용 통계 중 흥미로운 부분은 남녀 이용자 비율이다. 1925년 10월 통계를 보면, 경성부립도서관은 '남성의 전유물'이나 다름없었다. 남성 이용자는 4768명이었고, 여성 이용자는 0.3% 수준인 16명이었다. 메이지쵸에 5년 동안 머문 경성부립도서관은 1927년 5월 하세가와쵸(지금의 소공동)로 이전했다.

●

대관정과 대한제국 밀사 헐버트

경성부립도서관이 새롭게 이전한 부지는 '대관정大觀亭'이 있던 자리다. 대관정은 호머 헐버트가 살던 집이다. 헐버트는 한국 최초 근대식 공립 교육 기관인 육영공원育英公院과 관립중학교에서 수학과 자연과학, 역사, 정치를 가르친 사람이다. 교육 분야뿐 아니라 삼문출판사The Trilingual Press를 운영하며, 《더 코리안 리포지토리The Korean Repository》《더 코리아 리뷰The Korean Review》를 발행해서, 근대 언론과 출판 분야에도 기여했다. 대한제국 견문기《꼬레아 에 꼬레아니》를 쓴 카를로 로제티는, 헐버트가 '한국어로 수업을 진행할 정도로 한국말을 잘했다'는 기록을 남겼다.

헐버트는 고종 황제의 '밀사'로 두 차례나 활약했다. 을사늑약 체결 전인 1905년 10월에는 고종 황제의 밀사로 워싱턴을 방문해서,

시어도어 루스벨트 대통령에게 친서를 전달했다. 1907년 4월 헤이그 밀사 파견 때도 헐버트는 깊이 관여했다. 고종의 요청으로 서울을 떠난 그는, 스위스를 거쳐 헤이그에서 이상설, 이준, 이위종과 합류했다. 헤이그에서 헐버트는 열정적으로 움직였으나, 뜻을 이루지 못했다. 세 명으로 알려진 헤이그 밀사 중, 헐버트는 알려지지 않은 '네 번째 밀사'로 활약했다.

네 명의 헤이그 밀사 중 그는 유일하게 '살아 돌아온' 밀사였지만, 1910년 일제에 의해 추방되었다. 미국으로 돌아간 헐버트는 1949년, 대한민국 정부 초청으로 방한했다. 꿈에 그리던 한국 땅을 밟았지만, 86세였던 헐버트는 여독을 이기지 못하고 쓰러져, 숨을 거뒀다. "나는 웨스트민스터 사원보다 한국 땅에 묻히기를 원하

Taikan-tei, Seoul   京城大觀亭

대관정

대관정은 호머 헐버트가 살았던 곳이다. 이후 대한제국 영빈관, 일본 주차군사령부와 사령관저로 쓰였다. 1927년부터는 경성부립도서관을 거쳐 남대문도서관이 자리했다. 남대문도서관이 남산으로 이전한 후에는 민주공화당이 당사로 사용했다. 대관정 터는 2012년 이 땅을 1721억 원에 인수한 부영건설이 부영호텔 건설을 추진 중이다. ⓒ 서울역사박물관

노라"라는 유언을 남긴 헐버트는, 그가 사랑한 한국 땅, 양화진 외국인선교사묘원에 묻혔다. 대관정은 두 차례나 고종 황제의 밀사로 활약하며, 대한제국 독립을 위해 분투했던 '푸른 눈의 독립운동가' 헐버트가 살았던 곳이다.

헐버트는 조선에 있던 '도서관'으로부터 도움받은 이야기를 글로 남긴 적이 있다. 1905년 헐버트는 고조선부터 러일전쟁까지 우리 역사를 《The History of Korea》라는 제목으로 출간했다. 1000페이지가 넘는 이 책은 영문으로 쓰인 최초의 한국 통사다.

헐버트는 이 책의 서문에서 "나는 특별히 허락을 받아, 서울에서 가장 규모가 크고, 자료를 많이 갖춘 사설 도서관에 출입할 수 있었다"라는 기록을 남겼다. 그가 책을 쓰면서 출입했다는 '서울에서 가장 크고 자료를 많이 갖춘 사설 도서관one of the largest and most complete private libraries in the capital'은 어디였을까? 왕실도서관인 집옥재나 수옥헌(중명전)이 아니었을까 짐작해 보지만, 정확히 어디인지는 알 수 없다.

●

대한제국 영빈관 그리고 일제 침략의 본산

1898년 대한제국은 헐버트의 집을 매입해서, 귀빈 접대와 연회를 여는 '영빈관imperial guest house'으로 사용했다. 대한제국 영빈관으로 쓰인 대관정의 용도가 확 바뀐 시기는 러일전쟁 때다. 1904년 2월 23일 한일의정서가 체결되면서, 대관정은 일본의 한국주차군사령부와 사령관저로 함께 쓰이기 시작했다. 나라의 '귀빈'을 맞던 영빈관을, 나라를 강탈한 '외세'가 차지한 것이다.

일본 육군 소유였던 대관정은 1923년 미쓰이三井물산 소유로 넘어갔다가, 1926년 경성부가 사들였다. 경성부 소유가 되면서, 대관정은 경성부립도서관 이전 부지가 되었다. 메이지쵸 한성병원 터에 있던 경성부립도서관은 1927년 5월 24일 대관정 부지로 옮겨와, 새롭게 문을 열었다. 대관정으로 이전한 경성부립도서관은 경성의 유지인 고죠 바이케이古城梅溪, 타카키 토쿠야高木德彌로부터 3만 원을 기부받아, 3층 규모의 '경성부 사회관'을 신축하고, 1928년 6월 23일 문을 열었다. 경성부립도서관은 신축한 경성부 사회관을 본관으로, 대관정 시절부터 있던 건물은 별관으로 활용했다. 별관에는 아동실과 신문실을 두었다.

메이지쵸(명동)에서 하세가와쵸(소공동)로 옮기면서, 경성부립도서관은 1925년 문을 연 조선총독부도서관과 인접한 곳에 자리 잡게 되었다. 당시 경성에 흔치 않은 두 도서관을 굳이 가까운 곳에 자리하도록 한 이유는 뭘까? 거류민단 사무실, 우체국, 경찰서 같은 시설이 들어서며, 경성의 행정 중심지로 부상하던 하세가와쵸 일대에 도서관까지 두려고 했던 모양이다.

해방이 될 때까지 '경성부립도서관'은 '종로분관'과 함께, 일제강점기 경성을 대표하는 공공도서관이었다. 1922년 7월 1일 부임한 초대 기무라 스즈오木村靜雄부터, 해방 직전인 1945년 8월 14일까지 재직한 8대 야마모토 요시히사山本吉久까지, 8명의 관장이 경성부립도서관을 거쳐 갔고, 모두 일본인이었다.

4부 사서도 모르는 도서관의 숨은 역사

박완서가 만난 경성부립도서관

작가 박완서는《그 많던 싱아는 누가 다 먹었을까》에서 경성부립 도서관에 얽힌 추억을 풀어놓았다. 1931년 경기도 개풍군 묵송리 박적골에서 태어난 박완서는, 1938년 경성부로 이사해서, 1944년 까지 지금의 서대문구 현저동에서 살았다. 현저동 시절 국민학교 (지금의 매동초등학교) 5학년 국어 시간에 '도서관'을 배운 그녀는, 어느 일요일 친구 복순이와 도서관을 찾아 나섰다.

> 들어가는 데 아무런 수속 절차가 필요 없었고 아저씨 한 사람이 선생님처럼 앞의 책상에 앉아 있고 아저씨 뒷면 벽이 온통 책장이었는데 아무나 자유롭게 꺼내다 볼 수 있는 개가식이었다. 교과서에서 배운 것 같은 열람을 위한 수속 절차가 따로 있는 게 아니었다. 제집 서가의 책처럼 마음대로 꺼내다 보고 재미없으면 갖다 꽂고 딴 책을 가져오기를 아무리 자주 되풀이해도 그만이었다. 실제로 읽지는 않고 그렇게 촐싹거리기만 하는 아이도 있었다. 아저씨는 어린이들을 향해 앉아 있을 뿐 이래라저래라 말이 없었다. 그 또한 온종일 책을 읽고 있었다. 그런 곳이 있으리라고는 꿈도 못 꿔본 별천지였다.

박완서가 교과서에서 배운 도서관은, 책 제목을 사서에게 건네고, 책을 넘겨받는 '폐가제'였던 모양이다. 당시 경성부립도서관 어린 이실은 '개가제'로 운영한 듯한데, 마음대로 책을 꺼내 읽을 수 있는 개가제 도서관이, 박완서에게는 '별천지'였나 보다.

그날 처음 빌려 본 책이 《아아, 무정》이라는 제목으로 아동용으로
쉽게 간추려진 《레미제라블》이었다. 물론 일본말이었고 삽화가 이
루 말할 수 없이 아름다워 읽는 재미에다 황홀감을 더해 주었다. 간
추려졌다고는 하지만 상당한 두께의 책이어서 도서관을 닫을 시간
까지 속독을 했는데도 다 읽지 못했다. 대출은 허락되지 않았다. 못
다 읽은 책을 그냥 놓고 와야 하는 심정은 내 혼을 거기다 반 넘게 남
겨놓고 오는 것과 같았다. 숙부네 다락방에서 만화책을 빼앗겼을 때
와 비슷하면서도 그것과는 댈 것도 아니게 허전했다. 미칠 것 같다
고 해도 과장이 아니었다. 내 동무가 읽은 건 《소공녀》였고 끝까지
다 읽었다고 했다. 우리는 몹시 흥분해서 서로가 읽은 책 얘기를 주
고받았고 다음 공일에도 또 가자고 약속했다.

당시 경성부립도서관은 '관외 대출'은 허용하지 않고, '관내 열람'
만 허용한 모양이다. 그녀는 '별천지'인 도서관 방문을 6학년 때까
지 이어 갔다. 일요일마다 이어진 도서관 방문을 박완서는 "공일날
마다 도서관에 가서 책 한 권씩 읽는 건 내 어린 날의 찬란한 빛"이
라고 표현했다. 도서관을 통한 '독서 경험'이 박완서라는 '작가의 탄
생'에 어떤 영향을 주었는지 생각해 보는 건 흥미롭다.

●

도서관이 떠난 후 대관정터

1945년 해방 후 경성부립도서관은 '경성부립남대문도서관'으로
명칭이 바뀌었다가, 1948년 8월 15일 서울특별시 승격과 함께, '서

울특별시립남대문도서관'으로 이름을 다시 바꿨다. 해방과 함께 새로운 관장이 취임했는데, 1945년 9월 17일 부임한 9대 신태현은 첫 조선인 관장이다.

1927년부터 37년 동안 소공동에 있던 '남대문도서관'은, 1964년 12월 31일 지금의 위치인 남산 중턱에 도서관 건물을 신축해서 이전했다. 이때부터 '남산도서관'으로 불렸다. 1965년 1월 27일 개관한 남산도서관은 1600석의 열람석과 시청각 자료실, 특별 연구실, 전시실, 음악실을 갖춘, 당시로서는 국내 최대 도서관이었다. 철근 콘크리트로 지은 남산도서관은 한양대 총장을 지낸 건축가 남계 이해성이 설계했다.

《경향신문》은 남산도서관 개관 시점인 1965년 1월 9일 자 기사에서 다음과 같이 지적했다. "1500명을 수용하는 '매머드' 도서관에 20만 권의 책을 저장할 수 있는 서고가 마련되어 있지만, 장서는 약 7만 권으로 겉만 화려해 결국 학생들의 공부방 구실밖에 못 하게 된 것이다." 당시 남산도서관이 보유한 7만 권 중 3만 권은 일본어로 된 일본책이었다.

역사가 길다 보니, 남산도서관을 통해 '한국 공공도서관 서비스 변천사'를 톺아볼 수 있다. 사서에게 책을 일일이 신청해서 대출하는 '폐가제'가, 이용자가 자유롭게 서가에서 책을 골라볼 수 있는 '개가제'로 전환된 시기는 1979년 7월 12일부터다. 지금은 상상하기 어렵지만, 한때 공공도서관은 '입관료'를 내야만 이용할 수 있는 '유료 시설'이었다. 남산도서관이 지금처럼 '무료 시설'로 전환된 때는, 1992년 3월 16일 〈도서관진흥법〉 시행령 조례가 시행되면서부터다.

남산도서관의 모든 책이 '관외 대출'이 가능해진 시기는 1995년 10월 1일부터다. 서비스 도입 시기를 보면, 남산도서관이 변화를 '선도'한 곳이라 보기는 어렵다. 1926년 이래 경성부와 서울을 대표해 온 도서관 위상에 비춰 볼 때 이 점은 아쉽다.

한편 남대문도서관이 자리했던 소공동 건물은, 1966년부터 1972년까지 박정희 시대 집권당 민주공화당이 당사로 사용했다. 민주공화당이 남산에 새 당사를 구해 이전한 후에는, 효성물산이 소유했다가, 1983년 8월 삼환기업에게 매각했다. 이후 오랫동안 '주차장'으로 쓰인 경성부립도서관 터는, 지하 7층, 지상 27층 규모 소공동 부영호텔 공사가 진행 중이다.

이곳에 담겨 있는 역사적 의미가 크기 때문에, '문화재'로 보존하자는 의견도 있었다. 경성부립도서관이 37년 동안 자리했던 대관정 터에 대해, 도서관과 문헌정보학계는 별다른 의견을 내지 않았다. 경성부립도서관이 처음 자리한 한성병원 터와 두 번째 머문 대관정 주변에서는, 어디서도 도서관이 있었다는 표석이나 흔적을 찾아보기 어렵다. 우리는 이제 그 시절 도서관의 흔적을, '빛바랜 사진'을 통해서만 겨우 확인할 수 있다.

●

도서관은 왜 '산'으로 갔을까

남산도서관이 새로 자리 잡은 위치도 묘했다. 남산도서관 뒤편은 조선시대 한양도성이 지나던 곳으로, 성벽 바깥 부분에 해당한다. 일제는 1925년 한양도성 남산 성벽을 770미터 넘게 허물고, '조선신궁朝鮮神宮'을 지었다. 남산도서관 뒤편에, 식민지 조선에서 가장 큰 신사가 자리했다는 사실은 기억할 필요가 있다. 일본은 이 자리에 조선신궁을 지음으로써, 남산을 정치·군사뿐 아니라 종교적 중심 공간으로 격상시켰다. 해방 이후에는 조선신궁 자리, 지금의 남산도서관 뒤편에, 81척 높이의 이승만 동상이 세워졌다가 철거됐다.

명동과 소공동에 있다가 남산으로 옮기며, 도서관 규모는 커졌지만, 접근성은 나빠졌다. 서울시가 1963년 강남 지역을 포함해 크게 확장하면서, 남산은 '서울의 지리적 중심'이 되지만, 그 이전까지 남산은 서울의 중심부가 아니었다. 도서관 입지도 명동과 소공동이

남산에서 바라본 남산도서관

개관 이후 남산도서관 입장을 위해 새벽부터 이용자가 길게 줄을 섰다는 기사가 신문에 종종 실렸다. 도서관에 대한 열망을 드러낸 장사진이었지, 남산도서관의 입지가 문제없음을 증명한 풍경은 아닐 것이다. 공공도서관이 부족하자 서울에는 '사설 독서실'이 크게 늘어나기도 했다. 1966년 서울에 남산도서관과 종로도서관 두 곳의 공공도서관이 있을 때 사설 독서실은 89개로 급증했다. ⓒ 백창민

훨씬 좋았다. 접근성만 놓고 보면, 일제강점기보다 나빠진 셈이다. 접근성 문제는 남산도서관 개관 전부터, 언론을 통해 지적되기 시작했다. 1963년 7월 16일 자《동아일보》는 "도심지의 남대문도서관이 폐쇄된다면, 수많은 열람자가 남산 꼭대기까지 오르내리는 불편을 피하지 못할 것 같다"라는 기사를 냈다.

도서관은 왜 '산'으로 갔을까? 시청이나 보건소 같은 공공시설이 산에 자리하면 불편하듯, 많은 시민이 일상적으로 이용하는 도서관 역시 마찬가지다. 남산도서관은 '산'으로 간 선례를 남겼다는 점에서, 도서관 이전의 나쁜 사례라 할 만하다.

남산도서관 이후에도 도서관은 가파른 산자락에 종종 지어졌다. 혹자는 '도서관이 없는 것보다 낫지 않느냐'라는 말을 하기도 한다. 문제는 우리 살림살이가 제법 나아진 후에도, 도서관은 접근성이 나쁜 곳에 지어졌다는 점이다. 도서관 이름에 산이 들어가지 않았을 뿐, '산행'을 해야 갈 수 있거나, 산이 아닐 뿐 외진 곳에 지은 제2, 제3의 남산도서관이 적지 않았다.

도서관이 장애인과 노약자를 포함한, 누구나 이용 가능한 문화시설이라는 점을 감안하면, 입지 자체가 '폭력적'임을 지적하지 않을 수 없다. 불편한 접근성 때문인지, 남산도서관은 1970년 문을 연 어린이 열람실과 주부 열람실을 불과 2년 만에 폐쇄했다. 공공도서관에 흔히 있는 어린이 자료실이 지금도 없는 이유는, 남산도서관의 접근성 때문일 것이다. 아무리 책이 좋다 해도, 유모차를 밀거나 아이를 데리고, 산 중턱까지 오르내릴 부모가 얼마나 있겠는가?

도서관의 남산 '유배' 시대

　흥미로운 대목은, 한때 남산이 한국 도서관의 '메카'였던 시기가 있다는 점이다. 1964년 남산도서관이 지금의 위치에 터줏대감처럼 자리 잡은 후, 1974년 국립중앙도서관이 남산 어린이회관(지금의 서울특별시교육청교육연구정보원) 건물로 이전하면서, '남산 시대'를 열었다. 1981년에는 용산도서관이 남산도서관 코앞에 개관하면서, 당대 한국을 대표하는 도서관 세 곳이, 남산 회현 자락 몇백 미터 안에 '옹기종기' 모이게 되었다. 1981년 당시 서울에 10개 공공도서관이 있었음을 상기할 때, 대형 도서관의 '남산 집중'은 결코 바람직하다고 볼 수 없다. 남산이 '도서관의 메카였던 시기'라고 표현했지만, 어쩌면 이 시대는 도서관의 '남산 유배 시대'라고 해야 하지 않을까. 도서관의 '남산 집중'은, 1988년 국립중앙도서관이 지금의 서초구 반포동으로 신축 이전하면서 '완화'된다.

　1977년 정독도서관이 등장하기 전까지, 남산도서관은 서울, 아니 대한민국을 대표하는 공공도서관으로 역할을 해 왔다. 비록 도서관 역사는 2년 먼저 개관한 종로도서관에 뒤지지만, 서울 공공도서관의 '살아 있는 역사'라 할 만하다. 도시 이름이 '경성부'에서 '서울특별시'로, 도서관의 위치가 '명동'에서 '소공동'을 거쳐 '남산'으로 바뀌는 동안, 도서관 이름은 '경성부립도서관'에서 '서울시립남대문도서관'을 거쳐, '남산도서관'으로 바뀌었다. 우리 도서관 역사에서 이런 변화를 겪은 도서관은 흔치 않다. 이런 역사적인 가치 때문에, 서울시는 2013년 남산도서관을 '서울미래유산'으로 지정했다.

2022년 개관 100주년을 맞은 남산도서관

남산도서관은 '사각형' 매스(mass, 덩어리)를 옆과 뒤로 덧대고 포갠 모습이다. 왜 이렇게 건물을 설계했을까? 도서관에 필요한 공간을 배치한 다음, 건물 형태로 디자인했기 때문이다. "형태는 기능을 따른다(Form follows function)"라는 '기능주의 건축'을 대표하는 건축물이다. 남산도서관은 현상 설계를 통해 설계안을 공모했다. 당시 1등을 했던 사람이 건축가 이해성이고, 2등을 한 곳은 이화여대 도서관학과 이봉순 교수의 자문을 받은 김수근건축사무소였다. ⓒ 백창민

2022년 남산도서관은 개관 100주년을 맞았다. 도서관이 가진 역사로 보나, 남산도서관이 지닌 상징성으로 보나, 새벽같이 이곳을 찾아 줄을 섰던 수많은 시민의 추억으로 보나, 남산도서관은 '미래 유산'으로 지정할 만하다. 하지만 접근성을 고려하지 않은 도서관의 '입지'만큼은, 미래가 아닌 '과거 유산'으로 남겨야 하지 않을까?

우리에게 산으로 간 도서관은 남산도서관으로 충분하며, 산에 자리한 도서관 역사는 이제 끝나야 한다.

도서관을 '세습'합니다?
초대형교회의 두 얼굴

우리 사회에 개신교가 전래된 시기는 언제일까? 19세기부터 여러 접점이 있었지만, 대다수 개신교회는 1884년 9월 북장로회 미국인 선교사, 호러스 알렌Horace Newton Allen의 조선 입국을 공식 전래 시점으로 보고 있다.

전래 당시 큰 '박해'를 당한 천주교와 달리, 개신교는 '환대'를 받았다. 개신교가 환대받은 계기는 2가지였다. 1884년 갑신정변 때 중상을 입은 민영익을 선교사 알렌이 치료해서 완쾌시킨 일과 1885년 을미사변 때 독살을 우려한 고종의 식사와 호위를 여러 선교사가 맡은 것이, 결정적 계기였다.

조선 왕실과 미국인 선교사의 우호 관계 속에, 배재·이화·정신·

경신 같은 개신교 계열 사립학교가 연이어 문을 열었다. 1910년 당시 인가된 학교의 35%가 '미션스쿨'이었다는 통계가 있을 정도다. '교육'과 '의료'를 중심으로 선교를 펼친 개신교의 '전략'은 주효했다.

1895년 청일전쟁 이후 사회가 혼란스러워지자, 개신교는 급속히 퍼져 나갔다. 국가가 제 역할을 못 하면서, 교회 공동체에 기대는 사람이 그만큼 많아졌기 때문이다. 사회 혼란과 불안이 이어지자, 많은 조선인은 개신교에서 '대안'을 찾았다. 실제로 서북 지방의 개신교도는 1904년부터 1905년까지 러일전쟁 시기에 크게 늘었다. 미국 선교사가 운영하는 교회는 미국 영토로 취급받았기 때문에, 일본군이 침범하기 어려웠다. 사람들은 '살기' 위해 교회로 갔다. 개신교회는 '제국 속의 제국', 치외법권 공간으로 취급받았다.

●

한국 개신교의 빛과 그늘

영국성서공회BFBS 한국지부는 1896년부터 1940년까지 총 2062만여 권의 성서聖書를 발행했다. 미국성서공회ABS 한국지부 역시 1901년부터 1919년까지 266만 권의 성서를 펴냈다. 서점과 도서관이 변변치 않았던 그 시절, 성경은 어떻게 보급되었을까?

성경책을 짊어지고, 전국을 누비며, 성경의 판매와 보급을 맡은 사람들이 있다. 이들을 '권서勸書'라고 한다. 영국성서공회 성경의 85%, 미국성서공회 성경의 98%가, 권서의 활약 덕분에 보급되었다. 권서는 걸어 다니는 '도서관'이자, '서점' 역할을 했다.

성경이 보급되자, 이를 읽기 위해 국문, 즉 한글 공부 운동이 일어났다. '예수 믿고 국문 깨쳤다'라는 말이 나온 이유는 이 때문이다. 성경을 공부하는 '사경회査經會'도 활발했다. 1907년 평양 장대현교회의 대부흥 운동도 사경회를 통해 촉발되었다. 성경이 한글로 번역·보급되면서, 성경 전파는 한글 대중화에 기여했다. 개신교 차원에서 한글 연구도 활발했다. 주시경, 이윤재, 최현배, 김윤경, 김선기 같은 한글학자가 '개신교도'인 사실도 이와 무관치 않다.

일제의 국권 침탈 과정에서 개신교도의 활약도 눈에 띈다. 샌프란시스코에서 스티븐스를 저격한 장인환, 박영효 궁내부 대신 축하연에서 이토 히로부미를 처단하려 한 정재홍, 안중근의 거사에 함께 참여한 우연준, 매국노 이완용을 명동성당에서 습격한 이재명이 모두 개신교도였다.

1919년 3·1 운동에는 천도교와 함께, 개신교 세력이 적극적으로 참여했다. 민족 대표 33명 가운데 개신교 신자가 16명이었다. 개신교에 이어, 천도교가 15명, 불교가 2명이었다. 천주교와 유림은 단한 명도 민족 대표로 참여하지 않았다. 3·1 운동 투옥자 1만 9525명 중 17%인 3373명이 개신교도였다. 개신교가 3·1 운동에 적극적으로 뛰어들자, 일제는 경기도 화성 제암리교회 학살을 비롯해, 개신교를 탄압했다.

1930년대 중반부터 일제는 노골적으로 '신사 참배'를 강요하기 시작했다. 그러자 장로교, 감리교, 성결교 같은 개신교단의 상당수가 신사 참배를 받아들였다. 1938년 9월 조선 개신교 최대 종파인 장로교는 총회를 통해, 신사 참배에 대한 '지지'를 공식 표명했다. 개신교의 신사 참배 수용은 "너희는 내 앞에서 다른 신을 모시지 못한다"라는 십계명의 제1계를 위반했다는 비판을 불러왔다.

'신사 참배'만이 아니라, 개신교의 '친일 행위'도 문제였다. 상당수 개신교단은 신사 참배 수용에서 나아가, 전쟁 참여를 종용하거나 전투기를 헌납했다. 일제는 조선 장로교회의 헌금으로 마련한 비행기에 '조선장로호'라는 이름을 붙이기도 했다. 오긍선과 양주삼 목사는 "학도여 성전聖戰에 나서라"라고 외쳤다.

1948년 정부 수립 후 반민족행위특별조사위원회(반민특위)가 적발한 반민족 행위 피의자 657명을 종교별로 나눠 보면, 개신교가 38명, 불교 5명, 천도교 3명, 유교 2명, 신도 2명, 기타 2명이다. 반민족 행위자 중 개신교인 수가 '유난히' 많았다. 일제강점기 개신교가 다른 종교에 비해, 상대적으로 일제 통치에 더 '협력'했음을 알 수 있다. 1919년 3·1 운동 당시 저항에 앞장섰던 개신교의 놀라운 '변신'이었다.

●

세계 선교사의 기적, 대한민국

개신교는 140여 년이라는 짧은 전래 기간에도 불구하고, 신자 수가 대한민국 인구의 30%를 넘나들 만큼 '급성장'했다. 2000년대 들어서는 교회 수뿐 아니라, 해외 파견 선교사 수에서도 미국에 이어, 세계 2위(1만 2000여 명)를 차지할 정도로 '선교 대국'이 되었다.

필리핀을 제외하면, 아시아에서 한국의 개신교도 비율이 가장 높다. 짧은 선교 역사를 고려하면, 더욱 대단한 수치다. 같은 동아시아 문화권이라 할 수 있는 중국과 일본의 개신교도 비율이, 한 자릿수에 머무는 상황을 생각하면, 더욱 그렇다. 일본은 천주교와 개신교 신자를 모두 합해도, 전체 인구의 1%를 넘지 않는다. 한마디로 대한민국의 개신교 성장사는 '세계 선교사의 기적'으로 불릴 만하다.

 개신교는 어떻게 한국에서 '기적 같은 성장'을 이뤘을까?《한국은 왜? 1945~2020》에서 김동춘 교수는 그 요인으로 '전쟁'과 '분단'을 지목했다. 한국전쟁과 남북 분단을 통해, 북한은 유례없는 '반미 공산국가'로, 남한은 '반공 개신교국가'로 성장했다는 것이다. 해

영락교회와 한경직 목사

영락교회는 한국 최초의 대형교회로 꼽히는 곳이다. 영락교회를 일군 한경직 목사는 "나는 자손들에게 남길 유산은 하나도 없다"로 시작하는 유언을 남겼다. '청빈'과 '겸손'의 상징으로 한국 개신교단에서 가장 존경받는 목회자 중 하나다. 한경직 목사는 개신교 각 교파의 기자 125명을 대상으로 하는 설문조사에서 가장 존경하는 목회자로 꼽혔다. 1992년 종교계의 노벨상으로 꼽히는 존 템플턴 상(John Templeton Prize)을 받았다. '흠 없는 것이 흠'이라는 평을 들었지만, 1992년 6월 18일 존 템플턴 상 수상 축하 예배 자리에서 일제강점기 신사 참배를 했다는 발언을 하기도 했다. ⓒ 백창민

방 직후 남한의 이념 성향은, 77% 가까운 사람이 사회주의와 공산주의를 선호했다. 이런 상황에서 남한을 점령한 미군정은, 개신교도를 집중적으로 발탁했다. 미군정 부처장 19명 중 11명이 개신교도였다. 한국인 행정 고문의 54.5%, 초대 한국인 국장·차장·처장의 46.4%, 민주의원의 35.7%, 입법의원의 23.3%가 개신교 신자였다.

미군정은 일제의 '적산敵産'을 불하하는 과정에서, 개신교에 많은 특혜를 제공했다. 미군정에서 적산 처리를 담당하는 부처의 책임자가 대부분 개신교도였다. 미군정은 병원·농장·대지·가옥 같은 상당수 적산을 개신교에 불하했다. 개신교가 특혜를 '독차지한' 집단이었음을 알 수 있다.

일제가 남긴 자산을 개신교가 많이 '차지'한 이유는, 개신교가 독립운동에 가장 '앞장'섰기 때문이 아니다. 해방 후 남한을 점령한 미군정의 '정책' 때문이다. 종교 중에는 천도교가 일제에 가장 적극적으로 저항했으나, 해방과 분단국가 수립 과정에서 천도교는 급속히 교세가 줄어들었다.

미국의 동아시아 정책 속에서, 개신교도는 남한 내 '파트너'로 선택받았다. 해방 이후 남한의 정치·경제·사회·문화·교육·종교 분야에서, 개신교가 급속히 세력을 불린 배경은 이 때문이다. 이 과정을 통해 남한은 '반공 개신교 국가'로 개조되었다.

●

동아시아 최초 개신교 국가의 출현

초대 대통령 이승만은 독실한 개신교 신자였다. 이승만은 청년 시절부터 개신교를 바탕으로 나라를 세우겠다는 뜻을 여러 차례 피력했다. 이런 '뜻'은 대한민국 정부 수립 후 그가 대통령이 되면서, 즉각 실행에 옮겨졌다. 제헌국회를 식순에 없던 '기도'로 시작했고, 대통령 취임식도 개신교식으로 거행했다. 국기에 대한 경례가 '배례(머리 숙여 절하기)'에서 '주목례(가슴에 손을 얹고 바라보기)'로 바뀐 일도, 크리스마스를 공휴일로 정한 것도 모두 이승만 시절이다.

이승만이 집권한 12년 동안 장관과 차관의 37%, 이승만 초대 내각의 42.9%가 개신교인이었다. 당시 한국의 개신교 신자 수는 전체 인구의 1%였다. 이승만 정부가 개신교도를 얼마나 집중적으로 '발탁'했는지 알 수 있다. 장로였던 이승만 대통령, 권사였던 이기붕이 부통령이었던 시절을 거치며, 개신교는 교세 확장의 시기를 맞았다. 《한국 기독교 흑역사》를 쓴 강성호는 4·19 혁명의 원인이 된 3·15 부정 선거에 대해 이렇게 평가했다. "1960년 3·15 선거는 '장로' 대통령과 '권사' 부통령을 세우기 위해 최인규 '집사(내무부 장관)'와 전성천 '목사(공보실장)'가 주도한 부정 선거라고 해도 과언이 아니다."

한국 사회는 초중고등학교와 대학에서 '미션스쿨'의 비율이 높다. 미션스쿨 중 상당수는 학생의 종교와 상관없이, 채플 수업을 '강요'한다. 미션스쿨에 취업할 때는 개신교도임을 '증명'하는 서류(세례 증명서, 담임목사 추천서)를 내도록 요구한다.

군대는 어땠을까? 1966년 베트남전쟁 파병 당시 한국군은 김성은 국방장관을 비롯, 육군 참모총장 김계원, 해군 참모총장 김영관, 공군 참모총장 장지량, 해병대사령관 강기천, 주월 한국군 사령관 채명신이 모두 개신교도였다. 군대에 '군목軍牧'을 두고, 훈련소에서부터 떡을 나눠 주며, 군인을 신자화하는 운동이 벌어졌다. 한국은 비기독교 국가 중 처음으로 '군종軍宗 제도'를 도입한 국가다. 개신교는 '황금 어장'이라 불린 군대에 군목을 두고, '어장 관리'하듯 신자를 급속히 늘렸다.

이를 보면 교육과 취업, 군대를 통해, 개신교도가 '재생산'되는 사회 구조가 정착되어 왔음을 알 수 있다. 대한민국 헌법은 특정 종교를 '국교'로 인정하지 않지만, 개신교는 사실상 국교로 기능해 온 건 아닐까? 이승만 이후 '장로 대통령'은 1992년 김영삼, 2002년 이명박까지, 연이어 출현했다. 오슬로대학 박노자 교수의 지적처럼, '저신뢰 연줄형 사회'인 한국에서 특정 교회를 다닌다는 '교연敎緣'은, 혈연·지연·학연과 함께 '제4의 연줄'로 자리 잡았다. '연줄'을 넘어서, 특정 교회를 다니는 행위가 '신분'을 상징하기도 했다.

개신교 성장은 군사 정부 시대에 들어서도 멈추지 않았다. 1960년 5011개였던 교회는 1970년 1만 2866개, 1980년 2만 1243개, 1990년에는 3만 5869개로 30년 만에 7배 늘어났다. 신자 수도 1960년 60만 명 수준에서, 1970년 300만 명을 거쳐, 1977년 500만 명, 1980년 700만 명, 1990년에는 1200만 명으로 늘어났다.

•

'조물주'를 위한 '건물주' 경쟁

개신교는 신자 수 늘리기 뿐 아니라, 교회의 외형 확대에도 관심을 기울였다. 교회 지출의 40%를 교회 건물에 사용하면서, 빚을 내서라도 대형교회를 짓는 데 골몰했다. 누구나 '건물주'를 꿈꾸는 시대, 교회 역시 대열의 선두에 섰다.

'건물주'로서 '조물주'를 모셔야만, 하나님이 기뻐하실 거라 생각한 걸까? 바벨탑의 교훈이 무색하게, 개신교 대형교회는 높디높은 '교회 건물 짓기' 경쟁에 몰두해 왔다. 이쯤에서 "낮은 곳에 임하소서"라는 성경 구절을 떠올리지 않을 수 없다. 온라인 시대가 도래하면서, 개신교 신자는 인터넷을 통해 어디서든 예배를 볼 수 있다. '일상이 성소이자 예배'인 시대에, 신자를 하나의 공간에 끌어모으기 위해 대형 건물을 짓는 행태는 뒤떨어진 발상 아닐까?

런던신학교에서 신학을 공부한 양희송은 영국 더럼대학Durham University의 피트 워드Pete Ward 교수의 '액체 교회'와 '고체 교회' 개념을 소개한 바 있다. 고체 교회solid church는 움직이지 않는 교회 건물에서, 정해진 시간에 예배하는 교회를 지칭한다. 반면 액체 교회liquid church는 시간과 장소에 구애받지 않고, 진실한 소통으로 감동과 자극을 주는 교회를 말한다. 오늘날 대한민국 교회는 '고체 교회'일까, '액체 교회'일까. 몇몇 교회는 이미 죽은 '시체 교회'가 아닐까.

한편 개신교단은 이승만 시대에 이어, 친미 반공주의를 고수하면서, 한국전쟁 때 휴전 협정을 반대하고, 박정희 정권의 베트남전쟁 파병을 지지했다. 숙명여대 명예교수 이만열의 표현처럼, 우리 교회는 '십자가'의 길이 아닌, '십자군'의 길을 걸어왔다.

한국 개신교의 '전쟁 지지'는 이뿐만이 아니다. 일제강점기 중일전쟁과 태평양전쟁부터, 한국전쟁, 베트남전쟁, 최근의 이라크전쟁에 이르기까지, 개신교 주류는 전쟁 지지에 앞장섰다. 함석헌은 평화를 외면하는 개신교에 대해 "이때껏 남의 나라의 침략 속에 살면서, 평화 운동 하나 일으킨 것이 없다"라는 비판을 남긴 바 있다.

●

'정경 유착'을 넘어 '정교 유착' 사회로

　대한민국 헌법 제20조 2항은 "국교는 인정되지 아니하며, 종교와 정치는 분리된다"라는 내용으로, 정치와 종교의 구분을 명시하고 있다. 헌법 조항과 달리, 한국의 개신교는 정치와 종교의 '결탁' 과정에서 급성장했다. 대한민국은 '정경 유착' 사회일 뿐 아니라, '정교 유착' 사회였다. '정교 분리separation of church and state'는 헌법으로만 존재하는 사문화된 조항이었다.

　개신교가 한국 사회에서 보수적인 행태만 이어 온 것은 아니다. 1970년대 '산선'이라 불린 도시산업선교회는 노동운동 현장에서 큰 역할을 했다. 도시산업선교회는 한국카톨릭노동청년회JOC와 함께 민주노조운동의 씨앗을 뿌린 단체였다.

　한국기독교교회협의회NCCK(교회협)는 이승만 독재와 박정희 3선 개헌 추진에 반대하며, 맞서기도 했다. 1924년 9월 24일 출범한 조선예수교연합공의회를 모태로 한 교회협은, 1974년 인권위원회를 발족시켜, 인권과 민주화운동에 앞장섰다. 1970년대와 1980년대 개신교는 민주화운동의 한 주체로 참여했다. 민주화 투쟁 과정에서 개신교의 기여에도 불구하고, 개신교 주류의 기본 입장은 사회의 낮은 곳에 있는 '노동자의 편'이라기보다 '자본가의 편'이었다.

　사회 지도층 개신교 신자의 비행과 불법도 잇따랐다. 2017년 현역 육군 대장 박찬주는 공관병 갑질에 이어, 뇌물수수 혐의로 구속되었다. 박찬주 대장뿐 아니라, 구속된 이명박 대통령 역시 교회 '장로'다. 통계자료에 따르면, 전문직 종사자 중 '성범죄자'가 가장 많은 직업군은 종교인이고, 목사가 1위였다.

사이비 종교를 이끌다가, 개신교 목사로 박근혜에게 접근해서, '구국십자군'을 이끈 최태민의 사례를 떠올려 보자. 사기·횡령·추문으로 물의를 일으켜, 박정희가 '친국親鞠'을 하기도 했던 최태민의 파장은 1970년대에 그치지 않았다. 박정희를 쏜 김재규는 10·26을 일으킨 이유 중 하나로, 목사 최태민과 박근혜의 관계를 들었다. 박근혜 집권 시기, 최태민의 딸 최순실은 '비선 실세'로 국정을 농단했다.

"하나님 앞의 평등"을 말하는 개신교는, 평등을 중시한다고 알려졌지만, 교회 내 신도는 평신도, 집사, 권사, 장로처럼 '직분'으로 '계급화'되어 있다. 교회가 헌금을 통해 직분을 '매매'한다는 비판도 있다. 목회자를 양성하는 신학대학도 '서열화'되어 있다. 신학대학의 서열과 인지도는 졸업생의 교회 '취업'에 큰 영향을 미친다.

한국은 '법 앞의 평등'뿐 아니라, '신 앞의 평등'도 지켜지지 않는 사회다. 개신교 신자의 상당수가 여성임에도, 여성의 목사 안수를 인정하지 않는 교단도 있다. 여성 안수를 찬성하는 교단조차, 여성 목사 비율은 10% 안팎으로 높지 않다. 교단 총회에서 의결권을 지닌 총대(대의원)의 여성 비율도 15% 안팎에 머문다.

'유리 천장'을 타파해 가는 사회 분위기와 달리, 개신교가 여전히 성차별적인 방식으로, 교회와 교단을 운영함을 알 수 있다. 교회의 가부장 체제에 순응하면 '성녀'이고, 불응하면 '악녀'가 되는 이분법 구도로 교회를 운영한다면, 시대에 뒤떨어지는 종교 아닐까? 개신 교회는 아직도 '남존여비' 시대를 벗어나지 못하고 있다.

대한민국에서 가장 큰 '교회도서관'

   서울시 강동구 명일동에 있는 명성교회도서관은, 이 나라에서 가장 크고, 유명한 '교회도서관'일 것이다. 명성교회도서관은 1990년 교회 본당 5층에 마련한 7244권의 장서에서 출발했다. 명성교회는 1996년 1만 4500권 장서를 모아, 교회 신도를 대상으로 도서관을 개관했다. 2000년 11월에는 지역사회 주민에게도 도서관을 '개

명성교회 도서관
우리나라에서 가장 큰 교회도서관이다. 1996년 문을 열었다. 명성교회 신도뿐 아니라 지역 주민은 누구나 이용할 수 있다. 명성교회도서관은 서울특별시교육청 소속인 강동도서관과 고덕평생학습관보다는 규모가 작지만, 강동구에서 건립한 구립도서관보다는 면적도 넓고, 장서도 많다. ⓒ 백창민

명성교회도서관   437

방'했다. 2001년에는 샬롬교육관 전 층을 도서관으로 확장했고, 2004년 1월에는 도서관을 신축해서 문을 열었다. 2014년에는 도서관 별관을 개관했다.

2024년 명성교회도서관 장서량은 14만 권(14만 5924권)을 넘겨, 웬만한 공공도서관 장서 수준을 웃돈다. 장서 중 33%인 4만 9107권은 기독교 분야 책이다. 일반 분야 장서는 5만 6957권으로 39%이며, 나머지 3만 9860권은 어린이책이다. 기독교 분야와 어린이책 장서가 상대적으로 많지만, 일반 분야 장서도 적지 않다. 전자책, 오디오북, DVD 같은 비도서 자료도 4920점 보유하고 있다.

명성교회도서관은 장서뿐 아니라 시설 면에서도, 눈에 띄는 교회도서관이다. 명성교회도서관은 본관과 별관, 2개 건물로 구성되어 있다. 본관은 지하 2층, 지상 5층 규모로, 지상층 연면적은 1360.40제곱미터다. 본관 1층에 영유아 자료실이, 2층에는 어린이 자료실이 있다. 3층에 신학 자료실, 4층에는 기독교 자료실이 있고, 5층은 기증 도서 자료실이다. 지하 1층과 지하 2층에는 각각 자유 열람실과 보존 서고가 있다. 본관은 245석의 좌석을 갖추고 있다.

별관은 지하 1층, 지상 6층 규모다. 지상층 연면적은 본관의 절반 수준인 682.49제곱미터다. 본관과 별관을 합하면, 지하 공간까지 연면적이 2819제곱미터가 넘는다. 별관에는 디지털 자료실과 정기 간행물실, 참고문헌실, 문학 자료실, 기술예술역사 자료실, 인문사회과학 자료실이 있다. 별관 좌석은 55석이다.

교회의 본질적 기능을 '예배'로 본다면, 교회의 핵심 공간은 '예배당'이다. 이런 관점으로 보면, '도서관'이 교회의 본질적 기능을 수행하는 공간은 아니다. 한국 대형교회는 예배당 중심의 '단일 건물'

에서, 다양한 부속 건물로 구성된 '복합 건물'로 외형을 키워 왔다. 명성교회도서관은 복합화하며 성장한 대형교회의 건물 성장사를 잘 드러내는 곳이다.

그나저나 교회는 왜 '도서관'이 필요할까? 서구는 중세 수도원 장서관을 통해 지식을 전승해 온 역사가 길다. 우리도 불교가 국교였던 고려 시대, 장경판전을 통해 불경을 전승했고, 사찰은 또 하나의 도서관 역할을 이어 왔다. 그러면 한국에서 교회도서관은 언제부터 자리 잡기 시작했을까? 한국 교회도서관 역사에 대한 체계적인 연구는 없지만, 1920년대부터 '교회도서실' 설치에 대한 기사가 보이기 시작한다.

《동아일보》1922년 1월 19일 자 기사는, 함경남도 홍원 삼호교회 기독청년회가 자선도서실을 설치한다는 소식을 보도했다. 이로부터 한국 교회도서관 역사를 헤아리면, 100년 넘는 역사를 자랑한다. 1927년 5월 9일 의주기독청년회가 600~700권의 책을 갖춘 도서관을 회관 안에 개관했다는 기사도 보인다.

종교의 영향력이 축소되고, 종교와 정치와 분리된 근대 사회에서, 교회도서관은 어떤 의미를 지닐까? 교회 자료를 소장하고 보존하는 역할은 지금도 있지만, 과거처럼 사회의 지식 전승을 담당하는 기능은 퇴색했다고 할 수 있다. 도서관이 부족한 시절에는 지역사회에서 부족한 공공도서관 인프라를 메우는 역할을 하기도 했다. 명성교회도서관은 서울 강동구에서, 수색장로교회도서관과 은광교회 김종대목사기념도서관은 서울 은평구에서 공공도서관 역할을 담당해 왔다.

공공도서관이 늘어난 최근에는 어떨까? 도서관을 '선호 시설'로 여기는 사회 인식을 받아들여, 교회에서 '작은도서관'을 운영하는 사례가 늘었다. 교회도서관은 카페처럼 '교회 쇼핑족'과 새 신자를 끌어들이기 위해, 각광받는 부대시설의 하나가 되었다. 문제는 앞으로다. '종교 없는 삶'을 이야기하는 탈근대 시대, 교회도서관은 어떤 지향을 가질까?

●

흔치 않은 공공도서관 '세습' 사례

교회도서관으로 유명한 명성교회가, 또 다른 이슈로 사람들의 입에 오르내렸다. 명성교회는 등록한 교인이 10만 명, 출석하는 교인이 5만 명에 달하는 초대형교회다. 단일 교회로는 한국에서 가장 규모가 큰 교회 중 하나다.

일요일 예배 신자가 1만 명을 넘는 교회를 '초대형교회giga-church'라고 한다. 2011년 시점에 한국은 이미 초대형교회 수가 14개를 넘기며, 미국과 비슷한 숫자에 이르렀다. 한국에 초대형교회와 대형교회가 유독 많은 이유는 뭘까? 미국에서 1960년대 후반부터 유행한 '번영 신학prosperity theology'이 한국에 유입되면서, 성장 지상주의로 바뀌었다는 분석이 있다. 이유가 뭐든 '성령'이 아닌 '성장'이 이끄는 교회가 '성숙'한 교회일 수 있을까? '종교 기관' 간판을 내걸고 있지만, 사실상 '종교 기업'이 아닐까?

명성교회는 '대형교회 현상'을 대표하는 곳 중 하나다. 김삼환 목사는 1980년 교회를 창립해서, 명성교회를 초대형교회로 키웠다. 김삼환 목사는 사랑의교회 옥한흠과 오정현, 순복음교회 조용기와 함께, 팬덤을 거느린 스타 목사 중 하나다.

김삼환 목사는 2015년 담임목사직에서 은퇴한 후에도, '원로 목사'로 명성교회에 큰 영향력을 행사해 왔다. 2017년 11월 12일 명성교회는, 김삼환 목사의 아들 김하나가 담임목사로 있는 새노래명성교회와 '합병'했다. 교회 합병 후, 명성교회는 김하나 목사를 새 담임목사로 임명하는 안을 통과시켰다.

새노래명성교회는 설립 자금 수백억 원을 명성교회가 댔고, 신자 1000명도 명성교회에 다니던 신도였다. 명성교회가 편법 또는 변칙적인 방식으로 교회를 '세습'했다고 비판받는 이유다. 대한예수

명성교회

1980년 7월 6일 명일동 홍우상가에서 출발했다. 대한예수교장로회 소속이며, '명일동의 소리'라는 뜻으로 명성교회라 이름 지었다. 명일동 일대 대규모 아파트 단지가 개발되면서 급성장했다. © 백창민

교장로회 통합 교단(예장통합)은 2013년 총회에서, 교회의 세습을 금지하는 헌법 개정안을 발표한 바 있다. 명성교회는 예장통합에 속한 교회다.

명성교회 세습과 함께, 이 나라에서 가장 큰 교회도서관 역시 '세습'되었다. 명성교회도서관은 공공도서관을 세습한 흔치 않은 사례다. '공공성'을 핵심으로 하는 근대 도서관에서 '세습'이라는 전근대적 작태가 횡행했다는 점에서, 명성교회도서관은 또 다른 이목을 끈다.

흔히 한국 근대화의 특징을 '이식된 근대화'이자 '압축된 근대화'로 설명하곤 한다. 한국 근대화의 이런 특성은 우리 도서관 분야에서 어떻게 발현되었을까? 짧은 시간 동안 근대화 과제를 수행하다 보니, 우리 사회와 도서관에는 전근대부터 근대, 탈근대의 흔적이 '공존'한다. "모든 사람이 똑같은 '지금Now'을 살고 있지 않다"라는 에른스트 블로흐Ernst Bloch의 말처럼, 이식과 압축 근대화로 인한 '비동시성의 동시성simultaneity of non-simultaneous'이 한국 근현대 도서관사를 관통하는 특징은 아닐까?

'교회 공동체'를 넘어 '지역 공동체'를 위해, 공공도서관을 선구적으로 '개방'한 점에서, 명성교회도서관은 탈근대 시대 교회도서관이 가야 할 미래를 상징한다. 반면에 근대 사회에서 보기 어려운 공공도서관의 '세습'을 감행했다는 점에서, 명성교회도서관은 전근대적이다. 전근대와 근대, 탈근대 모습이 복합적으로 드러나는 공간이라는 측면에서, 명성교회도서관은 흥미롭다. 명성교회도서관은 보기 드문 '공공도서관의 세습 사례'로 기억될 것이다.

'세습'이라 쓰고 '청빙'이라 말하자?

교회 세습 문제는 비단 명성교회만의 문제가 아니다. 언론 보도에 따르면, 혈연에 의한 세습이 일어난 교회는 2018년에 이미 360개를 넘어섰다. 2012년 여름 한국기독교총연합회(한기총)는 성명서를 통해, 교회 세습을 '세습'이나 '승계'라고 하지 말고, '청빙'이라 해야 한다고 주장했다. '세습이라 쓰고, 청빙이라 말하자'는 건가? 상당수 교회가 '반공'을 앞세워 북한 정권을 비판하면서, 북한과 똑같이 '세습'하는 점도 흥미롭다. '세습'으로 뭉친 민족일까, '내로남불'인 걸까?

우리가 혈연에게 무언가를 세습할 수 있는 경우는 자신의 '소유'일 때 가능하다. 교회를 세습하는 행위는 교회가 특정 개인의 재산으로 '사유화'되었음을 의미한다. '세습'은 뭇사람의 노력으로 성취한 조직의 성과를 한 사람이 소유물로 전환하여, 완전히 사유화함을 뜻한다.

'세습'이 왜 문제인지, 우리는 수천 년 동안의 계급 사회를 거치면서, 그 폐해를 목도해 왔다. 조선 왕조의 역대 왕을 보자. '성군聖君'으로 칭송받는 왕이 드물다. '폭군暴君'이나 '암군暗君'이 더 많았다. 혈통 세습을 통해, 특정 집단이나 공동체의 리더를 뽑는 시도가 얼마나 위험한 도박인지, 우리는 역사를 통해 알고 있다.

그럼에도 우리는 왜 '세습 사회'를 벗어나지 못하는 걸까? 정치적 계급이 세습되지 않을 뿐, 우리 사회 기업과 교회, 학교에서는 부와 권력을 대물림하는 세습이 횡행하고 있다. 세습이 인정되는 '계급

사회'인 것이다. 교회와 기업, 학교는 창립자의 공헌도 있지만, 수많은 구성원의 노력으로 성장했다. 그 과실을 특정 개인이 사유화하고 세습하는 게 온당한 걸까? 근대 사회는 정치·경제·종교적 특권과 세습을 배격하는 방향으로 발전해 왔다. 교회든 기업이든 정치든 '절대 권력은 절대 부패한다'라는 권력의 속성은 늘 같다.

●

지금은 교회가 우리를 구원할 때가 아니라

구한말 종교가 폭발적으로 퍼진 이유는, 그만큼 삶이 고단했기 때문이다. 개신교도가 폭발적으로 늘어난 현상은, 개신교의 메시지가 큰 위로가 되었음을 뜻한다. 사람들에게 위로가 되었던 개신교는 왜 가장 신뢰도가 부족한 종교, '개독교皆毒教'가 되었을까. 개신교가 권력화하고, 세속화된 이유 때문은 아닐까?

명성교회와 그 도서관의 거대함은 감탄스럽지만, 교회 신도가 아니면 그 지역에서 사업도 정치도 하기 힘들다는 말은, 교회가 지역사회에서 '권력'이 되었음을 의미한다. 한 사회에 발 딛고 있는 교회가 그 사회를 닮고, 드러내는 건 당연하다. 그러나 그것뿐이라면 교회는 더 이상 종교가 아닌 세속, 그 자체일 것이다. '종교'와 '세속'이 다를 바 없고, 종교에 '성스러움'과 '속됨'의 구분이 없다면, 성聖의 탈을 쓴 종교, 그 이상도 이하도 아니다.

큰 건물을 자랑하는 대형교회보다 작은 교회일지라도, 지역 사회에 '밀알'이 되는 교회가 더 아름답지 않을까? 최근 들어 대형교회 해체를 선언한 분당우리교회나 '건물 없는 교회'를 표방하며 학교를 빌려 예배를 한 '높은뜻숭의교회', 공유 주택을 통해 종교 공동체를 넘어 생활 공동체로 발전한 은혜공동체, 등록·헌금·직분 3가지가 없는 '3무無 교회' 벙커원교회 사례가 사회의 주목을 받은 이유는 이 때문 아닐까?

명성교회도서관은 종교 기관이 운영하는 도서관 중 가장 규모가 큰 도서관이다. 공공도서관을 뛰어넘는 장서와 시설, 지역 사회 개방으로, 명성교회도서관은 놀라움을 자아낸다. 동시에 전근대적인 세습 시도와 불투명한 교회 운영으로 실망을 안기는 곳이기도 하다. 미국 상원에서 의회목사를 지낸 리처드 헬버슨Richard C. Halverson은 교회의 변천사에 대해 이렇게 말했다.

"맨 처음 교회는 살아 있는 그리스도를 중심에 둔 사람들의 교제 모임fellowship이었다. 그 후 교회는 그리스로 옮겨 가 철학philosophy이 되고, 로마로 이동해 제도institution가 되었다. 유럽으로 넘어가서 문화culture가 되었고, 마침내 미국으로 왔을 때 교회는 기업enterprise이 되었다."

미국을 거쳐, 한국에 온 교회는 '무엇'이 된 걸까? 어쩌면 우리 시대는 교회가 우리를 '구원redeem' 시기가 아니라, 우리가 개혁을 통해 교회를 '구출save'할 때는 아닐까?

'독립운동가' 윤동주를
끝까지 증명한 사서들

오늘날 서울은 한강을 기준으로, 강북과 강남으로 나뉜다. 조선시대 한양은 어땠을까? 한양은 북촌北村과 남촌南村으로 나뉘었고, 그 경계는 청계천淸溪川이었다. 청계천을 기준으로 북쪽 동네는 북촌, 남쪽은 남촌이라 했다. 경복궁과 창덕궁에서 가까운 북촌에는 집권층인 노론老論이 살았다. 남산 인근 남촌에는 권력에서 소외된 소론少論, 남인南人, 북인北人이 거주했다.

북촌, 남촌 외에, 윗대와 아랫대라는 구분도 있었다. 청계천 상류인 인왕산 아래 지역을 윗대(또는 웃대), 상대上垈라 하고, 청계천 하류인 동대문, 왕십리 근처를 아랫대, 하대下垈라 했다. 윗대에는 경복궁에서 일하는 아전이, 아랫대에는 하급군인이 살았다.

조선 건국 무렵, 경복궁 바로 옆 서촌西村에는 왕족이 자리를 잡고 살았다. 왕이 되기 전 이방원李芳遠의 사저私邸가 서촌에 있었다. 주민들이 서촌을 '세종마을'이라 부르는 이유는, 세종이 이곳에서 태어났기 때문이다.

태종과 세종의 잠저潛邸가 있었고, 세도 가문의 세거지였던 서촌은 문인과 예술인의 요람이었다. 안평대군, 추사 김정희, 겸재 정선이 머물렀고, 중인中人의 시문학 활동인 위항문학委巷文學이 송석원松石園을 중심으로 꽃피기도 했다. 근대에 들어서는 이상, 윤동주, 현진건, 노천명, 염상섭, 변영로 같은 문인과 구본웅, 이상범, 이여성, 이쾌대, 이중섭 같은 화가가 이 일대에 자취를 남겼다.

●

동주의 사랑 이야기

시인 윤동주는 서촌에 어떤 흔적을 남겼을까? 윤동주가 하숙했던 곳이 바로 서촌 누상동이다. 윤동주는 연희전문 졸업반이던 1941년 5월 말부터 9월 초까지, 후배 정병욱과 소설가 김송의 집에서 하숙을 했다. 3층짜리 다세대 주택으로 바뀐 누상동 9번지가, 윤동주가 하숙했던 곳이다. 윤동주가 서촌에서 하숙한 기간은, 4개월이 채 되지 않는다. 여름방학 때 한 달 동안 고향인 북간도 용정龍井에 다녀왔다고 하니, 2개월 남짓 이곳에 살았던 셈이다. 윤동주 시집에 실린 시 중 〈십자가〉〈바람이 불어〉〈눈 감고 간다〉 같은 몇 편만이 누상동 시절에 쓰였다.

서촌에서 4개월 머문 윤동주는 1941년 9월 북아현동으로 하숙을 옮겼다. 정병욱이 남긴 기록에 따르면, 윤동주는 4학년 때인 북아현동 하숙 시절, 이화여전 문과 졸업반 여학생을 마음에 두고 있었다고 한다. 북아현동에서 하숙하는 동안 윤동주는 그 여학생과 "매일 같은 기차역에서 기차를 기다렸고, 같은 차로 통학했으며, 교회와 바이블 클래스에서 서로 건너다보는" 시절을 보냈다고 한다. 윤동주의 "그 여자에 대한 감정이 결코 평범하지 않았다"는 것을 정병욱이 '피부로 느낄 정도'였다고 한다.

동주가 쓴 〈사랑스런 추억〉은 기차역에서 이 여학생을 기다리던 '추억'을 시로 남긴 건 아닐까? 영화《동주》에서 윤동주(강하늘 분)와 서로 좋아하는 사이로 나오는 옥천 출신 '이여진(신윤주 분)'은, 이화여전 여학생을 염두에 두고, 영화 속에 그려 낸 인물이다.

윤동주의 사랑은 실제로 이어졌을까?《하늘과 바람과 별과 詩》에 실린 친구 강처중姜處重의 〈발문〉을 보면, 윤동주가 사랑한 여성은 그의 연모를 몰랐다. 동주가 여성에게 고백조차 하지 않았다 하니, 그의 사랑은 가슴 아픈 '짝사랑'으로 끝이 났다. "우리들의 사랑은 한낱 벙어리였다"라고 쓴 그의 시처럼 말이다.

반듯한 미남이어서인지, 윤동주는 북간도 명동학교 시절에도 여학생에게 인기가 있었다고 한다. "얼굴이 잘생겨서 거리에 나가면 여학생들이 유심히 그의 얼굴을 보기도 하고, 여자로부터 말을 건네받는 적도 있었다"라고 하는데, 수줍음 많은 윤동주는 "한 번도 여자를 거들떠보지 않았다."

●

'시인' 동주를 만든 건 팔할이 '독서'다

윤동주의 유고 시집《하늘과 바람과 별과 詩》는 그의 생전에 정식 출간되지 않았다. 윤동주는 원래 시집 제목을 '지금 세상이 온통 아픈 환자 투성이'라는 의미로, '병원病院'이라고 지으려 했다. 병원이 아픈 사람을 치료하듯, 자신의 시집이 앓는 사람에게 도움을 주지 않을까 하는 소망을 담으려 했던 모양이다. 졸업을 기념해, 77부 한정판으로 시집 출판을 희망했지만, 일제의 검열과 출간 비용 부족 때문에, 시집 출간을 포기했다. 윤동주는 정식 출간 대신, 자신의 육필로 수기手記 시집을 3권 만들어, 지도교수인 이양하, 후배 정병욱과 한 부씩 나눠 가졌다.

1942년 1월 29일 윤동주는 일본 유학을 위해, 히라누마 도오쥬우平沼東柱로 '창씨개명'했다. 당시 일본으로 건너가는 배를 타려면 〈도항증명서〉가 필요했고, 이 서류 발급을 위해서는 창씨개명이 필수적이었다. 4월 2일에는 도쿄 릿쿄대학에 입학했다. 릿쿄대는 도쿄대, 게이오대, 와세다대, 메이지대, 호세이대와 함께 '도쿄 6대학'으로 꼽히는 명문이었다. 일본의 진주만 공습이 1941년 12월 7일, 미군의 도쿄 첫 폭격이 1942년 4월 18일이니까 윤동주는 긴박하고 어수선한 상황에서 도쿄 유학 생활을 시작했다.

창씨개명 5일 전, 윤동주가 쓴 시가 〈참회록〉이다. 일본 도쿄로 유학을 떠나기 전, 윤동주는 자신의 책과 시 원고, 쓰던 책상을 친구 강처중에게 맡겼다. 강처중은 연희전문 1학년 때 윤동주, 송몽규와 함께, 기숙사 핀슨홀 3층 한방에서 지낸 친구다. 우리가 윤동주문학

관 제1전시실에서 윤동주 소장 도서를 만날 수 있는 것은, 친구 강
처중이 소중히 간직했다가 윤동주 가족에게 전한 덕분이다.

　이 대목에서 시인 윤동주의 '책읽기'가 궁금해지는데, 절친이자
명동학교, 숭실중학교에서 윤동주와 함께 공부한 문익환 목사는 이
런 회고를 남겼다. "그는 대단한 독서가였다. 방학 때마다 사 가지
고 돌아와서 벽장 속에 쌓아 둔 그의 장서를 나는 못내 부러워했었
다. 그의 장서 중에는 문학에 관한 책도 있었지만 많은 철학 서적이

윤동주가 연희전문 시절 머문 기숙사, 핀슨홀

1922년 지어진 핀슨홀은 2층으로 보이지만, 다락방 공간이 있어서 3층이다. 윤동주가
연전 1학년 때 송몽규, 강처중과 함께 사용한 방은 3층 다락방 공간이다. 핀슨홀 앞에는
1968년 연세대학교 총학생회가 세운 '윤동주 시비'가 있다. 연세대학교 윤동주기념사업
회는 핀슨홀을 '윤동주기념관'으로 새롭게 조성했다. ⓒ 백창민

있었다고 기억된다. 한번 나는 그와 키에르케고르에 관한 이야기를 하다가 그의 키에르케고르에 관한 이해가 신학생인 나보다 훨씬 깊은 데 놀라지 않을 수 없었다."

정병욱과 서촌에서 하숙하던 무렵, 윤동주는 학교를 마치고, 혼마치 本町(지금의 충무로) 일대와 적선동 '책방 순례'도 자주 했던 모양이다. 정병욱은 '하교 후 충무로 지성당至誠堂, 일한서방日韓書房, 마루젠丸善, 군서당群書堂 같은 신간 서점과 고서점, 적선동 유길서점有吉書店을 자주 순방하다가 하숙집으로 가곤 했다'라고 회고했다.

•

윤동주는 어떤 책을 소장했을까

친동생 윤일주 교수는 북간도 고향집 '벽 한쪽을 전부 메웠던' 윤동주의 '장서'에 대해 흥미로운 기록을 남겼다. "그가 방학 때마다 이불 짐 속에 한 아름씩 넣어 오는 책은 800권 정도 모이었고, 그것은 우리 동생들에게 참으로 좋은 자양이 되었다. 그가 전문학교 시절 읽던 잡지로는《문장》《인문평론》이 있었고, 일본 잡지로는《세르빵》《시지詩誌》《사계四季》《시와 시론》, 수필과 판화 전문지《흑과 백》등이었다. 그 밖에 더 있었겠지만 생각나는 것은 그 정도이다. 벽 한쪽을 전부 메웠던 서가에서 생각나는 책을 차례로 들면 다음과 같다. 조선일보사 간행의《현대조선문학전집》(전 8권), 삼중당 발행의《조선고전문학전집》모두,《호암湖岩 전집》(전 3권),《진단학보》기간본 전부, 최현배 선생의《우리말본》, 잡지로서《문장》《인문평론》전부, 우리말 시집들과, 일본 책으로는 앙드레 지드 전집,

발레리 시 전집, 도스또옙스끼의 연구 서적, 릴케 시집, 프랑스의 시집들인데, 역시 그가 애독하는 것들이었다. 그 밖에 일본 연구사의 영문학 관계의 책들, 영어 원서 등이었다."

윤동주가 시인 백석의 《사슴》을 '사본'으로 입수한 사연도 눈에 띈다. 1936년 100부 한정으로 나온 《사슴》을 구할 길이 없어 안타까워하다가, 1937년 8월 5일 광명중학교 도서실에서 하루 종일 베껴서 '필사본'으로 소장했다. '도서관'에 얽힌 윤동주의 흔치 않은 일화다.

추운 겨울, 부모가 학생복을 수선하라고 준 돈으로 책을 살 정도로, 동주는 책을 좋아했다. 유학 생활 동안 동생들에게 책 선물을 자주 보내고, 방학 기간 고향 집에 머물 때도 "손에는 책이 쥐어 있지 않은 때가 없었다"고 한다. 스물일곱 젊은 나이에 요절한 그가, 한국뿐 아니라 일본인도 사랑하는 '명시'를 쓸 수 있었던 이유는 무엇일까? 윤동주의 탁월한 시는 그가 뛰어난 '독서가'이자, '장서가'였기에 가능했을 것이다.

명시를 남긴 윤동주는 시를 어떻게 썼을까? 원고지에 쓰고, 고치기를 반복하며, 무수한 수정을 거치지 않았을까? 정병욱은 이런 증언을 남겼다. "동주는 시를 함부로 써서 원고지 위에서 고치는 일이 별로 없었다. 즉 한 편의 시가 이루어지기까지는 몇 달 몇 주일 동안을 마음속에서 소용돌이치다가 한번 종이 위에 적히면 그것으로 완성되는 것이었다."

윤동주 재학 시절 연희전문 도서관

　일제강점기 3대 사립 전문학교 중 하나인 연희전문학교는 시인 윤동주가 4년을 보낸 모교다. 연희전문 도서관은 1915년 설립자이자 초대 교장 원두우(Horace Grant Underwood)가 기증한 230여 권의 책으로 출발했다. 1940년 당시 연희전문 도서관은 문과, 상과, 이과 연구실 책까지 합쳐, 6만여 권의 장서를 가지고 있었다. 1935년을 기준으로 연희전문(4만 9000권)은 보성전문(3만 권), 이화여전(1만 6000권)보다 많은 장서를 확보해서, 경성제국대학 부속도서관을 제외하고는, 장서가 가장 많은 학교였다.

　장서량은 많았으나, 당시 연희전문은 보성전문처럼 독립된 도서관 건물을 가지고 있지 않았고, 1924년 4월 완공된 언더우드관 3층을 도서관으로 썼다. 지금도 남아 있는 언더우드관이 바로 연세대학교 도서관의 모태인 셈이다. 연희전문 도서관은 열람실, 서고, 사무실로 이뤄져 있었고, 듀이십진분류법으로 책을 분류했다. 1940년 당시 도서관장은 이묘묵이었고, 도서관원 1명과 도서역 2명이 직원으로 있었다. 장서량이 많아서 그런지, 직원 수도 당시 전문학교 중에 가장 많은 편에 속했다.

　연희전문 도서관장 이묘묵은 1926년 미국 시러큐스대학에서 '도서관학'으로 석사 학위를 받았다. 우리 근대사 최초의 '도서관학 석사'로 추정되는데, 연희전문 교수직과 도서관장을 함께 맡은 이유도 이 때문으로 보인다. 1936년 1월 1일《동아일보》가 '문화 조선의 다각적 건축'이라는 학술 특집면을 냈을 때, 이묘묵은〈종합도서관

문화계수기 文化計數機)라는 글을 썼다. 당시 조선 지식인 사회가 그를 '도서관 전문가'로 인식하고 있음을 알 수 있다.

뛰어난 영어 실력 덕분에, 이묘묵은 해방 후 '특별비서관'이라는 직함으로, 미군정 하지 사령관의 통역을 담당했다. 이 과정에서 이묘묵은 실권자로, 큰 영향력을 행사하기도 했다. 일제강점기 친일 행적으로, 이묘묵은《친일인명사전》에 이름을 올렸다.《우리말본》을 쓴 외솔 최현배도 교수직을 박탈당한 후, 연희전문 도서관 촉탁

언더우드관

연희전문 시절 도서관은 언더우드관 3층에 있었다. 연희전문은 도서관뿐 아니라 문과, 이과, 상과 연구실에 자료를 분산 비치해서, 학생들이 책을 쉽게 활용할 수 있도록 했다. 이 부분은 보성전문이나 이화여전과 다른, 연희전문 도서관만의 특징이다. 윤동주 재학 당시 연희전문 도서관은 일제강점기 전문학교 중 가장 많은 장서를 보유하고 있었다. 지금은 연세대학교 대학본부로 쓰인다. ⓒ 백창민

4부 사서도 모르는 도서관의 숨은 역사

으로 몸담은 바 있다. 윤동주는 연희전문에서 외솔에게 조선어를 배웠다. 동주는 외솔이 쓴《우리말본》을 그의 고향집 서가 가장 좋은 자리에 꽂아 두었다고 한다.

연희전문학교 설립자 원두우(언더우드 1세)의 손자 원일한은, 연희전문 도서관에 대해 이런 회고를 남겼다. "내가 한국에 돌아오기 전 해엔가는 서대문경찰서 고등계 형사들이 대학도서관을 수색, 불온문서란 이름으로 귀중 도서 수백 권을 압수해 갔다고 들었다. 압수당한 도서 가운데는 한일 합병에 관한 영문 사료도 포함돼 있었다."

원일한이 증언한 연희전문 도서관 수색과 압수가 있던 해는 1938년이다. 연희전문 '38학번' 윤동주도 도서관 장서 압수 소식을 접했을 것이다. 동주는 도서관 책조차 마음 놓고 읽기 어려운 환경에서, 대학 생활을 시작했다. 그가 연희전문 도서관을 얼마나 이용했는지 기록은 남아 있지 않지만, 대단한 독서가였던 만큼 도서관도 즐겨 이용하지 않았을까?

•

몽규와 동주의 '독립운동'을 밝힌 사서들

일본 유학 첫해 쓴 작품이면서, 동주가 남긴 마지막 시가 〈쉽게 씌어진 시〉다. 영화《동주》에는 윤동주가 일본 유학 중 만난 여학생 쿠미(최희서 분)가 나온다. 이준익 감독이 밝힌 것처럼, 쿠미는 가상 인물이다. 도쿄 유학 시절 윤동주는 결혼 상대로, 친구 여동생 박춘혜에게 마음을 두었지만, 두 사람은 이어지지 않았다.

여름방학이 지나고, 윤동주는 교토의 도시샤대학同志社大學으로 옮겼다. 1875년 설립된 도시샤는 일본 사립대학 중 여덟 번째로 문을 연 곳으로, 윤동주가 다니던 릿쿄대학보다 오래된 학교다. 도시샤는 윤동주가 가장 좋아한, 정지용 시인이 다닌 학교이기도 하다. 동주의 당숙 윤영춘의 회고에 따르면, 교토 시절 윤동주는 남의 나라 육첩방에서 '새벽 2시까지 읽고 쓰고 구상하고, 독서에 너무 열중해서, 얼굴이 파리해질 정도'였다고 한다.

1943년 여름방학을 맞아, 북간도로 귀향하려 했던 윤동주는 7월 14일 일본 비밀경찰인 특고特高 형사에게 체포된다. 절친이자 교토에서 함께 유학하던 송몽규와 '교토조선인학생민족주의그룹' 활동을 했다는 혐의였다. 윤동주의 체포와 투옥에 대해 그의 가족은 '독립운동' 혐의였음을 주장했으나, 국내 문학계는 일제의 과잉 단속에 희생양이 된 걸로 받아들여 왔다.

윤동주와 송몽규가 실제 '독립운동' 혐의로 체포, 투옥되었음을 일본 정부 서류를 발굴해서, 입증한 사람이 있다. 그는 바로 도시샤대학 출신이자 일본 국립국회도서관 '사서'인 우지고 츠요시宇治鄕毅다. 우지고 츠요시는 일본 정부의 극비문서 중 특별고등경찰의 《특고월보特高月報》에 실린, 송몽규와 윤동주의 〈재 교토 조선인 학생 민족주의그룹사건 책동 개요〉 문서를 찾아냈다. 또 다른 극비문서인 《사상월보思想月報》에서 송몽규에 대한 〈판결문〉을 찾아 공개하기도 했다.

다큐멘터리 《잊지 못할 윤동주》를 만든 오병종 PD에 따르면, 우지고 츠요시가 일본 정부 비밀문서를 발굴한 사연에도 '인연'이 있다. 정병욱의 남동생이자 국립중앙도서관 사서였던 정병완은, 1970년 10월 15일부터 1주일 동안 윤동주 서거 25주년, 국립중앙도서관 개관 25주년 기념으로, '시인 윤동주 유고전'을 열었다. 당시 한국을 방문 중이던 우지고 츠요시가 이 전시회를 자세히 살펴보고, 정병완을 통해 윤동주의 '독립운동' 관련 기록이 없다는 사연을 전해 들었다고 한다.

일본으로 돌아간 우지고 츠요시는 기밀문서 해제 시점에 해당 문서를 발굴해서, 한국에 전했다. 그의 노력으로 1977년《문학사상》 12월호에 일본 특고경찰의 비밀 기록이 공개됐다. 윤동주와 송몽규의 독립운동 기록의 발굴·공개는, 한일 두 나라 도서관 사서의 기묘한 '인연'과 숨은 '노력'이 있었기에 가능했다.

특히 일본 국립국회도서관 사서 신분으로, 자국의 어두운 과거사를 공개하는 데 앞장선 우지고 츠요시의 행동은, 지성인으로서 '사서'의 귀감이 아닐까? '일본인'으로서 그가 겪었을 고심에도 불구하고, '사서'로서 양심에 따라 한 행동 덕분에, 우리는 윤동주와 송몽규의 마지막 '진실'을 알게 되었다. 뛰어난 사서였던 우지고 츠요시는 일본 국립국회도서관 부관장까지 지냈고, 〈근대 한국 도서관사의 연구近代韓国図書館史の研究〉(1988)를 썼다. 윤동주에 대한 연구를 계속 진행한 그는《시인 윤동주로의 여행詩人尹東柱への旅》이라는 책을 펴내기도 했다.

●

'기적'처럼 전해진 윤동주의 육필 원고

1944년 3월 31일 윤동주는 교토 지방재판소에서 징역 2년을 선고받고, 규슈九州 후쿠오카福岡 형무소로 이송되었다. 수감된 윤동주는 1945년 2월 16일 오전 3시 36분, 후쿠오카 형무소에서 숨을 거뒀다. 일제 경찰에 체포된 지 19개월, 8·15 해방을 불과 6개월 앞둔 시점이었다. 1945년 3월 7일에는 절친이자, 후쿠오카 형무소에 함께 투옥된 송몽규도 옥사했다.

윤동주 유해는 아버지에 의해 후쿠오카에서 화장되어, 1945년 3월 6일 북간도에서 장례가 치러졌다. 동주의 장례식 때 그의 시 〈자화상〉과 〈새로운 길〉이 낭독되었다. 장례 후 그의 유골은 용정 동산중앙교회 묘지에 묻혔다. 시집을 내지 못했지만, 시인으로 살다 간 그의 무덤에는 '시인윤동주지묘詩人尹東柱之墓'라는 비석이 세워졌다.

일본 유학 중 옥사한 윤동주와 이양하 교수가 가진 시집은 전해지지 않았다. 후배 정병욱이 챙긴 육필 원고만이 무사히 전해져 1948년 출판되었다. 정병욱은 학병으로 끌려가면서, 자신의 어머니에게 윤동주의 육필 원고 보관을 '신신당부'했다. 전남 광양시 진월면 망덕리에서 술도가를 한 정병욱 어머니(박아지 여사)가, 마루 아래 항아리에 소중히 간직하면서, 윤동주의 육필 원고는 기적처럼 전해졌다.

송우혜가《윤동주 평전》을 통해 자세히 밝힌 내용처럼, 후배 정병욱뿐 아니라, 친구 강처중의 공도 컸다. 강처중은 1946년 6월 윤동주의 동생 윤일주에게 유품을 전달했을 뿐 아니라, 자신이 다닌《경향신문》지면을 통해, 윤동주의 시를 소개했다. 윤동주의 〈쉽게 씌어진 시〉가 1947년 2월 13일 자《경향신문》에 정지용의 찬사와 함께 실린 건 강처중이 애쓴 덕분이다.

1948년 1월 30일 정음사에서 나온《하늘과 바람과 별과 詩》는

31편의 시가 실렸다. 19편은 정병욱이 보관했던 수기 시집에, 12편은 강처중이 보관했던 유품에 있던 시다. 초간본 《하늘과 바람과 별과 詩》에는 정지용의 〈서문〉과 함께, 강처중의 〈발문〉이 실려 있다. 정병욱과 강처중, 두 사람이 아니었다면, 우리는 윤동주의 시를 만날 수 없었을 것이다.

윤동주의 시를 전한 정병욱은 서울대학교 국문학과 교수가 되어, 학자의 길을 걸었다. 정병욱의 소개로, 그의 여동생 정덕희는 윤동주 시인의 남동생 윤일주와 결혼했고, 두 집안은 사돈이 되었다.

●

청운시민아파트 자리에 들어선 문학관

윤동주문학관이 건립된 청운공원은 원래 '청운시민아파트'가 있던 자리다. 1966년 4월 1일 40세 나이로, 최연소 서울시장이 된 김현옥은, 강력한 추진력 때문에 '불도저'라는 별명으로 불렸다. 김현옥 시장은 '돌격'이라고 적힌 헬멧을 쓰고 다니며, 군사 작전을 하듯 서울을 개발했다. 서울 전역이 '공사판'이었던 시대다.

김현옥 시장 시절 시민아파트 건설 계획 일환으로, 인왕산 기슭에 들어선 아파트가 '청운시민아파트'다. 1969년 11월 청운아파트는 11개 동, 513세대 규모로 지어졌다. 1969년 10월 20일 입주 공모를 했고, 4일 만에 마감될 정도로 인기가 많았다. 500세대 넘게 거주한 청운아파트는, 청와대가 가까워 경호실 직원이 많이 살았다고 한다.

청운아파트는 2003년 정밀 안전진단에서 재난 위험 시설에 해당하는 D등급을 받았다. 이후 주민 퇴거가 시작되었고, 지은 지 36년 만인 2005년 9월 철거되었다. 서울시는 청운아파트를 철거한 후, 나무 1000여 그루를 심고, 녹지를 가꿔, 2007년 1월 청운공원을 조성했다. 2009년 7월 11일에는 '윤동주 시인의언덕'을 조성하고, 〈서시〉 시비를 세웠다.

윤동주문학관을 세우려 했던 종로구는 예산과 부지가 마련되지 않아 고심하다가, 윤동주 시인의언덕 근처에 방치되어 있던 '청운수도가압장'에 주목했다. 가압장은 느려진 물살에 압력을 가해, 힘

윤동주문학관

스물일곱 꽃다운 나이에 요절한 시인에 대한 안타까움이 커서일까. 한국인이 가장 사랑하는 시인 윤동주는 "무덤 위에 파란 잔디가 피어나듯이" 문학관과 기념관, 도서관으로 부활하고 있다. 2012년 종로구가 개관한 윤동주문학관에 이어, 연세대학교는 2019년 현재 핀슨홀을 '윤동주기념관'으로 조성했다. 은평구는 2018년 〈새로운 길〉의 시구를 딴 '내를건너숲으로도서관'을 개관했다. © 백창민

4부 사서도 모르는 도서관의 숨은 역사

차게 흐르도록 하는 시설이다. 청운수도가압장은 지대가 높은 청운동 일대에, 안정적인 상수도 공급을 위해 1974년 지었다. 종로구는 2010년 12월 4일 청운수도가압장 기계실에 윤동주문학관을 '임시로' 개관했다.

　종로구가 보안여관, 이상의집, 윤동주 하숙집터, 정철 생가터, 윤동주 시인의언덕에 이르는 '문학둘레길' 브랜딩을 강화하면서, 윤동주문학관 리모델링 사업은 본격화되었다. 임시로 운영 중이던 윤동주문학관 리모델링은 건축가 이소진이 맡았다. 설계에 착수한 지 418일이 지난 2012년 7월 25일, 윤동주문학관은 리모델링 공사를 마치고, 문을 열었다.

　윤동주문학관 제1전시실인 '시인채'에는 윤동주 시인의 인생이 연대기 순으로 정리되어 있다. 그가 아끼던 소장 도서, 유품, 육필 원고를 만날 수 있다. 제1전시실 한복판에는 윤동주의 고향에서 가져온 우물 목곽이 자리하고 있다. 제2전시실인 '열린 우물'은 가압장 물탱크 윗부분을 개방해서, 중정中庭으로 만든 공간이다. 제3전시실 '닫힌 우물'은 물탱크를 그대로 보존한 공간으로, 박범찬 PD가 만든 시인에 대한 영상물을 감상할 수 있다. 카페였던 별뜨락은 복합 문학 공간으로 단장했고, 윤동주 시인의언덕을 함께 거닐어 볼 수 있다.

●

수도가압장을 리모델링한 윤동주문학관

콘크리트 물탱크를 활용해서 독특한 느낌을 주는 제2, 제3전시실은, 지금과 같은 형태로 만들어지지 않을 뻔했다. 리모델링 설계를 마치고, 착공을 앞둔 2011년 7월에 폭우가 쏟아졌다. 전국 각지에서 산사태와 인명 피해가 나면서, 청운수도가압장도 구조안전진단을 다시 실시했다.

이 과정에서 건축가 이소진은 뜻밖의 '발견'을 했다. 가압장 사무실 건물 뒤편에 있던 콘크리트 물탱크 2개를 발견한 것이다. 이소진은 물탱크를 전시실로 활용하는, 새로운 설계에 착수했다. 5.9미터 깊이 콘크리트 물탱크 공간을 어떻게 활용할지 고심하던 건축가 이소진과 스토리텔링팀은, 윤동주의 〈자화상〉이라는 시를 떠올렸다. 제2전시실, 제3전시실을 '열린 우물'과 '닫힌 우물'로 각각 표현한 이유는, 〈자화상〉에 나오는 '우물'을 문학관의 핵심 콘셉트로 잡은 덕분이다.

하늘을 향해 뚫려 있는 제2전시실 벽체에 남아 있는 네모난 구조물과 철심은, 콘크리트 물탱크로 들어가는 입구와 철제 사다리 흔적을 남겨 둔 것이다. 독특한 풍경을 지닌 윤동주문학관은, 2012년 대한민국 공공건축상 국무총리상, 2014년 서울특별시 건축상 대상을 받았다. 한국의 현대건축 베스트Best 20에 선정되기도 했다. 건축가 이소진에게 2012년 '젊은건축가상'을 안긴 작품이기도 하다.

윤동주문학관은 '도서관'이 아니다. 여느 도서관처럼 만인의 책을 만날 수 없고, 작품을 대출할 수도 없다. 전시품이 많지 않을 뿐아니라, 윤동주 시인의 친필 원고가 아닌, 정밀하게 '영인'된 작품이 전시되어 있다. 전시품보다 공간과 '영혼의 가압장'이라는 스토리텔링으로 승부하는, 독특한 문학관이다.

하지만 어떤가. 동주는 우리가 '가장 사랑하는 시인' 아니던가? 오직 한 사람, 시인 윤동주를 깊이 만나고 싶다면, 이곳, 윤동주문학관을 찾으시라. '달이 밝고, 구름이 흐르고, 하늘이 펼치고, 파아란 바람이 부는' 우물 속, 홀로 있는 사나이를 만나고 싶다면, 이곳을 찾으시라.

'라이브러리'는 왜
'도서관'이 되었을까?

삼청공원숲속도서관

　'도서관圖書館'이라는 말은 언제부터 쓰였을까? 동양에서는
1877년 도쿄대학 법리문학부에서 도서관을 사용하고, 1880년 7월
'도쿄부 서적관'을 '국립도쿄도서관'으로 개칭하면서, '도서관' 명칭
이 쓰이기 시작했다. 경기대 문헌정보학과 박상균 교수는 '도쿄대
학 법리문학부 도서관'을, 동양에서 '도서관' 명칭을 사용한 첫 사례
로 추정하고 있다. 1877년 이전만 해도, 일본은 문고, 서적관, 서적
실, 집서원, 종람장, 종람소 같은 용어를 다양하게 사용했다.

　일본에서 '도서관'으로 명칭이 통일되기 시작한 시기는, 1897년
제국도서관 관제와 1899년 11월 11일 〈도서관령〉을 공포하면서부
터다. 일본이 도서관을 법률에 명시한 조치는, 1879년 〈교육령〉이

4부 사서도 모르는 도서관의 숨은 역사

처음이지만, 이때는 '도서관'이 아닌 '서적관書籍館'으로 표기했다.

•

'라이브러리'는 왜 '도서관'이 되었을까

　책을 중심에 놓고 보면, '서적관'이라는 말이 라이브러리library 번역어로 더 적당해 보인다. 그럼에도 그림圖과 책書을 아우르는 '도서관'으로 명칭을 통일한 이유는 뭘까? 당시 일본에서는 '도서관'보다 '서적관'이라는 명칭이 더 많이 쓰였다. 일본에서 '문고' 또는 '서적관'으로 번역하던 '라이브러리'를 '도서관'이라는 용어로 통일한 계기가 있을 것이다. 하지만 일본 도서관계와 학계에서도 여러 가지 설이 있을 뿐, 명확한 '정설'은 없다. 도서관으로 명칭을 바꾼 것이 '일본 도서관사 최대의 미스터리'라고 말하는 사람이 있을 정도다.

　《일본국어대사전》 제2판은 1877년 이후 '서적관'이 쓰이다가, 1887년 이후부터는 '도서관'이라는 용어를 쓰기 시작했다고 기술하고 있다. '책'뿐 아니라 미술 작품과 지도 같은 '그림'을 소장하기 때문에, '도서관'으로 명칭이 바뀌었다는 주장이 있고, '하도낙서河圖洛書'로부터 도서관이 나왔다고 유추하는 설도 있다.

　'도서圖書'라는 말은 '하도낙서'로부터 유래했다. '하도河圖'는 복희伏羲가 황하에서 얻은 그림이다. 복희는 하도로부터 팔괘八卦를 만들었다. '낙서洛書'는 하우夏禹가 낙수에서 얻은 글로, 이로부터 천하를 다스리는 법인 홍범구주洪範九疇를 만들었다고 알려져 있다.

　결국 '하도낙서', 즉 '도서'는 자연의 법칙과 세계의 질서를 담은 텍스트라는 뜻이다. 이런 의미에서 서적관, 문헌관, 문고를 제치고,

'도서관'이 라이브러리의 번역어로 정착했다는 설명이다. 어쨌거나 '도서'라는 말은 중국에서 유래해서, 한국과 일본에서 쓰였지만, '도서관'은 일본에서 쓰이면서, 역으로 중국과 한국으로 퍼진 말이다.

일본도서관문화사연구회日本図書館文化史研究会 운영위원이자 메이지대학 교수인 미우라 타로三浦太郎는, '서적관'이라는 용어를 처음 사용한 사람이, 1860년 막부의 미국 사절단으로 애스터 도서관Astor Library을 방문한 모리타 오카타로森田岡太郎라고 밝혔다. 일본에서 라이브러리를 '문고'로 처음 번역한 사람은, 후쿠자와 유키치로 알려져 있다. 하지만 정작 최종 명칭인 '도서관'의 명명자나 유래는

도쿄대학교 종합도서관

도쿄대학교는 '도쿄대학' '도쿄제국대학'을 거쳐, 태평양전쟁 패전 후 연합국 사령부(GHQ)에 의해 '국립도쿄대학교'로 바뀌었다. 제국대학 출범 전인 도쿄대학 시절(1877년) '법리문학부 도서관'이라는 명칭을 사용했다. 이것이 동양에서 처음으로 '도서관' 명칭을 사용한 사례로 추정되고 있다. ⓒ Wikimedia Commons

4부 사서도 모르는 도서관의 숨은 역사

명확하지 않다. 말 그대로 '도서관의 수수께끼' 아닐까?

●

유래를 알 수 없는 '도서관'의 수수께끼

일본 문부성은 1880년 7월, '도쿄부 서적관' 명칭을 '국립도쿄도
서관'으로 바꿨다. 이때 '서적관'보다 '도서관'이라는 명칭이 더 적
합하다는 논의가, 문부성 안에서 있었던 것으로 보인다. 1892년 일
본 문부성 연보는, 통계표에서 '서적관'을 '도서관'으로 표기하기 시
작했다. 이후 문부성에서 주도한 '제국도서관' 관제(1897년)와 〈도
서관령〉 공포(1899년) 과정에서, '도서관'이라는 용어가 지속적으로
쓰였다. 문부성, 즉 일본 정부에서 '도서관'이라는 말을 사용하면서,
이 명칭이 확산되었음을 알 수 있다. 1892년 출범한 '일본문고협회'
는 1908년 '일본도서관협회JLA'로 명칭을 바꿨다. 이 시점부터 '도
서관'이라는 용어로 통일되어 사용하지 않았나 싶다.

중국에서는 1897년 장위안지張元濟가 베이징에 설립한 통예학도
서관通藝學圖書館 때부터 도서관이라는 명칭을 사용했다. 박상균 교
수에 따르면, 한국은 1906년《황성신문》에 보도된 '대한도서관'부
터 도서관이라는 명칭을 쓰기 시작했다. 다만《일본의 식민지 도서
관》은 부산의 '홍도회 도서실'이 1903년 '부산도서관'으로 이름을
바꾼 것으로 기술하고 있다. 이 책에 따르면, 부산도서관, 즉 지금의
부산광역시립시민도서관은 대한도서관보다 3년 앞서 '도서관'이라
는 명칭을 사용했다. 기록으로 보면, 부산광역시립시민도서관은 이
땅에서 처음으로 '도서관' 명칭을 사용한 곳이다.

서구의 '라이브러리'를 일본은 '도서관'으로 번역했고, 우리는 일본의 '도서관'을 우리만의 용어로 바꾸지 않고, 그대로 수용했다. 일본이 번역한 용어를 같은 한자 문화권인 우리가 그대로 '이식'했으니, 수월하고 효율적이었을 것이다. 문제는 이 과정에서 서구의 '라이브러리'는 무엇이고, 어떤 곳이어야 하는가라는 우리만의 '고민'과 '사유'가 사라졌다는 점이다.

●

'도서관'을 이 땅에 처음 소개한 사람은?

우리나라에 근대 도서관 제도를 처음 소개한 사람은 누구일까? 유길준이다. 유길준은 국한문 혼용으로 서양 문물을 정리한《서유견문西遊見聞》에서, '서적고書籍庫'라는 이름으로 근대 도서관을 처음 소개했다. 유길준은 '서적고' 항목을 통해, 도서관의 종류(국립 또는 사립), 도서관이 갖춘 자료의 종류(책과 예술 작품, 신문), 출판업자로부터 책을 제출받는 납본 제도, 지식을 공유하고 확산하려는 도서관의 존재 목적, 관내 열람과 관외 유료 대출, 훼손한 책에 대한 변상, 런던과 상트페테르부르크, 파리의 도서관을 두루 소개하고 있다.

유길준의《서유견문》은 후쿠자와 유키치의《서양사정西洋事情》을 참조한 걸로 알려져 있다. '서적고'로 소개한 도서관 항목도 마찬가지다. 후쿠자와 유키치는《서양사정》을 발간해서 일본 근대화에 큰 영향을 미쳤다. 일본이 1만 엔권에 그의 초상을 새긴 이유는 이 때문이다.《서양사정》은 1866년 1권 발간을 시작으로, 4년 동안 10권으로 완간됐다. 후쿠자와 유키치는 제1권에서 서구 근대 도서관을 '문고文庫'라는 이름으로 일본에 처음 소개했다.

후쿠자와 유키치가 《서양사정》에서 소개한 '문고'와 유길준이 《서유견문》에서 쓴 '서적고'를 비교하면, 내용이 꽤 비슷하다. 유길준이 《서유견문》을 쓸 때 《서양사정》을 참고했음을 알 수 있다. 실제로 유길준은 1881년 6월 후쿠자와 유키치가 세운 게이오의숙慶應義塾에 입학해서, 1년 남짓 공부했고, 이때 《서양사정》을 비롯한 여러 개화 서적을 접했다.

후쿠자와 유키치는 1858년 10월, 에도에 새롭게 개설된 '란가쿠주쿠蘭学塾'의 교사로 초빙된다. 란가쿠주쿠가 게이오의숙의 모태가 되었다. 일본 사립대학 중 가장 오랜 역사를 자랑하는 게이오대학은, 이때를 개교 시점으로 삼고 있다. 후쿠자와 유키치는 1868년 시바芝의 신센자新錢座에 150평 건물을 새롭게 마련하고, '게이오의숙'으로 이름 지었다. '게이오慶應'는 당시 연호다.

후쿠자와 유키치는 해외 순방을 통해 수집한 책 500권을 게이오의숙 도서관에 이관했다. 이 과정에서 도서관 장서가 부족하자, 1874년부터 1876년까지 자신의 문하생 하야시 유데키早矢仕有的에게 양서 수입을 맡겼다. 하야시 유데키는 150년이 넘는 역사를 자랑하는 서점 '마루젠丸善'의 창립자다. 1869년 마루젠을 설립한 하야시 유데키는, 세습이 흔했던 당시 상관례를 따르지 않고, 소유와 경영을 분리하는 모델을 도입했다. 마루젠이 일본 최초의 현대적 회사로 꼽히는 이유다. 하야시 유데키는 '하이라이스'를 만든 사람으로도 알려져 있다. 지인이 찾아오면 고기와 채소를 끓여, 밥에 얹어 대접했다. '하야시 라이스'로부터 하이라이스가 탄생했다고 전한다.

근대 도서관의 산실, 취운정

유길준은 도서관뿐 아니라, 서구 문물을 체계적으로 소개한《서유견문》을 어디에서 썼을까? 그가《서유견문》을 집필한 곳은 '취운정翠雲亭'으로 알려져 있다. 유길준은 1885년 미국에서 귀국한 직후, 갑신정변 주역과 가깝다는 이유로 체포됐다. 이후 유길준은 우포장 한규설의 집에 1년 반 동안 연금되었다. 한규설의 집에 머물던 유길준은, 민영익의 별원이 있던 취운정으로 거처를 옮겼고, 이곳에서 1892년까지 7년간 연금 생활이 이어졌다. 감사원 앞에 있는 취운정 표석을 보면, '정자'라는 설명이 남아 있어서, 취운정을 정자로 생각하기 쉽다.

하남시사편찬위원회 김세민 상임위원은, 취운정이 일개 '정자'가 아닌 '지명地名'임을 밝힌 바 있다. 그에 따르면, 취운정은 백록동과 청린동을 포함한, 이 일대의 지명이다. 1920년대《동아일보》기사에 실린 취운정 정자 사진을 보면, 규모가 그리 크지 않다. 유길준은 이 정자에 머문 게 아니라, 정자 아래 살림집으로 쓰던 기와집에 머물며,《서유견문》을 썼다.

취운정의 위치는 어디였을까? '청린동천靑麟洞天' 각자가 남아 있는 가회동 북촌힐스(옛 경남빌라)부터 감사원, 중앙중고등학교 후문일대가 취운정 영역으로 추정된다. 지금의 행정동으로는 가회동 북쪽과 삼청동 일부 지역이다.

취운정은 유길준이《서유견문》을 집필한 장소일 뿐 아니라, 1920년 윤익선이 '경성도서관'을 개관한 곳이기도 하다. 민태호(민영익의 부친) 일가의 별원이었던 취운정은, 백락동 마마로 불린 대원군 첩의 거처, 의친왕의 사저, 한성구락원, 조선총독부 점유를 거쳐, 조선귀족회 소유가 되었다. 1920년 11월 5일 윤익선은 조선귀족회가 소유했던 취운정 일대 건물을 빌려, 경성도서관을 개관했다. 취운정에 문을 연 경성도서관 개관식에 수천 명의 인파가 몰렸고, 문을 연 후에도 이용자로 북적였다는 기사가 남아 있다.

●

천도교가 경성도서관 개관을 지원한 까닭은?

윤익선의 취운정 경성도서관은 여러 사람과 단체의 후원을 받아 개관했다. 이 중에 눈에 띄는 후원자가 있다. 바로 '천도교'다. 기록에 따르면, 경성도서관은 윤양구가 2000원, 윤익선과 천도교 중앙총부, 김장환이 각각 1000원, 그 밖에 여러 독지가의 기부를 받아 문을 열었다. 잘 알려지지 않았지만, 윤익선은 '천도교도'였고, 천도교 안에서 지위도 높았다. 취운정 경성도서관의 고액 기부자 중 윤익선과 천도교 중앙총부의 기부금을 합하면, 경성도서관 초기 자금의 40%를 천도교에서 지원한 셈이다. 천도교는 왜 취운정 경성도서관을 지원했을까?

일제강점기 천도교의 교세는, 지금 우리가 생각하는 이상으로 대단했다. 천도교는 3·1 운동을 가장 적극적으로 기획하고, 실행했다. 민족 대표 33인 중 천도교도가 15명이고, 〈3·1 독립선언서〉에 서명한 민족 대표 중 가장 첫 번째로 이름을 올린 사람이, 천도교 교주 손병희라는 사실이 이를 입증한다. 3·1 운동 과정에서 일제에 붙잡혀 검사에게 송치된 1만 9525명 중, 천도교도는 2283명으로 11.7%를 차지했다.

천도교는 1910년 이용익이 세운 보성전문학교(고려대학교의 전신)를 인수하고, 1911년 윤익선을 교장으로 임명했다. 윤익선은 1919년 천도교를 중심으로 발표된 〈조선민국임시정부 조직 포고문〉에 법무경法務卿으로 이름을 올리기도 했다. 3·1 운동 당시 윤익선을 발행인으로 배포한 《조선독립신문》도 천도교가 주도적으로

천도교 중앙대교당

1918년 공사를 시작해서, 1921년 완공된 천도교 대교당이다. 건물 완공에 오랜 시간이 걸린 이유는, 천도교가 건축을 위해 모은 돈을 3·1 운동 자금으로 사용했기 때문이다. 이 건물은 명동성당, 조선총독부 건물과 함께, 식민지 경성의 3대 건축물로 꼽혔다. 설계자는 일본인 나카무라 요시헤이(中村與資平)다. 세제션(Secession) 스타일 건축물로 알려져 있다. © 백창민

발행한 '지하신문'이다. 이로 인해 윤익선은 1년 6개월 징역형을 선고받고, 수감 생활을 하다가 출소했다.

1920년 9월에 출소한 윤익선은 11월 취운정 경성도서관을 개관하고, 천도교 연합회파로 활동했다. 3·1 운동 후 천도교는 교권과 운동 노선 차이에 따라, 신파, 구파, 연합회파, 육임파로 나뉘었다. 윤익선은 연합회파의 주요 인물이었다. 1926년부터 윤익선이 교장을 맡은 동흥중학교 역시 천도교가 북간도 포교 활동을 위해 세운 학교다.

천도교는《개벽》과《별건곤》《어린이》《신여성》《학생》《조선농민》같은 잡지를 발행했다.〈3·1 독립선언서〉를 인쇄한 보성사를 비롯해, 출판사와 인쇄소도 여럿 운영했다. 천도교는 문화운동뿐 아니라, 소파 방정환과 소춘 김기전을 중심으로 어린이운동과, 여성 인권운동도 적극적으로 펼쳤다.

윤익선과 천도교의 활동을 감안하면, 그가 나서서 개관한 취운정 경성도서관도 천도교의 '문화운동' 차원에서 바라볼 수 있지 않을까? 취운정 경성도서관은 윤익선이 간도로 활동 무대를 옮기면서, 이범승의 경성도서관으로 통합된다. 흡수되긴 하지만, 윤익선의 취운정 경성도서관이 '조선인이 경성(지금의 서울)에서 개관한 최초의 도서관'이라는 사실은 변함이 없다. 유길준이 근대 도서관을 처음 소개한《서유견문》을 쓴 장소에서, 조선인이 선구적인 도서관을 세운 셈이다. 이렇게 보면, 취운정은 한국 도서관 역사에서 유서 깊은 공간이다.

●

도서관 선구자들의 '친일' 행적

안타까운 부분은 도서관 선구자 윤익선이, 이후 대동일진회를 비롯한 친일 단체에서 활동하면서, '친일파'의 길을 걸었다는 점이다. 그가 창씨개명한 이름은 히라누마 에이치平沼榮一다. 윤익선은 독립유공자로 국립서울현충원 독립유공자묘역에 묻혔다가, 친일 행적이 드러나면서, 2010년 서훈이 취소된 후 이장했다. 2019년 도올 김용옥은 '이승만 국립묘지 파묘론'을 주장한 바 있다. 윤익선이야말로 국립묘지에서 '파낸 사례'다.

국립묘지에서 '파묘'한 후 윤익선의 유해는 어디로 갔을까? 정선애가 쓴《도서관 운동가 엄대섭의 발자취를 찾아서》에 따르면, 경주 문무대왕릉 앞바다에 흩뿌렸다. 윤익선의 유해는 친척이었던 윤광주가 수습했다. 윤광주는 '마지막 신라인'이라 불린 윤경렬 선생의 장남이다. 윤익선은 윤경렬 선생의 작은아버지다.

《조선총독부 직원록》에 조선인 중 '사서'로 처음 기록된 인물은 이긍종이다. 미야무라 훈宮村薰으로 창씨개명한 이긍종과 선구적 도서관장인 윤익선과 이범승이 '친일파'로 활동했다는 내용은 종로도서관 편에서 따로 다뤘다.

이범승이 운영한 경성도서관에 1만 원이라는 거금을 쾌척해서, 2층 규모의 석조 건물을 지을 수 있도록 한 최초의 도서관 거액 후원자, 민영휘도 대표적인 탐관오리이자 친일파다. 국립도서관 건립 시도로 평가받는 '대한도서관' 설립은 이완용, 민영기, 이재극이 주도했다. 심지어 이들은 '친일파'를 넘어 '매국노' 아닌가.

'도서관학(지금의 문헌정보학)'은 사정이 어떨까? 우리 대학에 도서관학과가 설치된 시기는 1950년 후반이다. 도서관학을 최초로 전공한 사람은, 일제강점기 해외 유학파 중에 찾아야 한다. 이묘묵이 유력한 후보다. 이묘묵은 1926년 시러큐스대학에서 도서관학 석사 학위를 받은 걸로 알려져 있다. 연희전문에서 교수와 도서관장을 지냈다. 그는 1937년 동우회 사건으로 구속된 후, 사상 전향 성명서를 발표했다. 전향 이후 이묘묵은 대동민우회, 국민정신총동원조선연맹, 조선임전보국단 같은 친일 단체에서 활동했다.

이묘묵은 리큐 보모쿠李宮卯默로 창씨개명하고, '미영美英을 격멸하자'라며 시국강연을 다녔다. 해방 후 그는 미국 유학을 통해 갈고 닦은 영어 실력을 바탕으로, 미군정의 통역관으로 일했다. 이승만 정부 때는 '주영대사'로 승승장구했다. 이런 이묘묵 역시《친일인명사전》등재를 피하지 못했다. 이묘묵은 해방 정국에서 미군정을 등에 업은 '통역정치'의 폐해를 얘기할 때마다, 늘 거론되는 인물이다.

연희전문 교수를 거쳐, 연희대학교(지금의 연세대학교) 초대 총장, 2대 문교부 장관을 지낸 백낙준은, 1957년 연세대학교에 국내 최초로 '도서관학과(지금의 문헌정보학과)'를 설치하는 데 큰 역할을 했다. 백낙준은 도서관학으로 학위를 받지는 않았지만, 미국 유학 시절 도서관학을 이수하고, 도서관에서 근무한 것으로 알려져 있다. 백낙준의 창씨개명 이름은 시라하라 라쿠준白原樂濬이다. 백낙준 역시 일제강점기 친일 행적으로《친일인명사전》에 이름이 올랐다.

백낙준은 지금도 국립서울현충원 국가유공자묘역에 묻혀 있고, 연세대학교 도서관 앞에는 그의 동상이 있다. 연세대학교는 독립 건물로 처음 지은 도서관 이름을, 백낙준의 아호를 따서 '용재관庸

齋館'이라고 명명하기도 했다. 이화여자대학교가 김활란을 기려 도서관 이름을 '헬렌관'으로 명명한 것처럼. 연세대 용재관과 이화여대 헬렌관뿐 아니라 동덕여자대학교 춘강학술정보관, 성신여자대학교 운정관, 동아대학교 석당도서관, 진명여자고등학교 의석관처럼, 친일파를 도서관 이름에 새겨 넣은 사례 역시 적지 않다.

최초의 조선인 사서 이긍종, 선구적 도서관장인 윤익선과 이범승, 최초의 도서관 거액 후원자 민영휘, 대한도서관 설립자 이완용, 민영기, 이재극, 최초의 도서관학 전공자인 이묘묵, 도서관학과를 국내 대학에 처음으로 설치하는 데 기여한 백낙준까지⋯⋯ 도서관 선구자들이 '친일 행적'으로 《친일인명사전》에 이름을 올린 상황을 어떻게 봐야 할까?

세계적인 언어학자 노엄 촘스키Noam Chomsky는 "세상살이의 진실을 속속들이 알게 되면, 우리는 늘 우울해진다"라고 말했다. 도서관 선구자의 '친일 행적'은 아쉬움을 남기지만, 우리는 술이부작述而不作의 자세로 그들의 일을 '기록'하고, '기억'해야 하지 않을까?

●

'혁신의 미래' 삼청공원숲속도서관

가회동과 삼청동 일대에 있던 취운정은, 근대 도서관의 '발상지'라 할 수 있지만, 1920년대 이후 도서관의 명맥이 이어지지 않았다. 한동안 도서관과 인연이 없던 이곳에 도서관이 탄생했다. 2013년 10월 5일, 삼청공원 안에 '숲속도서관'이 문을 연 것이다.

종로구는 낡은 매점이 있던 이곳을 '북카페형 도서관'으로 리모델링했다. 리모델링 작업은 '윤동주문학관'으로 유명해진 건축가 이소진이 담당했다. 이소진이 설계한 건축물 중 '책'에 관한 작업만 추려 보면, 서울 대청중학교 도서관(2010), 부산 신선초등학교 도서관(2011), 윤동주문학관(2012), 배봉산숲속도서관(2019), 동대문 책마당 도서관(2020), 용왕산 작은책 쉼터(2021), 천왕산 책쉼터(2022), 지관서가 1, 2, 4, 5, 6(2021~2023)이 있다.

삼청공원숲속도서관은 데이비드 색스David Sax가 2018년 12월 7일 자《뉴욕타임스》칼럼을 통해, '혁신의 미래'로 소개하면서 화제가 되었다. 데이비드 색스는 첨단 기술로 가득한 서울이라는 현대 도시에서, 책과 숲이 어우러진 힐링 공간을 제공하는 시도 자체가, '사

삼청공원숲속도서관
삼청공원숲속도서관의 성공 때문일까? 서울시는 서울 안 근린공원에 330제곱미터 내외의 '숲속도서관' 20개를 더 짓겠다는 계획을 발표했다. ⓒ 백창민

람 중심의 혁신 사례'라며 찬사를 보냈다.

책은 숲에 있는 나무를 베어 만든다. 이런 이유로 도서관 이름에 '숲'이 들어간 도서관이 제법 있지만, 실제로 '숲속'에 있는 도서관을 만나기는 어렵다. 나무로 가득 찬 숲에, 도서관 같은 공공 건축물을 짓는 시도가 쉽지 않은 탓이다. 그런 점에서 삼청공원숲속도서관은 이름에 걸맞은 '숲속도서관'이다. 규모가 크지 않지만, 숲과 나무와 책이 어우러진 '책의 집'이다.

삼청공원에서 가까운 취운정 일대는, 근대 도서관을 처음 소개한 책이 쓰이고, 조선인이 세운 서울 최초의 도서관이 문을 연 곳이다. 취운정에서 가까운 이곳에, 책과 숲이 공존하는 도서관이 탄생한 건 다행이다. 북촌의 명소가 된 삼청동에 들를 때는, 도심 숲속에 자리한 '도서관'에 들러 보시기를. 그리고 도서관을 위해 분투했던 '최초의 도서관인들'을 떠올려 보시기를.

'친일'하면 3대가 흥하고,
'반일'하면 3대가 망한 나라에서

'청운동淸雲洞'을 글자 그대로 풀이하면, 맑은 구름이 떠 있는 동네라는 뜻이다. '푸른 구름靑雲'도 아닌 '맑은 구름淸雲'이라니. 흔치 않은 지명이 탄생한 배경은 따로 있다. 일제강점기 청풍계淸楓溪와 백운동白雲洞을 합치면서, 지금의 청운동이 탄생했다. '청풍계'는 인왕산 54번지 일대 계곡으로, 조선 시대에는 사람들이 자주 찾던 명승이었다. 이곳은 푸른 단풍나무가 많아서, 청풍계靑楓溪라 불리기도 했다. 선원仙源 김상용金尙容이 젊은 시절 별장을 꾸미면서, 맑은 바람이 부는 계곡, 청풍계淸風溪로 이름을 바꿨다고 한다.

명승이던 청풍계는 일제강점기 미쓰이三井물산이 택지 개발을 하면서, 풍광을 잃고 말았다. 한양의 명당수 청계천淸溪川은 '청풍계에서 흘러나온 개천'이라는 뜻이지만, 골짜기 대부분이 복개되어, 옛 정취를 찾아보기 어렵다. 지금은 김상용이 바위에 새겼다는 '백세청풍百世淸風' 네 글자만 남아 있다.

●

흰 구름이 떠 있는 계곡, 백운동

인왕산 백운동白雲洞계곡 역시, 조선 시대 빼어난 경치로 유명했다. 인왕산 기슭에서 나고 자란 겸재謙齋 정선鄭敾은《장동팔경첩壯洞八景帖》을 통해, 백운동의 아름다운 풍광을 화폭에 남긴 바 있다. '흰 구름이 떠 있는 계곡'이라는 뜻의 백운동은 예로부터 삼청동, 인왕동, 쌍계동, 청학동과 함께, 한양에서 경치가 좋은 다섯 곳 중 하나로 꼽혔다.

백운동계곡은 자하문터널 공사와 개인주택 건축으로 달라지긴 했지만, 옛 모습이 남아 있다. 서울시는 2014년 8월 21일 자하문터널 위쪽 백운동계곡을 '서울시 기념물'로 지정했다. 이곳이 백운동계곡이었음을 알게 해 주는 유적 중에, 바위에 새긴 '백운동천白雲洞川' 각자刻字가 있다. 이 글씨는 대한제국 법부 대신 동농東農 김가진金嘉鎭이 새겼다. 그의 집 백운장白雲莊이 이곳에 있었다.

우리가 동농 김가진을 기억해야 하는 이유는, 그가 대한제국 대신 중 유일하게 해외 독립운동에 몸을 던진 인물이기 때문이다. 나라가 망했는데, 녹을 받던 대신 중 독립을 위해 헌신한 사람이 한 명도 없었다면? 동농이 아니었으면, 제대로 싸우지 못하고, 국권을 빼앗긴 망국의 역사가 더욱 부끄러울 뻔했다.

인왕산 백운동계곡

한양의 경치 좋은 다섯 곳 중 하나로 꼽혔던 백운동계곡. 서울시 기념물 제40호로 지정되
었다. ⓒ 백창민

●

규장각 말단 사서에서 관장 자리까지

동농 김가진은 1846년 1월 29일, 서촌 신교동에서 태어났다. 선
원 김상용의 12세손이다. 장동 김씨 후손이지만 서자였던 그는, 적
서 차별을 호소하는 상소를 올렸다가, 문재文才를 인정받았다. 서른
네 살 때인 1877년 11월, 규장각 검서관檢書官으로 등용되어 관직을
시작했다. 정조 시대 이름을 날린 사검서四檢書에 비할 바는 아니지
만, 왕실도서관인 규장각 '사서'로 시작한 그의 경력이 이채롭다. 이

후 동농은 근대 무기를 개발하는 기기국機器局에서 일했고, 1883년 인천항 통리교섭통상사무아문統理交涉通商事務衙門에서 유길준과 함께, 개화 업무를 담당했다.

동농은 급진 개화파인 김옥균, 박영효, 서재필과 절친했으나, 인천에서 일하던 때라 갑신정변에 가담하지 않았다. 이후 내무부로 옮기고 나서, 고종을 세 차례 만나 개혁 정책을 올렸고, 1886년 2월 치러진 정시문과庭試文科에 급제하여, 홍문관 수찬이 되었다. 개화기로 접어들며 인재를 파격적으로 등용하자는 방침에 따라, 서얼도 과거 시험을 보고, 고위직에 오를 수 있게 되었다. 서얼 출신이었던 김가진, 이범진, 윤웅렬은 이런 변화 속에 등용된 인재다.

과거 급제 후 동농은 1887년 5월, 일본공사관 참찬관參贊官으로 파견되었다. 10월부터는 주일공사駐日公使가 되어, 도쿄에서 4년간 외교관으로 일했다. 그는 남다른 언어 습득 능력으로, 일본어, 중국어, 영어에 능통했다.《고요한 아침의 나라, 조선》을 쓴 새비지 랜도어Savage-Landor는 김가진을 "박학다식하고 재기가 출중했으며 내가 만난 수많은 훌륭한 외교관 중에서도 가장 뛰어난 외교관"이라고 평했다.

1895년 갑오개혁 때 동농은 군국기무처 의원으로, 홍범 14조를 비롯해 각종 개혁안을 만들었다. 1895년 농상공부 대신을 역임하고, 1896년 독립협회 위원으로 활동하며, 만민공동회에도 참여했다. 독립문의 한글과 한문 현판을 쓴 사람도 김가진이다. 창덕궁 후원의 관람정, 금마문, 부용정, 애련정, 희우정 현판과 주련에도 동농의 글씨가 남아 있다. 그가 당대의 명필이었음을 알 수 있다.

김가진은 1897년 황해도 관찰사, 1904년 3월 농상공부 대신을 거처, 9월 법부 대신이 되었다. 1905년 을사늑약이 체결되자, 민영환과 함께 반대했다. 을사늑약 반대가 좌절된 후에는, 1906년 충청도 관찰사로 자진 좌천했다. 순종이 즉위한 1907년, 동농은 규장각 제학提學을 마지막으로 관직에서 물러났다. 검서관으로 관직을 시작해서 규장각의 최고위직까지 올랐다. '말단 사서'로 출발해 '도서관장'까지 된 셈인데, 규장각 검서관 출신으로, 제학까지 오른 이는 그가 유일할 것이다.

●

대동단 활동과 해외 독립운동

규장각 제학을 사임한 후 김가진은, 1908년 6월 대한협회 회장에 취임해서, 한일합방을 주장하는 일진회와 대립했다. 1910년 8월 22일 한일 강제병합이 이뤄지자, 김가진은 칩거에 들어갔다. 조선 귀족령에 의거, 일제가 대한제국의 중신重臣에게 수여하는 남작 작위를 받았으나, 연금 수령은 거부했다.

동농은 백운동 일대 5000평이 넘는 부지에, 고종이 자재를 하사해서 지은 백운장에 살았다. 집사가 인장印章을 도용하면서, 백운장은 동양척식주식회사에 저당 잡혔고, 소유권 분쟁에 휩싸였다. 결국 김가진 일가는 백운장에서 나와, 사직동과 체부동에서 지냈다.

3·1 운동 후 김가진은 독립운동에 헌신할 것을 결심하고, 1919년 4월 결성된 비밀 독립운동 조직 조선민족대동단朝鮮民族大同團(대동단) 총재로 활동했다. 동농이 조선을 떠나기 전 마지막으로 머물던 체부동 86번지는, 삼계탕 음식점(토속촌 삼계탕)이 확장한 공간으로,

지금도 길가에 김가진 집터 표석이 있다.

대동단은 우리나라 정당과 사회단체 중 처음으로 사회주의를 표방한 단체다. 1919년 11월 28일 대동단은 독립선언문을 발표하고, 전국적인 시위를 전개하려다가 실패했다. 조선에서 대동단 활동이 어려워지자, 김가진은 1919년 10월 10일 아들 성엄省俺 김의한金毅漢과 함께, 상하이로 망명했다. 이때 그의 나이 74세였다. 일산역에서 경의선 열차를 타고, 상하이로 망명하면서, 김가진이 쓴 시 두 수가 전한다.

> 나라는 깨지고 임금은 돌아가시고 사직은 기울었는데國破君亡社稷傾
> 부끄러움 안고 죽고 싶은 심정 참으며 여태껏 살았노라包羞忍死至
> 今至
> 늙은 몸이 하늘 뚫는 뜻을 아직 지니고 있으니老身尙有沖霄志
> 단숨에 솟아올라 만 리를 날아간다一擧雄飛萬里行
>
> 백성과 나라가 존망의 위기, 어찌 감히 일신을 돌보리民國存亡敢顧身
> 하늘과 땅에 포위망이 깔린 곳에서 귀신같이 탈출했다天羅之網脫
> 如神
> 누가 알까 삼등칸의 저 길손이誰知三等車中客
> 찢어진 갓과 누더기 옷을 입은 옛 대신임을破笠鶉衣舊大臣

●

이완용의 길과 김가진의 길

상하이에서 동농은 임시정부와 북로군정서 고문으로 활동했다. 동농과 대동단은 1919년 11월, 고종의 다섯째 아들 의친왕義親王 이강李堈의 상하이 탈출을 시도했으나 실패했다. 1920년 6월 봉오동전투, 10월 21일 청산리전투에서 크게 승리하면서 만주 독립군 활동이 활발해졌다. 김가진은 만주 북로군정서 김좌진金佐鎭 장군의 초대에 응해, 무장투쟁을 위해 만주로 건너가려 했으나, 1922년 7월 4일 77세의 나이로 세상을 떠났다. 고령에도 불구하고, 이국땅에서 분투했던 노대신老大臣은 상하이 만국공묘에 묻혔다. 그의 장례식은 임시정부 최초의 국장國葬으로 치러졌다.

1926년 2월 이완용이 죽었을 때《동아일보》는,〈무슨 낯으로 이 길을 떠나가나〉라는 사설을 통해, "그도 갔다. 팔지 못할 것을 팔아서 누리지 못할 것을 누린 자, 이제는 천벌을 받아야지"라고 그의 길을 '저주'했다. 을사늑약을 찬성한 '을사오적', 1907년 정미7조약을 승인한 '정미칠적丁未七賊', 1910년 한일 강제병합 조약을 체결한 '경술국적'은, 모두 대한제국의 대신이다. 이들은 팔지 못할 나라를 판 매국노였지만, 온갖 호사와 천수를 누리다가, 작위와 재산을 자손에게 세습했다. 대한제국의 대신이라는 점은 같지만, 이들과 김가진이 걸은 길은 많이 달랐다.

특히 이완용은, 여러모로 김가진과 비교할 만한 인물이다. 1858년생으로 김가진보다 12살 어린 이완용은, 1882년 과거에 급제해, 1886년 3월 규장각 대교로 관직을 시작했다. 관직 생활을 규장각에서 시작한 경력도 같지만, 김가진이 주일공사로 일할 때 이완용도 주미공사관에서 외교관으로 일했다. 당대 명필로 손꼽힌 점도 비슷하다. 한때 독립문 현판을 이완용이 썼다는 주장이 있을 정도로, 이완용은 명필이다. 을사늑약 전후로 대한제국 대신이었다는 점도 같다. 뛰어난 재능으로 대한제국 대신의 자리에 오른 두 사람은, 을사늑약 전후로 대조적인 길을 걸었다. 이완용은 을사오적, 정미칠적, 경술국적에 모두 이름을 올린 '매국노의 대명사'로 살았고, 김가진은 대한제국 대신 중 유일하게 '독립운동의 길'을 걸었다.

●

독립을 향한 3대의 헌신

김가진뿐 아니라 그의 아들 성엄 김의한과 며느리 수당修堂 정정화鄭靖和 모두 독립운동에 헌신했다. 김가진의 아들 김의한은 아버지와 함께, 상하이로 망명했다. 아버지가 세상을 떠난 후 김의한은 중국본부한인청년동맹, 대한민국 임시정부에서 활동했다. 1931년에는 김구, 안공근, 엄항섭과 함께, 한인애국단을 만들었다. 1932년 1월 8일 도쿄 경시청 정문 앞에서 일왕 히로히토에게 폭탄을 던진 이봉창 의사, 1932년 4월 29일 상하이 훙커우 공원에서 폭탄을 던진 윤봉길 의사 모두, 한인애국단원이다.

김의한 일가는 임시정부가 상하이(1919), 항저우(1932), 전장(1935), 창사(1937), 광둥(1938), 류저우(1938), 치장(1939), 충칭(1940)으로 옮길 때마다 늘 함께했다. 임시정부의 피난길은 4000킬로미터에 이른다. 김의한은 1936년 장시성 우닝현 쑨원기념중산도서관 관장으로 일하기도 했다. 아버지와 아들 2대에 걸쳐 '도서관장'을 지낸 집안 내력이 이채롭다.

해방 직전 김의한은 광복군 창립과 훈련에 관여했다. 해방 후에는 한국독립당 활동에 참여했고, 1948년 남북통일 정부 수립을 위해 김구와 함께, 삼팔선을 넘어 남북 협상에 참여했다. 한국전쟁 때인 1950년 9월 28일 납북되어, 1964년 10월 9일 사망했고, 평양 재북인사묘역에 묻혔다. 1990년 대한민국 정부로부터 건국훈장 독립장을, 북한 정부로부터 조국통일상을 추서받았다.

동농의 며느리 정정화는 시아버지와 남편이 상하이로 망명한 후, 임시정부 안살림을 도맡았다. 이 과정에서 10년 동안 여섯 차례나 상하이와 국내를 오가며, 독립운동 자금을 임시정부에 전달했다. 한국국민당, 한국독립당, 대한애국부인회에서 활동하기도 했다. 1946년 귀국할 때까지 임시정부 뒷바라지에 모든 걸 바쳤다.

김구, 이동녕, 이시영 같은 임시정부 인사 중에, 그녀가 지은 밥을 먹지 않은 사람이 없고, 임시정부 가재도구 중 그녀의 손길이 닿지 않은 물건이 없었다. 1940년 한국혁명여성동맹 창립에 참여했고, 남편 김의한과 함께, 광복군 창립에 기여했다. 한국전쟁 때 노모를 모시기 위해 서울에 남았던 그녀는, 부역 혐의로 종로경찰서에 끌려가, 일본 경찰 출신에게 모욕을 당한 후 풀려나기도 했다. 1990년 건국훈장 애족장을 받았고, 1991년 사망 후 국립대전현충원에 묻혔다.

독립운동에 대한 동농 집안의 헌신은, 2대에 그치지 않는다. 김가진의 둘째 아들 김용한은, 의열단 김상옥 의사 사건에 연루되어, 일제 경찰에 심한 고문을 받았다. 이로 인해 김용한은 정신이상을 앓다가, 한강에서 스스로 목숨을 끊었다. 김용한의 아들이자 김가진의 손자 김석동은, 광복군 최연소 대원으로 건국훈장 애국장을 서훈받고, 국립대전현충원에 묻혔다.

"독립운동을 하면 3대가 망하고, 친일을 하면 3대가 흥한다"라는 말이 있다. 한 사람만 독립운동을 해도 3대가 망한다는 이 나라에서, 동농의 가문은 3대가 독립운동에 헌신한 집안이다. 이 정도면 '노블레스 오블리주noblesse oblige'라는 말로도 설명이 부족하다. 임시정부의 법통을 이은 대한민국은, 이 집안에 큰 빚을 졌다.

●

청운문학도서관에서 생각하는 동농 일가 이야기

김가진 일가가 독립운동을 위해 중국으로 망명한 후, 백운장은 동양척식주식회사 소유로 넘어가, 일부 공간에 고급 요릿집이 들어서기도 했다. 오노 가즈마사小野三正가 제작해서, 1936년 7월 28일 일본 오사카에서 발행한《대경성부대관》에도 백운장은 표시되어 있다. 백운장은 해방 후에도 김가진 일가에게 반환되지 않고, 호텔과 요정으로 쓰였다.

해방 후 귀국한 동농의 아들 김의한은, 백운장을 돌려받으려 했다. 단독정부 수립을 추진해서 대통령 자리에 오른 이승만은, 백운장을 끝내 김가진 가문에 돌려주지 않았다. 통일 정부 수립을 위해 김의한이 남북 협상에 참여하며, 남한만의 단독 선거에 반대했기 때문일까? 미국 유학을 떠날 때, 동농이 이승만에게 상당한 금액의 유학 자금까지 건넨 걸 생각하면, 이승만의 처사는 지나쳤다.

1960년대 초까지 잘 보존되던 백운장은, 5·16 쿠데타 후 군부가 미국인 교회에 불하해 버렸다. 1964년 이 땅을 불하받은 예수 그리스도 후기성도교회(모르몬교회)가 교회 건물을 지으면서, 백운장은 사라지고 말았다.

백운장이 있던 백운동 자락에 2014년 11월 19일, 청운문학도서관이 들어섰다. 지하 1층, 지상 1층 규모로, 그리 크지 않은 청운문학도서관이 핫플레이스로 자리매김한 이유는, 아름답기 때문이다. 청운문학도서관은 지상과 지하 공간이 나뉘어 있다. 지상 1층 공간은 한옥으로 지었다. 한옥채와 연못가 누정은 각종 문학 행사 공간

청운문학도서관
2014년 11월 19일 백운동에 들어선 문학 전문도서관이다. 종로구에서 한옥으로 지은 첫 공공도서관이기도 하다. 수제기와를 사용하고, 돈의문뉴타운에서 철거한 한옥기와 3000여 장을 재사용했다. 설계는 오빌종합건축사사무소가 담당했다. ⓒ 백창민

으로 활용하고 있다. 계단을 따라 내려가면, 지하 공간으로 이동할
수 있다. 지하 1층은 문학 전문 자료실로 꾸몄다. 자료실 외에 강연
이 가능한 다목적실이 있고, 한편에는 어린이 열람실이 있다.

소장하고 있는 책은 4만 2000여 권이다. 종합도서관으로 문을 열
었다면, 장서 부족이 눈에 띄었을 텐데, '문학 전문도서관'을 지향하
면서, 아담하고 내실 있는 도서관이 되었다. 서촌을 누빈 이상, 윤동
주, 현진건 같은 문인을 생각하면, 늦게나마 백운동에 어여쁜 문학
도서관이 들어선 건 다행이다.

●

조국은 그를 잊었나 버렸나

동농 김가진이 바위에 새긴 '백운동천' 글씨는, 청운문학도서관
아래 바위 절벽에 있다. 동농이 이완용처럼 친일 부역 행위를 했다
면, 백운장 일대는 그의 집안 소유로, 대대손손 이어졌을지 모른다.
때로는 현실이 문학보다 더 극적일 수 있다지만, 백운장 동농 일가
의 이야기는 언제까지 '비극'으로 방치될까. 정의롭지 않은 역사 속
에, 우리는 후손에게 나라를 찾고, 지키는 데 '헌신'하라고 말할 수
있을까?

온 가족이 독립운동에 헌신한 동농과 그의 아들, 며느리는, 죽어
서도 함께 묻히지 못하고, 상하이, 평양, 대전에 각각 묻혔다. 심지
어 동농은, 일제가 조작한 걸로 알려진 의병장 체포 혐의로, 독립유
공자 서훈조차 받지 못했다.

2019년은 3·1 운동과 대한민국 임시정부 수립 100주년이자, 동

'백운동천' 각자

청운문학도서관 아래 바위 절벽에 새겨진 '백운동천' 글씨. 동농 김가진이 새긴 글씨로, 그의 집 백운장이 이곳에 있었다. 백운동천 각자를 직접 살펴보려면, '예수그리스도후기 성도교회'를 먼저 찾고, 교회 건물 뒤쪽으로 들어가야 한다. ⓒ 백창민

농이 상하이로 망명한 지 100년이 되는 해였다. 조부 김가진의 서훈과 송환을 바라마지 않았던, '영원한 임시정부의 소년' 김자동도 2022년 세상을 떠났다. 동농은 언제쯤 '독립유공자'로 조국에 돌아올 수 있을까? 성균관대학교 장유승 교수가 지적한 바처럼, 동농의 '망명'은 아직도 끝나지 않았다. 그가 그토록 독립하기를 소망했던 조국은 그를 잊은 건가, 버린 건가?

천억이 백석의
시 한 줄보다 못하다

길상도서관과
다라니다원

길상사吉祥寺 이야기는 '요정料亭 대원각'으로부터 시작하지 않을
수 없다. 길상사의 전신이 대원각이기 때문이다. 대원각은 한때 삼
청각, 청운각, 오진암, 한성, 회림, 옥류장과 함께, 서울을 대표하는
요정으로 꼽혔다. 대원각 주인은 법정法頂 스님의《무소유》를 읽고,
그 철학에 감화받아, 1995년 대원각 건물과 땅을 시주했다. 대한불
교조계종 송광사의 말사, 길상사는 이렇게 탄생했다. 대형 요정이
사찰로 바뀐 흔치 않은 사례여서, 당시에도 큰 화제였다.

사찰로서 길상사의 역사는 짧다. 하지만 시민을 위한 선원과 템
플스테이 같은 다양한 프로그램을 갖춘 '도심 사찰'로, 큰 사랑을 받
고 있다. 서울시는 2013년 길상사를 '서울미래유산'으로 지정했다.

●

밀실 정치의 산실, 요정의 흥망성쇠

말 나온 김에 '요정' 이야기를 더 해 보자. 요정의 대명사 '명월관 明月館'이 광화문 네거리 황토현(지금의 일민미술관 자리)에 문을 연 시기는, 1903년 9월 17일이다. 명월관은 궁중 연회 때 음식과 기생 제공을 도맡을 정도로 유명했다. 요정은 손님 옆에 술 시중드는 사람이 따로 있다는 점에서, 음식점과 다르다. 해방 전에는 권번 券番 출신 기생이 시중들면서, 노래와 춤으로 술자리 흥을 돋웠다. 명월관 외에도 국일관, 송죽관이, 이 시기 요정으로 유명하다.

1919년 3월 1일 민족 대표 33명 중 29명은, '유혈 충돌을 피하기 위해' 탑골공원 근처 태화관에 모여, 독립선언문을 읽고 만세삼창을 했다. 민족 대표가 독립선언을 하고, 경찰에 연행된 태화관 역시, 유명한 요정이었다. 태화관은 요정으로 바뀌기 전, 친일파 이완용이 살던 집터였다.

해방 후 요정의 풍경은 사뭇 달라진다. 권번에서 교육받은 기생은 사라지고, 화초기생 花草妓生과 호스티스가 그 자리를 대체했다. 1946년 12월 명월관 같은 일부 고급 요정이 퇴폐 도색 영화를 상영하다가, 경찰로부터 무기한 영업 정지 처분을 받았다. 해방 직후 요정은 음식과 술, 접객 여성뿐 아니라, '야동'의 유통처이기도 했던 모양이다. 해방 후 요정은 더욱 번창해서, 1947년 서울에만 무려 3000여 개가 넘는 요정이 있었다. 1947년 한복남의 히트곡 〈빈대떡 신사〉는, 요정에 관한 세태를 풍자한 노래다. 〈빈대떡 신사〉 가사에 나오는 '요릿집' '기생집'이 바로 요정이다.

해방 후 9월 22일 평양에 도착한 김일성은, 치스차코프 사령관, 레베데프 같은 소련군 주요 인물을 평양 요정에서 자주 접대했다. 요정을 정치에 활용한 건, 남북이 따로 없었다. 요정의 인기는 식을 줄 몰라, 한국전쟁 때 후방 군인의 요정 출입이 잦자, 육군 참모총장이 '장병의 요정 출입을 엄금한다'라는 명령을 내릴 정도였다.

●

군부 시절에도 이어진 요정의 인기

1960년 박정희가 주도한 5·16 쿠데타는 행동 개시 5시간 전에, 정보가 미리 샜다. 요정 '은성'에서 회식 중이던 육군 참모총장 장도영에게 보고된 것이다. 은성에 있던 장도영은 안이한 대처를 하고 마는데, 그 때문인지 박정희는 쿠데타에 성공했다.

5·16 쿠데타 후 중앙정보부장 김종필은 민정 이양에 대비해, 비밀리에 민주공화당 창당을 준비했다. 김종필은 대학교수와 강사를 창당 요원으로 선발해서, 1962년 4월부터 체계적인 교육을 실시했다. 중앙정보부가 창당 요원 교육을 한 곳은, 종로구 낙원동의 요정 춘추장이다. 요정이 정당 탄생의 산실 역할을 한 셈이다. 요정 춘추장이 있던 건물은, 해방 직후 남조선로동당(남로당)이 본거지로 쓰던 곳이다. 길상사 전신인 대원각도, 남로당을 이끈 박헌영과 인연이 있는 요정으로 알려져 있다. 박헌영의 아들 원경 스님은, 대원각 실제 소유주가 박헌영 일가였음을 주장하기도 했다.

1970년 3월 17일 서울시 합정동 절두산 근처 승용차에서 숨진 정인숙은, 고급 요정 선운각仙雲閣 출신 호스티스다. 그녀가 남긴 세

살 아들이 '최고 권력자의 자녀'라는 소문 때문에, 세인의 관심이 집중되기도 했다. 1970년대 삼청각은 한꺼번에 500~600명이 들어갈 수 있는 초대형 요정을 개업했다. 개업식에는 이후락 부장을 포함, 중앙정보부 요원 50여 명이 참석했고, 인기 연예인이 대거 출동했다. 중앙정보부는 요정에서 오가는 정보를 체계적으로 수집하는 '미림'이라는 팀을, 퇴계로 라이온빌딩 2층에 따로 두기도 했다.

산업화 시대 요정은 밀실 접대와 밀실 정치의 온상이었다. '요정 정치'라는 말도 이때 등장한 말이다. 기생 관광이라는 '외화벌이'를 위해, 국가는 요정 산업을 적극 양성했다. 박정희 정권은 한국관광

길상사 극락전

길상사는 한때 대한민국을 주름잡던 요정 '대원각'이 전신이다. 대원각 주인은 법정 스님의 《무소유》를 읽고 감화받아, 한때 자산 가치 1000억 원대로 평가받던 대원각을 시주했다. ⓒ 백창민

공사의 전신인 국제관광협회에 '요정과'를 설치했다. 관광 기생에게 접객원 증명서를 발급해서, 통행금지 상관없이 호텔을 출입하며, 일할 수 있도록 했다. 전두환 정권은 1986년 아시안 게임을 앞두고, 11개 대형 요정에, 총 20억 원을 특별융자로 지원했다. 외국 관광객을 위한 지도에 요정 위치를 다국어로 상세히 표시해, '기생관광'을 적극 장려하기도 했다. 누구 말처럼 '대한민국 정부가 포주'였던 시절이다. 사창가라 불린 '집창촌'과 함께 '요정'은, 한국 섹스 산업의 한 축이었다.

1980년대 초까지만 해도 요정 수는 870여 개에 이르렀다. 이후 강남 '룸살롱'에 밀려 수가 줄기 시작해서, 한정식집 같은 형태로 변모했다. 대원각, 삼청각 같은 대표적인 요정도 1990년대 문을 닫았다.

●

모던보이 백석과 자야의 사랑 이야기

자산 가치 1000억 원대였던 요정 대원각이 사찰로 바뀌는 과정은, 흔치 않은 사례여서, 대원각 주인에 대한 관심도 뜨거웠다. 요정 대원각 주인 김영한金英韓은, 젊은 시절 '백석의 연인'으로 알려져, 더욱 세인의 주목을 받았다.

1912년 7월 1일 평안북도 정주군 갈산면에서 태어난 백석白石은, 본명이 백기행白夔行으로, 정주定州의 명문 오산학교를 나왔다. 정주는 조선 시대 가장 많은 과거 급제자를 낳은 인재의 요람이었다. 남강 이승훈이 1907년 12월 24일 세운 오산학교는, 김억이 교편을 잡았고, 고당 조만식과 벽초 홍명희가 교장을 지내고, 시인 김소월

이 졸업한 명문이다. 화가 이중섭과 소설가 황순원, 사상가 함석헌도 오산학교 출신이다. 1929년 3월 5일 오산고보를 졸업한 백석은, 정주 출신 사업가 방응모의 도움으로, 1930년 4월 일본 아오야마학원青山學院 영어사범과에 입학했다. 공교롭게 백석이 일본 유학 시절 머문 하숙집 주소가, 도쿄東京 기치조지吉祥寺 1875번지다. 기치조지를 우리 발음으로 읽으면 '길상사'다.

1934년 3월 일본 유학을 마치고 돌아온 백석은, 1934년 4월부터 방응모가 인수한《조선일보》교정부에서 기자로 일했다. 기자 시절 시인으로 데뷔한 그는, 1936년 1월 20일《사슴》을 출간했다. 백석의 시집《사슴》은 출간되자마자, 많은 시인을 매료시켰을 뿐 아니라, 후대 시인에게도 큰 영향을 끼쳤다. 윤동주는 용정 광명학원 중학부 시절《사슴》을 구하지 못해 애를 태우다가, 1937년 8월 학교 도서관에서《사슴》을 겨우 빌려, 그 자리에서 필사했다. 이렇게 필사한《사슴》을 윤동주는 끼고 살다시피 했다. 백석이 통영 출신 아가씨 박경련을 마음에 품은 시기도 이 무렵이다.

1936년 4월 경성을 누비던 '모던 보이' 백석은,《조선일보》기자를 그만두고, 함흥 영생고등보통학교에서 영어 교사 생활을 시작했다. 함흥에서 백석은 권번 출신 기생 진향眞香을 만나, 사랑에 빠졌다. 백석의 나이 스물여섯, 진향의 나이 스물둘이었다. 그는 진향을 '자야子夜'라고 부르며 아꼈다. 자야는 이태백이 당시唐詩로 남긴 동진東쯤 여인 '자야 이야기'에서 따온 아호다. 1937년 4월 백석은 마음에 둔 박경련과 절친 신현중의 결혼 소식을 듣고, 깊이 상심하기도 했다.

나와 나타샤와 흰당나귀

1937년 겨울 백석은 함흥에서 경성으로 향했다가, 부모의 강요로 결혼했다. 상심한 자야에게 백석은, 만주국滿洲國 수도 신징新京으로 함께 떠나자고 제안했지만, 자야는 거부하고 홀로 경성으로 향했다. 경성으로 떠난 그녀에게 여러 달 만에 백석이 찾아와, 연인은 재회했다. 다시 만난 백석이 함흥으로 떠나면서, 그녀에게 쥐여 준 시가 바로 〈나와 나타샤와 흰당나귀〉다.

1939년 1월 백석은 함흥에서 교사 생활을 접고, 경성으로 돌아와 《조선일보》에 다시 입사했다. 이 무렵 백석은 청진동 자야 집에서 1년 남짓 함께 살았다. 1939년 2월 백석은 부모의 강요로, 두 번째 결혼을 했다. 이 상황에서 백석은 자야에게 만주 신징으로 떠나자는 제안을 하지만, 그녀는 그를 따라가지 않았다. 1940년 2월 백석은 홀로 신징으로 향했다. 이것이 마지막이 될 것을 두 사람은 알았을까? 한국전쟁 후 분단이 고착화되면서, 두 연인은 남과 북으로 갈라져, 영영 만나지 못했다.

만주에서 살며 백석은, 간간이 시를 발표했다. 〈흰 바람벽이 있어〉는 이때 발표한 시다. 1941년 백석은 신징에서 안동安東으로 거처를 옮겼다. 이즈음 그는 피아니스트 문경옥과 결혼했지만, 결혼 생활은 순탄치 않았다. 1943년 안동 세관에서 일할 무렵, 백석은 시라무라 기코白村夔行로 창씨개명 했다. 백석은 일본 이름과 일본어로 작품을 쓰거나, 남기진 않았다. 해방 이후 남한 문단에 마지막으로 발표된 백석의 시 〈남신의주 유동 박시봉방南新義州 柳洞 朴時逢方〉

은 그가, 만주 시절 쓴 작품이다.

해방 후 백석은 고향 정주로 돌아왔다. 정주에 있던 백석은 오산학교 스승 조만식의 요청으로, 평양에서 통역 비서로 그를 도왔다. 1945년 12월 29일 백석은 평양에서 리윤희와 결혼했다. 북조선에서 김일성의 권력이 강화되면서, 조만식을 돕던 백석의 입지도 좁아졌다. 한동안 침묵하던 백석이 다시 활동을 시작한 시기는 1947년부터다. 조선문학예술총동맹 4차 중앙위원회에서 그는, 외국 문학 분과위원을 맡았다. 백석이 러시아 문학 번역에 주력했던 시기도 이때다. 한국전쟁 포화가 휩쓰는 동안, 백석은 러시아 문학 번역에 매진했다.

한편 백석의 연인 자야는 한국전쟁 기간에 김숙金淑이라는 가명으로, 부산에서 요정을 운영했다. 임시수도 부산에서 그녀는, 신익희, 조병옥, 이범석 같은 정치 거물이 드나드는 사교장으로 자신의 요정을 키웠다.

●

시인과 연인의 최후

전쟁이 끝난 후 1956년 백석은 동화시를 발표하고, 아동문학 평론도 시작했다. 1948년 시를 발표한 이후 8년 만이다. 1957년 북한에서 작품 활동을 이어 가던 중, 백석은 아동문학 논쟁에 휘말리면서, 격렬한 비판 대상이 되었다. 그해 10월, 그는 아동문학 토론회에서 혹독한 자아비판을 해야 했다. 1958년 10월 이후, 백석은 문학 활동을 중단하다시피 했다.

1959년 1월 백석은 현지 파견 임무를 받고, 평양을 떠나, 양강도 삼수군 관평리에 있는 관평협동조합으로 향했다. '삼수갑산三水甲山'이라는 표현에 나오는 바로 그 삼수다. 삼수군에 내려간 이후에도 백석은, 1962년 상반기까지 꾸준히 시와 산문을 발표했다. 하지만 1962년 10월 북한에서 복고주의에 대한 비판이 크게 일면서, 작품 활동이 어려워졌다. 이후 백석은 농사일을 하며 지냈다. 1996년 1월 7일, 백석은 삼수군 관평리에서 84세 나이로 숨을 거뒀다.

　　한때 '모던보이'로 불리며 촉망받던 시인 백석. 그의 삶을 어떻게 평가해야 할까?《백석 평전》을 쓴 안도현은 '시인으로서 그의 말년은 행복하지 못했지만, 자연인으로 생을 마친 그의 삶에 대해 단정적으로 말하긴 어렵다'라고 썼다. "삶은 평가하는 것이 아니라 살아내는 것이므로."

　　월북 문인으로 남한에서 조명받지 못한 백석은, 1987년 창작과비평사(지금의 창비)에서《백석시전집》이 출간되고, 북한 문인에 대한 해금 조치가 이뤄지면서, 본격적으로 재평가받았다. 우리 문학사에서 '잊힌 시인' 백석은 다시 제자리를 찾게 되었다.

　　자야 김영한은 성북동에서 요정 대원각을 다시 이어 갔다. 한때 대원각은 삼청각, 청운각과 함께 '북한산 3각'이라 불리며, 거물이 드나드는 대표적인 요정이었다. 1995년 자야는 대원각 부지 7000여 평 땅과 40여 채 건물을 법정 스님에게 '시주'했다. 1997년 12월 14일 대원각은 '길상사'라는 이름으로 새로 태어났다.《내 사랑 백석》이라는 자서전을 펴낸 김영한은 창작과비평사에 2억 원을 기탁해서, '백석문학상' 제정에 기여하기도 했다.

　　평생 백석을 그리워한 시인의 연인은 1999년 11월 14일, 83세 나이로 세상을 떠났다. 세상을 떠나기 전, 그녀는 "한겨울 눈이 제일 많이 내린 날, 내 뼛가루를 길상사 마당에 뿌려 달라"라는 유언을 남겼다. 눈이 푹푹 나리는 날, 나타샤는 그녀를 생각하는 그를 향해 갔나 보다.

●

길상도서관과 다라니다원

길상사에는 도서관이 있다. 흔치 않은 사찰도서관 중 하나다. 사찰과 도서관, 어울리지 않는 조합 같지만, 불교와 함께한 우리 역사가 길다 보니, 사찰은 책을 전승한 오랜 공간이다. 법정 스님은 길상사를 일반 대중이 공부하고, 수련하는 절로 만들고 싶어 했다. 그래서 '길상도서관'을 세우고, 개방했다.

도서관에 있는 장서는 무려 3만여 권. 작은 규모 공공도서관에 육박하는 장서량을 자랑한다. 불교 서적뿐 아니라, 일반 단행본도 함께 갖추고 있다. 도서관에는 입적 후 낙양의 지가를 흔든, 법정 스님의 절판된 책도 전시되어 있다. 도서관은 책을 '사유'하지 않고, '공유'하는 공간이다. '무소유'를 갈파한 법정 스님 책이, 도서관이라는 공유 공간에 있는 건 퍽 어울린다. 백석과 자야, 법정 스님 모두 책을 사랑하고, 뛰어난 글솜씨를 자랑했다. 이들의 사연이 깃든 길상사에, 도서관이 있는 건 더할 나위 없는 '인연'일지 모르겠다.

길상사는 2016년 12월 27일 도서관을 리모델링해서, 북카페 '다라니다원'을 만들었다. 저렴한 가격에 커피와 음료를 즐길 수 있고, 365일 누구나 이용할 수 있다. 다라니다원이 문을 열면서, 길상도서관은 쉼터와 카페, 도서관 기능을 가진, 복합 문화 공간으로 자리 매김했다. 혹자는 사서가 없는 다라니다원을 도서관이 아니라고 할 것이다. 하지만 무슨 상관인가. 이곳은 사랑이 '시'가 되고, 그리움이 '전설'이 되고, 한 권의 책이 '기적'을 만든 공간 아닌가.

자야 김영한은 대원각을 시주하면서, 수많은 여인이 웃음을 팔기 위해 옷을 갈아입던 팔각정을, '종소리 울려 퍼지는 공간'으로 바뀌기를 바랐다. 그녀의 소망처럼, 대원각 여인이 환복하던 팔각정은 종루(범종각)로 바뀌고, 향응과 야합의 무대였던 수많은 별채는 기도처로 바뀌었다.

길상사 다라니다원 근처 자야의 유골이 뿌려진 곳에는, 길상화^吉

지장전과 다라니다원

법정 스님은 길상사에 대중을 위한 도서관을 세웠다. 그 도서관이 '길상도서관'이다. 길상도서관은 복합 문화 공간인 '다라니다원'으로 이름을 바꿨다. 다라니다원은 지장전 아래 자리하고 있다. 80여 평 면적에 음료를 즐기면서 책을 접할 수 있는 공간이다. © 백창민

길상화 공덕비

유언대로 자야 김영한의 유골은 길상사에 뿌려졌다. 그녀의 유골이 뿌려진 곳에 공덕비를 세웠다. ⓒ 백창민

祥華 공덕비가 서 있다. '길상화'는 요정 대원각이 길상사로 문을 연 그날, 자야 김영한이 법정 스님으로부터 염주와 함께 받은 법명이다. 길상화 공덕비 앞에는, 그녀의 사연과 함께, 그녀가 그토록 사랑했던 백석의 시 〈나와 나타샤와 흰당나귀〉가 새겨져 있다. '그 많은 재산을 시주한 게 아깝지 않냐'는 세인世人의 물음에, 길상화가 이런 말을 남겼다 했던가.

천억이 백석의 시 한 줄보다 못하다.

이 책에 나오는 도서관과 답사지 정보

1부 **도서관의 정치학**

우리가 유서 깊은 대학도서관을 갖지 못한 이유 – 성균관 존경각

1) 성균관 존경각
 – 주소 : 서울시 종로구 성균관로 31(명륜3가) 성균관 존경각
 – 홈페이지 : http://www.skk.or.kr
2) 성균관대학교 중앙학술정보관
 – 주소 : 서울시 종로구 성균관로 25-2(명륜3가) 성균관대학교 중앙학술정보관
 – 홈페이지 : https://lib.skku.edu

'용산 대폭격'으로 사라진 식민지 조선의 3대 도서관 – 철도도서관

 – 주소 : 서울시 용산구 서빙고로 35 일대(한강로3가)

친일파 동상이 도서관에 서 있는 이유 – 서울특별시교육청종로도서관

1) 취운정 경성도서관터
 – 주소 : 서울시 종로구 북촌로11길 109(가회동)
2) 탑골공원 경성도서관터
 – 주소 : 서울시 종로구 종로 99(종로2가) 탑골공원 서문 일대
3) 서울특별시교육청종로도서관
 – 주소 : 서울시 종로구 사직로9길 15-14(사직동)
 – 홈페이지 : http://jnlib.sen.go.kr

김일성은 왜 서울대 도서관 책을 가져가려 했을까? – 경성제국대학 부속도서관

1) 경성제국대학 부속도서관 옛터(옛 샘터사옥)
 – 주소 : 서울시 종로구 대학로 116(동숭동)
2) 경성제국대학 부속도서관 옛터(아르코예술극장)
 – 주소 : 서울시 종로구 대학로8길 7(동숭동)
 – 홈페이지 : http://www.koreapac.kr/Pages/SpaceInfo/Space_01.aspx
3) 서울대학교 중앙도서관
 – 주소 : 서울시 관악구 관악로 1(신림동) 서울대학교 중앙도서관
 – 홈페이지 : https://lib.snu.ac.kr

도서관 이름에 새겨진 '박통'의 흔적 – 서울특별시교육청정독도서관

 – 주소 : 서울시 종로구 북촌로5길 48(화동)
 – 홈페이지 : http://jdlib.sen.go.kr

공수처 비판으로 소환된 '사직동팀'의 추억 – 서울특별시교육청어린이도서관

1) 영등포청소년문화의집(옛 신길동팀 자리)
– 주소 : 서울시 영등포구 영등포로64길 15(신길동)
– 홈페이지 : https://ssoul.org
2) 서울특별시교육청어린이도서관
– 주소 : 서울시 종로구 사직로9길 7(사직동)
– 홈페이지 : http://childlib.sen.go.kr

도서관은 어떻게 정치적으로 이용되는가? – 서울특별시교육청용산도서관

– 주소 : 서울시 용산구 두텁바위로 160(후암동)
– 홈페이지 : http://yslib.sen.go.kr

말죽거리, 신화와 잔혹사 사이에서 – 도곡정보문화도서관

– 주소 : 서울시 강남구 도곡로 18길 57(도곡동)
– 홈페이지 : https://library.gangnam.go.kr/dogoklib/index.do

2부 **혁명과 민주화 투쟁의 무대**

'도서관'을 통해 국권을 되찾고자 했던 시도 – 우현서루와 경북대학교 중앙도서관

1) 남평문씨 인수문고
– 주소 : 대구광역시 달성군 인흥3길 16-1(본리리)
2) 우현서루 옛터(iM뱅크 북성로지점)
– 주소 : 대구광역시 중구 서성로 81(수창동)
3) 우현하늘마당(옛 소남 이일우 고택)
– 주소 : 대구광역시 중구 서성로 62-1(서성로1가)
4) 경북대학교 박물관(옛 도서관)
– 주소 : 대구광역시 북구 대학로 80(대현동) 경북대학교 박물관
– 홈페이지 : https://museum.knu.ac.kr
5) 경북대학교 중앙도서관
– 주소 : 대구광역시 북구 대학로 80(복현동) 경북대학교 중앙도서관
– 홈페이지 : http://kudos.knu.ac.kr

이승만에게 도서관 이름을 바친 대학 총장 – 중앙대학교 학술정보원

– 주소 : 서울시 동작구 흑석로 84(흑석동) 중앙대학교 학술정보원
– 홈페이지 : https://library.cau.ac.kr

'혁명'을 기념하는 단 하나의 도서관 – 4·19혁명기념도서관

– 주소 : 서울시 종로구 새문안로 17(평동)
– 홈페이지 : https://419library.egentouch.com

유신 체제의 종말을 부른 부마민주항쟁의 불꽃 – 부산대·동아대·경남대 도서관

1) 부산대학교 박물관(옛 효원도서관)
- 주소 : 부산광역시 금정구 부산대로로 63번길 2(장전동) 부산대학교 박물관
- 홈페이지 : https://pnumuseum.pusan.ac.kr

2) 부산대학교 인문관(옛 대학본관)
- 주소 : 부산광역시 금정구 부산대로로 63번길 2(장전동) 부산대학교 인문관

3) 부산대학교 건설관(옛 도서관)
- 주소 : 부산광역시 금정구 부산대로로 63번길 2(장전동) 부산대학교 건설관

4) 부산대학교 새벽벌도서관
- 주소 : 부산광역시 금정구 부산대로로 63번길 2(장전동) 부산대학교 새벽벌도서관
- 홈페이지 : https://lib.pusan.ac.kr

5) 부산대학교 중앙도서관
- 주소 : 부산광역시 금정구 부산대로로 63번길 2(장전동) 부산대학교 새벽벌도서관
- 홈페이지 : https://lib.pusan.ac.kr

6) 동아대학교 석당기념관(옛 석당도서관)
- 주소 : 부산광역시 서구 대신공원로 32(동대신동3가) 동아대학교 구덕캠퍼스 석당기념관
- 홈페이지 : http://dalis.donga.ac.kr

7) 경남대학교 국제교육관(옛 도서관)
- 주소 : 경남 창원시 마산합포구 경남대학로 7(월영동) 경남대학교 국제교육관

8) 경남대학교 중앙도서관
- 주소 : 경남 창원시 마산합포구 경남대학로 7(월영동) 경남대학교 중앙도서관
- 홈페이지 : https://library.kyungnam.ac.kr

'스파르타의 300'은 알지만, '광주의 300'은 모르는 당신에게 – 빛고을 광주의 도서관

1) 광주학생독립운동기념회관 도서관
- 주소 : 광주광역시 서구 학생독립로 30(화정동)
- 홈페이지 : http://lib.gen.go.kr/student

2) 광주중앙도서관
- 주소 : 광주광역시 동구 장동로 23-16(동명동)
- 홈페이지 : http://lib.gen.go.kr/jungang

3) 송정다가치문화도서관
- 주소 : 광주광역시 광산구 송정공원로 8-13(소촌동)
- 홈페이지 : https://lib.gen.go.kr/songjung

4) 5·18민주화운동기록관 도서관
- 주소 : 광주광역시 동구 금남로 221(금남로3가) 5·18민주화운동기록관 4층
- 홈페이지 : http://www.518archives.go.kr

5) 광주청소년삶디자인센터(옛 광주학생독립운동기념회관 도서관)
- 주소 : 광주광역시 동구 중앙로160번길 31-37(황금동)
- 홈페이지 : http://samdi.or.kr

6) 전일빌딩 245 디지털정보도서관(옛 전일도서관 건물)
- 주소 : 광주광역시 동구 금남로 245(금남로1가) 전일빌딩 2~3층
- 홈페이지 : https://www.gwangju.go.kr/jeonil

7) 국립아시아문화전당 도서관(라이브러리 파크)·어린이도서관

– 주소 : 광주광역시 동구 문화전당로 38(광산동) 국립아시아문화전당

– 홈페이지 : https://www.acc.go.kr

8) 녹두서점 터

– 주소 : 광주광역시 제봉로 134(장동)

9) 광주광역시립무등도서관

– 주소 : 광주광역시 북구 면앙로 130(우산동)

– 홈페이지 : https://citylib.gwangju.kr

10) 광주광역시립사직도서관

– 주소 : 광주광역시 남구 제중로 56(양림동)

– 홈페이지 : https://citylib.gwangju.go.kr

11) 광주광역시립산수도서관

– 주소 : 광주광역시 동구 경양로 355(산수동)

– 홈페이지 : https://citylib.gwangju.kr

12) 상록도서관

– 주소 : 광주광역시 서구 상무대로1171번길 11(농성동)

– 홈페이지 : https://library.seogu.gwangju.kr

13) 금호평생교육관

– 주소 : 광주광역시 남구 중앙로 15(월산동)

– 홈페이지 : https://lib.gen.go.kr/geumho

14) 광주학생교육문화회관

– 주소 : 광주광역시 서구 상무민주로 61(쌍촌동)

– 홈페이지 : https://lib.gen.go.kr/gecs

15) 전남대학교 중앙도서관(별관: 백도 / 본관: 홍도)

– 주소 : 광주광역시 북구 용봉로 77(용봉동)

– 홈페이지 : https://lib.jnu.ac.kr

16) 조선대학교 중앙도서관

– 주소 : 광주광역시 동구 조선대5길 19(서석동)

– 홈페이지 : https://library.chosun.ac.kr

'도서관 점거 농성'은 어떻게 '6월 항쟁'으로 이어졌나? – 서울특별시청 을지로별관

1) 부산근대역사관 별관(옛 부산 미국문화원)

– 주소 : 부산시 중구 대청로 104(대청동2가)

– 홈페이지 : https://www.busan.go.kr/mmch

2) 서울특별시청 을지로별관(옛 서울 미국문화원)

– 주소 : 서울시 중구 을지로 23(을지로1가)

'대학의 심장'이 초토화된 사건 – 건국대학교 언어교육원

1) 김중업건축박물관

– 주소 : 경기도 안양시 만안구 예술공원로103번길 4(석수동)

– 홈페이지 : https://ayac.or.kr/museum

2) 건국대학교 언어교육원(옛 중앙도서관)

– 주소 : 서울시 광진구 능동로 120(화양동) 건국대학교 언어교육원

3) 건국대학교 상허기념도서관
- 주소 : 서울시 광진구 능동로 120(화양동) 건국대학교 상허기념도서관
- 홈페이지 : https://library.konkuk.ac.kr

도서관이 '민주주의 보루'였던 시절은 언제일까? - 도서관 앞 광장

1) 연세대학교 학술정보원
- 주소 : 서울시 서대문구 연세로 50(신촌동) 연세대학교 중앙도서관
- 홈페이지 : http://library.yonsei.ac.kr
2) 서울대학교 중앙도서관
- 주소 : 서울시 관악구 관악로 1(신림동) 서울대학교 중앙도서관
- 홈페이지 : http://library.snu.ac.kr

3부 제국부터 민국까지, 국가도서관 이야기

조선은 왜 '쉽게' 망했을까? - 경복궁 집옥재

1) 건청궁
- 주소 : 서울시 종로구 사직로 161(세종로) 경복궁 건청궁
- 홈페이지 : https://royal.khs.go.kr
2) 집옥재
- 주소 : 서울시 종로구 사직로 161(세종로) 경복궁 집옥재
- 홈페이지 : https://royal.khs.go.kr

도서관으로 흥한 나라, 도서관에서 망한 나라 - 덕수궁 중명전

- 주소 : 서울시 중구 정동길 41-11(정동) 덕수궁 중명전
- 홈페이지 : https://royal.khs.go.kr

'책 없는 도서관'은 언제부터 시작되었을까? - 조선총독부도서관

1) 우리은행 종로금융센터(옛 광통관)
- 주소 : 서울시 중구 남대문로 118(남대문로1가) 우리은행
2) 조선총독부도서관 터
- 주소 : 서울시 중구 남대문로 81 (소공동) 롯데백화점 본점 주차장

'제국의 사서' 이재욱과 박봉석은 '친일파'인가? - 국립도서관

- 주소 : 서울시 중구 남대문로 81 (소공동) 롯데백화점 주차장

국가도서관에 자리한 독재자의 '하사품' - 국립중앙도서관

1) 서울특별시교육청교육연구정보원(옛 남산 국립중앙도서관)
- 주소 : 서울시 중구 소파로 46(회현동) 서울특별시교육청교육연구정보원
- 홈페이지 : https://www.serii.re.kr
2) 국립중앙도서관
- 주소 : 서울시 서초구 반포대로 201(반포대로)

– 홈페이지 : http://www.nl.go.kr

의회는 왜 '도서관'이 필요할까? – 국회도서관

1) 동아대학교 부민캠퍼스 국제관(옛 경남도청 무덕전 터)
– 주소 : 부산시 서구 구덕로 225(부용동2가)
2) 서울특별시의회 본관(옛 태평로 국회의사당)
– 주소 : 서울시 중구 세종대로 125(태평로1가)
– 홈페이지 : https://www.smc.seoul.kr
3) 국회도서관
– 주소 : 서울시 영등포구 의사당대로 1(여의도동) 국회도서관
– 홈페이지 : http://www.nanet.go.kr

한반도에서 가장 큰 도서관이 평양에 있는 이유 – 인민대학습당

– 주소 : 평양시 중구역 남문동

4부 사서도 모르는 도서관의 숨은 역사

최초의 '사서'를 찾아서 – 경성도서관과 경성부립도서관 옛터

1) 취운정 경성도서관터
– 주소 : 서울시 종로구 북촌로11길 109(가회동)
2) 탑골공원 경성도서관터
– 주소 : 서울시 종로구 종로 99(종로2가) 탑골공원 서문 일대
3) 경성부립도서관터(옛 한성병원 터)
– 주소 : 서울시 중구 명동8나길 10(충무로1가)
– 홈페이지 : https://www.savoyhotel.co.kr

도서관이 '산'으로 간 까닭은? – 서울특별시교육청남산도서관

1) 경성부립도서관터(옛 한성병원 터)
– 주소 : 서울시 중구 명동8나길 10(충무로1가)
– 홈페이지 : https://www.savoyhotel.co.kr
2) 경성부립도서관터(옛 대관정 터)
– 주소 : 서울시 중구 소공로 103(소공동)
3) 서울특별시교육청남산도서관
– 주소 : 서울시 용산구 소월로 109(후암동)
– 홈페이지 : http://nslib.sen.go.kr

도서관을 '세습'합니다? 초대형교회의 두 얼굴 – 명성교회도서관

1) 명성교회
– 주소 : 서울시 강동구 구천면로 452(명일동)
– 홈페이지 : http://www.msch.or.kr

2) 명성교회도서관
- 주소 : 서울시 강동구 상암로51길 8(명일동)
- 홈페이지 : http://www.mslib.or.kr

'독립운동가' 윤동주를 끝까지 증명한 사서들 – 윤동주문학관

1) 서촌 윤동주 하숙집 터
- 주소 : 서울시 종로구 옥인길 57(누상동)

2) 윤동주 유고 보존가옥(옛 정병욱 가옥)
- 주소 : 전남 광양시 진월면 망덕길 249(망덕리)2)

3) 윤동주기념관
- 주소 : 서울시 서대문구 연세로 50(신촌동) 핀슨관
- 홈페이지 : https://yoondongju.yonsei.ac.kr

4) 내를건너서숲으로도서관
- 주소 : 서울시 은평구 증산로17길 50(신사동)
- 홈페이지 : https://www.nslib.or.kr

5) 윤동주문학관
- 주소 : 서울시 종로구 창의문로 119(청운동)
- 홈페이지 : https://www.jfac.or.kr/site/main/content/yoondj01

'라이브러리'는 왜 '도서관'이 되었을까? – 삼청공원숲속도서관
- 주소 : 서울시 종로구 북촌로 134-3(삼청동) 삼청공원 안
- 홈페이지 : http://lib.jongno.go.kr/menu/subpage/subpage_01/sub17.php

'친일'하면 3대가 흥하고, '반일'하면 3대가 망한 나라에서 – 청운문학도서관
- 주소 : 서울시 종로구 자하문로 36길 40(청운동)
- 홈페이지 : https://www.jfac.or.kr/site/main/content/chungwoon01

천억이 백석의 시 한 줄보다 못하다 – 길상도서관과 다라니다원
- 주소 : 서울시 성북구 선잠로5길 68(성북동) 길상사 안 지장전 1층
- 홈페이지 : http://kilsangsa.info

참고문헌

1부 도서관의 정치학

우리가 유서 깊은 대학도서관을 갖지 못한 이유 – 성균관 존경각

조건희, 〈세종대왕-이이 등 수많은 인재 배출〉, 《동아일보》, 2017년 7월 10일.
강준만, 《한국 현대사 산책 1940년대편 1: 8·15해방에서 6·25 전야까지》, 인물과사상사, 2004년.
김삼웅, 《심산 김창숙 평전》, 시대의창, 2006년.
문동석, 《한양, 경성, 그리고 서울: 답사로 푸는 서울의 역사와 문화》, 상상박물관, 2013년.
성균관대학교 교사편찬위원회, 《성균관대학교 육백년사 1398-1998: 天》, 성균관대학교출판부, 1998년.
성균관대학교 교사편찬위원회, 《성균관대학교 육백년사 1398-1998: 地》, 성균관대학교출판부, 1998년.
성균관대학교 동아시아학술원 존경각, 《존경각》, 성균관대학교 동아시아학술원 존경각, 2004년.
신병주, 《신병주 교수의 조선 산책: 민초의 삶부터 왕실의 암투까지》, 매일경제신문사, 2018년.
유홍준, 《나의 문화유산답사기 10 서울편 2: 무주학선 유주학불》, 창비, 2017년.
윤기, 이민홍 역주, 《조선조 성균관의 교원과 태학생의 생활상》, 성균관대학교출판부, 1999년.
이광호, 〈미군정의 교육정책〉, 《해방전후사의 인식 2: 정치·경제·사회·문화적 구조의 실증적 연구》, 한길사, 1985년.
이한, 《성균관의 공부 벌레들: 조선 최고 두뇌들의 성균관 생활기》, 수막새, 2010년.
장재천, 《조선 성균관 교육 문화》, 교육과학사, 2012년.
전우용, 《오늘 역사가 말하다: 전우용의 역사이야기 300》, 투비북스, 2012년.
최창조, 《북한 문화유적 답사기》, 중앙M&B, 1998년.
〈연혁〉, 《성균관대학교 동아시아학술원 존경각 홈페이지》(https://east.skku.edu/#/guide/history).
〈연혁〉, 《성균관대학교 학술정보원 홈페이지》(https://lib.skku.edu/#/guide/history).

'용산 대폭격'으로 사라진 식민지 조선의 3대 도서관 – 철도도서관

가토 가즈오, 가와타 이코이, 도조 후미노리, 최석두 옮김, 《일본의 식민지 도서관: 아시아에서의 일본 근대 도서관사》, 한울아카데미, 2009년.
강명관, 〈일제의 우리 책 반출기〉, 《경향신문》, 2015년 11월 5일.
고바야시 히데오, 임성모 옮김, 《만철: 일본제국의 싱크탱크》, 산처럼, 2004년.
국립중앙도서관, 《국립중앙도서관사》, 국립중앙도서관, 1973년.
김시덕, 《서울 선언: 문헌학자 김시덕의 서울 걷기, 2002~2018》, 열린책들, 2018년.
김태우, 《폭격: 미공군의 공중폭격 기록으로 읽는 한국전쟁》, 창비, 2013년.

김포옥, 〈철도도서관에 관한 고찰: 특히 일제하의 도서관 봉사 활동을 중심으로〉, 《도서관학논집 9》, 1982년.

나가미네 기세토시, 다지마 데쓰오, 송태욱 옮김, 《독서국민의 탄생: 근대 일본, 책 읽는 국민을 만들다》, 푸른역사, 2010년.

민영기 외, 《종로도서관 60년사》, 서울특별시립종로도서관, 1980년.

박천홍, 《매혹의 질주, 근대의 횡단: 철도로 돌아본 근대의 풍경》, 산처럼, 2003년.

박태균, 《박태균의 이슈 한국사: 둘만 모여도 의견이 갈리는 현대사 쟁점》, 창비, 2015년.

박흥수, 《달리는 기차에서 본 세계: 기관사와 떠나는 철도 세계사 여행》, 후마니타스, 2015년.

손정목, 《한국 도시 60년의 이야기 2》, 한울, 2005년.

양희경, 심승희, 이현군, 한지은, 《서울 스토리: 장소와 시간으로 엮다》, 청어람미디어, 2013년.

이여성, 이계형, 전병무 엮음, 《숫자로 본 식민지 조선》, 역사공간, 2014년.

진필수, 〈도서목록과 도서원부〉, 《경성제국대학 부속도서관 장서의 성격과 활용》, 소명출판, 2017년.

한국철도대학 100년사 편찬위원회, 《한국철도대학 100년사》, 한국철도대학, 2005년.

홍성철, 《유곽의 역사: 아미산하 유곽에서 파주 용주골까지, 집창촌 100년의 기록》, 페이퍼로드, 2007년.

〈강화도조약〉, 《한국민족문화대백과사전》.

한국철도공사, 《철도 주요 연표》, 한국철도공사 홍보실, 2010년.

배은선, 〈일제강점기 철도종사원 양성교육과 철도도서관에 관한 연구〉, 우송대학교, 2017년.

친일파 동상이 도서관에 서 있는 이유 – 종로도서관

정태우, 〈대체 부지도 없는데 내달부터 '사직단 복원' 시작… 서울시립 어린이도서관 어디로 가나〉, 《한겨레》, 2015년 1월 7일.

임아영, 〈사직단 옆 어린이도서관 문화재청 "철거 안 한다"〉, 《경향신문》, 2015년 6월 5일.

가토 가즈오, 가와타 이코이, 도조 후미노리, 최석두 옮김, 《일본의 식민지 도서관: 아시아에서의 일본 근대 도서관사》, 한울아카데미, 2009년.

교수신문·부산대학교 한국민족문화연구소 로컬리티의인문학연구단 외, 〈탑골공원-황제의 권위를 상징하는 장소에서 저항의 못자리로〉, 《한국 근현대사 역사의 현장 40: '근대의 심장' 경복궁에서 '분단의 상징' 판문점까지》, 휴머니스트, 2016년.

민영기 외, 《종로도서관 60년사》, 서울특별시립종로도서관, 1980년.

서울역사박물관 조사연구과, 《대경성부대관》, 서울역사박물관, 2015년.

서울역사박물관 조사연구과, 《돌격 건설! 김현옥 시장의 서울 II 1968-1970: 서울시정사진기록총서 III》, 서울역사박물관, 2013년.

송우혜, 《평민이 된 왕 이은의 천하: 마지막 황태자 4》, 푸른역사, 2012년.

유시민, 《나의 한국현대사: 1959~2014, 55년의 기록》, 돌베개, 2014년.

이용남, 이용훈, 정선애, 《대한도서관연구회 간송 엄대섭의 오늘의 도서관》, 한국도서관협회, 2019년.

이용재, 《도서관인물 평전: 도서관사상의 궤적》, 산지니, 2013년.

조한성, 《만세열전: 3·1운동의 기획자들·전달자들·실행자들》, 생각정원, 2019년.

친일인명사전편찬위원회, 《친일인명사전: 인명편 2》, 민족문제연구소, 2009년.

김일성은 왜 서울대 도서관 책을 가져가려 했을까? – 경성제국대학 부속도서관

강준만, 《한국 현대사 산책 1940년대편 1: 8·15해방에서 6·25 전야까지》, 인물과사상사, 2006년.

국사편찬위원회, 《주한미군사History of United States Marry Forces in Korea》, 국사편찬위원회, 2014년.

권보드래, 천정환, 황병주, 김원, 김성환, 《1970 박정희 모더니즘: 유신에서 선데이서울까지》, 천년의상상, 2015년.

김기선 외, 〈그 길에 마로니에 잎이 지던 날–옛 서울대 문리대 터, 마로니에 공원〉, 《그날 그들은 그곳에서: 다시 가본 민주화운동 역사의 현장》, 민주화운동기념사업회, 2008년.

김성칠, 《역사 앞에서: 한국전쟁을 온몸으로 겪은 역사학도의 일기》, 창비, 2018년.

김순주, 〈국토.식민지 정보의 축적과 변용〉, 《경성제국대학 부속도서관 장서의 성격과 활용》, 소명출판, 2017년.

김정인, 《대학과 권력: 한국 대학 100년의 역사》, 휴머니스트, 2018년.

민족문제연구소, 〈경성제국대학〉, 《일제식민통치기구사전》, 민족문제연구소, 2017년.

민족문제연구소, 〈조선제국대학창설위원회〉, 《일제식민통치기구사전》, 민족문제연구소, 2017년.

박도, 《미군정 3년사 1945-1948: 빼앗긴 해방과 분단의 서곡》, 눈빛, 2017년.

박종근, 《서울대학교 도서관에 머문 35년의 흔적: 우정 박종근의 도서관 논고》, 해남, 2019년.

서울대학교도서관50년사 편집위원회, 《서울대학교 도서관 50년사》, 서울대학교 중앙도서관, 1996년.

서현, 《빨간 도시: 건축으로 목격한 대한민국》, 효형출판, 2014년.

아마노 이쿠오, 박광현, 정종현 옮김, 《제국대학: 근대 일본의 엘리트 육성 장치》, 산처럼, 2017년.

안문석, 《북한 현대사 산책 1: 해방과 김일성 체제》, 인물과사상사, 2016년.

이상찬, 〈경성제국대학 도서관사 연구〉, 서울대학교 중앙도서관, 2014년.

이용재, 《도서관인물 평전: 도서관사상의 궤적》, 산지니, 2013년.

이충우, 최종고, 《다시 보는 경성제국대학》, 푸른사상, 2013년.

정근식 외, 《식민권력과 근대지식: 경성제국대학 연구》, 서울대학교출판문화원, 2011년.

정병설, 〈'도서원부'를 통해 본 경성제국대학 도서관의 한국고서 수집〉, 《조선 기록문화의 역사와 구조 1》, 소명출판, 2014년.

정인하, 《김수근 건축론: 한국건축의 새로운 이념형》, 시공문화사, 1999년.

진필수, 〈도서목록과 도서원부〉, 《경성제국대학 부속도서관 장서의 성격과 활용》, 소명출판, 2017년.

정근식, 〈경성제국대학 부속도서관의 형성과 운영–제도이식론과 권력의 재현 사이에서〉, 《사회와 역사 87호》, 2010년.

정준영, 〈제국일본의 도서관체제와 경성제대 도서관〉, 《사회와 역사 105호》, 2015년.

〈국립대학안반대운동〉, 《두산백과사전》.

〈서울대학교〉, 《한국민족문화대백과사전》.

〈이인영〉, 《한국민족문화대백과사전》.

도서관 이름에 새겨진 '박통'의 흔적 – 정독도서관

〈3당 살림 통합은 어떻게 되나〉, 《경향신문》, 1990년 2월 6일.

〈경기 터전의 정독도서관〉, 《경향신문》, 1975년 12월 17일.

〈불신풍조 심는 도서관 도난방지책 바꿀 수 없나〉, 《동아일보》, 1984년 5월 28일.

〈정독도서관 착공 국내 최대 규모〉, 《경향신문》, 1976년 6월 1일.

〈정독도서관 채찍질 정리에 축대서 떨어져 열람인파에 밀려 2명 추낙상〉, 《동아일보》, 1978년 5월

　　15일.
〈줄 잇는 면학 발길 정독도서관〉, 《동아일보》, 1977년 1월 10일.
강준만, 〈압축성장의 복수〉, 《한겨레》, 2019년 1월 27일.
김소연, 〈'독립군이 있었어?' 출세에만 매달린 천재 건축가〉, 《오마이뉴스》, 2016년 9월 2일.
유영호, 〈갑신정변 주역들의 집터가 옹기종기〉, 《한겨레》, 2019년 6월 20일.
현소은, 〈박근혜 "징용·배상 판결 확정되면 나라 망신" 파기 종용〉, 《한겨레》, 2018년 9월 3일.
강원택, 《한국 정치의 결정적 순간들: 독재부터 촛불까지, 대한민국은 어떻게 만들어졌는가》, 21세기북
　　스, 2019년.
강준만, 《한국 근대사 산책 1: 천주교 박해에서 갑신정변까지》, 인물과사상사, 2007년.
강준만, 《한국 근대사 산책 2: 개신교 입국에서 을미사변까지》, 인물과사상사, 2007년.
김기석, 우용제, 박철희, 〈경기고등학교와 현대 한국사회〉, 《한국중등교육 100년 과거·현재·미래》, 푸
　　른역사, 2000년.
김승태, 《서재필: 독립협회를 창설한 개화·개혁의 선구자》, 역사공간, 2011년.
김원규, 《다시 태어나도 교육자의 길을》, 화인기획, 1998년.
김정동, 《김정동 교수의 근대 건축 기행》, 푸른역사, 1999년.
노주석, 〈삼일천하 풍운아 집터에서 사카모토 료마를 생각하다〉, 《한겨레》, 2018년 4월 5일.
문동석, 《한양, 경성, 그리고 서울: 답사로 푸는 서울의 역사와 문화》, 상상박물관, 2013년.
문소영, 《조선의 못난 개항: 일본은 어떻게 개항에 성공했고 조선은 왜 실패했나》, 역사의아침, 2013년.
박은숙, 《갑신정변 연구: 조선의 근대적 개혁구상과 민중의 의식》, 역사비평사, 2005년.
박은숙, 《김옥균, 역사의 혁명가 시대의 이단아》, 너머북스, 2011년.
손정목, 《서울 도시계획 이야기 3: 서울 격동의 50년과 나의 증언》, 한울, 2003년.
신동준, 《개화파 열전: 김옥균에서 김가진까지》, 푸른역사, 2009년.
신복룡, 《한국의 정치사상가: 전기정치학을 위한 시론》, 집문당, 1999년.
신복룡, 《한국정치사상사 하》, 지식산업사, 2011년.
안승일, 《김옥균과 젊은 그들의 모험: 조선 엘리트 파워》, 연암서가, 2012년.
이돈수, 이순우, 《꼬레아 에 꼬레아니(사진해설판): 100년 전 서울 주재 이탈리아 외교관 카를로 로제티
　　의 대한제국 견문기》, 하늘재, 2009년.
이연옥, 《한국 공공도서관 운동사》, 한국도서관협회, 2002년.
임석재, 《서울, 건축의 도시를 걷다 1: 사대문 안과 구도심》, 인물과사상사, 2010년.
주진오, 《서재필》, 《한국의학인물사》, 태학사, 2008년.
최준식, 《서 북촌 이야기 상: 최준식 교수의 서울문화지 3》, 주류성, 2018년.
친일인명사전편찬위원회, 《친일인명사전: 인명편 2》, 민족문제연구소, 2009년.
한국학중앙연구원, 〈성균관전적〉, 《관직명사전》, 2011년 1월 7일.
한홍구, 《유신: 오직 한 사람을 위한 시대》, 한겨레출판, 2014년.
〈직각〉, 《한국민족문화대백과사전》
갑신정변 130주년 기념 특별기획전, 《갑신정변: 새로운 세상을 꿈꾼 젊은 그들》, 수원박물관, 2014년.

공수처 비판으로 소환된 '사직동팀'의 추억 – 서울특별시교육청어린이도서관

〈비자금추적 '사직동팀' 청와대 하명 받아 대형사건 수사〉, 《경향신문》, 1998년 2월 20일.
〈사직동팀 '수난'〉, 《한겨레》, 1999년 12월 2일.
〈옷로비 사직동팀 최종보고서 전문〉, 《동아일보》, 1999년 11월 26일.

　　　　　　　　　　　　　　　　　　이토록 역사적인 도서관

〈시립아동도서관 증축 핑계 예산 1억5천만 원 빼내 서울시, 특수수사대 건물 마련〉,《한겨레》, 1988년 10월 13일.
〈어린이도서관 전국에 1곳뿐〉,《한겨레》, 1997년 5월 5일.
〈외국선 어떻게 운영되고 있나 정보 활용 법적통제 철저〉,《동아일보》, 1999년 2월 10일. 2001년 6월 17일.
〈청와대 '사직동팀'〉,《동아일보》, 1998년 12월 22일.
〈치안본부 특수대 불법수사 전담기구나〉,《동아일보》, 1990년 1월 19일.
〈탈법적 정치사찰 창구 "경찰청 조사과 폐지를"〉,《한겨레》, 1998년 2월 28일.
〈특수수사 명목 아래 사건조작·허위보고 '이 기회에 없애라' 들끓는 "사직동팀 해체"〉,《경향신문》, 1999년 11월 27일.
고찬유,〈서울시립어린이도서관 안 없앤다〉,《한국일보》, 2005년 10월 25일.
김정훈,〈DJ 비자금 의혹 폭로〉,《동아일보》, 1998년 12월 21일.
노석철,〈정권안보 첨병 28년 비밀·가혹수사 악명〉,《국민일보》, 2000년 10월 16일.
박상규,〈"경찰청 아저씨, 어린이도서관을 돌려주세요"〉,《오마이뉴스》, 2005년 9월 7일.
설승은,〈서울교육청, 직속기관명에 '교육청' 명칭 넣는다〉,《연합뉴스》, 2017년 1월 31일.
안준현,〈사직동팀 건물, 어린이 품으로〉,《한국일보》, 2001년 6월 18일.
윤종구,〈'사직동팀' 현정부서도 활동〉,《동아일보》, 1999년 2월 8일.
이제호, 이기홍, 박현진, 윤종구,〈'사직동팀' 탄생서 오늘날까지 72년 '한국판 FBI' 발족 80년 합수부통합 고문 악명〉,《동아일보》, 1999년 2월 8일.
이현두,〈사직동팀 해체 72년 발족서 해체까지〉,《동아일보》, 2000년 10월 16일.
이현두, 선대인,〈'사직동팀' 다시 도마에〉,《동아일보》, 1999년 6월 1일.
임아영,〈"사직단 옆 어린이도서관 문화재청 '철거 안 한다'"〉,《경향신문》, 2015년 6월 5일.
임채청,〈청와대 "사직동팀 합법적 활동 계속한다"〉,《동아일보》, 1999년 2월 10일.
정태우,〈대체부지도 없는데 내달부터 '사직단 복원' 시작… 서울시립어린이도서관 어디로 가나〉,《한겨레》, 2015년 1월 7일.
최영훈, 신석호, 정위용,〈'사직동팀 3곳' 전격 압수수색〉,《동아일보》, 1999년 12월 1일.
동아일보 특별취재팀,《김대중 정권의 흥망》, 나남출판, 2005년.
구본준,《구본준의 마음을 품은 집: 그 집이 내게 들려준 희로애락 건축 이야기》, 서해문집, 2013년.
김대식,《그들은 어떻게 세상의 중심이 되었는가: 김대식의 로마 제국 특강》, 21세기북스, 2019년.
김원,《87년 6월 항쟁》, 책세상, 2009년.
김은옥,《한국 어린이 독서운동사: 어린이도서연구회를 중심으로》, 단비, 2019년.
문화체육관광부,《2024 전국 문화기반시설 총람》, 진한엠앤비, 2025년.
서울특별시교육청,《서울특별시시립공공도서관 변천사》, 서울특별시교육청, 2012년.
이순우,〈경성부민관, 독점기업의 마지못한 선물〉,《그들은 정말 조선을 사랑했을까?: 일그러진 근대 역사의 흔적을 뒤지다 2》, 하늘재, 2005년.
한홍구,《유신: 오직 한 사람을 위한 시대》, 한겨레출판, 2014년.
한홍구,《특강: 한홍구의 한국 현대사 이야기》, 한겨레출판, 2009년.
최진욱,〈어린이와 도서관 2: 1920년대 이 땅의 어린이 도서관 운동〉,《개똥이네 집 130호》, 2016년.

도서관은 어떻게 정치적으로 이용되는가? - 용산도서관

〈구공화자산 백억 규모 민정서 무상으로 인수〉,《동아일보》, 1980년 12월 18일.

강준만,《한국 현대사 산책 1980년대편 1: 광주학살과 서울올림픽》, 인물과사상사, 2003년.

김경재,《혁명과 우상 김형욱 회고록 1: 혁명과 쿠데타》, 인물과사상사, 2009년.

김종필, 중앙일보 김종필증언록팀 엮음,《김종필 증언록: JP가 말하는 대한민국 현대사 1》, 와이즈베리,
　　2016년.

김충식,《남산의 부장들》, 폴리티쿠스, 2012년.

민주공화당,《민주공화당사 1963-1974》, 민주공화당, 1973년.

한홍구,〈광주의 자식들, 그리고 노무현-살아남은 자의 슬픔을 느낀 사람들〉,《지금 이 순간의 역사: 한
　　홍구의 현대사 특강 2》, 한겨레출판, 2010년.

말죽거리, 신화와 잔혹사 사이에서 - 도곡정보문화도서관

〈68년도 중요건설 사업 확정〉,《동아일보》, 1967년 11월 30일.

〈신흥 주거 지역 영동 일대 문화시설이 없다〉,《매일경제》, 1981년 15일.

강준만,《한국 현대사 산책 1960년대편 3: 6·25 전쟁에서 4·19 전야까지》, 인물과사상사, 2004년.

김정렴,《아, 박정희: 김정렴 정치 회고록》, 랜덤하우스코리아, 1997년.

노주석,《서울 택리지: 서울은 어떻게 진화했는가》, 소담출판사, 2014년.

박도,《미군정 3년사: 빼앗긴 해방과 분단의 서곡》, 눈빛, 2017년.

박태균,《베트남 전쟁: 잊혀진 전쟁, 반쪽의 기억》, 한겨레출판, 2015년.

서울역사박물관 조사연구과,《돌격 건설! 김현옥 시장의 서울 II 1968-1970: 서울시정사진기록총서
　　III》, 서울역사박물관, 2013년.

서울역사박물관,《두더지 시장 양택식 I 1970-1972: 서울시정사진기록총서 V》, 서울역사박물관,
　　2015년.

서울역사박물관,《두더지 시장 양택식 II 1973-1974: 서울시정사진기록총서 VI》, 서울역사박물관,
　　2015년.

서울특별시립공공도서관 변천사 편집위원회,《서울특별시립공공도서관 변천사: 개정판》, 서울특별시
　　교육청, 2012년.

손정목,《서울 도시계획 이야기 3: 서울 격동의 50년과 나의 증언》, 한울, 2003년.

손정목,《한국 도시 60년의 이야기 1》, 한울, 2005년.

손정목,《한국 도시 60년의 이야기 2》, 한울, 2005년.

전강수,《부동산 공화국 경제사》, 여문책, 2019년.

전상봉,《강남을 읽다: 강남 형성과 강남 현상을 찾아서》, 여유당, 2018년.

한종수, 강희용,《강남의 탄생: 대한민국의 심장 도시는 어떻게 태어났는가?》, 미지북스, 2016년.

2부 **혁명과 민주화 투쟁의 무대**

'도서관'을 통해 국권을 되찾고자 했던 시도 - 우현서루와 경북대학교 중앙도서관

경북대학교 도서관 60년사 편찬위원회 엮음,《경북대학교 도서관 60년사: 1953~2013》, 경북대학교 도
　　서관, 2013년.

김남석, 《일제치하 도서관과 사회교육》, 태일사, 2010년.
김정인, 《대학과 권력: 한국 대학 100년의 역사》, 휴머니스트, 2018년.
박건웅, 《그해 봄: 인혁당 사형수 8명의 이야기》, 보리, 2018년.
소남이일우기념사업회 엮음, 《소남 이일우와 우현서루》, 경진출판, 2017년.
여정남평전편집위원회 기획, 정운현, 《청년 여정남과 박정희 시대: 여정남 평전》, 다락방, 2015년.
영남민요연구회, 《이재욱 전집 3》, 국학자료원, 2013년.
이상화, 이장희, 장현숙 엮음, 《이상화·이장희 시선》, 지식을만드는지식, 2014년.

이승만에게 도서관 이름을 바친 대학 총장 – 중앙대학교 학술정보원

유병우, 〈아! 우남, 대능도서관〉, 《대전일보》, 2016년 10월 24일.
정연석, 〈대통령세종문화회관 자리에 있던 초고층 공연장을 아시나요: 서울시민회관 1961-1972〉, 《중앙SUNDAY》, 2017년 4월 30일.
강준만, 《한국 근대사 산책 3: 아관파천에서 하와이 이민까지》, 인물과사상사, 2007년.
강준만, 《한국 현대사 산책 1950년대편 2: 6·25 전쟁에서 4·19 전야까지》, 인물과사상사, 2004년.
강준만, 《한국 현대사 산책 1950년대편 3: 6·25 전쟁에서 4·19 전야까지》, 인물과사상사, 2004년.
김삼웅, 《'독부' 이승만 평전: 권력의 화신, 두 얼굴의 기회주의자》, 책으로보는세상, 2012년.
김은경, 〈임영신〉, 《한국 근대여성 63인의 초상》, 한국학중앙연구원, 2015년.
김정인, 《대학과 권력: 한국 대학 100년의 역사》, 휴머니스트, 2018년.
박태균, 〈임영신-이승만에 대한 애정과 반공의 신념〉, 《청산하지 못한 역사 1: 한국현대사를 움직인 친일파 60》, 청년사, 1994년.
서중석, 《이승만과 제1공화국: 해방에서 4월혁명까지》, 역사비평사, 2007년.
서중석, 김덕련, 《서중석의 현대사 이야기 4: 4월혁명, 독재자와 맞선 피의 항쟁》, 오월의봄, 2016년.
유시민, 《나의 한국현대사: 1959~2014, 55년의 기록》, 돌베개, 2014년.
이순우, 《테라우치 총독, 조선의 꽃이 되다: 일그러진 근대 역사의 흔적을 뒤지다 1》, 하늘재, 2004년.
이연옥, 《한국 공공도서관 운동사》, 한국도서관협회, 2002년.
이영미, 《광장의 노래는 세상을 어떻게 바꾸는가: 대통령 찬가에서 하야가까지》, 인물과사상사, 2018년.
이한우, 《우남 이승만, 대한민국을 세우다》, 해냄, 2008년.
전강수, 《부동산 공화국 경제사》, 여문책, 2019년.
전우용, 《오늘 역사가 말한다: 전우용의 역사이야기 300》, 투비북스, 2012년.
정운현, 〈'서울시'가 '우남시'가 될 뻔했다?-이승만, 서울 명칭 바꾸려다 실패하다〉, 《묻혀 있는 한국 현대사: 조선인 가미카제에서 김형욱 실종 사건까지, 기록과 증언으로 읽는 대한민국사》, 인문서원, 2016년.
중앙대학교 중대신문사, 《사진으로 보는 중앙대학교 80년사》, 중앙대학교 출판부, 1998년.
한양도성연구소, 《남산에서 찾은 한양도성》, 한양도성연구소, 2014년.

'혁명'을 기념하는 단 하나의 도서관 – 4·19혁명기념도서관

이동칠, 〈4·19 직후 이승만·이기붕 일가 재산 조사기록 공개〉, 《연합뉴스》, 2001년 4월 18일.
4·19혁명사업회, 《4·19혁명사》, 4·19혁명기념사업회, 2003년.

강준만, 《한국 현대사 산책 1950년대편 3: 6·25 전쟁에서 4·19 전야까지》, 인물과사상사, 2004년.

교수신문·부산대학교 한국민족문화연구소 로컬리티의인문학연구단 외, 〈3·15의거와 김주열 열사〉, 《한국 근현대사 역사의 현장 40: '근대의 심장' 경복궁에서 '분단의 상징' 판문점까지》, 휴머니스트, 2016년.

김삼웅, 《'독부' 이승만 평전: 권력의 화신, 두 얼굴의 기회주의자》, 책으로보는세상, 2012년.

박숙자, 《살아남지 못한 자들의 책 읽기: 삼중당문고 세대의 독서문화사》, 푸른역사, 2017년.

서중석, 《이승만과 제1공화국: 해방에서 4월혁명까지》, 역사비평사, 2007년.

서중석, 김덕련, 《서중석의 현대사 이야기 4: 4월혁명, 독재자와 맞선 피의 항쟁》, 오월의봄, 2016년.

유시민, 《나의 한국현대사: 1959~2014, 55년의 기록》, 돌베개, 2014년.

이만열, 《잊히지 않는 것과 잊을 수 없는 것: 한 역사학자의 시대 읽기, 하나님의 뜻 찾기》, 포이에마, 2015년.

한홍구, 《광장, 민주주의를 외치다: 정치의 시대》, 창비, 2017년.

이승억, 〈4·19 직후 이승만·이기붕 일가 재산조사기록〉, 국가기록포털.

유신 체제의 종말을 부른 부마민주항쟁의 불꽃 – 부산대·동아대·경남대 도서관

유선희, 〈1974년 8월 15일 국립극장 그때 그 순간〉, 《한겨레》, 2005년 1월 20일.

이재덕, 〈2월 1일 2159일 간의 '긴조 시대'〉, 《경향신문》, 2017년 1월 31일.

최상원, 〈마산으로 번진 "유신철폐" 함성… 박정희 독재, 최후를 맞다〉, 《한겨레》, 2019년 10월 15일.

10·16부마항쟁연구소 엮음, 《다시 시월 1979: 10·16 부마항쟁, 대한민국 역사입니다》, 산지니, 2019년.

경남대학교 학교사위원회, 《경남대학교 70년사 1946~2016》, 경남대학교, 2016년.

권보드래 외, 《1970, 박정희 모더니즘: 유신에서 선데이서울까지》, 천년의상상, 2015년.

김성보 외, 《한국현대 생활문화사 1970년대: 새마을운동과 미니스커트》, 창비, 2016년.

김정근, 《한국의 대학도서관 무엇이 문제인가》, 한울, 1995년.

김정동, 《김정동 교수의 근대 건축 기행》, 푸른역사, 1999년.

김정인, 《대학과 권력: 한국 대학 100년의 역사》, 휴머니스트, 2018년.

김충식, 《남산의 부장들》, 폴리티쿠스, 2012년.

김하기, 《부마민주항쟁》, 민주화운동기념사업회, 2005년.

문영심, 《바람 없는 천지에 꽃이 피겠나: 김재규 평전》, 시사인북, 2013년.

민주화운동기념사업회, 〈독재자를 쓰러뜨린 부산의 함성: 부산 '민주공원'과 부마민주항쟁의 기억들〉, 《그날 그들은 그곳에서–다시 가본 민주화운동 역사의 현장》, 민주화운동기념사업회, 2008년.

박태균, 《베트남 전쟁: 잊혀진 전쟁, 반쪽의 기억》, 한겨레출판, 2015년.

변영철, 10·16부마항쟁연구소 엮음, 〈김재규 재판기록을 통해 본 10·16 부마민주항쟁의 의의〉, 《다시 시월 1979: 10·16 부마항쟁, 대한민국 역사입니다》, 산지니, 2019년.

부마민중항쟁진상규명 및 관련자명예회복심의위원회, 〈부마민주항쟁 진상보고서(안)〉, 부마민중항쟁 진상규명 및 관련자명예회복심의위원회, 2022년.

부산대학교도서관사편집위원회, 《부산대학교 도서관사 1946~2008》, 부산대학교도서관사편집위원회, 2009년.

서중석, 〈부마항쟁의 역사적 재조명〉, 《부마민주항쟁의 역사적 재조명: 부마민주항쟁 30주년 기념》, 대성, 2009년.

서중석, 김덕련, 《서중석의 현대사 이야기 15: 유신 몰락의 드라마 김재규는 배신자인가》, 오월의봄,

2018년.

유시민, 《나의 한국현대사: 1959~2014, 55년의 기록》, 돌베개, 2014년.

이경숙, 《유신과 대학》, 역락, 2018년.

정해구, 《전두환과 80년대 민주화운동: '서울의 봄'에서 군사정권의 종말까지》, 역사비평사, 2011년.

조갑제, 《한국을 뒤흔든 11일간: 한국 현대사 30년을 결정한 함성과 총성!》, 조갑제닷컴, 2019년.

최종원, 《텍스트를 넘어 콘텍스트로: 한 인문주의자의 사회와 교회 읽기》, 비아토르, 2019년.

한홍구, 〈광주의 자식들, 그리고 노무현-살아남은 자의 슬픔을 느낀 사람들〉, 《지금 이 순간의 역사; 한홍구의 현대사 특강 2》, 한겨레출판, 2010년.

한홍구, 〈놀라운 붕괴, 거룩한 좌절-부마항쟁과 5·18민주항쟁의 비교연구〉, 《부마민주항쟁의 역사적 재조명: 부마민주항쟁 30주년 기념》, 대성, 2009년.

한홍구, 《유신: 오직 한 사람을 위한 시대》, 한겨레출판, 2014년.

한홍구, 《광장, 민주주의를 외치다: 정치의 시대》, 창비, 2017년.

홍순권 외, 《부마항쟁의 진실을 찾아서》, 선인, 2016년.

〈동아대학교 석당 기념관〉, 《향토문화전자대전》.

'스파르타의 300'은 알지만 '광주의 300'은 모르는 당신에게 – 빛고을 광주의 도서관

〈사서직 수당 지급 요청 사업계획 정부에 건의 도서관협〉, 《동아일보》, 1973년 3월 10일.

〈성과 거둔 이동문고차 종로도서관 석 달 동안 8천여 권 대여〉, 《동아일보》, 1971년 8월 10일.

〈장서도 없고 자리도 없고 한심한 지방 도서관〉, 《경향신문》, 1980년 8월 30일.

김대우, 〈광주 친일 잔재 뭐가 있나 봤더니-전남대 교가·전남방직 등 곳곳에 친일 흔적〉, 《무등일보》, 2019년 1월 10일.

김이삭, 〈보기만 해도 울컥울컥, 광주의 이곳〉, 《오마이뉴스》, 2019년 4월 29일.

봉순정, 〈전일빌딩 반백년/전일도서관〉, 《뉴스포털1》, 2015년 6월 12일.

임영호, 〈5·18민주화운동 기록관 개관〉, 《노컷뉴스》, 2015년 5월 13일.

5·18기념재단 기획, 임광호 외, 《5월 18일, 맑음: 청소년과 함께 읽는 5·18 민주화 운동 이야기》, 창비, 2019년.

강준만, 《한국 근대사 산책 6: 사진신부에서 민족개조론까지》, 인물과사상사, 2008년.

강준만, 《한국 근대사 산책 7: 간토대학살에서 광주학생운동까지》, 인물과사상사, 2008년.

강준만, 《한국 현대사 산책 1980년대편 1: 광주학살과 서울올림픽》, 인물과사상사, 2003년.

교수신문·부산대학교 한국민족문화연구소 로컬리티의인문학연구단 외, 〈금남로와 옛 전남도청-민주화 운동의 지성소〉, 《한국 근현대사 역사의 현장 40: '근대의 심장' 경복궁에서 '분단의 상징' 판문점까지》, 휴머니스트, 2016년.

김기선 외, 〈광주에서 광주를 묻다-해망 광주의 마지막 공간, 전남도청과 금남로〉, 《그날 그들은 그곳에서: 다시 가본 민주화운동 역사의 현장》, 민주화운동기념사업회, 2008년.

김형중, 《평론가 K는 광주에서만 살았다: 김형중 에세이》, 난다, 2016년.

박찬승, 《한국독립운동사: 해방과 건국을 향한 투쟁》, 역사비평사, 2014년.

서중석·김덕련, 《서중석의 현대사 이야기 16: 광주항쟁 한국 사회를 뒤흔든 시민 항쟁》, 오월의봄, 2019년.

신복진, 《광주는 말한다: 어느 사진기자가 본 5·18항쟁과 6월 항쟁》, 눈빛, 2006년.

우규승 건축, 《forest of light: 빛의 숲 국립아시아문화전당》, 열화당, 2013년.

유시민, 《나의 한국현대사: 1959~2014, 55년의 기록》, 돌베개, 2014년.

임인자 외,《동구의 인물 1: 2019 광주광역시 동구 인문자원 발굴 및 기록화 사업》, 광주광역시 동구청, 2020년.
전남대학교 문화전문대학원 장소마케팅연구센터·5·18기념재단 기획,《광주의 오월을 걷자 .ver.3》, 전남대학교 문화전문대학원 장소마케팅연구센터, 2016년.
조영국 외,《5·18 10일간의 야전병원: 전남대학교병원 5·18민주화운동 의료활동집》, 전남대학교병원, 2017년.
천득염 외,《광주건축 100년》, 전남대학교 출판부, 2006년.
최상현·천득염,《광주 교육시설 100년》, 다지리, 2003년.
최정운,《오월의 사회과학: 사회과학자의 시선으로 새롭게 재구성한 5월 광주의 삶과 진실》, 오월의봄, 2012년.
한강,《소년이 온다》, 창비, 2014년.
한국기독교교회협의회 인권위원회,《1980년대 민주화운동 VI》, 한국기독교교회협의회, 1987년.
한홍구,〈광주의 자식들, 그리고 노무현-살아남은 자의 슬픔을 느낀 사람들〉,《지금 이 순간의 역사: 한홍구의 현대사 특강 2》, 한겨레출판, 2010년.
한홍구,《유신: 오직 한 사람을 위한 시대》, 한겨레출판, 2014년.
한홍구,《광장, 민주주의를 외치다: 정치의 시대》, 창비, 2017년.
황석영 외,《죽음을 넘어 시대의 어둠을 넘어: 광주 5월 민주항쟁의 기록》, 창비, 2017년.
남충현,〈근대 한국 공공도서관의 봉사활동에 관한 연구-일제시대를 중심으로〉, 명지대학교 대학원 문헌정보학과 석사학위 논문, 1995년.
〈도서관 소개〉,《전남대학교 중앙도서관》(http://lib.jnu.ac.kr/local/html/useInfo0101).
〈연혁〉,《조선대학교 중앙도서관 홈페이지》(http://library.chosun.ac.kr/local/html/historyGuide).

'도서관 점거 농성'은 어떻게 '6월 항쟁'으로 이어졌나? - 서울특별시청 을지로별관

〈대낮 부산 미문화원에 방화 여 낀 3명 수배〉,《동아일보》, 1982년 3월 19일.
강준만,《한국 현대사 산책 1980년대편 2: 광주학살과 서울올림픽》, 인물과사상사, 2003년.
김삼웅,《노무현 평전: 지울 수 없는 얼굴, 꿈을 남기고 간 대통령》, 책보세, 2012년.
김은숙,《불타는 미국: 부산 미문화원 방화사건, 김은숙의 증언》, 아가페출판사, 1988년.
김종철,《촛불혁명의 뿌리를 찾아서: 1980년대 민주민족민중운동사》, 썰물과밀물, 2017년.
레스터 어샤임, 김정근 옮김,《발전도상국의 도서관》, 한국도서관협회, 1970년.
문용식,《꾸준함을 이길 그 어떤 재주도 없다: 나우누리에서 아프리카 TV까지》, 21세기북스, 2011년.
박수현,〈점령과 분단의 설득기구-미군정 공보기구의 변천(1945.8-1948.5)〉,《해방의 공간, 점령의 시간: 근대서울의 역사문화공간》, 푸른역사, 2018년.
박철언,《바른 역사를 위한 증언 1: 5공, 6공, 3김 시대의 정치 비사》, 랜덤하우스코리아, 2005년.
이순우,〈미국공사관과 그 주변〉,《정동과 각국 공사관: 근대서울의 역사문화공간》, 하늘재, 2012년.
함운경, 홍성영,〈서울 미문화원 점거-광주, 햇볕 속으로 나오다〉,《6월 항쟁을 기록하다 1: 한국 민주화 대장정》, 민주화운동기념사업회, 2007년.
홍성우, 한인섭,《인권 변론 한 시대: 홍성우 변호사의 증언》, 경인문화사, 2011년.

'대학의 심장'이 초토화된 사건 - 건국대학교 언어교육원

〈사회부 기자 좌담 좌경 구호 유인물에 시민들 충격〉,《동아일보》, 1986년 1일.
강준만,《한국 현대사 산책 1980년대편 2: 광주학살과 서울올림픽》, 인물과사상사, 2003년.
김석,〈6월항쟁의 서곡, 10·28 건대항쟁〉,《6월 항쟁을 기록하다 3: 한국 민주화 대장정 3》, 민주화운동
    기념사업회, 2007년.
김소연,《경성의 건축가들: 식민지 경성을 누빈 'B급' 건축가들의 삶과 유산》, 루아크, 2017년.
김정남,《진실, 광장에 서다: 민주화운동 30년의 역정》, 창비, 2005년.
김중업건축박물관 외,《김중업 다이얼로그》, 열화당, 2018년.
김태일,《제주 근대건축 산책: 제주만의 이야기가 깃든 근대 유산을 찾아서》, 루아크, 2018년.
민주화운동기념사업회 한국민주주의연구소 엮음,《한국민주화운동사 3: 서울의 봄부터 문민정부 수립
    까지》, 돌베개, 2010년.
박철언,《바른 역사를 위한 증언 1: 5공, 6공, 3김 시대의 정치 비사》, 랜덤하우스코리아, 2005년.
손호규,〈10·28 건대항쟁의 현장을 찾아서〉,《그날 그들은 그곳에서: 다시 가본 민주화운동 역사의 현
    장》, 민주화운동기념사업회, 2008년.
올프 마이어, 전정희 옮김,《서울 속 건축》, 안그라픽스, 2015년.
정인하,《김중업 건축론: 시적 울림의 세계》, 시공문화사, 2003년.
정인하,《집은 노래 불러야 한다: 한국 근대 건축의 기점 김중업》, 하늘아래, 2002년.
〈김중업 공백기 설명〉, 김중업건축박물관.

도서관이 '민주주의 보루'였던 시절은 언제일까? - 도서관 앞 광장

음성원,〈큰길가 건물 하나 치웠더니… '서울 근대 풍경'이 시민 곁으로〉,《한겨레》, 2015년 7월 26일.
이근복,〈6월 민주항쟁, 그 서막을 연 도심의 성소〉,《레디앙》, 2018년 6월 12일.
고려대학교 100년사 편찬위원회,《고려대학교 학생운동사: 고려대학교 100년사》, 고려대학교출판부,
    2005년.
구본준,《마음을 품은 집: 그 집이 내게 들려준 희로애락 건축 이야기》, 서해문집, 2013년.
김원,《87년 6월 항쟁》, 책세상, 2009년.
김정남,〈아직도 못다 한 이야기-박종철〉,《이 사람을 보라 1: 인물로 보는 한국 민주화운동사》, 두레,
    2016년.
김정동,《김정동 교수의 근대 건축 기행》, 푸른역사, 1999년.
김태호, 최인호,《박종철 평전》, 박종철출판사, 1998년.
민주화운동기념사업회 기획, 이호룡 정근식 엮음, 정근식,〈학생운동 연구를 위한 방법론적 모색〉,《학
    생운동의 시대: 한국민주주의연구소 부문별 민주화운동사 연구총서 1》, 선인, 2013년.
민주화운동기념사업회 기획, 이호룡 정근식 엮음, 허은,〈1980년대 상반기 학생운동 체계의 변화와 학
    생운동 문화의 확산〉,《학생운동의 시대: 한국민주주의연구소 부문별 민주화운동사 연구총서 1》, 선
    인, 2013년.
서울대학교 60년사 편찬위원회,《서울대학교 60년사》, 서울대학교, 2006년.
서중석,《6월 항쟁: 1987년 민중운동의 장엄한 파노라마》, 돌베개, 2011년.
신동호,《70년대 캠퍼스 1: 군사독재와 맞서 싸운 청년들의 이야기》, 도요새, 2007년.
신성호,〈검찰출입기자의 특종〉,《6월 항쟁을 기록하다 3: 한국 민주화 대장정 3》, 민주화운동기념사업
    회, 2007년.

이용재, 《이용재의 궁극의 문화기행 2: 건축가 김원 편》, 도미노라이프, 2011년.

정성원, 〈이한열, 6월의 거점〉, 《6월 항쟁을 기록하다 3: 한국 민주화 대장정 3》, 민주화운동기념사업회, 2007년.

최규석, 《100도씨: 뜨거운 기억, 6월민주항쟁》, 창비, 2010년.

최석호, 《골목길 역사산책: 서울편》, 시루, 2018년.

한홍구, 〈노태우·김영삼의 물탄 민주화-민주주의의 전진과 후퇴〉, 《지금 이 순간의 역사: 한홍구의 현대사 특강 2》, 한겨레출판, 2010년.

한홍구, 《광장, 민주주의를 외치다: 정치의 시대》, 창비, 2017년.

황호택, 〈언론보도, 저항의 뇌관〉, 《6월 항쟁을 기록하다 3: 한국 민주화 대장정 3》, 민주화운동기념사업회, 2007년.

〈Arthur Stansfield Dixon〉, 《Wikipedia》.

3부 제국부터 민국까지, 국가도서관 이야기

조선은 왜 '쉽게' 망했을까? - 경복궁 집옥재

강준만, 《한국 근대사 산책 1: 천주교 박해에서 갑신정변까지》, 인물과사상사, 2007년.

강준만, 《한국 근대사 산책 3: 아관파천에서 하와이 이민까지》, 인물과사상사, 2007년.

강준만, 《한국 근대사 산책 5: 교육구국론에서 경술국치까지》, 인물과사상사, 2007년.

강준만, 《한국 근대사 산책 6: 사진신부에서 민족개조론까지》, 인물과사상사, 2007년.

김기협, 《망국의 역사, 조선을 읽다: 김기협의 역사 에세이》, 돌베개, 2010년.

량치차오, 최형욱 엮고 옮김, 《량치차오, 조선의 망국을 기록하다》, 글항아리, 2014년.

문동석, 《한양, 경성, 그리고 서울: 답사로 푸는 서울의 역사와 문화》, 상상박물관, 2013년.

민족문제연구소, 〈취조국〉, 《일제식민통치기구사전》, 민족문제연구소, 2017년.

박노자, 《나를 배반한 역사》, 인물과사상사, 2003년.

박훈, 《메이지 유신은 어떻게 가능했는가》, 민음사, 2014년.

서영희, 《일제 침략과 대한제국의 종말: 러일전쟁에서 한일병합까지》, 역사비평사, 2012년.

송우혜, 《왕세자 혼혈결혼의 비밀: 마지막 황태자 3》, 푸른역사, 2010년.

송우혜, 《평민이 된 왕 이은의 천하: 마지막 황태자 4》, 푸른역사, 2012년.

신복룡, 《인물로 보는 해방정국의 풍경》, 지식산업사, 2017년.

신복룡, 《한국사 새로 보기: 아무도 의심하지 않았던 역사의 진실》, 풀빛, 2001년.

양택규, 《경복궁에 대해 알아야 할 모든 것: 친절하면서도 꼼꼼한 경복궁 답사기》, 책과함께, 2007년.

유홍준, 《나의 문화유산답사기 6: 인생도처유상수》, 창비, 2011년.

유홍준·김영철, 《건청궁, 찬란했던 왕조의 마지막 기억: 100년 만의 복원 건청궁》, 눌와, 2007년.

이광호 외, 《궁궐의 현판과 주련 1: 경복궁》, 수류산방, 2007년.

이덕수, 《신 궁궐기행: 경복궁 창덕궁 창경궁 경운궁 경희궁 종묘의 건축과 역사읽기》, 대원사, 2004년.

이태진, 《고종시대의 재조명》, 태학사, 2000년.

장영숙, 《고종 44년의 비원: 새로 읽는 고종시대사》, 너머북스, 2010년.

한영우, 김대벽 사진, 《창덕궁과 창경궁: 조선왕조의 흥망, 그 빛과 그늘의 현장》, 열화당, 2003년.

황인혁, 《경복궁의 상징과 문양》, 시간의물레, 2018년.

도서관으로 흥한 나라, 도서관에서 망한 나라 - 덕수궁 중명전

강준만,《한국 근대사 산책 3: 아관파천에서 하와이 이민까지》, 인물과사상사, 2007년.
강준만,《한국 근대사 산책 4: 러일전쟁에서 한국군 해산까지》, 인물과사상사, 2007년.
교수신문·부산대학교 한국민족문화연구소 로컬리티의인문학연구단 외,〈덕수궁-'제국'의 운명이 엇
　　갈린 곳〉,《한국 근현대사 역사의 현장 40: '근대의 심장' 경복궁에서 '분단의 상징' 판문점까지》, 휴
　　머니스트, 2016년.
김삼웅,《보재 이상설 평전: 독립운동의 선구자》, 채륜, 2016년.
김정동,《고종황제가 사랑한 정동과 덕수궁》, 발언, 2004년.
문동석,《한양, 경성, 그리고 서울: 답사로 푸는 서울의 역사와 문화》, 상상박물관, 2013년.
서영희,《일제 침략과 대한제국의 종말: 러일전쟁에서 한일병합까지》, 역사비평사, 2012년.
송우혜,《왕세자 혼혈결혼의 비밀: 마지막 황태자 3》, 푸른역사, 2010년.
송우혜,《황태자의 동경 인질살이: 마지막 황태자 2》, 푸른역사, 2010년.
유홍준,《나의 문화유산답사기 10 서울편 2: 유주학선 유주학불》, 창비, 2017년.
유홍준,《나의 문화유산답사기 6: 인생도처유상수》, 창비, 2011년.
이순우,〈당쟁의 진원지 : 동인과 서인〉,《정동과 각국 공사관: 근대서울의 역사문화공간》, 하늘재,
　　2012년.
이순우,〈대한제국과 덕수궁〉,《정동과 각국 공사관: 근대서울의 역사문화공간》, 하늘재, 2012년.
이순우,〈미국공사관과 그 주변〉,《정동과 각국 공사관: 근대서울의 역사문화공간》, 하늘재, 2012년.
이순우,〈손탁과 정동구락부〉,《손탁호텔: 근대서울의 역사문화공간》, 하늘재, 2012년.
이순우,〈외교관구락부(서울클럽)〉,《정동과 각국 공사관: 근대서울의 역사문화공간》, 하늘재, 2012년.
이순우,〈추적 발굴-이준 열사의 안동동 집터〉,《민족사랑》, 2017년 2월 22일.
이순우,《통감관저, 잊혀진 경술국치의 현장: 일그러진 근대 역사의 흔적을 뒤지다 3》, 하늘재, 2010년.
정운현,《친일파는 살아 있다: 자유·민주의 탈을 쓴 대한민국 보수의 친일 역정》, 책보세, 2011년.
최석호,《골목길 역사산책: 서울편》, 시루, 2018년.

'책 없는 도서관'은 언제부터 시작되었을까? - 조선총독부도서관

가토 가즈오, 가와타 이코이, 도조 후미노리, 최석두 옮김,《일본의 식민지 도서관: 아시아에서의 일본
　　근대 도서관사》, 한울, 2009년.
강준만,《한국 근대사 산책 6: 사진신부에서 민족개조론까지》, 인물과사상사, 2008년.
권보드래,《3월 1일의 밤: 폭력의 세기에 꾸는 평화의 꿈》, 돌베개, 2019년.
민족문제연구소,〈경무국〉,《일제식민통치기구사전》, 민족문제연구소, 2017년.
민족문제연구소,〈도서관〉,《일제식민통치기구사전》, 민족문제연구소, 2017년.
민족문제연구소,〈조선제국대학창설위원회〉,《일제식민통치기구사전》, 민족문제연구소, 2017년.
민족문제연구소,〈총론〉,《일제식민통치기구사전》, 민족문제연구소, 2017년.
민족문제연구소,〈취조국〉,《일제식민통치기구사전》, 민족문제연구소, 2017년.
민족문제연구소,〈학무국〉,《일제식민통치기구사전》, 민족문제연구소, 2017년.
박완서,《그 많던 싱아는 누가 다 먹었을까》, 웅진지식하우스, 2021년.
박찬승,《한국독립운동사: 해방과 건국을 향한 투쟁》, 역사비평사, 2014년.
오동근 엮음,《도서관인 박봉석의 생애와 사상》, 태일사, 2000년.
이여성, 이계형, 전병무 엮음,《숫자로 본 식민지 조선》, 역사공간, 2014년.

전우용,《오늘 역사가 말하다: 전우용의 역사이야기 300》, 투비북스, 2012년.

정운현,《친일파는 살아 있다: 자유·민주의 탈을 쓴 대한민국 보수의 친일 역정》, 책보세, 2011년.

정준영,〈제국일본의 도서관체제와 경성제대 도서관〉,《사회와 역사 105집》, 한국사회사학회, 2015년.

진필수,〈도서목록과 도서원부〉,《경성제국대학 부속도서관 장서의 성격과 활용》, 소명출판, 2017년.

진필수,〈일제 총동원체제의 기원과 특징에 대한 재검토-군사 항목의 장서 분석을 중심으로〉,《경성제
국대학 부속도서관 장서의 성격과 활용》, 소명출판, 2017년.

〈대한도서관〉,《한국민족문화대백과사전》.

여지숙, 오동근,〈조선총독부도서관 분류표에 관한 연구〉,《한국도서관·정보학회지 제35권 제3호》, 한
국도서관·정보학회, 2004년.

'제국의 사서' 이재욱과 박봉석은 '친일파'인가? – 국립도서관

〈국립도서관장 경질〉,《동아일보》, 1956년 5월 4일.

〈국립도서관장에 남상영 씨 임명〉,《경향신문》, 1960년 7월 13일.

〈김상필 필자 약력〉,《경향신문》, 1979년 10월 25일.

〈서울사대부국·서울북공고·창덕여중 세 교장 파면키로〉,《서울신문》, 1971년 7월 8일.

〈청소 불충분 이유〉,《동아일보》, 1956년 5월 4일.

국립중앙도서관 70년사 편찬위원회,《국립중앙도서관 70년사》, 국립중앙도서관, 2016년.

국립중앙도서관,《국립중앙도서관사》, 국립중앙도서관, 1973년.

남무희 외,《서울 역사 답사기 1: 북한산과 도봉산편》, 서울역사편찬원, 2017년.

미즈노 나오키, 정선태 옮김,《창씨개명: 일본의 조선지배와 이름의 정치학》, 산처럼, 2008년.

박상균,《도서관학만 아는 사람은 도서관학도 모른다》, 한국디지틀도서관포럼, 2004년.

박완서,《그 많던 싱아는 누가 다 먹었을까》, 웅진지식하우스, 2021년.

박종근,《서울대학교 도서관에 머문 35년의 흔적: 우정 박종근의 도서관 논고》, 해남, 2019년.

백인제 박사 전기 간행위원회,《선각자 백인제: 한국 현대의학의 개척자》, 창작과비평사, 1999년.

서울대학교도서관50년사 편집위원회 펴냄,《서울대학교 도서관 50년사》, 서울대학교 중앙도서관,
1996년.

영남민요학회,〈이재욱 연보〉,《이재욱 전집 3》, 국학자료원, 2013년.

오동근 엮음,《도서관인 박봉석의 생애와 사상》, 태일사, 2000년.

이신철,《북한 민족주의운동 연구: 1948~1961, 월북·납북인들과 통일운동》, 역사비평사, 2008년.

이용재,《도서관인물 평전: 도서관사상의 궤적》, 산지니, 2013년.

정운현,《친일파는 살아 있다: 자유·민주의 탈을 쓴 대한민국 보수의 친일 역정》, 책으로보는세상,
2011년.

정진석,《납북》, 기파랑, 2006년.

최석호,《골목길 역사산책: 서울편》, 시루, 2018년.

친일인명사전편찬위원회,〈정홍섭〉,《친일인명사전: 인명편 3》, 민족문제연구소, 2009년.

한국도서관협회 60년사 편찬위원회,《한국도서관협회 60년사》, 한국도서관협회, 2005년.

한국전쟁납북사건자료원 펴냄,《한국전쟁납북사건사료집 1》, 한국전쟁납북사건자료원, 2006년.

한국전쟁납북사건자료원 펴냄,《한국전쟁납북사건사료집 2》, 한국전쟁납북사건자료원, 2009년.

한재덕,《북한총람》, 공산권문제연구소, 1968년.

한준상,〈미국의 문화침투와 한국교육〉,《해방전후사의 인식 3: 정치·사회 운동의 혁명적 전개와 사상
적 노선》, 한길사, 1987년.

〈조근영〉,《한국근현대인물자료-한국사데이터베이스》, 국사편찬위원회.
〈朴奉石〉,《조선총독부 직원록-한국사데이터베이스》, 국사편찬위원회.
〈李在郁〉,《조선총독부 직원록-한국사데이터베이스》, 국사편찬위원회.
〈한국도서관협회〉,《한국민족문화대백과사전》.

국립중앙도서관에 자리한 독재자의 '하사품' – 국립중앙도서관

〈국립도서관 붕괴 위험〉,《동아일보》, 1998년 10월 20일.
〈국립중앙도서관 창고도 소실〉,《동아일보》, 1968년 3월 7일.
〈소방시설 관광서 건물이 가장 불량〉,《동아일보》, 1985년 10월 2일.
〈어린이회관으로 이전의 문제점 진로 어두운 국립중앙도서관〉,《동아일보》, 1974년 7월 10일.
〈어린이회관은 대공원으로 옮겨 국립도서관 이전 확정 남산어린이회관으로〉,《동아일보》, 1974년 7월
    8일.
〈횡설수설〉,《동아일보》, 1974년 7월 13일.
서현,〈서현이 본 우리 문화 우리 건축, 도서관, 지식의 전당? 책의 창고?〉,《동아일보》, 1999년 10월
    31일.
이재성,〈국회도서관도 전두환의 특별배려?〉,《한겨레》, 2004년 6월 2일.
강준만,《한국 근대사 산책 5: 교육구국론에서 경술국치까지》, 인물과사상사, 2007년.
국립중앙도서관,《2002~2023년 국립중앙도서관 연보》, 국립중앙도서관, 2003~2024년.
국립중앙도서관 70년사 편찬위원회 펴냄,《국립중앙도서관 70년사》, 국립중앙도서관, 2016년.
권기봉,《다시, 서울을 걷다》, 알마, 2012년.
김시덕,《갈등 도시: 서울에서 경기도까지, 시민의 도시에서 벌어지는 전쟁들》, 열린책들, 2019년.
서울역사박물관,《남산의 힘》, 서울역사박물관, 2015년.
서현,《빨간 도시:건축으로 목격한 대한민국》, 효형출판, 2014년.
손정목,《서울 도시계획 이야기 2: 서울 격동의 50년과 나의 증언》, 한울, 2003년.
올프 마이어, 전정희 옮김《서울 속 건축》, 안그라픽스, 2015년.
월간미술 펴냄,《무애 이광노 건축 작품집》, 월간미술, 2015년.
임석재,《서울, 건축의 도시를 걷다 2: 강남 일대와 부도심》, 인물과사상사, 2010년.
편집부,〈국립중앙도서관〉,《월간 건축문화 통권 99호》, 월간 건축문화사, 1989년.
한국도서관협회 60년사 편찬위원회,《한국도서관협회 60년사》, 한국도서관협회, 2005년.
한양도성연구소,《남산에서 찾은 한양도성》, 한양도성연구소, 2014년.
한종수, 강희용, 전병옥,《강남의 탄생: 대한민국의 심장 도시는 어떻게 태어났는가?》, 미지북스,
    2016년.
〈인민대학습당〉,《한국민족문화대백과사전》.

의회는 왜 '도서관'이 필요할까? – 국회도서관

〈8명을 불구속 기소 불온도서 피의사건〉,《경향신문》, 1958년 2월 2일.
〈국회도서관 신축기공〉,《매일경제》, 1984년 3월 20일.
〈국회도서관 착공〉,《경향신문》, 1988년 1월 27일.
〈누구를 위한 국회도서관〉,《매일경제》, 1969년 4월 22일.

〈대학교수 출입 잦을 국회도서관〉,《동아일보》, 1977년 3월 14일.

〈도서과장 파면〉,《동아일보》, 1957년 7월 31일.

〈도서관은 있어도 도서관 정책 없다〉,《동아일보》, 1981년 9월 21일.

〈도서관학 연구 고재창씨 도일〉,《경향신문》, 1953년 4월 2일.

〈들여다본 국회도서관 낮잠 자는 선량들 책〉,《경향신문》, 1964년 3월 24일.

〈말뿐인 독서 생활화〉,《경향신문》, 1972년 9월 21일.

〈명암 속의 출판계 AID조사단 리포트〉,《동아일보》, 1967년 1월 12일.

〈문화단신〉,《동아일보》, 1954년 12월 23일.

〈불온서적 추천수 늘여? 도서과장에 동기 추궁〉,《동아일보》, 1957년 7월 28일.

〈사범대 도서실 납씨 고쳐 은닉혐의 문초〉,《동아일보》, 1957년 8월 4일.

〈신축 국회도서관은 일반인 이용에 편리한 도로변 택할 것〉,《경향신문》, 1979년 6월 18일.

〈어린이회관으로 이전의 문제점 진로 어두운 국립중앙도서관〉,《동아일보》, 1974년 7월 10일.

〈어린이회관은 대공원으로 옮겨 국립도서관 이전 확정 남산 어린이회관으로〉,《동아일보》, 1974년 7월 9일.

〈장서 12만권이 하품〉,《경향신문》, 1964년 3월 24일.

〈전 국회도서관장 강주진씨〉,《동아일보》, 1994년 10월 25일.

〈중앙도서관은 입법부 국회에 두느냐〉,《경향신문》, 1963년 10월 10일.

〈징역 8월에 집유 1년 언도 보안법 위반 혐의엔 무죄〉,《동아일보》, 1959년 3월 5일.

〈출판문화 25년사 등을 간행〉,《동아일보》, 1972년 3월 15일.

〈통합 추진에 찬반양론 국회도서관.중앙도서관을 하나로〉,《동아일보》, 1979년 12월 8일.

〈한국도서관협회 제2회 정기총회〉,《경향신문》, 1956년 4월 19일.

김동선, 김보경, 김민영, 주상돈,〈한해 93만명 열공중… 나는 국회도서관이다〉,《아시아경제》, 2014년 7월 2일.

김동하,〈전시수도 부산서 태어난 국회도서관, 60세 됐습니다〉,《문화일보》, 2012년 2월 20일.

김시헌,〈국회 세종의사당 설치 탄력 받았다〉,《대전일보》, 2019년 8월 14일.

김진우,〈국회의원 보수 동결 등 국민 눈높이에 맞게 지출구조조정〉,《국회뉴스》, 2019년 12월 12일.

박강수,〈국민은 자신의 수준에 맞는 정부를 가진다? 선관위도 속은 명언〉,《뉴스톱》, 2019년 10월 30일.

안만호,〈'입법조사처 신설' 9월 합의될듯〉,《파이낸셜뉴스》, 2006년 8월 17일.

이슬기,〈국회에 '지하벙커'는 없다?〉,《헤럴드경제》, 2016년 5월 5일.

장재은,〈28년 재직한 86세 미국 의회도서관장 퇴임〉,《연합뉴스》, 2015년 6월 11일.

전지현,〈한국인 48% 1년에 책 한권 안 읽는다〉,《매일경제》, 2020년 3월 11일.

정달식,〈경상남도 무덕전〉,《부산일보》, 2018년 6월 6일.

정환보, 김진우,〈이런 것도 있다니… 남근석·박근혜 나무·비밀통로〉,《경향신문》, 2015년 8월 30일.

조창원,〈입법조사처장·도서관장 '여야 나눠먹기' 없앤다〉,《파이낸셜뉴스》, 2014년 3월 31일.

조채희,〈원로 서예가 여초 김응현 별세〉,《연합뉴스》, 2007년 2월 2일.

황선윤,〈'지식도시 부산' 바꿔놓을 부산도서관·국회도서관 잇따라 착공〉,《중앙일보》, 2017년 12월 18일.

S. R. 랑가나단, 최석두 옮김,《도서관학 5법칙》, 한국도서관협회, 2005년.

국립중앙도서관,《국립중앙도서관사》, 국립중앙도서관, 1973년.

국립중앙도서관60년사 편찬위원회,《국립중앙도서관 60년사》, 국립중앙도서관, 2006년.

국회도서관,《2000~2023 국회도서관 연간보고서》, 국회도서관, 2001~2024.

국회도서관,《국회도서관 안내: 지식과 정보가 나비처럼 자유로운 세상》, 국회도서관, 2016년.

국회도서관50년사 편찬위원회,《국회도서관 50년사》, 국회도서관, 2002년.

국회도서관60년사 편찬위원회,《국회도서관 60년사》, 국회도서관, 2012년.

김수근문화재단 엮음,《당신이 유명한 건축가 김수근입니까?》, 공간사, 2006년.

노주석,《서울 택리지: 서울은 어떻게 진화했는가》, 소담출판사, 2014년.

레스터 어샤임, 김정근 옮김,《발전도상국의 도서관》, 한국도서관협회, 1970년.

배용수 외,《세계 의회도서관》, 논형, 2006년.

서울역사박물관 유물관리과,《서울, 폐허를 딛고 재건으로 II 1963~1966: 서울시정사진기록총서 II》,
      서울역사박물관, 2011년.

서울역사박물관,《남산의 힘》, 서울역사박물관, 2015년.

서현,《빨간 도시: 건축으로 목격한 대한민국》, 효형출판, 2014년.

유시민,《나의 한국현대사: 1959~2014, 55년의 기록》, 돌베개, 2014년.

이봉순,《도서관 할머니 이야기: 이봉순 자서전》, 이화여자대학교출판부, 2001년.

이세영,《건축 멜랑콜리아: 한국 근현대 건축·공간 탐사기》, 반비, 2016년.

자크 보세, 기욤 드 로비에, 이섬민 옮김,《세상에서 가장 아름다운 도서관》, 다빈치, 2012년.

정인하,《김수근 건축론: 한국건축의 새로운 이념형》, 시공문화사, 2000년.

정청래,《정청래의 국회의원 사용법: 국회의원 고르는 법·국회의원 부리는 법·국회의원 되는 법》, 푸른
      숲, 2016년.

주성수 외,《아래로부터의 시민사회: 시민 활동가 30인에게 듣는다》, 창비, 2008년.

한국도서관협회 60년사 편찬위원회,《한국도서관협회 60년사》, 한국도서관협회, 2005년.

한양도성연구소,《남산에서 찾은 한양도성》, 한양도성연구소, 2014년.

한홍구,《유신: 오직 한 사람을 위한 시대》, 한겨레출판, 2014년.

이승우,〈작품 국회도서관〉,《월간 건축문화》 82호, 월간 건축문화사, 1988년.

《도서관》(국립중앙도서관보), 국립중앙도서관, 1982년 1~2호.

〈제5대 대통령선거〉,《두산백과》.

〈국회도서관 공무원 정원표〉, 2016년 11월 24일 개정.

한반도에서 가장 큰 도서관이 평양에 있는 이유 – 인민대학습당

경화,《나의 살던 북한은: 노동자 출신의 여성이 말하는 남북한 문화》, 미디어일다, 2019년.

고은,《산하여 나의 산하여: 감성시인 고은의 북한순례기》, 중앙M&B, 1999년.

국립중앙도서관 70년사 편찬위원회,《국립중앙도서관 70년사》, 국립중앙도서관, 2016년.

글린 포드, 고현석 옮김,《토킹 투 노스코리아: 우리는 북한을 정말로 제대로 이해하고 있는가》, 생각의
      날개, 2018년.

김성보,《북한의 역사 1: 건국과 인민민주주의의 경험 1945~1960》, 역사비평사, 2011년.

김성보, 기광서, 이신철,《사진과 그림으로 보는 북한 현대사》, 웅진지식하우스, 2014년.

김재웅,《북한 체제의 기원: 인민 위의 계급, 계급 위의 국가》, 역사비평사, 2018년.

다니엘 튜더, 제임스 피어슨, 전병근 옮김,《조선자본주의공화국: 맥주 덕후 기자와 북한 전문 특파원,
      스키니 진을 입은 북한을 가다!》, 비아북, 2017년.

리화선,《조선건축사 III》, 발언, 1993년.

송승섭,《북한 도서관의 이해》, 한국도서관협회, 2008년.

송승섭,《한국 도서관사: 고대~근·현대시대》, 한국도서관협회, 2019년.

안문석,《북한 현대사 산책 1: 해방과 김일성 체제》, 인물과사상사, 2016년.

오인동,《평양에 두고 온 수술가방: 의사 오인동의 북한 방문기》, 창비, 2010년.

유종필,《세계 도서관 기행: 오래된 서가에 기대 앉아 시대의 지성과 호흡하다》, 웅진지식하우스, 2010년.

이왕기,《북한 건축 또하나의 우리 모습》, 서울포럼, 2000년.

임동우,《평양 그리고 평양 이후: 평양 도시 공간에 대한 또 다른 시각-1953~2011》, 효형출판, 2011년.

장선, 구성철 옮김,《북한이라는 수수께끼: 북한 전문 저널리스트의 15년 탐방기》, 에쎄, 2015년.

전상인,《북한, 도시로 읽다》, 통일부 통일교육원 교육개발과, 2015년.

정근식·김윤애·임수진,〈북한에서 소련형 대학모델의 이식과 희석화〉,《소련형 대학의 형성과 해체》, 진인진, 2018년.

정근식·임수진·김윤애,〈대학생활의 경험과 현실〉,《북한의 대학: 역사, 현실, 전망》, 진인진, 2017년.

정재연,《평양, 제가 한번 가보겠습니다: 당신이 지금 궁금한 '요즘 평양'》, 넥서스북스, 2019년.

진천규,《평양의 시간은 서울의 시간과 함께 흐른다: 한국인 유일의 단독 방북 취재》, 타커스, 2018년.

최창조,《최창조의 북한 문화유적 답사기》, 중앙M&B, 1998년.

트래비스 제퍼슨, 최은경 옮김,《시-유 어게인 in 평양: 나는 북한 최초의 미국인 유학생입니다》, 메디치, 2019년.

평양향토사편집위원회,《평양지》, 국립출판사(한국문화사 영인), 1957년.

필립 뮈제아, 윤정원 옮김《이제는 평양건축》, 담디, 2012년.

한국도서관협회 60년사 편찬위원회,《한국도서관협회 60년사》, 한국도서관협회, 2005년.

한만길 엮음,《북한에서는 어떻게 교육할까: 북녘에서 살다 온 16인의 생생한 교육체험기》, 우리교육, 1999년.

헤이즐 스미스, 김재오 옮김,《장마당과 선군정치: '미지의 나라 북한'이라는 신화에 도전하다》, 창비, 2017년.

〈인민대학습당〉,《한국민족문화대백과사전》.

〈대학습당거리〉,《조선향토대백과대백과》.

〈함의연〉,《조선향토대백과대백과》.

4부 사서도 모르는 도서관의 숨은 역사

최초의 '사서'를 찾아서 - 경성도서관과 경성부립도서관 옛터

이재석,〈[탐사K] 밀정 추적 895명… 독립운동의 적〉,《KBS》, 2019년 8월 13일.

가토 가즈오, 가와타 이코이, 도조 후미노리, 최석두 옮김,《일본의 식민지 도서관: 아시아에서의 일본 근대 도서관사》, 한울아카데미, 2009년.

대한교과서사 편찬위원회,《대한교과서사 1948~1983》, 대한교과서, 1988년.

오쿠이즈미 가즈히사, 황면 옮김,《도서관사를 써봅시다: 도서관의 현재와 내일을 생각하며》, 한국도서관협회, 2018년.

이상찬,〈경성제국대학 도서관사 연구〉, 서울대학교 중앙도서관, 2014년.

장원아,〈경성제국대학 도서관의 역할과 위상〉,《경성제국대학 도서관 연구》, 서울대학교 중앙도서관 학술대회, 2015년.

전우용,《우리 역사는 깊다 2: 역사학자 전우용의 한국 근대 읽기 3부작 1》, 푸른역사, 2015년.

정운현,《친일파는 살아 있다: 자유·민주의 탈을 쓴 대한민국 보수의 친일 역정》, 책으로보는세상,

2011년.

정재정,《서울과 교토의 1만 년: 교토를 통해 본 한일 관계사》, 을유문화사, 2016년.

조재순, 〈우리나라 최초의 사서〉,《도서관계: 통권 129호》, 국립중앙도서관, 2005년.

한국도서관협회 60년사 편찬위원회,《한국도서관협회 60년사》, 한국도서관협회, 2005년.

〈司書〉,《Wikipedia》.

〈검서관〉,《한국민족문화대백과사전》.

〈사서〉,《한국민족문화대백과사전》.

〈세자시강원〉,《한국민족문화대백과사전》.

〈오기야마 히데오〉,《한국근현대인물자료-한국사데이터베이스》, 국사편찬위원회.

〈우에스기 나오사부로〉,《한국근현대인물자료-한국사데이터베이스》, 국사편찬위원회.

〈최장수〉,《한국근현대인물자료-한국사데이터베이스》, 국사편찬위원회.

도서관이 '산'으로 간 까닭은? - 남산도서관

〈남대문도서관 개관〉,《경향신문》, 1965년 1월 27일.

〈현대식 시설에 장서 겨우 7만권〉,《경향신문》, 1965년 1월 9일.

가토 가즈오, 가와타 이코이, 도조 후미노리, 최석두 옮김,《일본의 식민지 도서관: 아시아에서의 일본 근대 도서관사》, 한울아카데미, 2009년.

김남석, 〈한국의 도서관정책과 공공도서관 설립〉,《남산도서관 80년사》, 남산도서관, 2002년.

남산도서관,《남산도서관 80년사》, 남산도서관, 2002년.

노주석,《서울 택리지: 서울은 어떻게 진화했는가》, 소담출판사, 2014년.

박완서,《그 많던 싱아는 누가 다 먹었을까》, 웅진지식하우스, 2021년.

서울역사박물관 유물관리과,《서울, 폐허를 딛고 재건으로 II 1963~1966: 서울시정사진기록총서 II》, 서울역사박물관, 2011년.

서울역사박물관,《남산의 힘》, 서울역사박물관, 2015년.

송우혜,《황태자의 동경 인질살이: 마지막 황태자 2》, 푸른역사, 2010년.

이돈수, 이순우,《꼬레아 에 꼬레아니: 100년 전 서울 주재 이탈리아 외교관 카를로 로제티의 대한제국 견문기》, 하늘재, 2009년.

이순우,《통감관저, 잊혀진 경술국치의 현장: 일그러진 근대 역사의 흔적을 뒤지다 3》, 하늘재, 2010년.

이연경,《한성부의 '작은 일본' 진고개 혹은 본정》, 시공문화사, 2015년.

천정환,《근대의 책읽기: 독자의 탄생과 한국 근대문학》, 푸른역사, 2003년.

한양도성연구소,《남산에서 찾은 한양도성》, 한양도성연구소, 2014년.

호머 헐버트, 마도경, 문희경 옮김,《한국사 드라마가 되다 1》, 리베르, 2009년.

황상익,《근대 의료의 풍경》, 푸른역사, 2013년.

〈남산〉,《한국민족문화대백과사전》.

〈지표로 본 서울 변천 2010〉,《서울연구데이터베이스》(https://data.si.re.kr/node/363)

도서관을 '세습'합니다? 초대형교회의 두 얼굴 - 명성교회도서관

〈도서관개관식〉,《동아일보》, 1927년 5월 13일.

〈삼호교기독청년회〉,《동아일보》, 1922년 1월 19일.

장정일, 〈한국교회의 신앙적 토양〉, 《한국일보》, 2017년 12월 27일.

강성호, 《한국 기독교 흑역사: 열두 가지 주제로 보는 한국 개신교 스캔들》, 짓다, 2016년.

강영안, 〈교회 안의 반지성주의, 어떻게 극복할 것인가?〉, 《한국교회, 개혁의 길을 묻다: 새로운 한국교회를 위한 20가지 핵심 과제》, 새물결플러스, 2013년.

강준만, 《한국 근대사 산책 2: 개신교 입국에서 을미사변까지》, 인물과사상사, 2007년.

강준만, 《한국 근대사 산책 5: 교육구국론에서 경술국치까지》, 인물과사상사, 2007년.

강준만, 《한국 현대사 산책 1950년대편 3: 6·25 전쟁에서 4·19 전야까지》, 인물과사상사, 2004년.

김근수, 김진호, 조성택, 《지금, 한국의 종교: 카톨릭·개신교·불교, 위기의 시대를 진단하다》, 메디치미디어, 2016년.

김동춘, 《대한민국은 왜?: 1945~2015》, 사계절, 2015년.

김용민, 《한국 개신교와 정치: 개신교 정교 분리 원칙의 변용 과정》, 소명출판, 2016년.

김진호, 《권력과 교회》, 창비, 2018년.

김진호, 《시민 K, 교회를 나가다: 한국 개신교의 성공과 실패, 그 욕망의 사회학》, 현암사, 2012년.

박득훈, 〈교회 안의 맘몬 숭배 타파〉, 《한국교회, 개혁의 길을 묻다: 새로운 한국교회를 위한 20가지 핵심 과제》, 새물결플러스, 2013년.

서중석, 김덕련, 《서중석의 현대사 이야기 15: 유신 몰락의 드라마 김재규는 배신자인가》, 오월의봄, 2018년.

양희송, 《가나안 성도 교회 밖 신앙: 한국 교회가 직면한 최대 현실, 가나안 성도를 말한다!》, 포이에마, 2014년.

양희송, 《세속성자: 성문 밖으로 나아간 그리스도인들》, 북인더갭, 2018년.

오제홍, 《한국 교회에 말한다: 어떻게 거짓 속에서 진리를 찾아낼 것인가?》, 생각비행, 2018년.

이만열, 《역사에 살아 있는 그리스도인》, 한국기독교역사연구소, 2007년.

이만열, 《잊히지 않는 것과 잊을 수 없는 것: 한 역사학자의 시대 읽기, 하나님의 뜻 찾기》, 포이에마, 2015년.

임혁백, 《비동시성의 동시성: 한국 근대정치의 다중적 시간》, 고려대학교출판부, 2014년.

한홍구, 《유신: 오직 한 사람을 위한 시대》, 한겨레출판, 2014년.

명성교회도서관 홈페이지(http://www.mslib.or.kr)

이명희, 〈교회도서관의 운영 현황과 활성화 방안에 관한 연구〉, 《한국비블리아학회지: 제21권 제4호》, 2010년.

'독립운동가' 윤동주를 끝까지 증명한 사서들 – 윤동주문학관

〈종합도서관 문화계수기〉, 《동아일보》, 1936년 1월 1일.

오병종, 〈영화 〈동주〉가 빼먹은 특별한 '엔딩 크레디트'〉, 《오마이뉴스》, 2016년 2월 22일.

최명애, 〈'연세대㈜ 친일' 초대총장 등 1차발표〉, 《경향신문》, 2005년 4월 6일.

고운기, 《나의 별에도 봄이 오면: 윤동주의 삶과 문학》, 산하, 2011년.

김기협, 〈60년 전에도 영어가 권력이었다!〉, 《프레시안》, 2012년 5월 7일.

문동석, 《한양, 경성, 그리고 서울: 답사로 푸는 서울의 역사와 문화》, 상상박물관, 2013년.

서울역사박물관 유물관리과, 《돌격 건설! 김현옥 시장의 서울 I 1966-1967: 서울시정사진기록총서 III》, 서울역사박물관, 2013년.

서울역사박물관 조사연구과, 《돌격 건설! 김현옥 시장의 서울 II 1968-1970: 서울시정사진기록총서 III》, 서울역사박물관, 2013년.

이토록 역사적인 도서관

서울역사박물관,《도시는 선이다: 불도저시장 김현옥 1966-1970》, 서울역사박물관, 2016년.

송우혜,《윤동주 평전》, 서정시학, 2014년.

송우혜,《평민이 된 왕 이은의 천하: 마지막 황태자 4》, 푸른역사, 2012년.

신윤수, 오유미《영혼의 가압장, 윤동주문학관: 하늘, 바람, 별 그리고 시가 함께하는 공간, 그 418일 간
　　의 기록》, 종로구청, 2013년.

아마노 이쿠오, 박광현, 정종현 옮김,《제국대학: 근대 일본의 엘리트 육성 장치》, 산처럼, 2017년.

연세대학교백년사편찬위원회 펴냄,《연세대학교백년사 1885-1985 1: 연세통사 상》, 연세대학교출판
　　부, 1985년.

유영호,《서촌을 걷는다: 과거와 현재를 잇는 서울역사산책》, 창해, 2018년.

윤동주,《윤동주 전 시집》, 스타북스, 2017년.

이현군,《옛 지도를 들고 서울을 걷다: 역사지리학자와 함께 떠나는 걷기여행 특강》, 청어람미디어,
　　2009년.

조한,〈서울 한복판에서 찾은 나만의 소쇄원 – 송석원과 벽수산장〉,《서울, 공간의 기억 기억의 공간: 건
　　축가 조한의 서울 탐구》, 돌베개, 2013년.

최종현, 김창희,《오래된 서울》, 동하, 2013년.

김용성,〈사상이 있는 도서관 문화–항일 시대의 사립 고등 교육 기관의 도서관을 중심으로〉,《인문과학
　　연구논총: Vol. 24》, 2002년.

정근식,〈경성제국대학 부속도서관의 형성과 운영–제도이식론과 권력의 재현 사이에서〉,《사회와 역
　　사: 제87집》, 2010년.

정병욱,〈잊지 못할 윤동주의 일들〉,《나라사랑: 23집》, 1976년.

정해성, 여지숙,〈일제강점기 한국 대학 및 전문학교 도서관 현황 연구〉,《한국도서관·정보학회지: 제
　　38권 제3호》, 2007년.

윤영춘,〈명동촌에서 후쿠오카까지〉,《나라사랑: 23집》, 1976년.

윤일주,〈윤동주의 생애〉,《나라사랑, 23집》, 1976년.

〈이묘묵〉,《한국민족문화대백과사전》.

'라이브러리'는 왜 '도서관'이 되었을까? – 삼청공원숲속도서관

가토 가즈오, 가와타 이코이, 도조 후미노리, 최석두 옮김,《일본의 식민지 도서관: 아시아에서의 일본
　　근대 도서관사》, 한울아카데미, 2009년.

동학아카이브–동학천도교사전연구회,《동학 천도교 인명사전》, 모시는사람들, 2015년.

데이비드 색스, 문희경 옮김,《디지털이 할 수 없는 것들: 재택근무의 한계부터 교실의 재발견까지 디지
　　털이 만들지 못하는 미래를 이야기하다》, 어크로스, 2023년.

박상균,《도서관학만 아는 사람은 도서관학도 모른다》, 한국디지틀도서관포럼, 2004년.

박상균,《세계도서관학사상사》, 민족문화사, 1991년.

박찬승,《1919: 대한민국의 첫 번째 봄》, 다산초당, 2019년.

신동준,《개화파 열전: 김옥균에서 김가진까지》, 푸른역사, 2009년.

연세대학교백년사편찬위원회 펴냄,《연세대학교백년사 1885~1985 2: 연세통사 하》, 연세대학교출판
　　부, 1985년.

오쿠이즈미 가즈히사, 황면 옮김,《도서관사를 써봅시다: 도서관의 현재와 내일을 생각하며》, 한국도서
　　관협회, 2018년.

유길준, 허경진 옮김,《서유견문: 조선 지식인 유길준, 서양을 번역하다》, 서해문집, 2004년.

이용재, 《도서관인물 평전: 도서관사상의 궤적》, 산지니, 2013년.
임종원, 《후쿠자와 유키치: 새로운 문명의 논리》, 한길사, 2011년.
전우용, 《오늘 역사가 말하다: 전우용의 역사이야기 300》, 투비북스, 2012년.
정선애, 《도서관 운동가 엄대섭의 발자취를 찾아서: 경주도서관 이야기》, 도연문고, 2022년.
정일성, 《일본을 제국주의로 몰고 간 후쿠자와 유키치: '탈아론'을 외치다》, 지식산업사, 2012년.
조규태, 《천도교의 민족운동 연구》, 선인, 2006년.
조한성, 《만세열전: 3·1운동의 기획자들·전달자들·실행자들》, 생각정원, 2019년.
최준식, 《한국의 종교, 문화로 읽는다 2: 도교·동학·신종교》, 사계절, 1998년.
〈九善雄松堂〉, 《Wikipedia》.
〈帝國圖書館〉, 《Wikipedia》.
〈早矢仕有的〉, 《Wikipedia》.
〈보성전문학교〉, 《한국민족문화대백과사전》.
〈이묘묵〉, 《한국민족문화대백과사전》.
〈조선민국임시정부〉, 《한국민족문화대백과사전》.
〈책〉, 《한국민족문화대백과사전》.
〈하도낙서〉, 《두산백과사전》.
김세민, 〈북촌 취운정과 백록동 정자에 대한 재검토〉, 《서울과 역사: 제92호》, 2016년.

'친일'하면 3대가 흥하고, '반일'하면 3대가 망한 나라에서 – 청운문학도서관

장유승, 〈[古文산책] 벼슬 던지고 망명한 제국 관료〉, 《중앙SUNDAY》, 2015년 8월 2일.
김자동, 《영원한 임시정부 소년: 김자동 회고록》, 푸른역사, 2018년.
김자동, 《임시정부의 품 안에서》, 푸른역사, 2014년.
서울역사박물관 조사연구과, 《대경성부대관》, 서울역사박물관, 2015년.
서울역사박물관 펴냄, 《조국으로 가는 길: 한 가족의 독립운동 이야기》, 서울역사박물관, 2013년.
송우혜, 《못생긴 엄상궁의 천하: 마지막 황태자 1》, 푸른역사, 2010년.
신동준, 《개화파 열전: 김옥균에서 김가진까지》, 푸른역사, 2009년.
유영호, 《서촌을 걷는다: 과거와 현재를 잇는 서울역사산책》, 창해, 2018년.
정정화, 《장강일기》, 학민사, 1998년.
최종현, 김창희, 《오래된 서울》, 동하, 2013년.
친일인명사전편찬위원회, 《친일인명사전: 친일문제연구총서 인명편 3》, 민족문제연구소, 2009년.
한홍구, 〈개화운동에서 독립혁명으로─주체적 근대인 김가진의 삶〉, 《조국으로 가는 길: 한 가족의 독립
    운동 이야기》, 서울역사박물관, 2013년.
국가보훈부, 〈정정화〉, 《독립운동가》, 국가보훈부, 2010년.
〈김의한〉, 《한국민족문화대백과사전》
〈정정화〉, 《한국민족문화대백과사전》

천억이 백석의 시 한 줄보다 못하다 – 길상도서관과 다라니다원

배대화, 〈백석 러시아 문학 번역작 탄생 둥지가 된 기치조지〉, 《경남도민일보》, 2019년 2월 8일.
배진영, 〈박헌영의 비밀 아지트였던 길상사… 대원각은 박헌영 비자금으로 만들었다?〉, 《월간조선》, 조

　　선일보사, 2017년 9월.

강준만, 《룸살롱 공화국: 부패와 향락, 패거리의 요새 밀실접대 65년의 기록》, 인물과사상사, 2011년.

강준만, 《매매춘, 한국을 벗기다: 국가와 권력은 어떻게 성을 거래해왔는가》, 인물과사상사, 2012년.

강준만, 《한국 근대사 산책 6: 사진신부에서 민족개조론까지》, 인물과사상사, 2008년.

김경재, 《혁명과 우상-김형욱 회고록 1: 혁명과 쿠데타》, 인물과사상사, 2009년.

김종필, 중앙일보 김종필증언록팀 엮음, 《김종필 증언록 1: JP가 말하는 대한민국 현대사 1》, 와이즈베
　　리, 2016년.

김진향, 《내 사랑 백석: 백석 시인과 자야여사의 애절한 사랑이야기》, 문학동네, 1995년.

김진호, 《권력과 교회》, 창비, 2018년.

문동석, 《한양, 경성, 그리고 서울: 답사로 푸는 서울의 역사와 문화》, 상상박물관, 2013년.

박도, 《미군정 3년사》, 눈빛, 2017년.

박종성, 《한국의 매춘: 매춘의 정치사회학》, 인간사랑, 1994년.

손석춘, 《박헌영 트라우마: 그의 아들 원경과 나눈 치유 이야기》, 철수와영희, 2013년.

송우혜, 《윤동주 평전》, 서정시학, 2014년.

안도현, 《백석평전》, 다산책방, 2014년.

안문석, 《북한 현대사 산책 1: 해방과 김일성 체제》, 인물과사상사, 2016년.

이순우, 《통감관저, 잊혀진 경술국치의 현장: 일그러진 근대 역사의 흔적을 뒤지다 3》, 하늘재, 2010년.

전우용, 《내 안의 역사: 현대 한국인의 몸과 마음을 만든 근대》, 푸른역사, 2019년.

하어영, 김기태, 《은밀한 호황: 불 꺼지지 않는 산업, 대한민국 성매매 보고서》, 이후, 2012년.

　　　　　　　　　　　　　　　이토록 역사적인 도서관